日蓮における宗教的自覚と救済

――「心み」の宗教――

間宮啓壬 著

東北大学出版会

Religious Self-awareness and Salvation in Nichiren's Works

Keijin MAMIYA

Tohoku University Press, Sendai
ISBN978-4-86163-277-8

目次

凡例 …… vii
序章 …… 1
第一節　方法と課題 …… 1
第一項　宗教へのまなざし …… 1
第二項　日蓮研究への適用 …… 6
第二節　本書の構成 …… 13
第三節　日蓮における思想と宗教的自覚の展開――その見取り図―― …… 23
第I部　「爾前」の日蓮 …… 39
第一章　教相知と実践知 …… 41
はじめに …… 41
第一節　教相知 …… 46

第二節　実践知……59
第一項　「題目」の位置……59
第二項　「謗法」という罪……81
一、「謗法」の学説小史……81
二、「謗法」の意味と様相……85

第二章　「法華経の持経者」から「法華経の行者」へ
——正統性の「心み」——……115
はじめに……115
第一節　歴史事象的現証……118
第二節　体験的現証……123
第三節　「法華経の持経者」……128
第一項　「持経者」の研究小史……128
第二項　「暗誦」の目指すところ……131
第三項　「持経者」日蓮……147
第四節　「法華経の行者」日蓮——「持経者」との訣別——……149
むすびにかえて……155

第三章　台密批判への道程　171
はじめに　171
第一節　台密批判への道程（一）――佐渡流罪より前――　173
第二節　台密批判への道程（二）――佐渡流罪以降――　183

第Ⅱ部　「魂魄」からの「再生」、そして「超越」へ　195

第一章　画期としての佐渡　197
はじめに――「魂魄」としての日蓮――　197
第一節　「一念三千」の「発見」　202
第二節　謗法罪の「発見」　212
第三節　日蓮の「再生」　220
第四節　「如来使」の自覚――「唯日蓮一人」の自覚の先鋭化――　223

第二章　身延入山の意図と意義　233
はじめに　233
第一節　上原専祿「日蓮身延入山考」　242
第二節　日本国からの疎外感――身延入山の消極的動機――　260

第三節　佐渡期の継承と展開――身延入山の積極的動機―― 267
第四節　「超越者」日蓮 286
むすびにかえて 293

第三章　「愚者」と「智人」
――日蓮における「師」自覚の構造―― 317
はじめに 317
第一節　「師」自覚の構造 320
第二節　「地涌・上行菩薩」の自覚 334
第一項　本節執筆の背景 334
第二項　「地涌・上行菩薩」の自覚 338
第三項　「一分」の意味するところ――新出資料を素材に―― 347
むすびにかえて 349

第Ⅲ部　「一念三千の成仏」……365
第一章　即身成仏と霊山往詣——日蓮における救済の構造——……367
はじめに……367
第一節　即身成仏思想……369
第二節　霊山往詣思想……377
むすび——日蓮における救済の構造——……385
第二章　女人の救済……395
はじめに……395
第一節　日蓮における女人救済論の構造……401
第二節　日蓮による「龍女成仏」理解の特徴——「一念三千の成仏」——……411
第三節　日蓮による「龍女成仏」理解の系譜……419
第一項　日本天台の法華円教即身成仏論……419
第二項　千観—日蓮の系譜……422
第三項　千観—日蓮の系譜、その後……429
第四節　女人救済への道——書状にみる具体相——……432
むすび……437

結　章　459
第一節　各章のまとめ　459
第二節　今後の課題　479
あとがき　487
索　引　526

凡　例

一．本書における日蓮遺文の引用は、立正大学日蓮教学研究所編『昭和定本日蓮聖人遺文』第一巻－第四巻、改訂増補第三刷、総本山身延山久遠寺、二〇〇〇年（以下、『定遺』と略す）に拠った。引用する日蓮遺文は、原則的に次の1から3のものに限った。

1．「真蹟」が現存するもの。これには次の三種類がある。

A．首尾欠けることなく、全体が伝わるもの（例えば、『如来滅後五五百歳始観心本尊抄』（いわゆる『観心本尊抄』）など）。

B．一部分に欠失はあるものの、ほぼ全体が伝わるもの（例えば、『立正安国論』、『撰時抄』など）。

C．一部分のみ伝わるもの。これは、全体の復元が可能か否かで、さらに次の二つに分けられる。

a．全体が後世の「写本」や「刊本」によって復元されるもの（例えば、『南条兵衛七郎殿御書』、『法華題目鈔』、『下山御消息』など）。

b．著作や書状・図録・要文などの一部分、つまり、「断簡」と考えられるが、その断簡部分を含んだ後世の「写本」や「刊本」が見当たらず、全体の復元が不可能なもの（『定遺』第三巻・第四巻の「断簡」および「断簡新加」に収められたものがこれに当たる）。

2．「真蹟」は現存していないが、古い目録類により、かつて真蹟が存在していたことが確認され、後世の「写本」や「真蹟対照本」等によってその全体が復元されるもの（いわゆる「真蹟曾存」遺文。例えば、『守護国家論』や『開目抄』など）。

3．「真蹟」は現存していないが、日興・日澄・日源ら直弟子による「写本」が存在するもの（『浄蓮房御書』、『頼基陳状』、『本尊問答鈔』など）。

本書で「文献学的に信頼し得る遺文」、「文献学的に信頼の置ける遺文」、「文献学的に信頼できる遺文」等といわれているのは、右の1から3の範疇に収まる日蓮遺文を指す。

ただ、もとより、この範疇以外の遺文であっても、既に「偽書」と断定されているものでなければ、それは、右の1から3の遺文に比べて文献学的信頼度がいささか落ちるゆえ、論証の証拠として積極的に引くにはやや説得力に欠ける、ということを意味するに過ぎない。つまり、文献学的に信頼し得る遺文の範疇に収まらないからといって、それが直ちに「偽書」であるということには決してならないのである。とはいえ、本書で右の1から3の範疇以外の日蓮遺文を引く場合には、その旨、必ず断ることとする。

なお、右の3について、一言、述べておきたい。文献学的に信頼し得る遺文の範疇には、直弟子による「写本」のみではなく、日進・日目・日代・日尊ら孫弟子による「写本」も、収めてよいのかもしれない。しかし、例えば、『定遺』第三巻所収の『法華本門宗要鈔』は、日蓮滅後、約五〇年頃に偽作されたものであることが既に明らかになっている。日蓮滅後五〇年頃といえば、まさに日蓮の孫弟子らが活躍していた時代に他ならないが、その時代に、既に「偽書」は作成されていたわけである。このことを考え合わすならば、真蹟が存在せず、孫弟子による「写本」が現存するものを、無条件で「文献学的に信頼し得る遺文」の範疇に収めることはできないのである。

一．本書において、『定遺』からの引用を行なう際、出典は、原則として、①遺文名、②『定遺』の頁数、の順で示した。例えば、

『立正安国論』、二二六頁

とある場合、『立正安国論』が①に、「二二六頁」が②に相当する。

なお、前後の文脈から遺文名が明らかな場合は、いちいち遺文名を挙げることはせず、例えば、

『定遺』一二二六頁

という形で出典を示した。

一．本書における引用文中の表記については、旧漢字は基本的に当用漢字に改めた。また、漢文体のものは、原則、書き下し文とし、必要に応じて句読点を加えた。

一．本書においては、時代把握の便宜を計るため、原則として、元号による年代表記をまず行ない、その直後に、（　）で西暦を加えた。日蓮の思想・行動に関わる場合は、それが日蓮の生涯におけるいつ頃の事柄なのかを把握しやすくするため、西暦の直後に、日蓮の年齢を補った。例えば、

建長五年（一二五三、三二歳）

とある場合、「建長五年」が元号による年代表記、「一二五三」が西暦、「三二歳」が日蓮の年齢を示す。

一．本書において、注は各章ごとにまとめて付した。また、各章末に、その章で引用あるいは参照した資料とその略号については【引用・参照資料および略号】において、論文・著作については【引用・参照文献】において、一覧の形で示しておいた。例えば、本書中に（間宮〔二〇〇八〕一七五頁）とある場合は、【引用・参照文献】一覧における、

間宮〔二〇〇八〕

間宮啓壬「日蓮における地涌・上行自覚の再検討」（常円寺日蓮仏教研究所『日蓮仏教研究』第二号）

の一七五頁を引用あるいは参照したものであることを示している。なお、資料や論文・著作を一覧化する際には、筆者・著者の五十音順により示した。欧文のものに関しては、一覧の末尾に示した。

一、『大正新脩大蔵経』全一〇〇巻は、都監に渡辺海旭・高楠順次郎、編集・発行責任者に高楠順次郎を迎え、大正一三年（一九二四）から昭和九年（一九三四）にかけて、大正一切経刊行会より刊行されたものである。本書では、『大正新脩大蔵経』が研究者間の共通財産として既に周知のテキストであることから、同書に触れる際、右の詳細な書誌情報をいちいち記すことはせず、『正蔵』と略記した。

一、本書において、『大日本仏教全書』については、旧版を用いた。したがって、同書よりの出典を示す場合の巻数・頁数は、すべて旧版のものである。なお、『大日本仏教全書』の旧版全一六一巻は、南条文雄・望月信亨・高楠順次郎・大村西崖らが中心となり、大正元年（一九一二）から大正一一年（一九二二）にかけて、仏書刊行会より刊行されたものである。『大正新脩大蔵経』と同じく、『大日本仏教全書』もまた、研究者間の共通財産として既に周知のテキストであることから、本書において同書に触れる際、右の詳細な書誌情報をいちいち記すことはせず、『日全』と略記した。

一、本書では、姉崎正治・山川智応・清水龍山・浅井要麟など、その主たる活動が戦後にかからない研究者・僧侶については、その業績が既に歴史的・古典的な評価を獲得しているものとみなし、敬称を略した。

序章

第一節　方法と課題

第一項　宗教へのまなざし

いうまでもないことであるが、宗教もまた、人間による営みの一部をなすものである。歴史・社会・思想・政治・経済・言語などといった諸領域と同様、人間の営みに具現化する現象であり、一つの領域を構成するものである。このように、宗教もまた人間の営みの一領域であるという点では、宗教と他の諸領域とを特に区別する理由は存しない、といわねばならない。したがって、宗教が人間の営みに現象としてあらわれる際には、それがあらわれる際の歴史・社会・思想・政治・経済・言語など諸々の文脈が各宗教現象に個性的な形で刻み込まれることになる。つまり、宗教は、それが人間の営みであるというレベルにおいては、他の諸領域と分かち難い関係を、様々な仕方で取り結ぶことになるのである。

しかし、にもかかわらず、宗教は他の諸領域から区別され得る特性を確かに有しているともいえる。すなわち、宗教は——少なくとも、その当事者にとっては——、人間を超えた何ものかに関わろうとする営みであるというその特性において、他の諸領域には還元し得ぬ「独自性」を持つ、とみなし得るのである。そうした

「独自性」に特に着目して宗教をみた場合、宗教者とは、自己を超えた何ものかとの関わりを求め、体験し、かつその関わりや体験を表現・伝達しようとする者の謂いであり、そして、宗教史とは、かかる関わりや体験を核とした表現・伝達の歴史である、と規定することも可能となろう。

ただし、ここで一つ、留意しなければならないことがある。宗教において関わられ、体験され、表現・伝達されようとしているその当のものは、人間を超えたものであるという点がそれである。この点を敷延するならば、人間を超えたその当のものを、人間の側においてどれだけ十全に表現しようと努めても、その努力が完全に報われることはあり得ない、ということになるであろう。もし、宗教において人間の関わる宗教的客体が、人間の側において十全に表現し尽くし得るものであるならば、それはもはや「人間を超えたもの」ではなくなってしまうからである。

こうして、宗教的客体には、往々にして、人間を超えた「自律性」ともいうべき性格が付与されることになる。この場合の「自律性」とは、人間の理解や表現を超えて、それ自体としておのずから存するものである、ということを意味する場合もあろうし、あるいはまた、それを理解し、表現しようと努力する人間のレベルとは異なった次元からみずからを示してくる、ということでもあろう。恐らく——極めて乱暴な言い方ではあるが——、「啓示」や「悟り」といわれるものは、おのずから存するもの、あるいは、みずからを示してくるそのものを、そのままに体験し得た、その体験を指し示そうとするものである、といえるのではなかろうか。

だが、仮に、「悟り」や「啓示」においては、宗教的客体をそのものとして体験し得たとしても、一旦、それが表現されるや否や、もはやそれは、その当のものではなくなってしまう、といわなければならない。「表現」とは、人間を超えたレベルでの営為では、もとよりあり得ない。それは、人間のレベルにおける営為に他ならず、したがって、表現された以上、既に人間というフィルターを介してしまっているからである。このような観点に立つと、人間の営みとしての宗教とは、あくまでも、人間によるこうした「表現」を経たものである、ということになるであろう。

さて、これまで述べてきたような宗教理解は、筆者が独自に構想したものでは、もとよりない。それは、他の諸領域には還元し得ない宗教の独自性を描き出そうとした、幾人かの宗教学者たち――筆者のごく限られた知見の限りではあるが、例えば、ルドルフ・オットー（一八六九―一九三七）、ファン・デル・レーウ（一八九〇―一九五〇）、ヨアヒム・ヴァッハ（一八九八―一九五五）、ミルチア・エリアーデ（一九〇七―一九八六）ら――による業績の影響下に成り立つものである。彼らの業績は、いわゆる広い意味で「宗教現象学」と称せられる研究の潮流を構成するものである。[1] レーウは明確に「宗教現象学」を標榜したが、オットーやヴァッハ、エリアーデはみずからの学問を「宗教現象学」と称したわけではない。しかし、彼らはいずれも、人間の生において宗教は他の諸領域には還元し得ぬ「独自」の、言葉を換えるならば、「固有」の領域を有することを前提とし――これは前提であると同時に結論でもあろうが――、その「固有」なる意味を、超歴史的かつ通文化的な幅広い比較によって探り出そうとした。宗教という、人間の生にとって「固有」の領域を研究する、客観的で、かつ独立した学問として「宗教学」を自立させることが、彼らに共通する目的であった、とみることもできよう。[2] 各々に個性的な学説を展開しながらも、レーウに代表されるこうした方法と目的を共有している点で、彼らは、広い意味で「宗教現象学」の範疇に収められるのである（円丸〔一九七七〕八六頁）。

もとより、本書は、オットーやレーウ、ヴァッハ、エリアーデらがなしたような宗教の広汎な比較研究を目指すものではない。本書が目指すところは、むしろ、それとは対極的に、研究対象を口蓮という一個の宗教者に絞り込んだ、まことにささやかなものに過ぎない。ただ、宗教の基本的理解については、彼らと同様の地平に立とうとするものである。すなわち、宗教とは――少なくとも宗教を営む人間にとっては――、人間的なるものに還元し尽くし得ない、人間を超えた何ものかに関わる独自の営為である、とみなすのである。そのようなものとして宗教を営む人間にとって、自己が関わる対象は、まさにそれが人間を超えたものであるがゆえに、そのものとして表現し尽くすことはできないのであるが、それをあえて表現しようとするところに、宗教が具体的な現象として具現化し、存立する所以があると考える。もとより、そうした関わりを言葉や行動において表現しようとする際には、表現しようとする当事者が置かれた歴史・社会・思想・政治・経済・言語などの諸状況の制約を免れることはできない。冒頭でも述べた、宗教と他の諸領域との分かち難さは、ここに由来するのであり、宗教に刻印された諸状況を通して、他の諸領域のあり方もあわせて再構築しようとする方法――例えば、宗教の歴史学的・思想史学的研究や、社会学的・文化人類学的研究など――も、こうして十分な有効性と意義を獲得することになるのである。

とはいえ、宗教を研究対象とする方法は、なにもこれらのみに限られるわけではあるまい。人間を超えた何ものかと関わる当事者が、その関わりを言葉や行動によって表現しようとする、まさにその場面に着目して、その関わり方自体を描き出すこともできるはずである。このことは、宗教の当事者の言葉や行動に着目して、その制約のされ方をみる、ということでは決してない。宗教の当事者の言葉や行動がそうした制約を経たものであることはもとより承知の上で、その制約の諸相に目を向けるのではなく、逆に、制約をうけた言葉や行動を通して見出すことができる宗教独自の領域に、つまり、人間的なるものに還元し尽くし得ない、人間を超えた何ものかに関わろうとするその関わり方自体に、目を向けるということである。それはまた、宗教の当事者による言葉と行動の意味を、そうした関わり方の表現として改めて問い直す、ということでもある。本書は、日蓮という一人の宗教者が築き上げた宗教を、かかる視点から解明してみたいと願うものである。次項を少々先取りしていうならば、本書は、日蓮が関わり、体験し、かつ表現しようとした「人間的なるものに還元し尽くし得ない、人間を超えた何ものか」を、「仏の御心」として措定するものである。つまり、本書は、言葉（経文）にあらわされたレベルで「仏の御心」を把握・表現しようとしたのみならず、言葉（経文）のレベルを超えた、「仏の御心」そのものともいうべき領域の体験・表現にまで切り込もうとした日蓮の「こゝろみ」＝「心み」の軌跡を描き出そうとするものである。

なお、本書が、宗教観においてその一端を「宗教現象学」に依拠している以上、「宗教現象学」に対して向けられる批判についても、やはり一言しておかねばなるまい。

殊に一九七〇年代以降、「宗教現象学」は厳しい批判に晒されていくことになる。客観的・実証的な学問体裁を装いつつ、実はその前提に、客観性・実証性とは相容れない神学的・哲学的契機が隠されているといった批判、あるいは、人間にとって宗教とは「固有」の領域を持ち、かつ「普遍的」なものであるということを無条件の前提とすることによって、比較のための素材を、本来それが置かれていた個別の歴史的・文化的・社会的文脈から引きはがし、まったく別の文脈に恣意的に当てはめてしまっている、などといった批判である（華園〔一九八九〕七一－七七頁）。

こうした批判がどこまで有効性を持ち得るのか。そして、こうした批判に、いわゆる「宗教現象学」はどのように応えるべきなのか。興味深い問題ではあるが、筆者は、この問題に真正面から取り組む準備を持ち合わせてはいないし、そもそも本書は、そうした問題に取り組むことを目的とするものではない。本書の目的は、あくまでも、日蓮という一個の宗教者に向き合うことにある。ただ、その際に、本書は、広義における「宗教現象学」が共有してきた、宗教を見る視座に着目し、それを日蓮研究に適用しようとする。すなわち、人間が、人間を超えた何ものかと関係を取り結んでいるその場面に、他の諸領域とは次元を異にする宗教の「独自性」を見出す——というのも、なによりもかかる関係性の直中《ただなか》にある当人にとって、その関係性は人間的なる他の諸領域には還元し尽くし得ぬものであろうから——とともに、宗教に「独自」なるそうした関係性の意味と様相を、その関係性のもとにある当人の意識に密着して描き出そうとする点を、日蓮研究に応用しようとするのである。広汎な比較研究とは程遠い、一人の宗教者の研究に根をおろそうとする筆者に、「宗教現象学」を標榜する資格は、もとよりないし、日蓮研究のためにそうした資格が必須なものであるとも思ってはいない。ただ、宗教を見つめるこのような「宗教現象学」的視座が、宗教者個人の研究にあっては、超歴史的・通文化的な比較——しばしば厳しい批判の対象となる(3)——を事《こと》としない分、かえって有効なのではないか、と考える次第である(4)。

第二項　日蓮研究への適用

生身の虚空蔵菩薩より大智慧を給ハりし事ありき。日本第一の智者となし給へと申せし事を不便とや思シ食シけん。明星の如クくなる大宝珠を給ヒて右の袖にうけとり候し故に、一切経を見候しかば八宗竝に一切経の勝劣粗《ほゞ》是を知りぬ。

（『清澄寺大衆中』、一一三三頁）

青年期、清澄寺に住して「虚空蔵菩薩求聞持法」を修する日蓮に起こった出来事だったのであろう。[5]「日本第一の智者となし給へ」という知的野心に満ちた日蓮の祈りに応じ、清澄寺の本尊たる「虚空蔵菩薩」が「生《しよう》身《じん》[6]」の姿で現れ、「大智慧《だいちえ》」の象徴たる「大宝珠《だいほうじゅ》」を授けてくれた、というのである。恐らく、夢うつつの状態で感得された一種の神秘的な体験だったのではないか。

ただし、「大智慧」を授けられたというこの体験は、それによって、「八宗竝に一切経の勝劣」に関する整った理解と結論が即座に与えられたことを意味するものでは、もちろんない。むしろ、この体験の意義は、「大智慧」の象徴たる「大宝珠」を賜ることを通して、今後、仏教を正しく理解・実践していけるであろうとの確信、換言するならば、仏教全体を「仏の御心」のままに把握し、表現していけるであろうとの自信を獲得したことにこそあった、といってよいのではないか。

日蓮がその把握と表現に心を砕いたものを端的に表現するならば、それは、「仏法」をして「仏法」たらしめている「仏の御心」――「人間の」ではなく、「仏の御心」（日蓮は「仏の御意」「仏意」とも表記する）――であったといえよう。ただ、その一方で、日蓮は、自己が「愚かなる凡夫」とでもいうべき一個の人間に過ぎないことも、十分に認識していた。そんな自己が、「仏の御心」をそのままに受け取って表現しようと努めても、それと意識せぬままに恣意へと陥ってしまいかねない。そうした危険性と常に隣り合わせにあることを最も強く意識していたのは、恐らく、日蓮その人であったに違いあるまい。

しかし、さればこそ、日蓮は「仏法をこゝろみる[7]」のである。すなわち、「仏の御心」をそのままに受け取り、表現しようと努めつつも、自己が有限なる智慧しか持ち得ぬ存在であるがゆえに、果たして本当に自分がそれをなし得ているのか、という検証＝「こゝろみ（心み）」を行なおうとするのである。日蓮にあって、かかる「心み」を根底から動機づけたのは、一方では、「仏の御心」という高みと凡夫たる自己との間の著しい落差に起因する不安であったろうが、他方、若き日の神秘体験によってもたらされた自信もまた、「心み」を支える原動力として働いたことであろう。

日蓮がその生涯において順次展開していった「法華経の持経者」「法華経の行者」「謗法《ほうぼう》の者」「如来使《にょらいし》」「智《ち》人《にん》」、そしていわゆる「師」といった宗教的諸自覚は、まさにかかる「心み」の中で確立され、鍛え上げられていったものに他ならない。

一方、救いへの道を見出したと日蓮が確信し得たのも、やはりこうした「心み」を通じてであった、といってよい。かかる「心み」を通して、日蓮は、言葉（経文）を介してあらわされたレベルでの「仏の御心」の了解と理論化に努めるのみならず、それ自体としては言葉（経文）を超えた次元――いわゆる「文の底」（『開目抄』、五三九頁）――に存する「仏の御心」そのもの、ともいうべき領域を見出してもいた。つまり、日蓮は「仏の御心」のあらわれである経文を超えた次元に、経文をしてその経文たらしめている「仏の御心」そのものを「発見」したのである。そして、言葉を超えた次元でのこうした「発見」をあえて言葉にしようとするさらなる「心み」の中で、日蓮は、「南無妙法蓮華経」に集約されるみずからの救済観に理論的基盤を与えることに成功したのである。

日蓮が確立し得た宗教的諸自覚と救済の道とは、このように、日蓮自身の「心み」抜きにしてはあり得ないものであるといっても過言ではない。その意味では、日蓮の宗教は、「「心み」の宗教」ともいうべきものとして特徴づけられることになる。本書の副題を「「心み」の宗教」と題した理由は、まさにここにある。日蓮がなした「心み」とは、いわば、有限なる人間の側から「仏の御心」を求める主体的な営みである。しかし、それが、「仏の御心」といういわば超越的領分を志向するものである以上、そうした「心み」の正統性を保証する基準は、人間自身の側には決して存在し得ぬことになる。つまり、日蓮の「心み」の正統性を保証するのは、超越的領分＝仏の側からでなければならない、ということである。言葉を換えるならば、日蓮の「心み」が「仏の御心」を志向するものである以上、その正統性は、最終的には仏みずからによってしか保証し得ぬものなのである。

とするならば、日蓮における「心み」とは、日蓮みずからの主体性と仏みずからの主体性とが交差・融合するところ——そこにおいて、日蓮の主体性は仏自身による裏づけという「客観性」を獲得し得る——を求め、表現しようとする、生涯かけての営みであった、ということになる。このように、日蓮の「心み」とは、それ自体、ダイナミックな構造を孕んだ営みなのであり、そのダイナミズムの中にこそ日蓮の宗教は存立する、といえるのである。

本書はまさに、日蓮自身によるこうした「心み」に着目して、日蓮の宗教、殊にその宗教的諸自覚と救済論をみようと志すものである。したがって、本書が描こうとする日蓮の宗教は、スタティック（静的）なものとはなり得ない。それは、右に記した二つの主体性の間を時には揺れ動くダイナミックなものとして描かれることになる。

日蓮自身の「心み」に着目して日蓮の宗教を把握しようとすることはまた、日蓮自身の方法に能う限り即して日蓮をみようとすることに他ならない。本書にあって、原則、日蓮をみるものさしは、日蓮が生きていた時代の、実際に日蓮を取り巻いていた歴史的・社会的状況や体制のあり方に求められるのでもなければ、日蓮が生きていた当時の思想やそれ以前の思想史の中に求められるのでもない。日蓮が生きていた当時の社会状況や体制のあり方、日蓮を取り巻く諸々の思想、あるいは日蓮を遡る歴史および諸思想について、本書では、日蓮自身が構築した宗教においてそれらが咀嚼・消化され、評価され、位置づけられているその様を、その限りにおいて描き出そうとするのが基本的な姿勢である。歴史学的・思想史学的に日蓮をみる方法が時として折り込まれはするものの、それは決して本筋ではない。その意味で、本書の立場は、歴史学的・思想史学的日蓮研究とは区別されることになる。本書はあくまでも、日蓮自身の方法に能う限り即して日蓮の宗教を捉えようとする仕方で――上原専祿氏の言葉を借りるならば、「日蓮認識の日蓮的方法」(8)によって――日蓮へと迫ることに主眼を置く。

ダイナミックな動きの中で日蓮をみようとする点において、本書の志す研究は、日蓮宗学(教学)からも分かたれることになる。日蓮宗学(教学)も、端的にいってしまえば、日蓮を日蓮自身に即して把握しようとする営みであるといってよい。その点に限っていえば、確かに、本書の立場と大きな隔りがあるわけではない。ただ、宗学(教学)の場合、少なくともその理念においては、日蓮の宗教から、完成され、かつ固定化された真理の体系を抽出することに、より大きな力が注がれることは否めないであろう。それが宗学(教学)に課された使命である以上、当然といえば当然である。だが、その分、日蓮の宗教を、ダイナミックに把握するよりは、スタティック(静的)に捉える観点が強くならざるを得ないこともまた、確かである。本書が宗学(教学)と立場を異にするのは、まさにこの点においてである。

このように、本書は、日蓮を理解するための視座を、基本的には、歴史学的・思想史学的研究とも、宗学

（教学）的研究とも異なる地平に置こうとするものである。

だが、もとよりそのことは、歴史学・思想史学や宗学（教学）が生み出してきた日蓮研究の諸成果を無視することを意味するものではあり得ない。むしろ、だからこそ逆に、日蓮がいかなる歴史的・社会的、あるいは思想史的境位にあったのかということについての客観的な知識を得る必要性に迫られるのである。そうした知識を得ることは、自身を遡る歴史および諸思想や、みずからが存する社会状況・体制を自己一身において統合的に意味づけようとした日蓮の言説を正しく受け止めるためには、欠かせない前提となる。つまり、そうした知識なくしては、能う限り日蓮自身に即して日蓮を理解するといいながらも、日蓮自身の意図から遊離した独断に陥る危険性を免れ得ないのである。また、宗学（教学）が、みずからの信仰の、より確かな基盤と指針を得るために、日蓮自身の信仰のあり様を、能う限り日蓮自身に即して把握しようとする営みであるとするならば、宗学（教学）の立場は、能う限り日蓮自身に即して日蓮を把握しようとする、まさにその点においては、やはり、本書のそれと近接しているといわねばならない。

とするならば、歴史学・思想史学や日蓮宗学（教学）等の諸分野において蓄積されてきた、これまでの日蓮研究の豊かな成果を無視する愚挙は、厳に慎まなければならないところである。したがって、かかる諸分野における先学の説を、肯定的にしろ否定的にしろ、本書においてどのように摂取しているかということについては、各章各節において必ず触れ、あるいは注記するように努めた。先学による諸説をどのように踏まえているかということについては、各章各節をみていただくのが最も確実ではあるが、とはいえ、やはり、従来の日蓮研究の流れを、大まかにではあるが、まとまった形で整理しておくことも必要となる。それを行なったのが、次に掲げた①－⑤の拙論である。

①「日蓮研究に関する方法論的試論と戦後日蓮研究史――「顕密体制論」まで――」（間宮〔二〇〇四a〕）

②「日蓮研究に関する方法論的試論と戦後日蓮研究史――「顕密体制論」後の歴史学的・思想史学的日蓮研究を中心に――」（間宮〔二〇〇四b〕）

③「宗学的日蓮研究――近代以降の点描を中心に――」（間宮〔二〇〇六〕）

④「日蓮研究に関する方法論的試論と戦後日蓮研究史――宗教学・倫理学等、その他の分野の諸研究点描――」（間宮〔二〇〇七〕）

⑤「日蓮遺文の文献学的研究とその成果」（間宮〔二〇一一〕）

右の①および②は、（一）「歴史学的・思想史学的日蓮研究」を、また③は、（二）「宗学（教学）的日蓮研究」を概観したものである。さらに、（一）および（二）の枠組みには必ずしも収まり切らないものは、（三）「宗教学・倫理学等、その他の分野の日蓮研究」としてまとめておいた。それが④である。加えて、日蓮研究の土台をなす（四）「日蓮遺文の文献学的研究」について、これを概観したのが⑤である。そもそも日蓮遺文をどのように取り扱うのかということについても、この⑤の論考で触れている。

（一）から（四）の領域をカバーすることにより、なるべく幅広い分野の整理を心がけた。これらに目を通していただくことで、本書の位置づけや意義が、より一層明らかになるものと期待するところである。本書との併読をお願いする次第である。(9)

第二節　本書の構成

法門の事はさど（佐渡）の国へながされ候し已前の法門は、ただ仏の爾前の経とをぼしめせ。

（『三沢鈔』、一四四六－一四四七頁、傍点引用者）

身延に入って以降に記されたこの述懐において端的に示されているように、身延期の日蓮は、佐渡流罪より前に自身が築いた法門を「爾前」と位置づけるに至った。言葉を換えるならば、日蓮にとって佐渡流罪とは、それ以前を「爾前」（つまり真実以前）と一括させるほど重要な画期であった、ということである。(10) では、佐渡流罪期におけるその画期とは、一体何であったのか。これについては、第Ⅱ部の第一章で詳述することになるが、一つは、『法華経』の「深み」に秘められた「仏の御心」そのものともいうべき領域、つまり、「一念三千」世界の「発見」であり、もう一つは、日蓮自身の「深み」に隠された「謗法罪」の「発見」であった、と筆者は考えている。こうした「深み」の「発見」へと至る前段階の、日蓮の思想と宗教的自覚の展開を素描しようとしたのが、第Ⅰ部「「爾前」の日蓮」を構成する以下の三つの章である。

第一章　教相知と実践知

「日本第一の智者となし給へ」（『清澄寺大衆中』、一一三三頁）という知的野心に促されて、日蓮は、自己を最高の「智者」「智人」たらしめるための「道理」を、仏教に求め続けることになる。本章は、そうした「道理」の内実を、いずれの経典に「仏の御心」が説き尽くされているのかという課題のもと追求される「教相《きょうそう》知《ち》」と、「教相知」によって得られた収穫を実践の場においていかに救済の要路たらしめ得るのかという課題のもと求められる「実践知」との二つに便宜的に分けて、概観しようとするものである。「実践知」についてみていく中で、日蓮における「謗法」の概念とその様相についても言及する。

第二章　「法華経の持経者」から「法華経の行者」へ——正統性の「心み」——

日蓮仏法をこゝろみるに、道理と証文とにはすぎず。又道理証文よりも現証にはすぎず。
（『三三蔵祈雨事』、一〇六六頁）

日蓮五四歳の折り、身延で記された文言であるが、この短い文言に、日蓮がそれまで積み重ねてきた「こゝろみ」＝「心み」の構造が端的に示されている。

まずは、「道理と証文とにはすぎず」である。ここで、「道理」を、「仏の御心」を確定し表現するための首尾一貫した理論、「証文（文証ともいう）」を、その理論の正統性（「仏の御心」に適っていること）を証拠づける仏の言葉、つまり経文等のこと、と受け取っておこう。「仏法をこゝろみる」に当たって、日蓮は、適切な「証文（文証）」に基づいて「道理」を構築することがまずは必要だ、という。だが、それだけでは、「こゝろみ」＝「心み」は完結しない。「心み」が完結するためには、「道理証文よりも現証にはすぎず」とあるように、「現証」が、つまり、「証文（文証）」を基に構築された「道理」の正統性を真に裏づける現実の証拠が、どうしても必要になってくる、というのである。

日蓮にとって「現証」とは、一方では、「他国侵逼難《たこくしんぴつなん》」「自界叛逆難《じかいほんぎゃくなん》」の現実化を指すものであるが、他方では、自分自身が蒙った諸々の受難体験――これは、『法華経』に記された仏の予言をみずからの身体で読むこと、いわゆる「色読《しきどく》」と意味づけられる――を指すものでもある。そうした「色読」体験を通して、日蓮は、自己が仏に予言された存在であり、したがって、みずから「証文（文証）」を以って構築してきた「道理」とその実践も、「仏の御心」に適った唯一の正統なるものである、との自信を獲得するようになる。かかる自信を、伊豆流罪の最中、日蓮はまず「法華経の持経者」としての自覚のもと表明することになるが、やがては、歴史上多数存在する「持経者」と自己とを截然《せつぜん》と区別するために、みずからを「法華経の行者」と位置づけるに至る。日蓮における「法華経の行者」自覚とは、自己の正統性に対する自信を、このように端的に表明するものに他ならない。第Ⅰ部第二章においては、これらの事柄を確認する。

加えて、本章では、日蓮が自己を「法華経の持経者」という場合の「持経者」と、歴史上多数存在する「持経者」とは、どこが連続し、どこが連続していないのか、そして、「持経者」の呼称に代わって、日蓮が自身を「法華経の行者」と称する場合、いかなる点で両者を区別することになるのかを具体的にみていくことになる。

前章でも確認することであるが、自己の正統性に対する強い自信は、日蓮にあっては、「日本第一の法華経の行者日蓮房」、「唯日蓮一人こそよみはべれ」（『南条兵衛七郎殿御書』、三二七頁）といった言葉で表現されている。

ただし、仏教の正統を唯一人担う者ともいうべきこうした自覚は、佐渡流罪以前の日蓮にあっては、「天台《てんだい》沙門《しやもん》」(11)としての意識、つまり、現実に存在する比叡山への帰属意識と、必ずしも対立するものではなかった。こうした「天台沙門」としての帰属意識の具体相と、それを払拭していく過程とを、日蓮における台密批判、殊に慈覚大師円仁に対する批判の推移に焦点を絞って描き出しておく。

なお、「天台沙門」としての帰属意識を捨て去り、「唯日蓮一人」という自覚を決定的に先鋭化させていく日蓮の画期の詳細については、第Ⅱ部第一章で改めて取り上げる。

もとより筆者は、「佐前」＝「爾前」という日蓮自身による位置づけにとらわれることなく、より客観的かつ詳細に、佐渡流罪より前における日蓮の思想と宗教的自覚の展開を検証するという方法があることも、十分に承知しているつもりである。つまり、「佐前」＝「爾前」という観点が唯一有効なものであると考えているわけでは、決してないのである。しかし、第Ⅰ部では、佐渡流罪より前における日蓮の思想と宗教的自覚のあり方を、佐渡流罪以降の日蓮自身による評価に従い、あえて「爾前」として一括する立場をとることとしたい。というのも、佐渡流罪より前の日蓮の思想と宗教的自覚が、佐渡流罪期における画期的な「発見」とどのように連動し、かかる「発見」によってどのように限界づけられていくのかということを常に意識しながら、第I部の論述を進めていきたいと思うからである。

ただ、誤解を招かないためにも、次の点は断っておきたい。

佐渡流罪より前の日蓮の思想と宗教的自覚を「爾前」と一括する立場をとるからといって、佐渡流罪より前の日蓮の思想と宗教的自覚になんらの展開もなかった、と考えているわけでは決してない。第I部で詳述していくように、佐渡流罪より前においても、日蓮の思想と宗教的自覚には多様な展開が認められるのである。しかし、日蓮にあって、佐渡流罪期にもたらされた「発見」は、佐渡流罪より前におけるみずからの思想と宗教的自覚の展開を、総じて「爾前」と限界づけさせてしまうほど画期的な意義をもっていた、ということである。いうなれば、第I部は、こうした画期的な意義を浮き彫りにするための準備段階であり、必要不可欠な作業なのである。

続く第II部は、「「魂魄」からの「再生」、そして「超越」へ」である。

第II部では、日蓮が、かかる画期的な「発見」を経て「魂魄《こんぱく》」からの「再生」を果たし、さらに身延の地に入って以降は、「仏の智慧」を得た「智人」として、仏と同じ高みに立ちつつ日本を救いへと導こうとする、いわゆる「師」の自覚を懐《いだ》くに至る過程を、次の三章にわたって追う。

文永八年（一二七一、五〇歳）九月、日蓮は、みずからの生涯を画する法難に遭遇する。竜の口において「頸ノ座」[12]に据えられるという、まさに死に瀕した体験を経て、翌月、佐渡へと配流されたのである。日蓮の内的意味づけにおいて、こうした体験は、自身の「死」を意味するものであった。だからこそ、配流地の佐渡塚原三昧堂にある自己を、日蓮は「魂魄」（『開目抄』、五九〇頁）と表現するのである。日蓮にとって、「死」にも比定されるこうした体験は、一方では、いわゆる「色読」体験の極北に位置するものであり、それ自体、自身が「法華経の行者」たることの端的な証に他ならないものであった。だが、他方では、そうした当の受難体験が、果たして自分は本当に「法華経の行者」なのか、という深刻な疑いを日蓮に突き付けることにもなる。日蓮に受難体験があるのは確かであるが、いわば受難体験しかないのであって、仏が『法華経』で予言・保証している諸天等の守護はまったくみられないままである。そうである以上、日蓮が仏に予言された、『法華経』の正統なる担い手であるとはとてもいえないのではないか、という疑問である。これはまさに、自己の正統性に対する根本的な懐疑に他ならない。

こうした疑問に立ち向かうために、日蓮は「魂魄」としての思索に沈潜する。そして、かかる思索を通して、日蓮は、先に記した二つの画期的な「発見」を迎えることになる。「魂魄」としての日蓮は、こうして「再生」を遂げるとともに、仏教の正統を唯一人担う者としての自覚を、「如来使」の自覚へと、より先鋭的に集約させていく。日蓮が天台宗・比叡山に対する帰属意識を払拭し、本格的な台密・慈覚大師批判を顕在化させていく内的必然性も、まさにこうした先鋭化にある。第Ⅱ部第一章では、これら諸点を順を追って検討していく。

第二章　身延入山の意図と意義

佐渡流罪より前の日蓮にとって、鎌倉は布教の根拠地であり、門弟らとの交流の拠点であった。佐渡流罪とは、そうした根拠地を日蓮から根こそぎ奪い去るものであったのだが、流罪を赦《ゆる》されてせっかく戻り得たその鎌倉の地を、日蓮は、何故に早々に退出し、人里離れた身延山中に引きこもってしまったのか。こうした行動の動機については、宗門の内部のみならず、宗門外においても関心を呼び、種々の考察がなされてきたところであるが、見解の一致をみているとは必ずしもいえない状況にある。その理由の一端として、日蓮自身の示す動機が時と場合に応じて記されたものであり、決して一定していないことが挙げられよう。一定していない言説のどこに力点を置いて読むかにより、動機を確定しようとする見解も、様々に分かれるわけである。[13]

本章は、かかる研究状況にある右の問題に対し、先学らの研究も踏まえながら、筆者の見解を示そうとするものである。

加えて、本章では、身延期に至り、日蓮が、仏と同じ高みに立って現実を超越しつつ、現実を、さらには歴史を意味づけ、かつ救いへと導いていく者としての自覚、いわゆる「師」としての自覚を確立したことも、あわせて指摘する。より一般的な言葉を用いるならば、これは、身延の地にあって、日蓮が「超越者」としての位置を確保したことを意味するものに他ならない。第Ⅱ部第二章では、こういった事柄の論証に力を注ぐ。

第三章 「愚者」と「智人」——日蓮における「師」自覚の構造——

日蓮にあっていわゆる「師」の自覚とは、右にも触れたように、仏と同じ高みに立って人々を救いへと導くことができる者としての自覚の謂いである。もっとも、その一方で、日蓮は、自己をいわば「愚者」として強く意識し続けてもいる。それは、単に日蓮個人の問題ではなく、末法辺土たる日本に生きる者たちすべてが抱えざるを得ない有限性でもあった。このような有限性を、日蓮は「仏法をこゝろみる」中で突破して「智人」としての自信を獲得し、その自信に基づいて、いわゆる「師」としての自覚を表明するに至るのであるが、それでは、日蓮の「師」の自覚から、「愚者」としての自覚は払拭されたのであろうか。結論的にいえば、答えは否である。むしろ、「愚者」としての自省と、「智人」としての自信とが逆説的に一致する地平にこそ、日蓮の「師」の自覚は成立する、といわねばならない。本章第一節では、日蓮のいわゆる「師」自覚が孕むこのような動的な緊張感と逆説性を、まずは明らかにする。

続く第二節では、かかる「師」の自覚に関連して、日蓮のいわゆる「地涌《じゆ》・上行菩薩《じょうぎょうぼさつ》」の自覚を取り上げ、この自覚においても、いわゆる「師」の自覚にみられると同様の動的な緊張感を見出し得ることを指摘する。日蓮＝「地涌・上行菩薩」という等式は、日蓮宗門ではいわば常識であるが、しかし、常識であるがゆえに、この等式が何を意味するのかが深く問われることはほとんどなかった、といわねばならない。本章は、この常識が本来意味するところに、あえて踏み込もうとする試みである。

第Ⅲ部「一念三千の成仏」は、日蓮の説く救済を、「一念三千の成仏」（『開目抄』、五八九頁）に集約して論じるものである。具体的にいうならば、「一念三千の成仏」の諸相ともいうべき「即身成仏」や「霊山往詣」、さらには「女人成仏」について言及することになる。本書のタイトルは『日蓮における宗教的自覚と救済』であるが、日蓮における「宗教的自覚」の諸問題については、第I部および第II部で論じるところである。第III部は、本書のタイトルのもう一方、つまり日蓮における「救済」につき、次の二章にわたって論じる。

第一章　即身成仏と霊山往詣――日蓮における救済の構造――

日蓮自身が描く救済のあり方に目をやる時、極めて対照的であるようにみえる二つの要素が注目される。妙法五字を受持するその実践の当所がそのまま成仏の相であるとされる「即身成仏」と、他界的なイメージを色濃く孕んだ霊山浄土への、死後における往詣を説くいわゆる「霊山往詣」である。

このように対照的で、場合によっては矛盾するとさえみなされかねないこれら二つの要素は、実のところ、理論的にみるならば、いずれも「一念三千の成仏」に帰結するものである。ただ、理論的には、「一念三千の成仏」という同一範疇に収められるとしても、日蓮による実際の説示に当たっては、それが「即身成仏」と「霊山往詣」という二つの要素に分けられて、しかも両者が、一見したところ矛盾的に併存せしめられていることも事実である。何故に、日蓮はこの両要素をあえて併存せしめたのか。本章では、先学による成果を踏まえつつ、この問題に取り組む。

第二章　女人の救済

笠原一男氏は、いわゆる「旧仏教」の体制内においてはほとんど省みられることのなかった女人救済の可能性が、法然・親鸞・道元・日蓮らによるいわゆる「鎌倉新仏教」を待ってはじめて女性に広く開放されるに至ったとみた。しかし、「新仏教」に頂点をおくかかる発展史観的な学説は、その後、平雅行氏らの業績によって、ほぼ完全に覆されたといってよい。本章では、学説のこうした流れをまずは確認した上で、日蓮の女人救済論の構造は、いわゆる「旧仏教」にみられるそれと、大枠においては大きな違いのないことを指摘する。ただし、日蓮以前の女人救済論の構成要素として取り込まれることの多い「変成男子」が、日蓮の女人救済論にあっては、まったく欠落していることも事実である。その理由を、日蓮の女人救済論が「一念三千の成仏」といわれる独自の「即身成仏」論に基礎づけられている点に求めるとともに、日蓮の女人救済論の典拠ともいうべき『法華経』「提婆達多品」第十二のいわゆる「龍女成仏」に対する日蓮自身の理解と、その思想史的位置についても言及する。さらにその上で、日蓮が実際の教化の場面にあって、いかに女性に救済を語りかけ、保証していったかをみる。

実は、筆者はかつて、従来の女性観に対する日蓮の「克服」や「限界」という観点から、日蓮による女人救済を論じたことがある（間宮（一九九六a）・間宮（一九九六b））。しかし、本章にあっては、日蓮に対するそうした「評価」づけは、一切放棄することになる。筆者は、前節の「方法と課題」でも明記したように、日蓮をなによりも日蓮自身に即して理解したい、と願っている。日蓮による女人救済についても、同様である。日蓮における女人救済のあり方を、日蓮自身に能う限り即して、より全体的にみたい、と思っている。しかし、みずからが拠って立とうとするこの立場を、しっかりと自覚すればするほど、日蓮の女性観や女人救済のあり方に「克服」をみたり、あるいは、それを「限界」づけたりすることが、そうした立場とは相容れないものであることに思いを致さざるを得なくなる。なによりもこの点において、本章は、ジェンダー論的視点や思想史的立場から日蓮による女人救済を論じ、評価した仕事とは決定的に異なっているのであり、本章で最も強調するのも、まさにこの点に他ならない。

最後は「結章」である。ここでは、以上の各章において論じてきたところを簡潔にまとめ直すとともに、「今後の課題」も提示する。

第三節　日蓮における思想と宗教的自覚の展開――その見取り図――

序章を閉じるに当たり、日蓮における思想と宗教的自覚の展開を、筆者はどのようにみるのかということについて、おおよその見取り図を示しておきたい。

佐渡流罪（一二七一－一二七四、五〇－五三歳）より前の日蓮にあっては、伊豆流罪（一二六一－一二六三、四〇－四二歳）・小松原法難（一二六四、四三歳）といった受難＝「色読」の体験が一つの転機となる。伊豆流罪の最中、日蓮は、自己が仏に予言された存在であるとの自負を、まずは「法華経の持経者」という自称によって示すことになる。ただ、これでは、歴史上多数存在してきた、そして、日蓮と同時代においても存在していた「(法華経の) 持経者」との区別は、呼称上、どうしてもつきにくくなる。そこで、日蓮は、小松原法難を契機として、「法華経の行者」という独自の呼称で自身を位置づけるに至る。「法華経の行者」の自覚とは、自分こそ、仏に予言された、『法華経』の正統なる担い手であり、「持経者」とは質的に区別されるべき存在であるとの自負を端的に示すものに他ならない。しかし、他方、佐渡流罪より前の日蓮は、比叡山を仏教の正統的権威として認めるのみならず、自己をそこに帰属せしめようとする「天台沙門」としての意識を払拭してはいない。これは、身延期の日蓮が、いわゆる「佐前」を「爾前」とみなす重要な指標の一つとみてよい。

「法華経の行者」自覚に込められた右のような自負は、「証文 (文証)」を以って構築してきた「道理」とその実践も、当然、「仏の御心」に適った正統なるものであるとの自信を日蓮に付与していくものであるが、そうした自信を裏付けとして、教相面においても、日蓮は先鋭化を遂げていくことになる。『立正安国論』(一二六〇、三九歳) の段階の日蓮は、『法華経』を含む大乗諸経典を、いずれも捨ててはいけないものという意味で「正法」の枠内に収めつつ、その中でも帰依すべきは『法華経』であるという立場、相対的法華経至上主義ともいうべき立場をとっていた。だが、『顕謗法鈔』(文永六、七年 (一二六九、四八歳、一二七〇、四九歳) 頃)[14] では、『法華経』を「一切経の大王」として明確に位置づけるとともに、『法華経』以外の経典には帰依する価値を認めず、帰依するならば、かえって「謗法」という重罪を生んでしまうという判断を明確化するに至る。つまり、「正法」をはっきりと『法華経』一経に限定するとともに、「謗法」を誘発する原因となる以上、他経はむしろ捨て去るべきであるという立場――いわば絶対的法華経至上主義――をとるに至った、ということである。ただ、その一方で、この原則からいえば、当然「謗法」とされるはずの天台密教＝「台密」が、佐渡流罪より前にあっては「謗法」とみなされていない。これもまた、身延期の日蓮が「佐前」を「爾前」と限界づける理由の一つとみてよい。

佐渡流罪より前の文永三年（一二六六、四五歳）に系年される『法華題目鈔』においては、既に、「題目」とその受持、つまり「唱題」は、全仏教の中心・救済の要路としての位置が与えられている。ただ、そのように位置づけられる理論的根拠づけ、あるいは脈絡については、いまだ明瞭であるとはいい難い段階にある。この点、明瞭になるのが、次の佐渡流罪期＝「佐中」である。

文永八年（一二七一、五〇歳）、竜の口での斬首の危機を経て、佐渡流罪に処せられた日蓮は、まさにその受難ゆえに、「日蓮が法華経の行者ならざるか」、「日蓮法華経の行者にあらざるか」（『開目抄』、五六六頁、五八一頁）といった疑問、つまり、自己の正統性に関わる深刻な懐疑に陥ることになる。だが、日蓮はそうした懐疑を、『法華経』の文底における「一念三千」の「発見」と、自己という存在が過去世以来抱え込んできた「謗法」の罪の「発見」という二つの画期を経て、克服していくことになる。この二つの「発見」が同時に表明される遺文は『開目抄』（一二七二、五一歳）であるが、『開目抄』では、後者の「発見」がむしろ強調され、それを通して、自己の正統性が改めて確認されていく。一方、前者の「発見」の具体的展開としては、『如来滅後五五百歳始観心本尊抄』（以下、『観心本尊抄』と略す。一二七三、五二歳）において、「一念三千」がより明確に描き出されるとともに、その「一念三千」と「題目」とを緊密に結びつけるという形で、「題目」の五字を「受持」すること、つまり「唱題」という実践に理論的根拠づけが施されていくことになる。右にもみたように、既に「佐前」の段階で、『法華経』の「題目」たる「妙法蓮華経」の五字は、全仏教の、そして日蓮の実践の中心に据えられてはいたが、『観心本尊抄』に至って、日蓮はかかる「題目」の五字に「一念三千」、つまり「観心ノ法門」(『観心本尊抄副状』、七二一頁)の裏づけを与えることに成功したのである。すなわち、末法今時においては、「題目」の受持＝「唱題」こそが救済の要路たることを、日蓮はより明確な理論的裏づけのもと、提示し得たわけである。

いわゆる「佐中」は、このように、二つの「発見」による画期を経て、自己の思想的・実践的正統性が再確認された時期である。といっても、それは、「佐前」を追認するという意味での単純なる再確認ではあり得ない。流罪地佐渡にあって、日蓮は自己と久遠仏とを直結させるいわゆる「如来使」としての自覚を鮮明化することにより、天台大師智顗や伝教大師最澄らを限界づけるとともに、比叡山に対する帰属意識や期待を払拭するという形で、より先鋭化された「唯日蓮一人」の自覚を確立していくのである。「佐中」はまた、日蓮におけるこうした思索の成果が、流罪によって隔てられた門弟らに対し、文書を以って積極的に開示される時期でもあった。

身延期(一二七四―一二八二、五三―六一歳)は、佐渡流罪期におけるこうした画期に、さらなる思索を以って磨きをかけるとともに、そうした思索の成果を、引き続き門弟らに開示し、教導していった時期である。その意味では、二つの画期的「発見」以降の、いわゆる「佐中」と「佐後」は、大枠としては一つにまとめて捉えることができる。しかも、第Ⅱ部第二章で詳述するように、日蓮における身延入山の動機の一つに、佐渡流罪期における自己の存在状況および門弟らとの関係のあり方を、あえて継続・発展させようとした積極的な意図を見出し得ると考えられるので、その意味でも、「佐中」と「佐後」は一括して捉えることが可能である。

ただし、宗教的自覚面からみるならば、「佐前」はもちろんのこと、「佐中」にあっても明確にはみられなかった自覚が、身延期に至って表明されることも確かである。すなわち、現実を超越しつつ——というよりも、現実を超越すればこそ——、現実とそれに連なる歴史とを意味づけ、救済史の最終的な実現に向けての見通しをつけ得る、いわゆる「師」としての自覚が、「智人」としての自信の裏づけのもと、明確化されるに至るのである。宗教的自覚面においては、かかる自覚の表明が、「佐中」と「佐後」とを画することになる。

日蓮の思想および宗教的自覚の展開に関する筆者の概略的な見解は、右にみた通りであるが、さらに、これと関連する先学の説にも触れておきたい。

佐藤弘夫氏は、日蓮の国家観と、それを支える思想的諸要素の変遷とを検討する中で、伊豆流罪以前を「初期」、伊豆流罪から佐渡流罪に至るまでを「中期」、佐渡流罪期と身延期を併せて「後期」とする三区分を提示している（佐藤〔一九七八〕二六頁、佐藤〔一九八七〕一九八頁など）。

また、田村芳朗氏は、天台本覚思想と日蓮との距離といった観点から、日蓮の思想展開を、次のように三期に区分する。第一期は、天台本覚思想の絶対的一元論・現実肯定的な立場から、法然浄土教の相対的二元論・現実否定的な立場に厳しい批判を投げかけていった時期である。『立正安国論』の上呈（一二六〇、三九歳）の頃までが、この時期に当てられる。第二期は、期待をかけていた現実から、伊豆流罪、小松原法難など種々の迫害を以って報われたことをうけて、現実と対決し、現実を変革せんとする姿勢を表に打ち出していった時期である。佐渡に流罪されるまでがこれに当てられる。第三期は、現実変革によって理想社会の実現を目指すという実践は門弟らに託され、みずからは現実超越の境地に入っていった時期である。佐渡流罪以降、殊に身延期がこれに当てられる（田村（一九七五）二三頁、五一－五三頁、五九－六二頁、一四一頁）。

この両説は、各々視点は異なるとはいえ、伊豆流罪に一つの転機をみている点と、佐渡流罪期と身延期とを大枠においてひとまとまりのものとして捉えている点で共通している。筆者が日蓮における思想と宗教的自覚の展開に見通しをつけるに当たり、もちろん立論の仕方は異なるとはいえ、両氏の説から示唆をうけたことを断っておきたい。

佐々木馨氏の見解にも触れておきたい。佐々木氏は、日蓮の思想構造の総体を「法華経世界」とみなす独自の見解を提唱する。その「法華経世界」とは、佐々木氏によれば、「『法華経』が絶対価値なることを完了的に意味し、併せて、他宗が『法華経』へ教判的に接近することを許さぬ、いわば一種の強固な仏教的要塞の構築をあらわす「四箇格言」を第一の核に、釈尊と『法華経』に対して全宇宙的規模での支配・統治権を与えた「釈尊御領」を第二の核に、そして第三には「法華経神祇」としての日本神祇に守護されつつ、仏使＝大使意識の使命感を持して、『法華経』を弘通せんとする「三国四師」を核にし、そして第四には謗法罪を懲罰・制裁するという蒙古軍の来襲観を核に」（佐々木（一九九九／一九七六）一〇五頁）構成された世界である。かかる「法華経世界」の成立過程を追うという観点から、佐々木氏は、日蓮の思想展開を、「佐前」「佐中」「佐後」という従来の枠組みを踏まえつつ、おおよそ次のように提示している。

①主知的・学問的志向に支えられ、無批判的に八宗を兼学するという動機のもと始められた日蓮の出家・修学は、建長五年（一二五三、三二歳）の『法華経』の選択宣言を以って一応の区切りを迎える。「法華経世界」はこうして芽生え、確かに方向づけられることにはなるが、それ以降、「佐前」の特質は、概して、「諸教諸宗に対して外道・外典ないしはセクト的意識を働かせない無批判的・没価値的な受容」（佐々木（一九九九

／一九七六）八七頁）にある。したがって、「佐前」は「懐疑・批判なき受容の時代」（佐々木（一九九九／一九七六）七九頁、八八頁）と位置づけられる。

②佐渡流罪の直中における深い思索を通じ、「佐前」に方向づけられた「法華経世界」の構築に向けて、本格的な模索が開始される。そうした模索の中で、「佐前」においては無批判的に受容されていた思想的諸要素が厳しく分離され、捉え直されていくことになる。このように「佐中」は、「模索と分離・捉え直しの時代」（佐々木（一九九九／一九七六）八八頁、九六頁）と位置づけられる。

③日蓮にとって、身延入山は、「鎌倉の世俗的権力に対する永遠なる訣別を宣言し、第二の思索生活への出発を意味する」（佐々木（一九九九／一九七六）九七頁）ものである。かかる第二の思索生活において、日蓮は引き続き「法華経世界」の構築に取り組んでいき、ついに晩年に至って、その完成に成功する。いわば「佐後」は、「体系・組織化の時代」（佐々木（一九九九／一九七六）九七頁、一〇四頁）である。

佐々木氏による右の見解のうち、「佐後」、つまり身延期の位置づけについては、本書第Ⅱ部第二章で改めて検討することになるが、ここで問題にしておきたいのは、「佐前」の位置づけである。日蓮の出家・修学の動機を、「無批判的」な八宗兼学への志向にみる佐々木氏の指摘は（佐々木（一九九九／一九七六）八〇－八四頁）、確かに首肯し得るものであるし、かかる無批判性は、佐々木氏が論じているように、「佐前」の日蓮の儒教観や神祇観にも、引き続きみられるものなのかもしれない（佐々木（一九九九／一九七六）八四－八五頁。また、佐々木（一九九九／一九八〇）、佐々木（一九九七／一九七三））。しかし、そうした無批判性を「佐前」すべてにわたって拡大するのは、いささか行き過ぎではなかろうか。佐々木氏自身述べているように、「佐前」の早い段階で、日蓮は『法華経』を選択した。そして、その選択を先鋭化していく中で、諸宗批判を、東密・禅・律へと拡大していく。また、佐々木氏自身、「法難が日蓮を『法華経』の中に追いやり、埋没させて行くと言ってもいいだろう」（佐々木〔一九九九／一九七六〕八七頁）と記しているように、日蓮は伊豆流罪や小松原法難を経て、「日本第一の法華経の行者」、「唯日蓮一人こそよみはべれ」という自覚を明確にし、従来の「持経者」と自己とをはっきりと分離していくのである。その意味でも、「佐前」は「懐疑・批判なき受容の時代」であって「分離・捉え直し」は佐渡流罪期に入ってようやく模索されはじめたものという区分は、やはり極端に過ぎるのではないかと思われる。

注

（1）本書はあくまでも日蓮研究を志すものであるので、オットー、レーウ、ヴァッハ、エリアーデらの業績について個別的に言及することはしない。筆者が彼らの業績に関して個別的に言及したものとしては、間宮〔二〇〇四a〕、間宮〔二〇〇九〕をご覧いただきたい。なお、「宗教現象学」の性格や歴史、およびその問題点や課題などを俯瞰した成果として、金井〔一九九二〕、棚次〔一九九四〕、華園〔二〇〇五〕、金井〔二〇〇五〕、澤井〔二〇一〇〕、華園〔二〇一六〕などがある。

（2）華園〔一九八九〕、および華園〔二〇一六〕の第三章「ファン・デル・レーウの宗教現象学の人間学的考察」では、レーウの「宗教現象学」にみられるこうした目的を、その主著 *Phänomenologie der Religion* を中心とした分析を通して浮き彫りにしようとしている。また、東馬場〔二〇〇三〕では、宗教現象学に厳しい批判が向けられている現状を紹介する一方で、こうした目的にこそ、宗教現象学が他の宗教研究と一線を画す重要な契機があったことを指摘している。

（3）宗教あるいは宗教体験というものの意味の統一性・普遍性を、あまりにもナイーブに前提としてしまっており、そのことが、文化の特殊性や歴史の文脈を無視した恣意的な比較を生んできた——。オランダの宗教学者ワールデンブルクは、レーウに代表される「宗教現象学」を、このような限界を孕《はら》んだ「古典的」なものとして限界づけ、かつ、宗教あるいは宗教体験といったものの意味は、あくまでも特定の人や特定の集団にとってのものであるという一貫した立場の上に、「古典的」なものとは異なった新たな「宗教現象学」の可能性を模索した。後述するように、日蓮にとっての釈尊・『法華経』の意味、そして、それらと関わる日蓮の、日蓮本人による意味づけを問うことを通して、日蓮にとっての宗教を明らかにしようとする筆者にしてみれば、ワールデンブルクのこうした立場は、共感を覚えるものである。なお、ワールデンブルクの見解に関する右の記述は、華園（一九八八）、および華園（二〇〇五）一六‐一七頁、澤井（二〇一〇）一四三頁などに基づいている。

ただ、ワールデンブルクのこうした立場について、金井新二氏は、志向性分析に特化した「現象学的解釈学」とでも称すべきものであり、「古典的」宗教現象学以来なされてきた構造分析を欠く以上、もはや「宗教現象学」とはいえないものである、と批判的に評している（金井（一九九六）三‐四頁）。しかし、筆者にとっては、ワールデンブルクの立場が宗教者個人の分析にとって有効であることこそが大切なのであって、それを何と称するべきか、構造分析が必要か否か、ということは問題ではない。

（4）近年、批判の対象となっているのは、ただ「宗教現象学」のみに止《とど》まらない。マクス・ミュラーに始まる近代「宗教学」自体が、宗教学者自身の手によって、批判と相対化の俎上にのせられている。かかる批判と相対化の中にあっては、「宗教学」が用いてきた「宗教」という概念ですら、西洋の歴史的・文化的制約をこうむった一個の相対的概念として位置づけられ、かかる相対性にもかかわらず、それが普遍妥当的な概念であるという大前提のもと、「宗教とは何か？」という問いに対する回答を試みてきた「宗教学」という学問自体、「宗教」が普遍妥当的なものであるということをプロパガンダする役割を果たしてきた言説に他ならなかった、とみなされる。いわば、「宗教」概念、および、その概念の上に構築されてきた「宗教学」の相対化であり、「宗教現象学」に向けられた批判などは、その最たるものであるといえよう。

こうした相対化は、自己がいかなる立場・前提の上に立っているかということに対して無自覚に陥ることなく、それを常に反省・検証するという意味では、確かに必要であろう。しかし、その一方で、相対化が相対化のみに止まるならば、それは建設を伴わない破壊にも等しい行為であるといわねばならない。「宗教現象学」に向けられた批判を、それなりに共感をもって受け止めながらも、その批判に全面的に賛同して、「宗教現象学」の方法や成果そのものに根本的な疑いの目を向ける気に筆者がならないのは、そのようないわば「建設なき破壊」には与同できないからである。「宗教現象学」を相対化することによって、私たちはそれが拠って立つ前提や立場を知ることができるであろう。それを踏まえた上で、かつ、自己自身が研究に際して拠って立とうとする前提・立場をも十分に自覚するように努めつつ、「宗教現象学」の方法や成果を自己の研究へと建設的に応用することは、十分に可能なはずである。

なお、「宗教学」における、右に述べたような動向については、マッカチオン（二〇〇〇）、磯前（二〇〇三）に詳しい。島薗（二〇一〇）においても、こうした動向に関する要を得た俯瞰がなされている。

（5）次に引く文言も、同じ出来事についての回想である。

日蓮は安房ノ国東條の郷清澄山《きよすみさん》の住人也。幼少の時より虚空蔵菩薩に願を立て云く、日本第一の智者となし給へと云云。虚空蔵菩薩眼前に高僧とならせ給ヒて明星の如くなる智慧の宝珠を授ケさせ給ヒき。其しるしにや、日本国の八宗並に禅宗念仏宗等の大綱粗伺ひ侍りぬ。　（『善無畏三蔵鈔』、四七三頁）

右の一節を含む『善無畏三蔵鈔』は、真蹟現存・曾存遺文ではなく、直弟子による写本も現存しないものとされてきた。ところが、さき頃、都守基一氏により、真蹟断簡一四九（『定遺』二五二四－二五二五頁）が『善無畏三蔵鈔』の一部である可能性の高いことが指摘された（都守〔二〇〇七〕）。これにより、『善無畏三蔵鈔』の文献学的信頼度は一気に高まったといえるであろう。

（6）　ところで、「日本第一の智者となし給へ」という願を立て始めた年齢については、

予はかつしろしめされて候がごとく、幼少の時より学文に心をかけし上、大虚空蔵菩薩の御宝前に願を立テ、日本第一の智者となし給へ。十二のとしより此願を立ッ。　（『破良観等御書』、一二八三頁、傍点引用者）

という一節の傍点部に、一二歳――日蓮が清澄寺に入った歳――まで遡るものとして回想されているが、虚空蔵菩薩より「智慧の宝珠」を賜るという体験をしたのはいつのことであったかについては、残念ながら記されていない。右の一節を含む『破良観等御書』は、真蹟現存・曾存遺文ではなく、直弟子写本も現存しないものであり、後世の写本がいわゆる『延山録外』に収められている。従来、この『延山録外』は、身延山久遠寺第二六世・智見院日暹（一五八六－一六四八）が身延山久遠寺所蔵真蹟の一部を書写したものとされてきたが、このことは、寺尾英智氏による考証（寺尾〔一九九七〕）によって単なる推測の域を超え出るに至った。したがって、『延山録外』に収められている『破良観等御書』の文献学的価値も、十分に高いものとみなしてよいものである。なお、日蓮が「虚空蔵菩薩求聞持法」を修していたことについては、宮川〔二〇〇九〕が示唆に富む。

『清澄寺大衆中』では「生身の虚空蔵菩薩」（『定遺』一一三三頁）と表現されている箇所が、右の注（5）をみてもらえばわかるように、『善無畏三蔵鈔』では「虚空蔵菩薩眼前に高僧とならせ給ヒて」（『定遺』四七三頁）と表現されている。つまり、日蓮にあって、虚空蔵菩薩が「生身」として現れたということは、具体的には、虚空蔵菩薩が「高僧」の形をとって出現したこととして理解されているのであって、この場合、「生身」とは、いわば「人間のように、なま身の、実際に生命が宿っている存在」という意味で理解されている、とみてよい。

長岡龍作氏は、私たちにとっても常識的といってよいこうした「生身」理解が、平安末期より前にはみられないことを指摘している。つまり、長岡氏は、もともと「生身」は右のような意味では用いられていなかったこと、「生身」は、元来、「法身」に対する仏教教理上の概念であり、仏像を「生身」化するには、その像に釈尊在世中の姿を備えさせる必要、すなわち、基本的にはその像に「三十二相」を具備させる必要があること、信心をもって関わることでその像が霊験を示すことにより、それは「生身」としての機能を果たすようになったとみなされていること、などを探り出したのである（長岡〔二〇〇九ａ〕）。加えて、長

岡〔二〇〇九ｂ〕では、「生身」に「人間のように、なま身の、実際に生命が宿っている存在」という意味が付与されていく過程、氏自身の言葉を引くならば、「古代的な生身観の中世的な変容」と、「それに応じて、生身視された仏像にも新たな意味が与えられていく経緯」（長岡〔二〇〇九ｂ〕五四頁下）が追跡されており、興味深い。

（7）『三三蔵祈雨事』、一〇六六頁。「されば我弟子等心みに法華経のごとく身命もをしまず修行して、此度仏法を心みよ」（『撰時抄』、一〇五九頁、傍点引用者）、「いかなる大難にもこらへてん、我身に当て心みて候へば、不審なきゆへに此山林には栖《すみ》候なり」（『三沢抄』、一四四六頁、傍点引用者）、「天照太神・正八幡・日月・帝釈・梵天等の仏前の御ちかい、今度心み候ばや」（『檀越某御返事』、一四九三頁、傍点引用者）などとあるように、日蓮にあって、「こゝろみる」「こゝろみ」は、漢字では「心みる」「心み」と表記される。

（8）上原〔一九八七〕で、上原氏が提唱する方法論である。氏によるこの方法論の詳細については、間宮〔二〇〇七〕を参照されたい。

（9）各分野における日蓮研究の流れを整理するものとして、本文中に挙げた①－⑤の拙論については、なるべく早いうちに、一書にまとまった形へと整理したいと考えている。

（10）「佐前」「佐後」、あるいは「佐前」「佐中」「佐後」といった区分は、日蓮の思想展開において佐渡流罪期にこそ画期があるという認識を端的に示すものであるが、ただし、そうした区分の間の連続面を強調するか、それとも、新たな展開面に重きを置くかについては、研究者の間で立場が別れるところである。

　例えば、大野達之助氏は、「四箇格言」の名で知られる日蓮の諸宗批判が、一度に表明されたものではなく、漸次、新たに展開されていったものであることを認めつつも、かかる諸宗批判の基準は、日蓮三二歳のいわゆる「立教開宗」に先立つ約一二年間の修学の結果、すでに完成・抱懐されていたとみている。こうした見解は、むしろ連続面を強調する立場の一例に数えてよかろう。

　これに対し、佐々木馨氏は、日蓮の出家および修学の動機が、無批判的に八宗を兼学する学問的側面にあったとした上で、いわゆる「立教開宗」とは、そうした修学の結果、『法華経』を価値あるものとして選択することの宣言であったとみなす。ただ、佐々木氏は、『法華経』を価値あるものとして選択するということと、『法華経』以外の諸経典になんらの価値も与えず、諸宗を「四箇格言」的に厳しく批判・排斥していくということとは、同一ではあり得ないと注意を促す。氏によれば、「四箇格言」的諸宗批判が完成するのは、日蓮が身延に入ってからであり、佐渡期に構築の萌芽をみた日蓮独自の「法華経世界」は、こうした諸宗批判の完成を待ってようやく完全に構築されるに至ったという。見方を換えれば、いわゆる「立教開宗」段階における『法華経』の選択とは、佐渡期以降に「法華経世界」が構成されていくにあたっての一定の方向性を与えたものに過ぎない、とみなされるのである。かかる見解などは、思想の新たな展開面に重点を置く立場のものとみてよかろう。本書では、後者の立場をとる。

大野氏の見解については、大野〔一九五八〕を参照せよ。また、佐々木氏の見解については、佐々木〔一九九九／一九七六〕を参照のこと。なお、「法華経世界」の概念については、本章第三節の後半部をみよ。

（11）玉沢妙法華寺蔵日興写本『立正安国論』では、題号の下に「天台沙門日蓮勘之」とある（『定遺』二〇九頁脚注）。また、文応年間（一二六〇－一二六一、三九－四〇歳）の作とされる『三部経肝心要文』の書名下にも、「天台沙門日蓮」とある（『真蹟集成』〈6〉八七頁）。

（12）『曾谷二郎入道殿御報』、一八七五頁。『聖人御難事』、一六七三頁にも「頭《くび》の座」とある。

（13）本書では、「門弟」という言葉を、高木豊氏の用例に従い、出家の弟子と在家の檀越・信者とを合わせ含めた概念として用いる。高木〔一九七二〕六一頁を参照せよ。

（14）『顕謗法鈔』は、『定遺』では伊豆流罪中の弘長二年（一二六二、四一歳）に系けられるが、本書では、この系年はとらない。文永六、七年（一二六九、四八歳、一二七〇、四九歳）頃と措定する理由については、第Ⅰ部第一章の注（10）で記す。

【引用・参照資料および略号】

『真蹟集成』〈6〉
　日蓮聖人真蹟集成法蔵館編集部『日蓮聖人真蹟集成』第六巻、法蔵館、一九七七年。

【引用・参照文献】

磯前〔二〇〇三〕
　磯前順一「宗教概念および宗教学の成立をめぐる研究概況」（磯前順一『近代日本の宗教言説とその系譜――宗教・国家・神道――』岩波書店）。
上原〔一九八七〕
　上原専祿「日蓮認識への道（未完）」（『上原専祿著作集』第二六巻、評論社）。
大野〔一九五八〕
　大野達之助『日蓮』〈人物叢書〉、吉川弘文館。

金井〔一九九二〕
金井新二「解釈学的現象学としての宗教現象学――その分析地平と「現象」――」（『宗教研究』第六六巻第三輯、通巻二九四号）。
金井〔一九九六〕
金井新二「宗教現象学における志向性分析」（東京大学文学部宗教学研究室『東京大学宗教学年報』XV）。
金井〔二〇〇五〕
金井新二「宗教現象学の百二十年によせて」（『宗教研究』第七八巻第四輯、通巻三四三号）。
佐々木〔一九九七／一九七三〕
佐々木馨「日蓮の神祇観」（佐々木馨『中世仏教と鎌倉幕府』吉川弘文館、一九九七年）。初出原題け「日蓮における神祇観の変遷について」（『秋大史学』二〇号、一九七三年）。佐々木によるこの論文は、氏のこれまでの日蓮研究を集大成した論集である佐々木馨『日蓮の思想史的研究』山喜房仏書林、二〇一一年にも「神祇観の変遷と「法華経神祇」の創出」というタイトルで所収。
佐々木〔一九九九／一九七六〕
佐々木馨「日蓮の思想構造」（佐々木馨『日蓮の思想構造』吉川弘文館、一九九九年）。本書での引用・参照はこれに拠った。初出は『研究年報 日蓮とその教団』第一集、平楽寺書店、一九七六年。後に、中尾堯・渡辺宝陽編『日蓮聖人と日蓮宗』〈日本仏教宗史論集第九巻〉、吉川弘文館、一九八四年に再録。佐々木馨『日蓮の思想史的研究』山喜房仏書林、二〇一一年にも「「法華経世界」の構築」というタイトルで所収。
佐々木〔一九九九／一九八〇〕
佐々木馨「日蓮と外典・外道」（佐々木馨『日蓮の思想構造』吉川弘文館、一九九九年）。初出原題は「日蓮の外典・外道観について」（『秋大史学』二七号、一九八〇年）。佐々木馨『日蓮の思想史的研究』山喜房仏書林、二〇一一年にも「外道と外典」というタイトルのもと所収。
佐藤〔一九七八〕
佐藤弘夫「初期日蓮の国家観――鎌倉旧仏教との比較において――」（東北大学文学部日本思想史学研究室『日本思想史研究』第一〇号）。

佐藤〔一九八七〕
佐藤弘夫『日本中世の国家と仏教』吉川弘文館。
澤井〔二〇一〇〕
澤井義次「宗教現象学」（星野英紀・池上良正・氣多雅子・島薗進・鶴岡賀雄編『宗教学事典』丸善株式会社）。
島薗〔二〇一〇〕
島薗進「宗教学」（星野・池上・氣多・島薗・鶴岡編『宗教学事典』）。
高木〔一九七二〕
高木豊「日蓮の門弟」（田村芳朗・宮崎英修編『日蓮の生涯と思想』〈講座日蓮 第二巻〉、春秋社）。
棚次〔一九九四〕
棚次正和「宗教現象学の展開とその学問的な基本性格」（筑波大学哲学・思想学系『哲学・思想論集』第一九号）。
田丸〔一九七七〕
田丸徳善「宗教学の歴史と課題」（田丸徳善編『宗教理解への道』〈講座宗教学第一巻〉、東京大学出版会）。
田村〔一九七五〕
田村芳朗『日蓮――殉教の如来使――』日本放送出版協会。
都守〔二〇〇七〕
都守基一「日蓮聖人遺文『善無畏三蔵鈔』再考」（常円寺日蓮仏教研究所『日蓮仏教研究』創刊号）。
寺尾〔一九九七〕
寺尾英智「『撰時抄』異本と『延山録外』」（寺尾英智『日蓮聖人真蹟の形態と伝来』雄山閣出版）。
長岡〔二〇〇九ａ〕
長岡龍作「古代日本の「生身」観と造像」（『美術史学』第二九号、東北大学大学院文学研究科美術史学講座）。
長岡〔二〇〇九ｂ〕
長岡龍作「高清水善光寺阿弥陀如来像と中世の生身観」（『佛教藝術』三〇七号、毎日新聞社）。

華園〔一九八八〕
華園聰麿「書評と紹介・Jacques Waardenburg : *Religionen und Religion*」（『宗教研究』第六二巻第二輯、通巻二七七号）。
華園〔一九八九〕
華園聰麿「G・ヴァン・デル・レーウの「宗教現象学」再考」（『東北大学文学部研究年報』第三九号）。
華園〔二〇〇五〕
華園聰麿「日本における比較宗教学と宗教現象学の歩み」（『宗教研究』第七八巻第四輯、通巻三四三号）。
華園〔二〇一六〕
華園聰麿『宗教現象学入門――人間学への視座から――』平凡社。
東馬場〔二〇〇三〕
東馬場郁生「ポスト・エリアーデ時代の宗教現象学とエリアーデ」（『宗教研究』第七六巻第四輯、通巻三三五号）。
マッカチオン〔二〇〇〇〕
ラッセル・T・マッカチオン「「宗教」カテゴリーをめぐる近年の議論――その批判的俯瞰――」（磯前順一、リチャード・カリチマン訳、『現代思想』二八巻九号）。
間宮〔一九九六a〕
間宮啓壬「日蓮にみる女性の救済――「一念三千の成仏」――」（身延山大学仏教学会『身延論叢』創刊号）。
間宮〔一九九六b〕
間宮啓壬「日蓮の女人救済論――ジェンダー論的視点から――」（印度学宗教学会『論集』第二三号）。
間宮〔二〇〇四a〕
間宮啓壬「日蓮研究に関する方法論的試論と戦後日蓮研究史――「顕密体制論」まで――」（『身延山大学仏教学部紀要』第五号）。
間宮〔二〇〇四b〕
間宮啓壬「日蓮研究に関する方法論的試論と戦後日蓮研究史――「顕密体制論」後の歴史学的・思想史学的日蓮研究を中心に――」（印度学宗教学会『論集』第三一号）。

間宮〔二〇〇六〕
間宮啓壬「宗学的日蓮研究――近代以降の点描を中心に――」(『身延山大学東洋文化研究所所報』第一〇号)。
間宮〔二〇〇七〕
間宮啓壬「日蓮研究に関する方法論的試論と戦後日蓮研究史――宗教学・倫理学等、その他の分野の諸研究点描――」(上田本昌博士喜寿記念論文集『日蓮聖人と法華文化』大東出版社)。
間宮〔二〇〇九〕
間宮啓壬「日蓮における宗教的自覚と救済――「こころみ」の宗教――」(博士論文。二〇〇九年一〇月、東北大学大学院文学研究科に提出。二〇一〇年七月、学位授与)。
間宮〔二〇一一〕
間宮啓壬「日蓮遺文の文献学的研究とその成果」(身延山大学仏教学会『身延論叢』第一六号)。
宮川〔二〇〇九〕
宮川了篤「日蓮聖人にみる虚空蔵菩薩求聞持法の一考察」(小松邦彰先生古稀記念論文集刊行会『日蓮教学の源流と展開』山喜房仏書林)。

第Ⅰ部　「爾前」の日蓮

第一章　教相知と実践知

はじめに

日蓮二十七年が間、弘長元年辛酉五月十二日には伊豆ノ国へ流罪。文永元年甲子十一月十一日頭にきず（疵）をかほり左の手を打チをらる。同シキ文永八年辛未九月十二日佐渡の国へ配流《はいる》。又頭《くび》の座に望《のぞむ》。其外に弟子を殺サれ、切ラれ、追ヒ出サレ、くわれう（過料）等かずをしらず。（『聖人御難事』、一六七三頁）

日蓮の生涯は度重なる受難に彩られたものであった。しかし、周知のように、日蓮はその受難に強靭なる意志をもって耐え、みずからの信仰を貫き通した。その意味では、日蓮は確かに「意志の人」であったといえる。しかし、ただ単に「意志の人」とのみ評するならば、日蓮という宗教者を構成する重要な側面を見落とすことになりかねない。というのも、日蓮の意志は、日蓮自身の真摯な「学問（学文）」によって支えられていたといえるからである。もっとも、日蓮は学問のための学問を行なったわけではない。日蓮の学問は常に実践において表現され、実践の場で「心み」られなければならないものであった。そうした検証を経てはじめて、日蓮はみずからの学問と、学問の具体化たる実践の正しさを確信することができたのであり、そうした正しさの確信が、日蓮の意志の源泉となっていたのである。家永三郎氏が用いた言葉を借りて、「意志の人」としての側面を「主意的側面」と名づけ、「学問」を重んじる側面を「主知的側面」と名づけるならば、家永氏が指摘するように、日蓮にあって確かに両側面は分かち難い関係にあったといえる[1]。

実際、日蓮の「主知的側面」は、日蓮という宗教者を特徴づける重要な側面であった。

> 生身の虚空蔵菩薩より大智慧を給ハりし事ありき。日本第一の智者となし給へと申せし事を不便とや思シ食シけん。明星の如クなる大宝珠を給ヒて右の袖にうけとり候し故に、一切経を見候しかば八宗並に一切経の勝劣粗《ほゞ》是を知りぬ。
>
> （『清澄寺大衆中』、一一三三頁）

序章でも触れたように、青年期、清澄寺にあった頃の日蓮に起こった出来事であろう。清澄寺の本尊である虚空蔵菩薩に対して、日蓮は「日本第一の智者となし給へ」と願ったという。この知的野心に満ちた願い自体に、日蓮の「主知的側面」を明瞭にみることができる。しかも、その願いに応じて、「生身の虚空蔵菩薩」が「大智慧」の象徴たる「大宝珠」を授けてくれるという一種の神秘体験を得た、というのである。もっとも、「大智慧」を授かったとはいうものの、それは内実を伴うものではなく、「大宝珠」といういわば象徴の形で与えられたに過ぎない。してみると、「大智慧」の象徴たる「大宝珠」を授かったということは、今後、仏教を正しく理解・実践できる素地が与えられたという確信の獲得を意味することになろう。かかる確信を中身のない単なる確信に止《とど》めおかず、与えられた素地を開拓して確信を現実のものとするために、日蓮は一層の修学、さらには実践へと足を踏み出すことになる。序章でも述べたが、日蓮にとってそれは、「仏法をこゝろみる」（『三三蔵祈雨事』、一〇六六頁）ための歩みに他ならないものであった。

ところで、右に引いた『清澄寺大衆中』の一節において、日蓮は、修学の結果、「八宗並に一切経の勝劣」をほぼ知ることができた、と述べている。とするならば、日蓮の修学の目的が、当初より諸宗・諸経の優劣を判定するところにおかれていた、とみることも可能ではあろう。しかし、他の遺文をみてみると、日蓮が掲げる修学の目的は決して一様ではない。これについては、田村芳朗・佐々木馨両氏が明快な整理を行なっているので、まずはそれをみておこう（田村〔一九七五〕二三―二八頁、佐々木〔一九七九〕四〇―四三頁、佐々木〔一九九九〕八二―八四頁、佐々木〔二〇一二〕一〇二―一〇四頁）。

両氏はともに、日蓮が出家して本格的な修学に踏み出す動機を、次の四点にまとめている。第一点、今も挙げた「八宗並に一切経の勝劣」を知るという目的。換言するならば、いずれの経典に釈尊の真意が表明されているのかを探求するという目的である[2]。第二点、無常を克服するという目的[3]。第三点、寿永・承久の乱などの社会的・政治的混乱の原因を、仏教的視点から解明するという目的[4]。さらに第四点は、諸宗に通暁するという目的である[5]。

田村・佐々木両氏は、これらはいずれも後年の回想という形で表明されており、したがって、こうした目的が表明される文脈や対告衆の問題も十分に考慮される必要がある、と注意を喚起した上で、これらのうちのいずれが、日蓮が本格的な修学に踏み出す大本の目的であったかを問うていく。

まず第一点については、諸宗の乱立状態は、日蓮が修学を深めていく中ではじめて意識されたことであり、出家・修学の出発点からこうした目的が明瞭にあったとは考えにくいとされる。第二点については、この目的が表明される遺文が、夫を失った女性に共感し、慰めるために書かれたものであること、第三点については、こうした目的が表明されるのは、日本を亡国に導く根源として密教批判を先鋭化させていく佐渡流罪以降であることを理由に、いずれも、出家・修学の当初からあった目的とはみなし難いとされる。その上で、第四点、つまり、八宗兼学的に学問を修め、諸宗に通暁したいというのが、日蓮における出家・修学の本来の目的であった、とされるのである。

本書においても、基本的にはこの見解に従うが、本書ではむしろ、八宗兼学的に学問を始めた日蓮が、修学の過程で、いずれの経典に釈尊の真意が説かれているのかという問題をみずからに課すようになったこと、そして、そうした問題が、無常を克服する救済の要路がどこにあり、また、釈尊の真意を見失った信仰が社会的・政治的混乱といかに関わっているのかという問題に、必然的に連なっていったことに注目したいと思う。日蓮の遺文中に「知る」「勘ふ」という言葉が頻出することからも窺われるように（佐々木〔一九七九〕一三頁）、修学の過程で浮上したこれら諸問題を、日蓮は主知的態度によって探求したのであり、そうした諸問題に解答を下し得る総合的な「道理」を獲得したと自負されるところに、「一閻浮提第一の智人」（『撰時抄』、一〇五六頁）という自覚も表明されることになると考えられるのである。

ただし、このようにみずからを最高の「智人」として高らかにうたいあげる一方で、一見したところ、これとはまったく矛盾するやにみえる自己認識が日蓮にあったことも確かである。「日蓮は愚者也、非学生也」（『浄蓮房御書』、一〇七六頁）、「我等は凡夫なり」（『法蓮鈔』、九四二頁）、「凡夫の身日蓮等」（『三沢鈔』、一四四五頁）といった言葉にみられる、愚かなる凡夫としての自覚がそれである。もしも、これを日蓮の単なる謙遜と受け取るならば、一見したところ矛盾ともみえるこうした事態は、なんら矛盾ではない、ということになる。だが、単なる謙遜であったとは考えにくい。

世もやうやく末になれば、聖賢はやうやくかくれ、迷者はやうやく多シ。世間の浅き事スラ猶あやまりやすし。何ニ況ヤ出世の深法悞なかるべしや。犢子《とくし》・方広《ほうくわう》が聡敏なりし、猶を大小乗経にあやまてり。無《む》垢《く》・摩沓《またう》が利根なりし、権実二教を弁ヘず。正法一千年の内ハ在世も近ク、月氏の内なりし、すでにかくのごとし。況ヤ尸那・日本等ハ国もへだて、音《おん》もかはれり。人の根モ鈍なり。寿命も日あさし。貪瞋癡も倍増せり。仏世を去てとし久し。仏経みなあやまれり。誰の智解か直かるべき。（『開目抄』、五五五頁）

ここで日蓮は、末法という時代、辺土たる日本に生きる自分たちが抱えざるを得ない智慧の有限性に言及している。こうした有限性は、「仏経みなあやまれり。誰の智解か直かるべき」という言葉に端的に表現されている。ここに、自分のみならず、同時代人はいずれも智慧の有限性を抱えた「愚者」たらざるを得ないという深刻な認識が、確かに窺われるのである。

にもかかわらず、その一方で、日蓮は自己が「一閻浮提第一の智人」であることを前面に打ち出すのである。一見したところ矛盾ともみえるこのような自己認識を、どのように受け止めればよいのであろうか。この問題を日蓮自身において尋ねていく中で、私たちは「愚者」にして「智人」、「智人」であると同時に「愚者」であるという日蓮の自覚を見出すことになるであろう。それはまた、日蓮のいわゆる「師」としての自覚にみられる、動的な緊張感と逆説性を孕んだ構造を明らかにすることでもある。

ただし、日蓮の「師」自覚におけるそうした構造を明らかにすることが、本章の目的ではない。そのための詳細な考察は、第Ⅱ部の第三章に譲る。本章で行なうのは、そうした考察に向けてのいわば基礎作業である。すなわち、日蓮がみずからの修学を通して、いかなる「道理」を求め、紡ぎだそうとしたのかという問題を、ここでは取り扱う。その際、「道理」の内実を、便宜上、「教相知」と「実践知」に分けてみていくという手法をとりたい。また、「実践知」について検討する際には、日蓮がいうところの「謗法」の意味と様相にも言及する。

第一節　教相知

日蓮を「法華経至上主義者」とみなす評価の仕方は、それ自体としては決して誤ったものではない。日蓮という宗教者に対する評価としては、むしろ最もポピュラーなものであるといってよかろう。

しかし、ライフヒストリーに即した思想形成という観点からみるならば、日蓮は決して一朝一夕に「法華経至上主義者」となったわけではない。『妙法比丘尼御返事』には、若い頃、念仏に心を寄せていた時期があったと回想されている(6)。また、日蓮二一歳の著作とされる『戒体即身成仏義』を、文献学的に信頼の置ける遺文とするならば、この時期の日蓮は、明らかに密教を法華の上位においている(7)。日蓮が出家し、最初に修行・修学に励んだ清澄寺が天台密教、いわゆる台密の寺院であったことを勘案するならば、むしろ違和感のない結論である。実際、第Ⅰ部第三章でもみるように、日蓮が台密を突き放せるようになるまでには、相当の時間を要するのである。

日蓮三二歳のいわゆる「立教開宗」以降においては、露骨に密教の上位がいわれることはなくなるが、例えば、三三歳に系年される『不動・愛染感見記』においては、「大日如来より日蓮に至る廿三代嫡々相承」(『定遺』一六頁、原漢文)と、みずからを大日如来の系譜に位置づけており、日蓮初期の代表的論書である三八歳の『守護国家論』においても、「法華・涅槃・大日経等は了義経なり」(『定遺』九七頁、原漢文)と記され、『法華経』は『涅槃経』および『大日経』と同等に「了義経」の範疇に収められている。

周知のように、『守護国家論』に示されたこのような立場は、教学上、いわゆる「法華真言未分」と称されるものである。この場合、『法華経』は確かに「了義経」としてトップの位置に置かれているのであり、その意味では、「法華経至上主義」の立場に立っていることは間違いない。ただ、『法華経』のその位置は、決して絶対的なものではない。『法華経』は、真言、つまり密教の代表的経典である『大日経』と並べ置かれているのであり――「法華真言未分」と称される所以である――、したがって、「法華経至上主義」の立場に立っているといっても、いまだ相対性を免れるものではない。いわば「相対的法華経至上主義」の段階にある、ということである。

『守護国家論』が著された翌年、三九歳の日蓮は、『災難興起由来』『災難対治鈔』を叩き台として著した上で、その成果を『立正安国論』へと結実させ、前執権にして北条得宗の長、つまり鎌倉幕府の実質的最高権力者である北条時頼に提出することになるのだが、結論的にいえば、この段に至っても、「法華経至上主義」の相対性を脱したとはいい難い状況にある。

『災難対治鈔』において、日蓮は、「問て曰く、国中の諸人、諸大乗経に於て捨離の心を生じて、供養するの志を生ぜざる事は、何の故よりこれ起こるや」(『定遺』一六五―一六六頁、原漢文)という問いを設け、これに対し、諸経典を博引した上で、その大本の原因につき、「法然上人所造等の撰択集これなり」(『定遺』一六七頁、原漢文）と結論づけている。つまり、「国中の諸人」が「諸大乗経」を捨てることになってしまった根本因を、法然浄土教の核心である『選択集』に求めているのである。その上で、日蓮は、大乗諸経典を捨ててしまった人々を「謗法者」とみなしつつ、「謗法の者を治すべし。若ししからずんば、無尽の祈請ありといへども、災難を留むべからざるなり」（『定遺』一七〇頁、原漢文）と警告を発している。ここで注目すべきは、大乗諸経典を捨てるという行為が「謗法」＝「誹謗正法」とみなされていることである。つまり、「正法」とは、大乗諸経典全般――『災難興起由来』の言葉を借りるならば、「法華真言等ノ諸大乗経」（『定遺』一六〇頁）――を指すのであり、それらを捨てるということ――法然浄土教の術語を借りるならば、「捨閉閣抛」すること――が、「誹謗正法《ひほうしょうぼう》」＝「謗法《ほうぼう》」とみなされているのである。

こうした枠組みは、『立正安国論』においても変わるところはない。

> 曇鸞・道綽・善導の謬釈を引て聖道浄土・難行易行の旨を建て、法華真言総じて一代の大乗六百三十七部・二千八百八十三巻、一切の諸仏菩薩及び諸の世天等を以て、皆、聖道・難行・雑行等に摂して、或は捨て、或は閉じ、或は閣き、或は抛つ、この四字を以て多く一切を迷はし、剰へ三国の聖僧・十方の仏弟を以て、皆、群賊と号し、併せて罵詈せしむ。近くは所依の浄土の三部経の唯除五逆誹謗正法の誓文に背き、遠くは一代五時の肝心たる法華経の第二の若人不信毀謗此経乃至其人命終入阿鼻獄の誡文に迷ふ者なり。
>
> （『定遺』二一六頁、原漢文、傍点引用者）

この一節もまた、傍点部に示した「正法」たる大乗諸経典と、それらに基づく諸仏・諸菩薩・諸天等を

「捨閉閣抛」せよと主張したかどで、法然浄土教が「誹謗正法」＝「謗法」と断罪されているところに他ならない。これを逆にいえば、大乗諸経典は「正法」である以上、決して捨ててはならない、ということでもあるが、ただ、大乗諸経典がいずれも「正法」の枠組みの内側にあるからといって、どれに帰依してもよい、とされているわけではもちろんない。『立正安国論』の末尾で、「汝、早く信仰の寸心を改めて速かに実乗の一善に帰せよ」（『定遺』二二六頁、原漢文）と述べられているように、「実乗の一善」、つまり『法華経』こそ帰依すべき経典とされている。すなわち、数ある「正法」の中でも、帰依すべきはやはり『法華経』なのであり、その意味では、『法華経』は「正法」たる大乗諸経典の頂点に立つわけである。ただし、あくまでも、同じく「正法」と位置づけられた大乗諸経典の中にあって、『法華経』は、積極的に帰依すべき経典という意味で頂点に立つともいえるのであり、その意味では、相対性を免れているとはいい難いのも事実である。[8]

日蓮が『法華経』に絶対の価値を見出していくに当たっては、「随分諸国を修行して学問し候」（『本尊問答鈔』、一五八〇頁）と回顧される修学の過程で遭遇したある疑問と、その疑問を解決しようとする更なる学問の積み重ねが必要であった。その疑問と、疑問解決のための方法論について、後年の整理された形ではあるが、日蓮は次のように言及している。

> 仏法をうかがひし程に、一代聖教をさとるべき明鏡十あり。所謂る倶舎・成実・律宗・法相・三論・真言・華厳・浄土・禅宗・天台法華宗なり。此の十宗を明師として一切経の心をしるべし。世間の学者等おもえり、此の十の鏡はみな正直に仏道の道を照せりと。……日蓮が愚案はれ（晴）がたし。世間をみるに、各々我も我もといへども国主は但一人なり。二人となれば国土おだやかならず。家に二の主あれば其

家必スやぶる。一切経も又かくのごとくや有ルらん。何《いづれ》の経にてもをはせ、一経こそ一切経の大王にてをはすらめ。而ルに十宗七宗まで各々諍論して随はず。国に七人十人の大王ありて、万民をだやかならじ。いかんがせんと疑ッところに、一《ひとつ》の願を立ツ。我れ八宗十宗に随はじ。天台大師の専ら経文を師として一代の勝劣をかんがへしがごとく、一切経を開きみるに、涅槃経と申ス経に云ク、「法に依りて人に依らざれ」等云云。依法と申スは一切経、不依人と申スは仏を除き奉リて外の普賢菩薩・文殊師利菩薩乃至上《かみ》にあぐるところの諸ノ人師なり。此経に又云ク、「了義経に依りて不了義経に依らざれ」等云云。此経に指《さす》ところ了義経と申スは法華経、不了義経と申スは華厳経・大日経・涅槃経等の已今当の一切経なり。されば仏の遺言《ゆゐごん》を信ずるならば、専ら法華経を明鏡として一切経の心をばしるべきか。

（『報恩抄』、一一九三―一一九四頁、鍵括弧内原漢文、傍点引用者）

広く諸宗を学ぶ過程で、日蓮は一つの疑問に突き当たったという。「一切経の心」を集約し、「正直に仏道の道を照」らす経は何か。それは「一切経の大王」ともいうべき、ただ一つの経典でなければならない。それはいずれの経典か、といった疑問である。そして、その疑問に立ち向かう一種の方法論として、傍点部にみえる『涅槃経』の「法に依りて人に依らざれ」、「了義経に依りて不了義経に依らざれ」が挙げられる。右に引いた文言はあくまでも後年の回想であるから、「了義経と申スは法華経、不了義経と申スは華厳経・大日経・涅槃経等の已今当の一切経なり。されば仏の遺言《ゆゐごん》を信ずるならば、専ら法華経を明鏡として一切経の心をばしるべきか」という結論が既に下されてしまっているが、高木豊氏も指摘するように、そうした結論を導き出すまでの過程で、「法に依りて人に依らざれ」等のいわゆる「法の四依」が、疑問解決のための有力な判断基準となっていったに違いあるまい（高木〔一九七〇b〕三三―三四頁、高木〔二〇〇二〕二七―二八頁）。このことは、「法の四依」の重要性が、日蓮三八歳の論書『守護国家論』において既に、

> 願わくは末代の諸人、且《しばら》く諸宗の高祖の弱文無義を閣《さしお》いて、釈迦・多宝・十方諸仏の強文有義を信ずべし。何に況や諸宗の末学、偏執を先と為し、末代の愚者、人師を本と為して経論を抛《なげす》つる者に依憑すべきや。故に法華の流通たる雙林最後の涅槃経に、仏、迦葉童子菩薩に遺言して言く、法に依りて人に依らざれ、義に依りて語に依らざれ、智に依りて識に依らざれ、了義経に依りて不了義経に依らざれと云云。
>
> （『定遺』九八頁、原漢文、傍点引用者）

と強調されていることからも知られる。先述のように、『守護国家論』の段階では、いまだ『法華経』のみが「一切経の大王」あるいは「了義経」とみなされているわけではない。だが、「一切経の大王」「了義経」を見出そうとする際の判断基準として、既に早い段階から「法の四依」が機能していたことは、右に引いた文言から十分に窺われるところである。[9]

話題をもとに戻そう。日蓮が『法華経』を、相対性を脱して「一切経の大王」と明言するに至ったと判断してよい遺文はどれか。文献学的に信頼し得る遺文によるならば、『定遺』では伊豆流罪中の弘長二年（一二六二、四一歳）に系年される『顕謗法鈔』を挙げることができる。次章でもみるように、伊豆流罪は宗教的自覚面において日蓮に一つの転機をもたらすが、『定遺』に従って『顕謗法鈔』を伊豆流罪中の遺文とするならば、

伊豆流罪はいわゆる「教相知」においても一つの画期をなすものであった、ということになる。すなわち、伊豆流罪の直中において、日蓮は法華経のみに絶対の価値を認める教相判釈を明確にし始めたことになるわけである。ただ、『顕謗法鈔』の系年に関して、本書では、伊豆流罪の赦免より六年から七年を経た文永六年ないし七年（一二六九、四八歳ないし一二七〇、四九歳）頃の遺文と措定しておきたい。[10] つまり、宗教的自覚面における転機と、「教相知」における画期との間にはタイムラグがあるとみるのであるが、まずは『顕謗法鈔』の主張に目を向けておこう。いささか長文にわたるが、『顕謗法鈔』の次の文言をご覧いただきたい。

> 無量義経計リこそ前四十余年の諸経を嫌ヒ、法華経一経に限て、已説の四十余年・今説の無量義経・当説の未来にとくべき涅槃経を嫌フて法華経計リをほめたり。釈迦如来・過去現在未来の三世の諸仏、世にいで給て各々一切経を説キ給フに、いづれの仏も法華経第一なり。例せば上郎下郎不定なり。田舎《いなか》にしては、百姓郎従等は侍《さむらい》を上郎といふ。洛陽《みやこ》にして、源平等已下を下郎といふ。三家を上郎といふ。又主を王といはば百姓も宅中の王なり。地頭・領家《りやうけ》等モ又村郷郡国の王なり。しかれども大王にはあらず。小乗経には無為涅槃の理ガ王なり。小乗の戒定等に対して智慧は王なり。諸大乗経には中道の理ガ王なり。又華厳経は円融相即の王、般若経は空理の王、大集経は守護正法の王、薬師経は薬師如来の別願を説く経の中の王、雙観経は阿弥陀仏の四十八願を説く経の中の王、大日経は印真言ヲ説ク経の中の王、一代一切経の王にはあらず。法華経は真諦俗諦・空仮中・印真言・無為ノ理・十二大願・四十八願、一切諸経の所説の所詮の法門の大王なり。これ教をしれる者なり。而ルを善無畏・金剛智・不空・法蔵・澄観・慈恩・嘉祥・南三北七・曇鸞・道綽・善導・達磨等の、我が所立の依経を一代第一といえるは教をしらざる者なり。

（『定遺』二六九－二七〇頁、傍点引用者）

傍点部にあるように、日蓮は、「いづれの仏も法華経第一なり」、「法華経は……一切諸経の所説の所詮の法門の大王なり」と断言し、それを知ってこそ、「教をしれる者」たり得るという。もっとも、右の引用部分をみる限りでは、「小乗経」や、「諸大乗経」、殊に『華厳経』『般若経』『大集経』『薬師経』『雙観経』『大日経』といった諸経典は、「一代一切経の王にはあらず」とはいわれるものの、各々が展開する「理」の枠内においては「王」とみなされている。その意味では、消極的ながら、一定の価値が認められているかのようにもみえる。言葉を換えるならば、いまだ「相対的法華経至上主義」を脱しきれてはいないようにもみえるのである。

ところが、である。『顕謗法鈔』の別の箇所における、次のような記述を看過してはならない。

をのれが依経には随えども、すぐれたる経を破するは破法となるか。若爾《ラハ》者、設《ヒ》観経・華厳経等の権大乗経の人々、所依の経の文の如く修行すとも、かの経にすぐれたる経々に随はず、又すぐれざる由を談ぜば、謗法となるべきか。

（『定遺』二五六頁）

すなわち、みずからの依経よりもすぐれた経の存在が明らかになった場合は、そのすぐれた経にこそ従うべきであって、にもかかわらず、従来の依経に執着するならば、「破法」「謗法」[11]を犯すことになってしまう、というのである。こうした立場に則るならば、帰依すべき対象としての価値が認められるべきは、当然、『法華経』一経に限定されるとともに、それ以外の経典に、帰依対象としての価値は認め難いものとならざるを得ない。いうまでもなく、これは「絶対的法華経至上主義」の立場に立ってはじめて展開し得る論理である。『顕謗法鈔』において、日蓮が、

南三北七の頓漸不定、一時・二時・三時・四時・五時、四宗・五宗・六宗、天台の五時、華厳ノ五教、真言教の東寺・天台の諍、浄土宗の聖道・浄土、禅宗の教外・教内、入門は差別せりというとも実理に入ル事は但一なるべきか。

（『定遺』二六五頁）

という見解を、

難シテ云ク、華厳ノ五教、法相・三論ノ三時、禅宗ノ教外、浄土宗ノ難行・易行、南三北七ノ五時等、門はことなりといへども入理一にして、皆仏意に叶ヒ謗法とならずといはゞ、謗法という事あるべからざるか。

（『定遺』二六五―二六六頁）

と言下に否定するのも、そうした論理に則ってのことである。

日蓮における「法華経至上主義」は、こうして「相対的」なものから「絶対的」なものへと移行したのであるが、それでは、こうした移行の背景には、一体、何があったのであろうか。

日蓮にとって、伊豆流罪に至る一連の受難体験は、法華弘通の困難さを如実に物語るものであった。既に

『立正安国論』の末尾において、「汝、早く信仰の寸心を改めて、速やかに実乗の一善（＝『法華経』）に帰せよ。然れば則ち三界は皆、仏国なり」（『定遺』二二六頁、原漢文、括弧内引用者）と記し、『法華経』への帰依こそが、この娑婆世界の仏国土化をもたらすと説いた日蓮ではあったが、まさに言うは易く、行なうは難しである。仏国土化の前提となる『法華経』への帰依自体が受け入れられず、かえって迫害に晒されるという現実を、日蓮は如実に体験しなければならなかったのである。ただ、序章の第三節でも触れ、また次章でも詳しくみていくことになるが、こうした迫害は、日蓮に、仏に予言された者としての自信をもたらすものでもあった。迫害を根拠として、「仏に直接予言されたのだ」という自信を獲得し得たのである。したがって、迫害を理由として『法華経』の弘通から撤退するという選択肢は、日蓮にはあり得なかった。むしろ、『法華経』への帰依を広く求めていくという日蓮の覚悟は、一層強固なものへと成長したであろう。

もっとも、伊豆流罪に至るまでの日蓮の主張は、『法華経』への帰依を勧める以上に、法然浄土教、殊に『選択集』の破折に重点が置かれていたことは否めないところである。その分、『法華経』への帰依が勧められる一方で、他の大乗諸経典もまた「正法」の枠内に収められ、捨ててはいけないとはされるものの、それでは、『法華経』以外の大乗諸経典にどう関わればよいのかという問題については、不分明なままとならざるを得なかった。日蓮は法然浄土教を破折する中で、『法華経』を頂点とする大乗諸経典を一律に捨ててしまう行為を「謗法」として厳しく批判する。しかし、それでは、『法華経』以外の大乗諸経典に帰依することは、どうみなされるべきなのか。法然浄土教批判の陰に隠れて、この問題はいまだグレーゾーンに置かれたままだったのである。しかし、『法華経』への帰依を勧めていくためには、『法華経』に帰依するとはそもそもどういうことなのか、ということの根本に関わるこの問題を放置しておくことは、やはり許されまい。

　既にみたように、『顕謗法鈔』を、『定遺』の系年に従って伊豆流罪中の遺文としてよいならば、伊豆流罪の最中において、日蓮はこの問題に、いわば結着をつけたことになる。だが、本書では、『定遺』の系年は採らず、『顕謗法鈔』を、文永六、七年（一二六九、四八歳、一二七〇、四九歳）頃の遺文と措定するものである。その場合、日蓮は伊豆流罪から赦免された後も、引き続き『法華経』への帰依を強力に勧めていく中で、『法華経』に帰依するとはそもそもどういうことなのかという根本的な問題に向かい合い続け、また、鎌倉という布教拠点における現実の宗教状況も視野に収めつつ、[12] この問題に解決を与えていったことになる。結論的にいうならば、それは、『法華経』以外の経典への帰依を、原則すべて「謗法」とみなす、という形での解決であった。「正法」の枠を『法華経』一経にはっきり限定するとともに、それに応じて、「謗法」の枠も大きく拡大するに至った、といってもよい。「法華経至上主義」が「相対的」なものから「絶対的」なものへと移行する背景には、このように、グレーゾーンの問題解決に取り組んだことがあったものとみたい。そして、その移行も、グレーゾーンの問題解決に取り組む中で、漸次、その姿を明らかにしていったものと考えたい。

『顕謗法鈔』において表明されたような、『法華経』のみを「一切経の大王」とみなす「教相知」を根拠づけるものとして、さらに着目しておきたいのは、『法華経』を「仏の御意」「仏の御心」が率直に表明された唯一の経典とみなす日蓮の『法華経』理解である。そうした理解の端緒は、『法華経』を「一切経の大王」と明言した『顕謗法鈔』自体において既に窺われる。

> 爾前の経々は万差なれども、束《ネ》て此を論ずれば随他意と申て衆生の心をとかれてはんべり。故に違する

事なし。譬へば水に石をなぐるにあらそう（争）ことなきがごとし。又しな〳〵の説教はんべれども、九界の衆生の心を出テず。衆生の心は皆善につけ悪につけて迷を本とするゆへに、仏にはならざるか。

（『定遺』二五九－二六〇頁）

「爾前」、つまり『法華経』より前の諸経は、いずれも「随他意」の経典であるに過ぎず、したがって、そこに説かれているのは、仏みずからの「意」「心」では決してない、というのである。これを逆にいえば、『法華経』に至ってはじめて、仏はみずからの「意」「心」を明らかにしたということであり、『法華経』のみが「随自意」の経典であるということになる。

『法華経』においてのみ「仏の御意」「仏の御心」が明らかにされているというこうした捉え方は、佐渡流罪以降、はっきりと言表されることになる。

此等の梵音声、一切経と成て一切衆生を利益す。其中に法華経は釈迦如来の御志を書キ顕ハシて、此音声を文字と成シ給フ。仏の御心はこの文字に備ハれり。たとへば種子と苗と草と稲とはかはれども心はたがはず。釈迦仏と法華経の文字とはかはれども、心は一ツ也。然レば法華経の文字を拝見させ給フは、生身の釈迦如来にあひ進《まい》らせたりとおぼしめすべし。

（『四条金吾殿御返事』、六六六頁、一部分原漢文）

自身の思を声にあらはす事あり。されば意が声とあらはる。意は心法、声は色法。心より色をあらはす。又声を聞て心を知る。色法が心法を顕ハス也。色心不二なるがゆへに而二《にゝ》とあらはれて、仏の御意《みこゝろ》あらはれて法華の文字となれり。文字変じて又仏の御意となる。されば法華経をよませ給はむ人は文字と思食ス事なかれ。すなはち仏の御意《みこころ》也。

（『木絵二像開眼之事』、七九二頁）

法華経と申スは随自意と申シて仏の御心をとかせ給フ。

（『随自意御書』、一六一一頁）

もっとも、このように、「仏の御意」「仏の御心」が唯一そこにおいて明らかにされている「一切経の大王」として『法華経』を位置づけることは、「教相知」においては一応の帰結であるとしても、「実践知」の観点からするならば、いわば出発点でしかない。というのも、そのように位置づけられた『法華経』をいかなる形で行じるかという問題が出てくるからである。しかも、その問題は、そのような『法華経』をいかなる形で流布せしめるのかという問題とも、必然的に連なってくる。もとより、「教相知」「実践知」という区分は、筆者が立論の必要上設けたものであって、日蓮自身がそうした区別を行なっているわけではない。日蓮においては、両者はむしろ不可分なるものとして論じられているのである。しかし、考察の便宜上、こうした区分を引き続き設けた上で、次節においては、これまでみてきたような「教相知」を踏まえて、日蓮がいかなる「実践知」を展開しているのかをみていきたい。その際、論点を次の二つに絞る。一つは、日蓮における「題目」（あるいは「唱題」）の位置づけであり、もう一つは、日蓮における「謗法」の意味と様相である。

第二節　実践知

第一項　「題目」の位置

前節でみたように、『法華経』は「仏の御意」「仏の御心」が表明された唯一の「教」として「一切経の大王」の位置に据えられた。したがって、『法華経』への信仰は、そのまま「仏」への信仰となる。ただし、ここでいう「仏」とは、仏一般を意味するものではない。

釈迦如来は我等衆生には親也、師也、主也。我等衆生のためには阿弥陀仏・薬師仏等は主にてはましませども、親と師とにはましまさず。ひとり三徳をかねて恩ふかき仏は釈迦一仏にかぎりたてまつる。

（『南条兵衛七郎殿御書』、三二〇頁）

とあるように、それは、「三徳」を唯一兼ね備えた仏と位置づけられる釈尊の謂いである。しかも、かかる「三徳」兼備の釈尊は、歴史上の有限なる釈尊のことのみを意味するものでは決してない。それは、『法華経』の「如来寿量品」第十六において開顕される久遠実成の釈尊を意味するものに他ならない。日蓮にあって、『法華経』への「信」とは、久遠の過去より永遠の未来にわたってこの娑婆世界に常住し、救済活動を続ける釈尊への「信」と同義であり、そうした「信」こそが、久遠の釈尊の救済活動を今ここで能動せしめることに

なる、とみなされるのである。日蓮によるこうした思惟は、既に『守護国家論』において、

法華経は釈迦牟尼仏なり。法華経を信ぜざる人の前には、釈迦牟尼仏、入滅を取り、この経を信ずる者の前には、滅後たりといへども、仏の在世なり。

（『定遺』一二三頁、原漢文）

といった形でみられるところである。

もっとも、「信」とは、あくまでも人間の内面に関わる事柄である。したがって、それが外側に表されてはじめて、「信」の有無は判別されることになる。つまり、「信」は「行」として表現される必要性をそのもののうちに孕んでいるのである。日蓮にあって、そうした意味での「行」を求めるならば、それは「唱題」＝「南無妙法蓮華経」と唱えること、に他ならない。いうまでもなく、「南無」とは対象への帰依・信仰を表し、「妙法蓮華経」とは『法華経』の正式な題目のことである。すなわち、「南無妙法蓮華経」と唱えることは、それ自体、『法華経』に「信」を置くことの端的な表明なのである。

「南無妙法蓮華経」と唱えるこうした形式自体は、日蓮の独創にかかるものではもとよりない。日蓮に先立つ唱題の事例については、既に高木豊氏が詳細に紹介、考察しているところである[13]。しかし、「題目」＝「妙法蓮華経」の五字を、『法華経』の、さらには全仏教の中心に据えるとともに、それを「受持」すること、すなわち「唱題」することによってのみ成仏が達成されるとしたのは、紛れもなく日蓮の独創である。

そうした独創性の理論的根拠づけにおいて、日蓮は、「妙法蓮華経」の五字と「一念三千」とを密接不可分なるものとして結びつけた。この点については、第Ⅱ部の第一章において詳論することになるが、ここでその

要点のみを述べれば、次のとおりである。

日蓮によれば、「一念三千」という普遍的な「理」は、久遠の過去において釈尊により「事」として成就された。すなわち、「一念（心）」＝主体の領域と「三千」＝一切の存在とは本来一つであるという理論は、久遠の釈尊により事実として達成された。かくして、久遠の釈尊と娑婆世界――もちろん、そこに住む衆生も含めて――とは、事実として「同体」となったのである。衆生も含めた一切が久遠の釈尊と同体となったこのような救済世界としての一念三千は、それが久遠の釈尊によって成就されたという意味では、まさに久遠の釈尊の「功徳」ともいうべきものである。ただし、かかる救済世界としての一念三千が、我々衆生の側において現実のものになっているかといえば、もちろんそうではない。現実はむしろその対極にある。現実の我々は「凡夫」であり、我々が住む世界は「穢土」でしかないのである。したがって、一念三千それ自体は、我々の側からは決して把握し得ない超越的領分であり、本来的には概念的把握を超えたものであるといわざるを得ない。とはいえ、我々はその超越的領分を我がものとする道を、まったく断たれているわけではない。日蓮によれば、かかる超越的領分が、文字を媒介とするいわば象徴の形で、仏の側から我々に示されているもの、それが「妙法蓮華経」の五字＝「題目」なのである。かかる「題目」を「受持」すること、つまり「唱題」することにより、一念三千は、久遠の釈尊の「功徳」として我々に「自然」に譲り与えられるという。かかる場面にこそ、日蓮は、我々が久遠の釈尊と功徳において同等となること、すなわち「即身成仏」をみるのである。

もっとも、これは、佐渡流罪の最中、『開目抄』から『観心本尊抄』に至る思索においてはじめて達成された、「題目」および「唱題」に関する独創的な理論である。周知のように、日蓮が「題目」や「唱題」に言及するのは、なにも佐渡流罪期が最初ではない。佐渡流罪より前、つまり「佐前」において、日蓮は既に「題目」を『法華経』、ひいては全仏教の中心に据えるとともに、「唱題」を救済に不可欠なる「行」と位置づけていたのであるが、右にみたような独創的な理論づけが達成されるのには、佐渡流罪期を待たなければならなかった、ということである。そこで、本項においては、「佐前」の段階における日蓮が、「題目」および「唱題」をいかに位置づけていたのかということを、佐渡流罪期における独創的な理論づけとの関わりにおいて一瞥しておきたいと思う。

日蓮滅後、四〇年から五〇年ほどを経て成立したと考えられる偽書(14)『法華本門宗要鈔』では、日蓮における「唱題」の出発点を次のように描き出している。

建長五年癸丑三月二十二日の夜より、一七日の間、室内に入る。一七日を満てて、同二十八日早朝に、朝日に向かひて合掌し、十返許《ばか》り、初めて南無妙法蓮華経の七字を唱へしより已来……

（『法華本門宗要鈔下』、二二五九頁、原漢文）

いわゆる「立教開宗」の日の早朝、日蓮は昇り来る朝日に向かって、はじめて「南無妙法蓮華経」と唱えた、という。この一節は、一般に流布した日蓮伝——それが史実か否かは別として——の形成に多大な影響を及ぼしたとされる円明院日澄（一四四一－一五一〇）の『日蓮聖人註画讃』に、ほぼそのまま受け継がれている。すなわち、建長五年（癸丑）三（或は四）月廿二日の夜より、一七日の間、室内に入りて出でず。一七日を満じて、同廿八日の早朝、日天に向かひて合掌し、十遍ばかり、始めて自ら南無妙法蓮華経の七字を唱ふ。(15)

とあるが如くである。それ以来、かかる伝記は、宗祖たる日蓮の門出にまことに相応しい事跡として語り継がれてきたといってよい。

ただ、この点について、日蓮自身の言葉に直接当たってみると、どうであろうか。たとえば、『聖人御難事』では、

去ヌル建長五年太歳癸丑四月二十八日に、安房ノ国長狭《ながさ》郡之内東條の郷、今は郡也。……此郡の内清澄寺と申ス寺ノ諸仏坊の持仏堂の南面にして、午ノ時に此法門申シはじめて今に二十七年……

（『定遺』、一六七二頁）

と回想されているが、「唱題」について特に触れられてはいない。『清澄寺大衆中』にも、同様の場面についての回想が記されてはいるものの、「唱題」についての言及はやはりみられない。(16)

一方で、その当時より「唱題」が行なわれていたことを思わせる記述もみられる。

南無妙法蓮華経と唱フる人は日本国に一人も無し。日蓮始て建長五年夏の始より二十余年が間唯一人、当時の人の念仏を申すやうに唱フれば……

（『松野殿御消息』、一一四〇頁）

去ヌル建長五年の夏のころより于レ今二十余年の間、昼夜朝暮に南無妙法蓮華経と是を唱フる事は一人也。

（『松野殿後家尼御前御返事』[17]、一六三一頁）

しかし、これらは、日蓮の生涯にあってもかなり後になってからの回想であることは、十分に考慮せられねばなるまい。したがって、日蓮自身、みずからの宗教の出発点と位置づけるその時点から、果たして確実に「唱題」を実践していたのか否かについては、いずれとも断定し難い、といわざるを得ないのである。

もとより、「唱題」という形式自体は、先にも述べたように、日蓮以前から存在していたものであり、それを「行」の一形式として日蓮が実践していたとしても、なんら不思議ではない。ただ、正元元年（一二五九、三八歳）に系年される『守護国家論』の段階では、少なくとも、「題目」あるいは「唱題」に特別な位置が与えられているとはいい難いのも事実である。長文の引用になるが、まずは次の文言をご覧いただきたい。

妙楽大師の、末代の鈍者・無智の者等の法華経を行ずるに、普賢菩薩竝に多宝・十方の諸仏を見奉るを易行と定めて云く、散心に法華を誦し、禅三昧に入らず。坐立行、一心に法華の文字を念ぜよ已上。この釈の意趣は、末代の愚者を摂せんが為なり。散心とは、定心に対する語なり。誦法華とは、八巻・一巻・一字・一句・一偈・題目、一心一念随喜の者、五十展転等なり。坐立行とは、四威儀を嫌はざるなり。一心とは、定の一心にもあらず、理の一心にもあらず。散心の中の一心なり。念法華文字とは、この経は諸経の文字に似ず、一字を誦すといへども、八万宝蔵の文字を含み、一切諸仏の功徳を納むるなり。天台大師、玄義の八に云く、手に巻を執らざれども、常にこの経を読み、口に言声なけれども、偏く衆典を誦し、仏、説法せざれども、恒《つね》に梵音を聞き、心に思惟せざれども、普く法界を照らす已上。この文の意は、手に法華経一部八巻を執らざれども、この経を信ずる人は、昼夜十二時の持経者なり。口に読経の声を出さざれども、法華経を信ずる者は、日々時々念々に一切経を読む者なり。仏の入滅は既に二千余年を経たり。然りといへども、法華経を信ずる者の許《もと》に仏の音声を留《とど》めて、時々刻々念々に、我が死せざる由を聞かしむるなり。心に一念三千を観ぜざれども、遍く十方法界を照らす者なり。これ等の徳は、偏に法華経を行ずる者に備はれるなり。この故に、法華経を信ずる者は、設ひ臨終の時、心に仏を念ぜず、口に経を誦せず、道場に入らずとも、心なくして法界を照らし、音《こゑ》なくして一切経を誦し、巻軸を取らずして法華経八巻を拳《にぎ》る徳、これあり。これ豈に、権経の念仏者の、臨終正念を期して、十念の念仏を唱へんと欲する者に百千万倍勝《すぐ》るるの易行にあらずや。

（『守護国家論』、一一〇－一一一頁、原漢文、傍点引用者）

ここでは、傍点を施した箇所にみえるように、「誦法華」の範疇の一つとして「題目」が掲げられている。ただ、右の引用文で問題にされているのは、「題目」でもなければ、「唱題」でもない。確かに日蓮は、「（『法華経』の）一字を誦すといへども、八万宝蔵の文字を含み、一切諸仏の功徳を納むるなり」という。だが、右に引いた文章の文脈においては、そもそも『法華経』を「誦す」という行為が問題にされているわけではない。右に引いた一節のテーマは、かかる莫大な功徳を有する『法華経』という経典への「信」であり、そうした「信」の易行性である。『法華経』を手に執らずして「昼夜十二時の持経者」たり得る功徳も、経の読誦を経ずして「一切経を読」み得る功徳も、入滅の相を取った仏の「我が死せざる由を聞」き得る功徳も、「一念三千」の実践を待たずして一切の存在の真実相を照らし得る功徳も、すべては『法華経』への「信」によって可能になるという。かくして、『法華経』への「信」は、「臨終正念を期して、十念の念仏を唱へ」るという行為に、はるかに勝る「易行」と位置づけられることとなる。言葉を換えるならば、日蓮は、『法華経』への「信」という、本来ならば内面的態度に関わる事柄を、あえて「行」の範疇に持ち込むことにより、それが称名念仏という行為に勝る「易行」であることを強調するのである。「一念随喜」や「五十展転」という、本来的には『法華経』を聴聞した際の内面的態度に関わる事柄が、傍点部にあるように、あえて「誦法華」の範疇に繰り込まれて解釈されているのも、こうした理由によるものといえよう。

　このように、右に引いた『守護国家論』の一節において、確かに「題目」の名目はみえるものの、それは、『法華経』に対する「信」の功徳とその易行性とを強調する際の、ほんの前触れとして出されているに過ぎない。

　『守護国家論』にはまた、「唱題」をテーマに掲げた一節を見出すこともできる。これもかなりの長文にわたるが、引いておきたい。

第二に、但だ法華経の題目計《ばか》りを唱へて三悪道を離るべきことを明さば、法華経の第五に云く、文殊師利、この法華経は無量の国の中において、乃至《ないし》、名字をも聞くことを得べからずと。第八に云く、汝等、但だ能く法華の名を受持する者を擁護する福、量《はか》るべからずと。提婆品に云く、妙法華経の提婆達多品を聞きて、浄心に信敬して疑惑を生ぜざらん者は、地獄・餓鬼・畜生に堕せずと。大般涅槃経名字功徳品に云く、若し善男子・善女人ありて、この経の名を聞きて悪趣に生ずといふは、この処《ことはり》あることなけんと（涅槃経は法華経の流通たるが故にこれを引く）。問て云く、但だ法華の題目を聞くといへども、解心なくば、如何にして三悪趣を脱れんや。答て云く、法華経流布の国に生まれてこの経の題名を聞き、信を生ずるは、宿善の深厚なるに依れり。設《たと》ひ今生は悪人無智なりといへども、必ず過去の宿善あるが故に、この経の名を聞きて信を致す者なり。故に悪道に堕せず。問て云く、過去の宿善とは如何。答て曰く、法華経の第二に云く、若しこの経法を信受することあらん者は、この人、已《すで》に曾て過去の仏を見たてまつり、恭敬し供養し、またこの法を聞けるなりと。法師品に云く、また如来滅度の後、若し人ありて妙法華経の乃至一偈一句を聞きて、一念も随喜せん者は、乃至、当に知るべし、この諸人等、已に曾て十万億の仏を供養せしなりと。流通たる涅槃経に云く、若し衆生ありて、熙連河沙等の諸仏において菩提心を発し、乃《すなは》ち能くこの悪世においてかくの如き経典を受持して、誹謗を生ぜず。善男子、若し能く一恒河沙等の諸仏世尊において菩提心を発すことありて、然して後に、乃ち能く悪世の中においてこの法を謗ぜず、この典を愛敬せん（已上経文）。これ等の文の如くんば、設ひ先に解心なくとも、この法華経を聞きて謗ぜざるは、大善の所生なり。夫《そ》れ三悪の生を受くること、大地微塵より多く、人間の生を受くること、爪上の土より少なし。乃至、四十余年の諸経に値ふは、大地微塵より多く、法華・涅槃に値ふことは、爪上の土より少なし。上に挙ぐる所の涅槃経の三十三の文を見るべし。設ひ一字一句なりといへども、この経を信ずるは宿縁多幸なり。問て云く、設ひ法華経を信ずといへども、悪縁に随はば、何ぞ三悪道に堕せざらんや。答て曰く、解心なき者、権教の悪知識に遭ひて実教を退せば、悪師を信ずる失《とが》に依りて必ず三悪道に堕すべきなり。彼の不軽軽毀の衆は権人なり。大通結縁の者の三千塵点を歴しは、法華経を退して権教に遷《うつ》りしが故なり。法華経を信ずるの輩、法華経の信を捨てて権人に随はんより外は、世間の悪業においては法華の功徳に及ばず。故に三悪道に堕すべからざるなり。

（『守護国家論』、一二七―一二八頁、原漢文、括弧内割書）

右の引用箇所のテーマは、その冒頭に掲げられているところに従うならば、「但だ法華経の題目計《ばか》りを唱へて悪道を離るべきこと」にあるはずである。しかし、文脈を追っていけば明らかなように、「法華経の題目計《ばか》りを唱へ」ることは、いつの間にか、「題目」を含めて『法華経』を「聞く」ことにすり替わり、最終的には、「法華経を信ずる」ことによって三悪道を免れる、というところに落着している。こうした文脈に、「唱題」を、『法華経』への「信」の表現とみなす日蓮の思惟を見出すことも、確かに可能ではあろう。しかし、右の引用文において、そのことが積極的に言表されているとはいい難い。強調されているのは、あくまでも『法華経』に対する「信」であって、「唱題」という行為は、そうした「信」の重要性を導き出すための、いわば手掛りとされているに過ぎないのである。

『法華経』への「信」が「題目」あるいは「唱題」と、より明確に結びつけられてくるのには、文応元年（一二六〇、三九歳）に系年される『唱法華題目鈔』を待たなければならない[18]。

問て云く、法華経を信ぜん人は本尊竝に行儀竝に常の所行は何にてか候べき。答て云く、第一に本尊は法華経八巻・一巻一品・或は題目を書て本尊と定むべしと法師品竝に神力品に見えたり。又たへたらん人は釈迦如来・多宝仏を書ても造ても法華経の左右にこれを立て奉るべし。又たへたらんは十方の諸仏・普賢菩薩等をもつくりかきたてまつるべし。行儀は本尊の御前にして必坐立行なるべし。道場を出ては行住坐臥をゑらぶべからず。常の所行は題目を南無妙法蓮華経と唱べし。たへたらん人は一偈一句をも読み奉るべし。助縁には南無釈迦牟尼仏・多宝仏・十方諸仏・一切の諸菩薩・二乗・天人・龍神・八部等心に随べし。愚者多き世となれば一念三千の観を先とせず。其志あらん人は必ず習学してこれを観ずべし。

（『唱法華題目鈔』、二〇二頁、一部分原漢文）

この引用文では、「法華経を信ぜん人」が設けるべき①「本尊」と、その「本尊」を前にしての②「行儀」、および、「本尊」を必ずしも前にしない場合の③「常の所行」について述べられているのであるが、このうち、「題目」および「唱題」との関連で注目すべきは、①と③である。まずは、①の「本尊」である。この場合、「本尊」は、「信」を置くべき『法華経』の種々相を挙げたものであり、日蓮における本尊論との関連でも注目されるところであるが、今は、本尊論に立ち入る余裕はない[19]。ここで注目したいのは、「信」を置くべき「本尊」たる『法華経』の形式として、「題目」が挙げられている点である。もっとも、「題目」は、「法華経八巻・一巻一品」とともに「本尊」の一つの形式とされているに過ぎない。「たへたらん人」には、「釈迦如来・多宝仏」、さらには「十方の諸仏・普賢菩薩等」の画像・造像も勧められており、「題目」に「本尊」としての特別な地位が与えられているわけではない。ただ、こうした多様な本尊形式において、「題目」が『法華経』の最も集約された姿であり、したがって「本尊」として設置する場合においても、最も簡便なる形態であることは、論を俟たない。「題目」のそうした簡便さは、「本尊」として設置する場合のみならず、それを唱えることにおいても十分に発揮される。いつでもどこでもなし得る③の「常の所行」として、「題目を南無妙法蓮華経と唱べし」といわれる所以である。ただし、この場合も、「たへたらん人」には、さらに「一偈一句」でも『法華経』を読誦することが勧められるとともに、「助縁」として、釈迦・多宝・十方諸仏・一切の諸菩薩・二乗・天人・龍神・八部等への幅広い帰命が勧められている。それだけではない。「愚者多き世となれば一念三千の観を先とせず」と断りながらも、「其志あらん人」には、「一念三千」観の実践が強く勧められているのである。

以上みてきたように、「題目」については、「たへたらん人」はもちろんのこと、そうでない人も十分に設置し得る「本尊」として、また、「唱題」についても、「たへたらん人」はもちろんのこと、そうでない人も十分に実践し得る「常の所行」として挙げられている。つまり、「題目」および「唱題」は、『法華経』への「信」を表現する最も簡潔・簡便なる形として挙げられ、かつ勧められているのであるが、ただ、「題目」および「唱題」でなければならないという日蓮の思惟は、いまだみられないままである。

とはいえ、「題目」を唱えることが、「法華経を信ぜん人」の「常の所行」、つまり、日常的かつ基本的な実践の位置に置かれたことの意義は、やはり大きいものがあるといわねばならない。だからこそ、日蓮は、右に引いた一節に直ちに続けて、

問テ云ク、只題目計を唱る功徳如何。　（『唱法華題目鈔』、二〇二頁）

という問いを特に設け、「題目」および「唱題」に特別な地位を与えていこうとするのである。この問いに対して、日蓮は、「題目」、つまり「妙法蓮華経」の五字、殊に「妙法」の二字は、一切の諸仏諸経がそこに収められ、かつそこから開かれてくるところの、いわば全仏教の中心的根源であり、しかも、世界の真実相をそ

れによって表象するものであるとして、そうした「題目」を唱える功徳の莫大なる所以を答えようとしている。その答えを具体的に引くならば、次のようなものである。

答テ云ク、釈迦如来、法華経をとかんとおぼしめして世に出でましましゝかども、四十余年の程は法華経の御名を秘しおぼしめして、御年三十の比より七十余に至まで法華経の方便をまうけ、七十二にして始て題目を呼出させ給へば、諸経の題目に是を比ぶべからず。其上、法華経の肝心たる方便・寿量の一念三千・久遠実成の法門は妙法の二字におさまれり。天台大師玄義十巻を造り給フ。第一ノ巻には略して妙法蓮華経の五字の意を宣《のべ》給フ。第二ノ巻より七ノ巻に至までは又広く妙の一字を宣べ、八ノ巻より九ノ巻に至までは法蓮華の三字を釈し、第十ノ巻には経の一字を宣《のべ》給へり。経の一字に華厳阿含方等般若涅槃経を収たり。妙法の二字は玄義の心は百界千如・心仏衆生の法門なり。止観十巻の心は一念三千・百界千如・三千世間・心仏衆生三無差別と立給フ。一切の諸仏・菩薩・十界の因果・十方の草木瓦礫等妙法の二字にあらずと云事なし。……今法華経は四十余年の諸経を一経に収めて、十方世界の三身円満の諸仏をあつめて、釈迦一仏の分身の諸仏と談ずる故に、一仏一切仏にして妙法の二字に諸仏皆収れり。故に妙法蓮華経の五字を唱る功徳莫大也。諸仏諸経の題目は法華経の所開也妙法は能開也、としりて法華経の題目を唱フべし。

（『唱法華題目鈔』、二〇二―二〇三頁）

ここで、さしあたり着目しておきたいのは、「法華経の肝心たる方便・寿量の一念三千・久遠実成の法門は妙法の二字におさまれり」という文言である。第Ⅱ部の第一章で詳しくみることになるが、佐渡流罪期、殊に

『観心本尊抄』において、「一念三千」は釈尊の「久遠実成」によって成就された救済世界とみなされることになる。そして、「題目」はそうした「一念三千」の象徴的表現であり、かかる「題目」の「受持」、すなわち「唱題」によって、「一念三千」は久遠実成の釈尊の「功徳」として「自然譲与」される、という題目論および唱題論（救済論）へと結実するに至る。「一念三千・久遠実成の法門は妙法の二字におさまれり」という文言は、そうした題目論・唱題論（救済論）へと確かにつながっていくものとして注目されるのであるが、ただ、『唱法華題目鈔』の段階では、「一念三千・久遠実成」がいかなる脈絡で「妙法の二字」に収まるとされるのか、ということについての弁証はなされないままである。したがって、「一念三千・久遠実成の法門は妙法の二字におさまれり」という文言が、「一切の諸仏・菩薩・十界の因果・十方の草木瓦礫等妙法の二字にあらずと云事なし」「一仏一切仏にして妙法の二字に諸仏皆収れり」という言葉とどのように整合するのかということについても、不明のままであるといわざるを得ないし、「諸仏諸経の題目は法華経の所開也妙法は能開也」といわれる理論的根拠も、明らかであるとはいい難い。要するに、『唱法華題目鈔』には、佐渡流罪期に結実する題目論・唱題論（救済論）の片鱗がみられはするものの、いまだそれ以上のものではない、ということである。

『唱法華題目鈔』が著された翌年の弘長元年（一二六一、四〇歳）から弘長三年にわたる伊豆流罪をきっかけとして、文永六、七年（一二六九、四八歳、一二七〇、四九歳）頃の『顕謗法鈔』に至るまで、日蓮は、前節でみたように、『法華経』を以って「一切経の大王」とみなす教相知を先鋭化させていく。ともに、その根拠を、「仏の御心」「仏の御意」が『法華経』においてのみ表明されている点に求めていくことにもなる。かくして、救済主たる仏＝教主釈尊に随順して救済に与ろうとするならば、釈尊自身の選択に則って、『法華経』のみに「信」を置かねばならないという信仰の論理が、日蓮において確たる形をとってくることになる。

そもそも仏教を信じるということは、『法華経』のみに専一なる「信」を置くことでなければならず、そうした「信」のみが救済主たる釈尊への随順を保証する、ということである。日蓮が「法華経の行者」自覚をはじめてはっきりと表明したことで知られる、文永元年（一二六四、四三歳）の『南条兵衛七郎殿御書』では、そうした意味での「信」が「南無妙法蓮華経」という形に既に集約されている、とみることも可能である。

> 無量義経に「方便力を以て四十余年には未だ真実を顕さず」ととかれて、先四十余年の極楽往生等の一切経は親の先判のごとくくひかえされて、「無量無辺不可思議阿僧祇劫を過るとも、終に無上菩提を成ずることを得ず」といゐきらせ給て、法華経の方便品に重て「正直に方便を捨て、但だ無上道を説く」ととかせ給り。方便をすてよととかれてはんべるは、四十余年の念仏等をすてよととかれて候。……此等の文をみ候に、仏教を信ぜぬ悪人外道はさておき候ぬ。仏教の中に入候ても爾前権教ノ念仏等を厚く信シて、十遍・百遍・千遍・一万乃至六万等を一日にはげみて、十年二十年のあひだにも南無妙法蓮華経と一遍だにも申さぬ人人は、先判に付て後判をもちゐぬ者にては候まじきか。此等は仏説を信シたりげには我身も人も思ヒたりげに候へども、仏説の如くならば不孝の者なり。
>
> （『南条兵衛七郎殿御書』、三一九－三二〇頁、鍵括弧内原漢文）

ここでは、救済主たる釈尊の選択に従って「爾前権教ノ念仏等」を捨て、ただ『法華経』のみを選び取るという「信」のあり方が、「南無妙法蓮華経」という「唱題」の実践に集約されるとともに、かかる「唱題」をなし得ない限り、「仏説を信シたりげには我身も人も思ヒたりげに候へども、仏説の如くならば不孝の者なり」

と言われている、とみなすこともできるのである。

ただし、『南条兵衛七郎殿御書』が、念仏を完全には捨て得ないまま、恐らくは重い病を患ってしまった南条兵衛七郎に宛てられたものである点には、注意を要する。というのも、重篤なる病のゆえに多くをなし得ない南条兵衛七郎に対し、称名念仏と類似するその簡便性ゆえに「唱題」が勧められた、とも考えられるからである。もしそうであるとするならば、南条兵衛七郎に勧められた「唱題」が、『唱法華題目鈔』でその簡便性を以って「常の所行」とされた「唱題」の位置づけを、いまだ脱し切ってはいない可能性も考慮に入れなければならないこととなる。

だが、信仰対象としての「題目」、信仰表現としての「唱題」を、その簡便性のゆえに勧めるという発想は、文永三年（一二六六、四五歳）正月六日に系けられる『法華題目鈔』においては既に克服されていた、とみてよい。『法華題目鈔』冒頭の次の一節をご覧いただきたい。

> 南無妙法蓮華経
>
> 問《テ》云《ク》、法華経の意をもしらず、義理をもあぢはゝずして、只南無妙法蓮華経と計《リ》五字七字に限て一日に一遍、一月乃至一年十年一期生の間に只一遍なんど唱《ヘ》ても、軽重の悪に引《カ》れずして四悪趣におもむかず、ついに不退の位にいたるべしや。答《テ》云《ク》、しかるべき也。問《テ》云《ク》、……只南無妙法蓮華経と題目計《リ》を唱《フ》とも義趣をさとらずば悪趣をまぬがれん事いかがあるべからん。答《テ》云《ク》、……法華経の題目は八万聖教の肝心一切諸仏の眼目なり。汝等此をとなえて四悪趣をはなるべからずと疑か。正直捨方便の法華経には「信を以て入ることを得」と云《ヒ》、雙林最後の涅槃経には「この菩提の因は復た無量なりといへど

も、若し信心を説けば、則ち已《すで》に摂尽す」等云云。夫仏道に入る根本は信をもて本とす。五十二位の中には十信を本とす。十信の位には信心初也。たとひさとりなけれども信心あらん者は鈍根も正見の者也。たとひさとりあれども信心なき者は誹謗闡提の者也。

（『法華題目鈔』、三九一―三九二頁、鍵括弧内原漢文）

ここで、まず注目したいのは、「法華経の題目は八万聖教の肝心一切諸仏の眼目なり」という位置づけである。つまり、「題目」は、『法華経』のみならず、全仏教がそこに集約されるところの中心に据えられているのである。こうした位置づけは、『唱法華題目鈔』においても窺われるところではあったが、『法華題目鈔』においては、明瞭かつ簡潔にかかる位置づけがなされている。このように全仏教が「題目」に集約されるのであれば、『法華経』はもちろんのこと、全仏教に対する「信」もまた、「題目」に集約されるべきであるし、「唱題」はそうした「信」の表現として意味づけられることとなる。すなわち、『法華経』、さらには全仏教に対する「信」は、「唱題」という実践に集約されることになるのである。したがって、ここでは、『唱法華題目鈔』において勧められたような「助縁」や「一念三千の観」が勧められることは、もはやない[20]。「題目」にしても、『唱法華題目鈔』においては「信」が置かれるべき対象の一つに過ぎなかったが、右に引いた一節では、その域を明らかに脱しているといえよう。

しかも、右に引いた一節の場合、「信」は、四悪趣に趣くことをくいとめる、「題目」そのものが有するところの救済力への「信」という具体性をもっている。日蓮は、四悪趣を免れようと思うならば、かかる「信」を込めての「唱題」が必要不可欠なることを強調するとともに、かかる「信」の持ちようを、次のような平易な比喩を用いて示している。

させる解なくとも、南無妙法蓮華経と唱ッるならば悪道をまぬかるべし。譬ば蓮華は日に随て回る、蓮に心なし。芭蕉は雷によりて増長す、是ノ草に耳なし。我等は蓮華と芭蕉との如く、法華経の題目は日輪と雷との如し。犀の生角を身に帯して水に入ぬれば、水五尺身に近づかず。栴檀の一葉開キぬれば、四十由旬の伊蘭変ず。我等が悪業は伊蘭と水との如く、法華経の題目は犀の生角と栴檀の一葉との如し。金剛は堅固にして一切の物に破られざれども、羊の角と亀の甲に破らる。尼倶類樹《にくるじゅ》は大鳥にも枝をれざれども、か(蚊)のまつげにすくうせうれう(鷦鷯)鳥にやぶらる。我等が悪業は金剛のごとし、尼倶類樹のごとし。法華経の題目は羊角のごとく、せうれう鳥の如し。琥珀は塵をとり磁石は鉄をすう。我等が悪業は塵と鉄との如く、法華経の題目は琥珀と磁石との如し。かくをもひて常に南無妙法蓮華経と唱へさせ給ッべし。

(『法華題目鈔』、三九三頁)

もっとも、日蓮にあっては、題目が有する救済力は、四悪趣を免れるという、いわば消極的側面においてのみ発揮されるものなのではない。それは、救い難い者をも、なお救うという積極的側面においてこそ、その絶対的優越性を発揮するものとされる。『法華題目鈔』において、日蓮は、「題目」が有する救済力のそうした絶対的な優越性を、さらに「妙」の一字に集約させて論じている。すなわち、「妙」が有するとされる、①「開」、②「具」、③「蘇生」といった三つの徳に、その救済力の絶対的優越性をみるのである。①②③の徳それぞれに関する日蓮の言葉を、引いておこう。

①妙と申す事は開と云ッ事也。世間に財を積める蔵に鑰なければ開ク事かたし。開カざれば蔵の内の財を見ず。華厳経は仏説キ給ヒたりしかども、彼経を開く鑰をば仏彼経に説キ給はず。阿含・方等・般若・観経等の四十余年の経経も仏説キ給ヒたりしかども、彼経経の意をば開き給はず、門を閉てをかせ給ヒたりしかば、人彼経経をさとる者一人もなかりき。たとひさとれりとをもひしも僻見にてありし也。而ルに仏法華経を説カせ給て諸経の蔵を開かせ給ヒき。此時に四十余年の九界の衆生始て諸経の蔵の内の財をば見しりたりし也。……諸菩薩の二目ある、二乗の眇目なる、凡夫の盲目なる、闡提の生盲なる、共に爾前の経々にてはいろかたちをばわきまへずありし程に、法華経の時迹門の月輪始て出テ給し時菩薩の両眼先にさとり、二乗の眇目次にさとり、凡夫の盲目次に開き、生盲の一闡提も未来に眼の開クべき縁を結ッ事是偏に妙の一字の徳也。

（『法華題目鈔』、三九六－三九七頁）

②妙ト者具の義也。具トハ者円満の義也。法華経の一一の文字、一字一字に余の六万九千三百八十四字を納メたり。譬ば大海の一滞の水に一切の河の水を納め、一の如意宝珠の芥子計リなるが一切の如意宝珠の財を雨らすが如し。譬ば秋冬枯たる草木の、春夏の日に値ヒて枝葉華菓出来するが如し。爾前の秋冬の草木の如なる九界の衆生、法華経の妙の一字の春夏の日輪にあひたてまつりて、菩提心の華さき成仏の菓なる。龍樹菩薩ノ大論ニ云ク、「譬へば大薬師の能く毒を以て薬と為すが如し」等云云。此の文は大論に法華経の妙の徳を釈する文也。妙楽大師ノ釈ニ云ク、「治し難きを能く治す所以に妙と称す」等云云。総じて成仏往生のなりがたき者四人あり。第一ニハ決定性の二乗・第二ニハ一闡提人・第三ニハ空心ノ者・第四ニハ謗法ノ者

也。此等を法華経にをいて仏になさせ給ふ故に法華経を妙とは云ッ也。

（『法華題目鈔』、三九八頁、鍵括弧内原漢文）

③妙トハ者蘇生の義也。蘇生と申スはよみがへる義也。……爾前の経経にて仏種をいりて死せる二乗闡提女人等、妙の一字を持ぬればいれる仏種も還て生ずるが如し。

（『法華題目鈔』、四〇二頁）

日蓮によれば、こうした「妙」の徳を示す典型例が、『法華経』の「提婆達多品」第十二に説かれる提婆達多の成仏（いわゆる「悪人成仏」。『法華題目鈔』、三九八－四〇〇頁）であり、龍女の成仏（いわゆる「女人成仏」。『法華題目鈔』、四〇〇－四〇二頁）なのである。

『法華題目鈔』において、日蓮はまた、このような救済力を可能とする、「題目」自体に備わった功徳について、次のように記している。

問テ云ク、妙法蓮華経の五字にはいくばくの功徳をおさめたるや。答テ云ク、大海は衆流を納め、大地は有情非情を持チ、如意宝珠は万宝を雨ヲし、梵王は三界を領す。妙法蓮華経の五字モ亦復如レ是。一切ノ九界の衆生竝に仏界を納メたり。十界を納ムれば亦十界の依報の国土を収む。先ッ妙法蓮華経の五字に一切の法を納ムる事をいはば、経の一字は諸経の中の王也。一切の群経を納ム。……此経の一字の中に十方法界の一切経を納メたり。譬ば如意宝珠の一切の財を納め、虚空の万象を含めるが如し。経の一字ハ一代に勝る。故に妙法蓮華の四字も又八万宝蔵に超過するなり。

（『法華題目鈔』、三九五－三九六頁）

ここで注目したいのは、「題目」の五字に「一切ノ九界の衆生並に仏界を納メたり。十界を納ムれば亦十界の依報の国土を収む」という文言である。これは、先に引いた、『唱法華題目鈔』の「一切の諸仏・菩薩・十界の因果・十方の草木瓦礫等妙法の二字にあらずと云事なし」（『定遺』二〇三頁）という一節を彷彿とさせるものであり、明らかに同一線上にあるといってよい文言である。ただ、この場合も、『唱法華題目鈔』においてもそうであったように、「題目」が何故、その内に仏界を含む十界を納め、さらには十界の依報たる国土をも納めるのか、ということについての理論的根拠づけは、一切なされていない。日蓮はまた、「此経の一字の中に十方法界の一切経を納メ」るものとみなし、そのことを以って、「経の一字ハ一代に勝る。故に妙法蓮華の四字も又八万宝蔵に超過するなり」という。ただ、何故にそのようにいい得るのかということについての理論的根拠づけ、あるいは脈絡が明瞭であるとは、この場合もいい難い。そして、なによりも、「題目」の五字に、仏界を含む十界と、その依報としての国土、さらには一切経を納めるということが、「題目」の救済力とどのように関わり、「唱題」による救済の実現といかに結びついてくるのか、ということに対する理論的弁証は、『法華題目鈔』においてもみられないままなのである。その意味では、佐渡流罪期、殊に『観心本尊抄』において実を結ぶ題目論・唱題論（救済論）との距離を、いまだ感じざるを得ない。

それでは、私たちが感じざるを得ないこうした距離を詰めることに、日蓮はいかなる方法をとることで成功したのであろうか。この点について、筆者は、「仏の御心」に直参する、とでもいうべき日蓮の方法に着目したい。それは、『法華経』という形で表現されている仏の言葉から「仏の御心」を読み取るという、いわば「意味の解読」のレベルを当然含みながらも、ただそれだけには止《とど》まらず、『法華経』として表現される以前の

「仏の御心」そのものを把握しようという「心み」である。

佐渡に渡る直前に記された『寺泊御書』において、日蓮は自分に向けられた批判を次のように挙げている。

或る人云く、唯《た》だ教門計《ばか》りなり。理具に我《つぶさ》れこれを存ずと。（『定遺』五一四頁、原漢文）

これは、茂田井教亨氏や高木豊氏も指摘するように、「教相」をたどるのみでは把握されない世界、つまり「観心」の世界の裏づけが欠けているという批判である、といってよい(21)。佐渡流罪中の日蓮は、こうした批判に応えるべく、「観心」の裏づけを求めて、「仏の御心」そのものの把握に向かうのである。結論的にいうならば、日蓮はそれを、独自の「一念三千」論において、「妙法蓮華経」の五字として提示する。もとより、みずから信仰・実践し、他者に流布すべき『法華経』の形を「妙法蓮華経」の五字に集約する考え方は、これまでもみてきたように、佐渡流罪より前から既にみられるものではある。また、「一念三千」にしても、佐渡流罪に至ってはじめて言及されるわけではもちろんない(22)。しかし、それに「観心ノ法門」（『観心本尊抄副状』、七二一頁）の裏づけを与えていったのが佐渡流罪期であり、具体的にいうならば、『観心本尊抄』であった、ということである。この点については、第Ⅱ部の第一章で改めて詳述する。

第二項　「謗法」という罪

日蓮にあって、「〜すべし」という形で提示されるのが、『法華経』への「信」であり、その「信」の表現としての「唱題」であるとするならば、「〜すべからず」という形で強く否定されるのが、「謗法」という罪であった。日蓮にとって、「謗法」とは、結論的にいうならば、仏教そのものへの背きに他ならない。仏教そのものに背くということは、取りも直さず、仏教の教主として一切衆生の救済を意図する久遠の釈迦仏に背くということでもある。そうした背きが蔓延するところ、必然的に、自己自身の救済のみならず、他者の救済の道もまた閉ざされ、現世には種々の厄災が、来世には堕無間地獄が将来されることになる。まさにかかる意味を有し、かかる結果をもたらす大罪が、日蓮のいう「謗法」なのである。以下、日蓮における「謗法」のこうした意味を確認するとともに、日蓮が「謗法」のあり様を具体的にはどのように説いているのかということを、佐渡流罪より前の遺文を中心に概観しておきたいと思うのだが、その前に、日蓮の罪意識、より具体的に言うならば、日蓮の「謗法」罪認識に関する学説史に触れておきたい。

一．「謗法」の学説小史

日蓮という宗教的人格を理解する上で、「罪」なる主体としての自覚が看過し得ぬ重要性を持つことを明確に指摘したのは、恐らく、宗教学者の姉崎正治が最初である。姉崎は、大正五年（一九一六）に発表した論文「罪に関する日蓮上人の懐抱」（姉崎〔一九一六〕）において、日蓮にあっては、「法華経の行者」「地涌・上行菩薩」の自覚に代表される聖者的自覚と、罪を背負い、みずからのその罪を滅しようとする懺悔滅罪の行者としての自覚とが密接不可分の関係にあること、佐渡流罪を契機として明瞭になるその関係は、後者の自覚が前者の自覚をより一層促し、支えるというものであることを指摘・論証しようとしたのである。こうした指摘は、同年、姉崎が公にした大著『法華経の行者日蓮』（姉崎〔一九一六／一九八二〕）においても繰り返し強調されるところである。『法華経の行者日蓮』の「序言」において、姉崎は、かかる指摘の意義につき、みずから次のように述べている。

本書は、前後十四五年、特には最近六七年の間、直接に上人の遺文に接した努力の結晶である。而してその研究には、常に宗教学上の通義、特には宗教心理学上の比較考慮を費したのであり、従つて日蓮宗門の伝説や、前人の解釈等には拠らなかつた。それ故に、今までの上人伝と異なる結論に達した場合も少からずある。上行の自覚と罪の意識との聯絡の如きは、その最も顕著なる一つであつて、今までの伝記は、此の一点を看過した為めに、往々上人の一生を神怪の中に葬つた感がある。

（姉崎〔一九一六／一九八二〕「初刊序言」九－一〇頁）

日蓮を理解するに当たって、「罪の意識」という、いわばネガティブな側面にも目を向ける必要があることを前面に掲げた論考は、管見の限り、姉崎以前には見出し得ないものである。とするならば、姉崎自身が記すように、右の指摘はやはり画期的な意義を持つものであったといってよかろう。

姉崎によるこうした指摘を参照しつつも、日蓮における罪の自覚の性質を問題にしたのは、家永三郎氏であった。その著名な論文「日蓮の宗教の成立に関する思想史的考察」（家永〔一九四七〕）において、家永氏が日蓮の罪の自覚に対し下した評価は次のようなものである。

法然や親鸞の場合の如き深刻なものを感ずることが出来ない。何故ならば、彼等にあつては罪業の自覚は人間的現実の諦視から来てゐるが、日蓮にあつては単に謗法の苦報として経文から演繹されたものに過ぎないからである。勿論法然や親鸞の教も経論の文句から導かれてゐる点は変りないけれど、この経論の文句の採用が人間の本質的危機の直視によつて決定されたといふ処に体験的基礎をもつてゐる。然るに日蓮の法華信仰は何時も経文の文字面を判断の根拠として導かれたものであり、……著しく机上論的性格を感ぜしめることを免れぬ。（家永〔一九四七〕一〇三頁）

すなわち、家永氏は、日蓮における罪の自覚を、煩悩に縛られた人間の否定的現実への直視に欠ける机上論的なもの、と断じたのである。

本項でもこれから縷々述べていくように、日蓮が最大の罪悪であるとみなしたのは、「謗法」という事柄であった。日蓮は、他者における「謗法」の罪を一貫して厳しく批判し続けたが、第Ⅱ部第一章で詳しく触れるように、佐渡流罪期に至って自己自身の内にもこの罪を認め、それを厳しい反省の対象とするに至る。右に引いた家永氏の見解は、日蓮におけるこうした「謗法」の罪の自覚に対してのものであるが、これはやはり表面的な理解に止《とど》まっているといわざるを得ない。というのも、日蓮における「謗法」の罪の自覚とは、これもまた第Ⅱ部第一章で詳しくみるように、自己の存在そのものに関わる深刻な悔悟を意味するといえるものであり、それを以って直ちに「机上論的」と断じてしまうことは速断に過ぎる、といわざるを得ないからである。

日蓮がいうところの「謗法」とは、救済の究極的担い手として一切衆生の救済を意志する久遠の釈尊への背きを意味するものとみてよい。日蓮はかかる「謗法」を以って堕無間地獄をもたらす重罪とみなし、人間を救済から隔絶することになる根本原因をこの罪に求めたのである。このような「謗法」の罪を、日蓮は自己の過去世に見出すとともに、末法の人間全体がこの罪を背負い、かつ無意識のうちにこの罪を犯し続けているとした。ここに、日蓮なりの「人間的現実の諦視」「人間の本質的危機の直視」がある。また、みずからもこの「謗法」の罪を背負う存在であることを日蓮に自覚させる契機となったのは、第Ⅱ部第一章で詳述するように、日蓮自身の厳しい受難体験であった。ここに、日蓮の罪の自覚における「体験的基礎」があるといえる。したがって、この点からも、日蓮の罪の自覚が経文から机上論的に演繹されたものに過ぎない、という家永氏の指摘は当たらないのである。

家永氏の見解に関しては、既に日蓮宗学の側から反論が出されている。その代表的なものとして、茂田井教亨氏の「日蓮聖人に於ける「謗法」ということについて」（茂田井〔一九六四a〕）、および「謗法意識と下種の問題」（茂田井〔一九六四b〕）を挙げることができる。これらの論文において、茂田井氏は日蓮に特徴的な『法華経』理解を次のように指摘する。日蓮において『法華経』とは、一切衆生を救わんとする久遠仏の本願として信受された。しかも『法華経』は、自己自身の完全なる実現、すなわち久遠仏の本願の完全なる実現を絶対的に要請してくるもの、とみなされた。茂田井氏は、日蓮にあっては『法華経』のかかる絶対的要請に、たとえ無意識のうちにではあっても背いてしまうことが「謗法」として断罪されたと指摘した上で、次のように述べる。

謗法の罪というものは、次元を超えた神性Gottheitに対する人間の侵犯であって、（煩悩などの）人間的罪悪の具体性に比して抽象的ではあるが、罪意識の波及およびその苦果への怖れは人間的罪悪に対する罪意識の比ではないであろう。その悔悟が三世に亘ることと罪の相が抽象的であることとによって、反省の述懐が観念的に傾くことは止むを得ないとしても、それをもって机上論的であるとはいえないのである。

（茂田井〔一九六四b〕二五七－二五八頁、括弧内引用者）

また、茂田井氏は、日蓮にあって「謗法」の罪を知るということは、すなわち『法華経』の真価を知ったということに他ならないとして、それを、「知罪＝知教」と公式化している。(23)

以下、本項の論述を進めるにあたっては、茂田井氏のこうした見解から多くの示唆を得ていることを、あらかじめ断っておきたい。(24)

二　「謗法」の意味と様相

「謗法」とは、「誹謗正法」の略語である。つまり、「正法」を「誹謗」することである。仏教そのものに価値を認めず、誹謗の対象とすることが、日蓮においても「謗法」とみなされることはいうまでもない。ただ、日蓮が問題にしたのは、そうした意味での「謗法」ではない。日蓮自身、『立正安国論』で「客」をして、上一人より下万民に至るまで、仏像を崇め、経巻を専らにす。然れば、即ち叡山・南都・園城・東寺・四海・一州・五畿・七道、仏教星のごとく羅《つらな》り、堂宇雲のごとく布けり。

（『立正安国論』、二一三頁、原漢文）

と言わしめているように、当時の日本では仏教は盛んに信仰されていたのである。日蓮が問題にしたのは、盛んに信仰されているように見える、仏教のそうした現状そのものである。すなわち、日蓮は仏教の現状を、盛んに信仰されているように見えながらも、実のところ「謗法」を生んでしまっている状況とみなし、その問題状況の是正を自己の最優先課題としたのである。日蓮自身の言葉を借りるならば、「凡夫の習ひ、仏法に就て生死の業を増す」（『守護国家論』、八九頁、原漢文）という現状の是正に、日蓮は意を注いだわけである。

三〇代後半に著した『守護国家論』・『災難興起由来』・『災難対治鈔』・『立正安国論』等の一連の著述において、日蓮が、仏教信仰の形をとりながら実のところ「謗法」をなしているものとして厳しい批判の対象としたのは、周知のように法然浄土教であり、それを理論的に支える『撰択本願念仏集』（以下、『撰択集』と略す）であった。日蓮によるこれら一連の著述は、法然浄土教とその理論的支柱たる『撰択集』がまさに「謗法」の元凶に他ならないことを露わにすることにより、それを禁圧へと追い込むことを目的に著された、といっても過言ではない。

では、日蓮はこれら一連の著述において、法然浄土教・『撰択集』の何を「謗法」として批判したのか。日蓮による批判点は、次の一点に尽きる。すなわち、仏は阿弥陀仏のみ、経典は浄土三部経のみ、行法は称名念仏のみを是として「撰択」することにより、『法華経』を頂点とした大乗諸経典を「捨閉閣抛」する、いわゆる「是一非諸」の立場に、厳しい批判を浴びせかけたのである。

釈尊説法の内、一代五時の間、先後を立てて権実を弁ず。しかるに、曇鸞・道綽・善導、既に権に就て実を忘れ、先に依て後を捨つ。未だ仏教の淵底を探らざる者なり。なかんずく、法然、その流れを酌《く》むといへども、その源を知らず。所以は何《いかん》。大乗経六百三十七部・二千八百八十三巻、竝びに一切の諸仏菩薩、及び諸の世天等を以て、捨閉閣抛の字を置て、一切衆生の心を薄《おか》す。これ偏に、私曲の詞《ことば》を展《の》べて、全く仏経の説を見ず。妄語の至り、悪口の科《とが》、言ひても比ひなく、責めても余りあり。人皆その妄語を信じ、悉く彼の選択を貴ふ。故に浄土の三部経を崇めて衆経を抛《なげう》ち、極楽の一仏を仰ぎて諸仏を忘る。誠にこれ諸仏諸経の怨敵、聖僧衆人の讎敵なり。（『立正安国論』、二一八頁、原漢文）

とは、そうした批判を端的に展開した一節である。また、

無知の道俗、この書（『撰択集』）の中の捨閉閣抛等の字を見て、浄土の三部経・阿弥陀仏より外は、諸経・諸仏・菩薩・諸天善神等に於いて捨閉閣抛等の思ひを作《な》し、彼の仏経等に於いて供養受持等の志を起こさず、還て捨離の心を生ず。故に、古の諸大師等の建立せし所の鎮護国家道場、零落せしむといへども、護惜建立の心なし。護惜建立の心なきが故に、また読誦供養の音絶え、守護の善神も法味を嘗《な》めず。故に、国を捨てて去り、四依の聖人も来たらざるなり。偏に、金光明仁王等の、一切の聖人去る時は七難必ず起こらん、我等四王、皆悉く捨去せん、既に捨離し已《おは》れば、その国、当に種々の災禍あるべし

の文に当れり。

（『災難対治鈔』、一六八頁、原漢文、括弧内引用者）

とは、批判されるべきそうした「謗法」が大本の原因となって、国に種々の厄災をもたらしていることを指摘した文言である。

ただし、ここで留意しておきたいのは、『立正安国論』の上呈に至る三〇代後半の日蓮が、法然浄土教・『撰択集』を「謗法」＝「誹謗正法」と批判する際の「正法」の範囲である。これについては、先にも触れたところであるが、日蓮は、法然浄土教・『撰択集』が大乗諸経典とそこに説かれる諸仏・諸菩薩等を「捨閉閣抛」してしまったことを以って「謗法」＝「誹謗正法」と断じているのである。したがって、この場合の「正法」とは、『法華経』を含む大乗諸経典全般を指すことになる。換言するならば、『法華経』以外の大乗諸経典にも「正法」としての価値は認められている、ということである。

しかし、このことは、日蓮が大乗諸経典をすべて同価値とみなしていたことを意味するものでは、もとよりない。日蓮にとって、最高の価値が認められるべきは、やはり『法華経』なのである。

法華経に対して実義を論ずる時、法華経より外の四十余年の諸大乗経は皆小乗にして、法華経は大乗なり。

（『守護国家論』、九四頁、原漢文）

といわれる所以である。つまり、大乗諸経典の中においても、真実の大乗経典＝「実大乗」の名に値するのは『法華経』だけだ、ということである。したがって、救済に与る道もまたこの『法華経』にある、ということになる。

法華経は釈迦牟尼仏なり。法華経を信ぜざる人の前には、釈迦牟尼仏、入滅を取り、この経を信ずる者の前には、滅後たりといへども、仏の在世なり。

（『守護国家論』、一二三頁、原漢文）

すなわち、『法華経』を信じるならば、史上の釈尊が入滅した後の時代であっても、久遠実成の釈尊が救済の手を差し伸べてくれる、というのである。

日蓮によれば、『法華経』への帰信は、久遠の釈尊による個々人の救いを保証するのみではない。それはまた、国土から厄災を取り除き、「仏国土」の将来をも可能とするものである。さればこそ、日蓮は、『立正安国論』末尾の有名な一節において、

汝、早く信仰の寸心を改めて、速やかに実乗の一善に帰せよ。然れば則ち三界は皆仏国なり。仏国それ衰へんや。十方は悉く宝土なり。宝土何ぞ壊れんや。国に衰微なく、土に破壊なくんば、身はこれ安全にして、心はこれ禅定ならん。

（『立正安国論』、二二六頁、原漢文）

と、国を挙げて「実乗の一善」、つまり『法華経』に帰信することを呼びかけるのである。

『立正安国論』の上呈に至る三〇代後半の日蓮は、このように、大乗諸経典を「正法」の枠内に収めている。つまり、『法華経』以外の大乗諸経典を一律に否定し去ったわけでは決してない、ということである。た

だ、日蓮はそれら大乗諸経典の中でも『法華経』に、個々人の救済と国土の安穏とを可能ならしめる積極的な価値を認めたわけである。

しかるに、法然浄土教・『撰択集』は「謗法」という大罪を犯した。つまり、「正法」たる大乗諸経典を「捨閉閣抛」してしまった。かかる仕儀は、当然、『法華経』をも「捨閉閣抛」の四字の内に収めてしまうものである。それは、仏教において何が「実大乗」たるかを知らず、したがって、個々人の救済と国土安穏の道がどこにあるかも知らぬまま、かえってそれをないがしろにしてしまうことであるがゆえに、仏教そのものへの背きを意味するものに他ならない。言葉を換えるならば、それは、仏教の教主にして、救済の究極的担い手たる久遠の釈尊への背きに他ならないのである。その体裁がいかに仏教信仰の形をとっていようとも、そうした背きがあるところ、当然、救いへの道は閉ざされ、現世には種々の厄災を、来世には堕地獄を招いてしまうことになる。日蓮によれば、法然浄土教・『撰択集』は、まさにこうした意味での「謗法」を国土に蔓延させたのである。

日蓮にあって、「謗法」のこうした意味自体は、終生変わることはなかった。

さて、本章の第一節でも既にみたように、文永六年ないし七年（一二六九、四八歳ないし一二七〇、四九歳）頃に系年されるものと本書では措定している『顕謗法鈔』において、日蓮は、「釈迦如来・過去現在未来の三世の諸仏、世にいで給て各々一切経を説キ給フに、いづれの仏も法華経第一なり」（『定遺』二六九頁）、「法華経は真諦俗諦・空仮中・印真言・無為ノ理・十二大願・四十八願、一切諸経の所説の所詮の法門の大王なり」（『定遺』二七〇頁）と述べるとともに、『法華経』がこのように「一切経の大王」である以上、すべからく『法華経』のみに依るべきであって、にもかかわらず、『法華経』以外の経典に依るのは「謗法」の所行である、とみなすに至った。このことは、先にも引いたところであるが、次の文言が十分に物語っている。

をのれが依経には随えども、すぐれたる経を破するは破法となるか。若爾ラハ者、設ヒ観経・華厳経等の権大乗経の人々、所依の経の文の如く修行すとも、かの経にすぐれたる経々に随はず、又すぐれざる由を談ぜば、謗法となるべきか。

（『顕謗法鈔』、二五六頁）

華厳ノ五教、法相・三論ノ三時、禅宗ノ教外、浄土宗ノ難行・易行、南三北七ノ五時等、門はことなりといへども入理一にして、皆仏意に叶ヒ謗法とならずといはゞ、謗法という事あるべからざるか。

（『顕謗法鈔』、二六五―二六六頁）

このように日蓮は、法然浄土教のみならず、『立正安国論』の上呈に至る三〇代後半にあっては「正法」の側に収めていた大乗諸経典による各宗をも、「謗法」の側に組み込むに至った。少なくとも『立正安国論』上呈以前の日蓮は、大乗諸経典を「正法」の枠内に収めることにより、積極的ではないにしろ、それらの価値を一応は認めていたといえる。つまり、大乗諸経典は、積極的に帰依しろといわれているわけではないが、少なくとも捨て去ってしまってはいけないもの、と位置づけられていたのである。しかし、今や、『法華経』以外の諸経典は、帰依すべき価値なきもの、それどころか、帰依すれば「謗法」という重罪を生んでしまうものとして、積極的に否定されることとなった。すなわち、『法華経』のみに帰依すべき価値を認めると同時に、それ以外の諸経典の価値をおしなべて否定する立場に立ち至ったのである。言葉を換えるならば、日蓮は、自身、厳しい批判の対象に置いている法然浄土教と同様の「是一非諸」的立場――「是」とするものは、もちろん異なるが――を明確にし始めたのである。(25) そして、こうした立場の明確化に伴い、「謗法」の範囲も拡大することになる。晩年の日蓮は「必ス法華経に非サれば謗法」（『上野尼御前御返事』、一八九〇頁）と端的に記しているが、「謗法」のあり方についてのこうした規定は、このように、『顕謗法鈔』にあっては既に見出し得るものである。

一方、こうした「是一非諸」的立場に至る過程で、日蓮は、どのような行為が信仰生活の中で「謗法」となってしまうのかを具体的に提示してもいる。伊豆流罪より赦免せられた翌年の文永元年（一二六四、四三歳）に系けられる『南条兵衛七郎殿御書』の次の一節がそれである。

> 十悪五逆にすぎたる謗法は人毎にこれあり。させる語を以て法華経を謗ずる人はすくなけれども、人ごとに法華経をばもちゐず。又もちゐたるやうなれども念仏等のやうには信心ふかからず。信心ふかき者も法華経のかたきをばせめず。いかなる大善をつくり、法華経を千万部読ミ書写し、一念三千の観道を得たる人なりとも、法華経のかたきをだにもせめざれば得道ありがたし。たとへば朝につかふる人の十年二十年の奉公あれども、君の敵をしりながら奏もせず、私にもあだまずば、奉公皆うせて還てとがに行はれんが如し。当世の人々は謗法の者としろしめすべし。
> （『定遺』三二一―三二二頁）

直接的に「法華経を謗ずる」という行為は、もちろん「謗法」である。しかし、ここで問題にされているのは、そのようにはっきりと判別される「謗法」ではない。日蓮が問題にするのは、「謗ずる」という直接的な行為を伴わず、したがって、「謗法」を犯しているという自覚が当人には伴い難い、次のような三様の「謗法」である。

まず第一は、「法華経をばもちゐず」というあり方である。これは、『法華経』への不信を当然含むものではあろうが、むしろ、不信を積極的に表明しないまでも、信を寄せるべき対象にそもそも『法華経』を置かないというあり方が「謗法」と断ぜられているものであろう。第二は、「もちゐたるやうなれども念仏等のやうには信心ふかからず」である。信を寄せる対象にたとえ『法華経』を置いたとしても、それが「念仏等」と並んで信を置く対象の一つに過ぎないならば、ましてや、『法華経』への信が「念仏等」の他に対する信よりも劣るものであるならば、そうした信のあり方は「謗法」とみなされることになる。つまり、たとえ『法華経』に信を置こうとも、それが「念仏等」との「並信」の域を脱しないものであるならば、それも「謗法」と断ぜられるのである――ただ、『南条兵衛七郎殿御書』にあっては、「念仏等」の「等」がどこまでを含むものであるか、具体的に明らかにされているわけではないが――。これら二様の「謗法」から浮かび上がってくる、あるべき信仰のあり方は、『法華経』に専一なる信を置く、というものである。言葉を換えるならば、「専持法華」を貫く、ということである。

だが、いかに「専持法華」を貫こうとも、それが「自利」的な域内に終始するものであるならば、それもまた「謗法」に堕するもの、とみなされる。すなわち、「専持法華」の正統性に気づき得ない「謗法」の徒を放置するのではなく、「専持法華」の正統性に目を開かせるべく積極的に働きかけるという「利他」的な行ないを伴うものでなければならないのである。「謗法」の第三のあり方として、「信心ふかき者も法華経のかたきをばせめず」が挙げられる所以である。日蓮にあっては、このようないわゆる「利他」的行ないを伴わない信仰は、つまるところ、一切衆生の救済を意図し、それを究極的に担う久遠の釈尊への背きに他ならず、したがって、それもまた「謗法」と断罪されるわけである。この点についての日蓮の所論を、もう少し追ってみよう。

我等衆生は根の鈍なる事すりはんどくにもすぎ、物のいろかたちをわきまへざる事羊目のごとし。

（『南条兵衛七郎殿御書』、三二一頁）

自分たちがこのような劣機に他ならないことを自覚する日蓮にとって、救済はあくまでも釈尊の教えに依るという仕方で達成されなければならないし、また、それ以外に救済の道はあり得ない。

後世を思ヒ定めん事は私にはかなひがたく候。一切衆生の本師にてまします釈尊の教こそ本にはなり候べけれ。

（『南条兵衛七郎殿御書』、三一九頁）

といわれる所以であるが、もとより、釈尊の教えであれば何でもよい、というわけではない。

法華経の方便品に重て「正直に方便を捨て、但だ無上道を説く」ととかせ給り。方便をすてよととかれてはんべるは、四十余年の念仏等をすてよととかれて候。

（『南条兵衛七郎殿御書』、三一九―三二〇頁、鍵括弧内原漢文）

凡夫の私の計ヒ、是非につけてをそれあるべし。仏と申ス親父の仰セを仰クべしとまつところに、仏定メて云ク、正直捨方便等云云。方便と申スは無量義経に未顕真実と申ス上《かみ》に以方便力と申す方便なり。以方便力の方便の内に浄土三部経等の四十余年の一切経は一字一点も漏スべからざるか。

（『法門可被申様之事』、四四五頁）

これらの文言からも明らかなように、日蓮にあって、『法華経』「方便品」第二の「正直捨方便」という経文は、救済の究極的担い手としての釈尊が、「四十余年の念仏等」や「浄土三部経等の四十余年の一切経」を「一字一点も漏」らさず「すてよ」と命じた権威ある命令として受け止められた。しかるに、こうした命令に気づき得ない人々を放置しておくことは、釈尊による命令の十全たる実現に忠実であろうとしないという意味で、釈尊への背きに他ならず、まさにその点において、「謗法」とみなされることになる。

周知のように、『法華経』の「見宝塔品」第十一では、釈尊滅後の法華弘通が三度にわたり勧奨されている[26]。竜口法難以降のことになるが、日蓮はこれを「宝塔品の三箇の勅宣」（『寺泊御書』、五一五頁、原漢文、『開目抄』、五八九頁）、「教主釈尊の勅宣」（『四条金吾殿御返事』、六六四頁）として受け取るに至る。つまり、日蓮は、釈尊滅後の法華弘通という「利他」の行ないもまた、釈尊によって下された権威ある命令だと受け止めるようになるのである。日蓮にとっては、これもまた、逆らうことの許されない絶対的な命令であり、身命を賭してでも実行しなければならないものであった。日蓮が、

法華経に云く、我れ身命を愛せず、但だ無上道を惜しむ文。涅槃経に云く、譬へば、王の使、善能《よく》談論し、方便に巧みにして、命を他国に奉ずるに、寧《むし》ろ身命を喪《うしな》ふとも、終に王の所説の言教を匿《かく》さざるが如し。

智者もまた爾《しか》なり文。章安大師云く、寧喪身命不匿教者（寧ろ身命を喪ふとも、終に王の所説の言教を匿さず）とは、身は軽く法は重し。身を死《ころ》して法を弘む文。

（『頼基陳状』、一三五六頁、原漢文、括弧内引用者）

といった経文の引用を行なって、それを自己の弘教の方軌とする所以である。

日蓮は、同時代の仏教信仰の状況を、先にも引いたように、「当世の人々は謗法の者としろしめすべし」（『南条兵衛七郎殿御書』、三二二頁）とみている。そうした状況の中で、その誤まれる信仰を全面的に否定して、『法華経』への専一なる信のみを弘めようとするならば、当然、激しい抵抗に遭遇することが予想される。しかし、日蓮にしてみれば、そうした状況であるがゆえに、かえって、今この時にこそ「勅宣」は実行されなければならない。「勅宣」の絶対性は、世間の抵抗を恐れることなくそれを実行することを迫ってくるし、また、実行することによってはじめて、釈尊による救済の意志は、同時代＝末法の人々の間に広く実現していくことになるからである。世間の抵抗を恐れて「勅宣」の実行を怠ることは、日蓮にしてみれば、末法の人々を救済に導く方途を知りながら、その途《みち》を閉ざしたままにしておくことに他ならず、それは取りも直さず、一切衆生の救済を意図する釈尊に背くことを意味するものであった。それ故に、日蓮は、

日蓮此を知リながら人々を恐レて申さずば、寧喪身命不匿教者（寧ろ身命を喪ふとも、終に王の所説の言教を匿さざれ）の仏陀の諫暁を用ヒぬ者となりぬ。いかんがせん。いは（言）んとすれば世間をそろし。止《やめん》とすれば仏の諫暁のがれがたし。進退此《こゝ》に谷《きわまれ》り。

（『報恩抄』、一一九八頁、（　）内引用者）

という葛藤を経ながらも、

法華経には「我れ身命を愛せず、但だ無上道を惜しむ」ととかれ、涅槃経には「寧ろ身命を喪ふとも、教を匿さざれ」といさめ給えり。今度命《いのち》をおしむならば、いつの世にか仏になるべき、又何《いか》なる世にか父母師匠をもすくひ奉ルべきと、ひとへにをもひ切リて申シ始めしかば、……

（『報恩抄』、一二三七頁、鍵括弧内原漢文）

と決断するに至った、と回顧するのである。

右の文言からも窺われるように、日蓮にあっては、決断を以って「勅宣」を奉じようとしない限り、他者の救済はもちろんのこと、自己自身の救済もまた見込み得ないとされる。つまり、たとえ『法華経』への専一なる信をもっていようとも、「勅宣」を奉じて法華弘通に当たらない限り、その救済は否定されるのである。日蓮にとって、「勅宣」を奉じようとせずに自分のみの法華信仰に甘んじるという「自利」的態度は、一切衆生を救済せんとする釈尊への背きに他ならないからである。

なお、日蓮は、釈尊への背きという側面を特に強調する場合は、「謗法」という言葉とは別に、「不孝」という言葉を用いてもいる。日蓮にとって釈尊とは、歴史上に現れた有限なる存在としての釈尊のみを意味するのではない。むしろそれは、『法華経』の「如来寿量品」第十六において開顕された永遠の仏、すなわち久遠実成の釈迦仏を意味するのである。日蓮によれば、この久遠実成の釈迦仏とは、一切の個別的な仏がそこへと還元される根元的な仏である[27]と同時に、無限の過去以来、衆生救済を意図し、担い続けてきた仏である。日蓮は、かかる久遠の釈迦仏こそ、衆生に対して背くべからざる恩徳を有する存在であることを強調して、それに「主」「師」「親」の「三徳」を付与している。このように「三徳」を兼ね備えた久遠の釈迦仏に背くことを以って、日蓮は「不孝」とみなすのである。

法華経の第二ニ云ク、「今この三界は皆これ我が有なり。その中の衆生は悉くこれ吾が子なり。しかも今この処は諸の患難多し。唯だ我れ一人のみ能く救護を為す。復た教詔すといへども、しかも信受せず」等云云。此文の心は釈迦如来は我等衆生には親也、師也、主也。我等衆生のためには阿弥陀仏・薬師仏等は主にてはましませども、親と師とにはましまさず。ひとり三徳をかねて恩ふかき仏は釈迦一仏にかぎりたてまつる。親も親にこそよれ、釈尊ほどの親。師も師にこそよれ、主も主にこそよれ、釈尊ほどの師主はありがたくこそはべれ。この親と師と主との仰セをそむかんもの、天神地祇にすてられたてまつらざらんや。不孝第一の者也。

（『南条兵衛七郎殿御書』、三二〇―三二一頁、鍵括弧内原漢文、傍点引用者）

日蓮にとって、かかる不孝・謗法は、無間地獄への堕落をもたらす極めて重い罪に他ならない[28]。しかも、こうした重罪の余波は、罪なる主体を、長きにわたって救済から隔絶し続けることになる。

我等過去現在未来の三世の間に仏に成らずして六道の苦を受るは偏に法華経誹謗の罪なるべし。

（『善無畏鈔』、四一三頁、一部分原漢文）

すなわち、日蓮は、成仏を妨げ、永劫にわたる六道輪廻の苦しみをもたらす根本因を「謗法」の罪に求めているのである。さらに、身延に入って以降の日蓮は、

〔『摩訶止観』の〕第五ノ巻ニ云ク、「行解既に勤めぬれば、三障四魔、紛然として競ひ起こる。乃至、随ふべからず、畏るべからず。これに随へば、人をして悪道に向かはしむ。これを畏れば、正法を修することを妨ぐ」等云云。……「これに随へば、人をして悪道に向かはしむ」と申スは只三悪道のみならず、人天九界を皆悪道とか(書)けり。されば法華経をのぞいて華厳・阿含・方等・般若・涅槃・大日経等也。天台宗を除て余の七宗の人人は、人を悪道に向ハしむる獄卒也。天台宗の人人の中にも法華経を信ずるやうにて、人を爾前へやるは悪道に人をつかはす獄卒也。

（『兄弟鈔』、九三二頁、〔　〕内引用者、鍵括弧内原漢文）

と記すことになる。ここでは、「只三悪道のみならず、人天九界を皆悪道」と位置づけていることに注目したい。逆にいえば、仏以外は悉く存在自体が「悪」とみなされているのであるが、今もみたように、成仏を妨げる根本因は他ならぬ「謗法」の罪にあるとされる。とすれば、人をして仏以外の「悪」なる存在に留《とど》め置く根本因は、まさしくこの「謗法」の罪にある、ということになる。その意味で、「謗法」の罪はまさに「根本悪」に他ならない。

ところで、日蓮は、日本国全体がこうした不孝・謗法の罪に陥っているとして、

　愚者の眼には仏法繁盛とみへて、仏天智者の御眼には古き正法の寺々やうやくうせ候へば、一には不孝なるべし、賢なる父母の氏寺をすつるゆへ、二には謗法なるべし。若シしからば日本国当世は国一同に不孝謗法の国なるべし。

（『法門可被申様之事』、四四六頁）

と断じている。日蓮にとって、「日本国当世は国一同に不孝謗法の国なるべし」という現状認識は、もちろん大いに憂うべきものであった。だが、日蓮にしてみれば、より本質的な問題は、むしろ、国を挙げて犯している「不孝謗法」の重罪に対する無自覚——換言するならば、そうした現状を「仏法繁盛」とみてしまう無知——にあった、といってよい[29]。というのも、そうした無自覚・無知から国を覚醒させない限り、眼前に迫った「他国侵逼難」、つまり蒙古の襲来を未然に防ぐ手だても、来世における堕地獄の道を塞ぐ手段も、ともに失われてしまうからである。日蓮にとって、「専持法華」を人々に勧めることは、このように、「不孝謗法」の罪に人々を目覚めさせることと常に不可分でなされなければならない事柄であった。

　ただし、ここで留意しておきたいことがある。

　それは、佐渡流罪より前の日蓮にあっては、不孝・謗法の罪の主体は概して自己の外側に設定されている、ということである。換言するならば、佐渡流罪より前の日蓮は、自己以外の人間に不孝・謗法の罪を見出し、その罪に目覚めさせるべく働きかけてはいくものの、その罪をみずからの内側に見出し、自己の存在そのものに関わる深刻な事柄として問題化することは、基本的にはなかった、ということである。

　ただ、まったくなかった、というわけではない。先にも引いたところであるが、佐渡流罪より前に系けられ

る『善無畏鈔』[30]には、

我等過去現在未来の三世の間に仏に成らずして六道の苦を受るは偏に法華経誹謗の罪なるべし。

（『定遺』四一三頁、一部分原漢文）

という文言がみえる。これによれば、日蓮が、成仏しないままここにある自己の現状からさかのぼって、自己の過去世に「謗法」の罪を見出していることは間違いない。ただし、右の文言には、みずからが背負う「謗法」の罪を、自己自身の存在のあり方に関わる問題として深刻に受け止めようとする姿勢は、正直なところ、ほとんど感じられない。既に「我等」という言い方で一般化・抽象化している時点で、「謗法」の罪を自己自身の問題として具体的に掘り下げていこうとする方向性は阻まれてしまっている、といわねばなるまい。

日蓮が「謗法」の罪を、自己の存在のあり方に関わる自己自身の問題として、深刻な悔悟と反省の俎上にのせていくには、やはり竜口法難・佐渡流罪を待たなければならなかった。竜口法難から佐渡流罪に至る一連の受難体験が、過去無量劫以来抱え込んできたみずからの「謗法罪」の「発見」を否応なく日蓮に迫り、さらにその「発見」が、深刻な悔悟と反省を日蓮に要求してくるのである。こうした「発見」と、それに伴う深刻な悔悟と反省が、佐渡流罪の直中にある日蓮の思索と宗教的自覚にいかなる影響をもたらすことになるのか。この点についての詳細なる検討は、第Ⅱ部第一章に譲ることとしたい。

注

（1）家永〔一九四七〕九一頁。ただし、家永氏自身は、日蓮の「主意的側面」の内容には言及しておらず、また、「主知的側面」にしても、天台法華宗の伝統教学の摂取という限られた側面のみを念頭においている。しかし、これでは、両側面の不可分性という、家永氏自身によるせっかくの指摘が活きてこないと考える。そこで、本章では、家永氏の用語を借りつつも、両側面を本文にあるように捉え直し、その上で、改めて両側面の不可分性を指摘する。

（2）この典拠とされる文言は、本章第一節において、『報恩抄』より引くことになるので、ここでは、『定遺』における頁数のみを示しておく。『定遺』一一九三―一一九四頁をみよ。

（3）典拠とされる文言は次の通り。

夫レ以ミレば日蓮幼少の時より仏法を学し候しが念願すらく、人の寿命は無常也。出ル気《いき》は入る気を待ツ事なし。風の前の露、尚譬にあらず。かしこきも、はかなきも、老イたるも、若きも定め無き習ヒ也。されば先《まづ》臨終の事を習フて後に他事を習フべしと思ヒて、一代聖教の論師・人師の書釈あら〳〵かんがへあつめ（勘集）て、此を明鏡として、一切の諸人の死する時と並に臨終の後とに引キ向ヘてみ候へば、すこしもくもりなし。

（『妙法尼御前御返事』、一五三五頁）

（4）典拠とされる文言は次の通り。

いかなれば彼の安徳と隠岐と阿波・佐渡等の王は相伝の所従等にせめられて、或は殺サれ、或は嶋に放タレ、或は鬼となり、或は大地獄には堕チ給ヒシぞ。……頼朝と義時との御魂御名御姓をばかきつけて諸尊諸神等の御足の下にふませまいらせて（密教の秘法を尽くして）いのりしかば、いかにもこらうべしともみへざりしに、いかにとして一年一月も延ヒずして、わずかに二日一日にはほろび給ヒけるやらむ。仏法を流布の国の主とならむ人々は能能御案ありて、後生をも定め、御いのりも有ルべきか。而ルに日蓮此事を疑ヒしゆへに、幼少の比より随分に顕密二道並に諸宗ノ一切ノ経を、或は人にならい、或は我と開キ見し、勘へ見て候へば、故の候けるぞ。

（『神国王御書』、八八二―八八五頁、括弧内は文脈より補充）

（5）典拠とされる文言は次の通り。

一《ひとつ》の願をおこす。日本国に渡れる処の仏経並に菩薩の論と人師の釈を習ヒ見候はばや。又倶舎宗・成実宗・律宗・法相宗・三論宗・華厳宗・真言宗・法華天台宗と申ス宗どもあまた有リときく上《うへ》に、禅宗・浄土宗と申ス宗も候なり。此等の宗々枝葉をばこまかに習はずとも、所詮肝要を知る身とならばやと思ヒし故に、随分にはしりまはり、十二・十六の年より三十二に至ルまで二十余年が間、鎌倉・京・叡山・園城寺・高野・天王寺等の国々寺々あら〳〵習ヒ回《まは》り候し程に……

（『妙法比丘尼御返事』、一五五三頁）

『妙法比丘尼御返事』は真蹟現存・曾存遺文ではなく、直弟子による写本も伝えられてはいないが、中山法華経寺第三世・日祐による『本尊聖教録』（いわゆる『祐師目録』。康永三年〔一三四四〕成立）の写本の部に、既に「妙法比丘尼〈商那和修〉」（『定遺』二七三八頁下段、〈　〉内割書）と、書名が見えること、また、山上弘道氏により、『妙法比丘尼御返事』に高い信頼性を置いてよいことが指摘されていることを踏まえて、文献学的に信頼し得る遺文に準じるものとして取り扱っておく。山上氏による指摘については、山上〔二〇一二〕九－一〇頁をみよ。

（6）「皆人の願ハせ給フ事なれば、阿弥陀仏をたのみ奉り、幼少より名号を唱ヘ候」（『妙法比丘尼御返事』、一五五三頁）。『妙法比丘尼御返事』については、直前の注（5）をみよ。

（7）同書の末尾には、次のように記されている。

此三千大千世界は、皆釈迦如来の菩薩にておはしまし候ける時の御舎利也。我等モ此世界の五味をなめて設ケたる身なれば、又我等も釈迦菩薩の舎利也。故に経ニ云ク、「今この三界は皆これ我が有なり。その中の衆生は悉くこれ吾が子なり」等云云。法華経を知ると申すは、此文を知るべき也。我有と申す有はそれ真言宗にあらざれば知り難し。……法華経を是ノ体に意得れば則チ真言の初門也。此国土、我等が身を、釈迦菩薩成仏の時、其菩薩の身を替へずして成仏し給へば、此国土我等が身を捨てずして、寂光浄土・毘盧遮那仏にて有也。十界具足の釈迦如来の御舎利と知るべし。此をこそ大日経の入漫荼羅具縁品には慥に説カれたる也。真言の戒体は人これを見て師に依らずして相承を失ふべし。故に別ニ記して一具に載せず。但標章に載する事は、人をして顕教より密教の勝るるを知らしめんが為なり。

（『戒体即身成仏義』、一四－一五頁、傍点引用者、鍵括弧内他、一部分原漢文）

『戒体即身成仏義』の書名は、康永三年（一三四四）、中山法華経寺第三世の日祐によって作成された『本尊聖教録』（いわゆる『祐師目録』）に既に見えるが（『定遺』二七三八頁下段）、その真蹟は、今に伝わっていない。最も古い写本は、千葉県松戸市の平賀本土寺所蔵のいわゆる「平賀本」に収められている。「平賀本」は、大永七年（一五二七）から翌年にかけて、同寺第一一世の日遊が発起し、勝妙坊日信により写し終えられた遺文集であるが、その底本は、同寺第九世の日意（一四二一－一四七三）による遺文写本であったと考えられる（高木〔一九七〇a〕六〇五頁下、日教研〔一九八五〕九五二－九五三頁「平賀本」の項目）。

（8）少なくとも、『立正安国論』以前においては、日蓮による批判対象は、念仏・禅・律・真言にわたるいわゆる「四箇格言」的なものではなく、法然流の念仏にほぼ限定されるものであったといってよい。佐藤弘夫氏はこの点に着目し、『守護国家論』や『立正安国論』などにおいて展開されるそうした批判が、いかなる立場から、いかなる論法でなされているのかを問題にする。

佐藤氏によれば、この時期の日蓮が批判したのは、法然流の念仏にみられる「是一非諸」的な価値判断であった。すなわち、称名念仏のみに絶対の価値を認め、『法華経』をはじめとする他の大乗諸経典の価値を一切否定する「選択の論理」こそ、日蓮による厳しい批判の対象であった。そうした批判を行なう際に日蓮が立脚したのが、『法華経』に最高の価値を認めつつも、だからといって『涅槃経』や『大日経』等の他の大乗諸経典の価値を全面的に否定するわけでは決してない、いわば「融和の論理」ともいうべき立場であったと、氏はみなす。最高の価値を一方では掲げながらも、それ以外のものを排斥するわけでは決してない――。このような「融和の論理」こそ、伝統的な顕密仏教が法然浄土教を批判する際に依って立つ共通の立場に他ならないことの論証を通して、氏は、少なくとも『立正安国論』以前の日蓮にあっては、伝統的な顕密仏教の立場に則って法然浄土教が批判されたことを明らかにした。

もっとも、佐藤氏は、日蓮の法然浄土教批判が顕密仏教の伝統に完全に埋没してしまうものではないことも、一方では強調している。例えば、従来の顕密仏教が法然浄土教の正統性の有無を「勅許」の有無として問題化したのに対し、日蓮はあくまでも教理面において念仏の正統性を問い、さらには念仏を根絶すべしという主張にまで踏み込んでいる点や、法然浄土教批判を通して、従来の顕密仏教とは異なった「安国」の概念を確立し得た点に、その独自性が認められるという。ただ、そうした独自性は認めつつも、『立正安国論』以前の日蓮は、『法華経』のみに絶対的価値を置いていたわけではなく、むしろ『法華経』を頂点とする大乗諸経典を、法然浄土教の「是一非諸」的な「選択の論理」から守ろうとした、というのである。「日蓮は『法華経』のみを「正法」とみなした」という、いわば日蓮の思想展開の結論部分を安易に敷延してしまうというやり方ではなく、あくまでも『立正安国論』以前の日蓮の思想自体を問おうとするならば、氏によるこうした指摘は正鵠《せいこく》を射《い》たものである、といわねばならない。

なお、佐藤氏によれば、このように厳しい批判の対象としてきた「是一非諸」的な「選択の論理」を、日蓮は、『立正安国論』上呈の翌年、伊豆流罪を境として、みずからが依って立つ立場となしていくことになる（本章において後述していくように、「是一非諸」的な「選択の論理」を日蓮が明確に採るようになる時期について、筆者は氏といささか異なる見解を持つものであるが）。つまり、『法華経』に絶対の価値を認める一方で、他の経典の価値は認めないという思想傾向を、日蓮は顕著にしていくことになる、というのである。こうした変化に、氏は、日蓮における伝統的な顕密仏教との訣別――「正統」を自任する顕密仏教の立場からいえば「異端化」――をみている。

佐藤氏による以上のような見解については、佐藤〔一九七八〕、佐藤〔一九八七〕一三二―一三三頁、一七四―二〇〇頁、佐藤〔一九九八〕一二一―一七〇頁、佐藤〔二〇〇三〕四二―六〇頁、七七―八五頁などを参照せよ。

（9）ここでは、「法の四依」の意味を次のように理解しておきたい。

(10) ①「依法不依人」……日蓮自身が解説しているように、仏の言葉としての「法」、つまり「経典」にこそ直参するべきであって、仏以外の者による解釈に依るべきではない、ということ。
②「依義不依語」……経典に直参するといっても、経典の表面に表れた「語」のみにとらわれるのではなく、その「語」をしてその「語」たらしめている「義」、つまり仏の意図（日蓮の用語では、「仏の御意」「仏の御心」「一切経の心」等）を読み取るべきである、ということ。
③「依智不依識」……一切を総合的に把握する仏の智慧、つまり「智」に依るべきであって、仏以外の者の分析的認識、つまり「識」に依るべきではない、ということ。
④「依了義経不依不了義経」……「仏の御意」「仏の御心」を余すところなく表現した経典、つまり「了義経」に依るべきであって、それを表現し尽くしてはいない経典、つまり「不了義経」に依るべきではない、ということ。
このうち、①から③までは、「了義経」を導き出すための方法に関する規範であり、④は、そうして導き出された「了義経」にこそ依るべきであるという、信仰のあり方に関する規範であるといえよう。

(11) 『顕謗法鈔』の真蹟は、明治八年（一八七五）の身延山大火で焼失してしまい、まったく現存していないものと思われてきたが、この程、真蹟の断簡が確認されたことが中尾（二〇一〇）において報告されている。
『顕謗法鈔』の系年については、本文中でも記したように、『定遺』では、伊豆流罪中の弘長二年（一二六二、四一歳）とされているが、これに対して、山上弘道氏は、山上（二〇一一）二三二―二三三頁において、六つの理由を挙げ（ここでは詳細は省略する）、佐渡流罪より前の文永六年（一二六九、四八歳）から佐渡流罪中の文永九年（一二七二、五一歳）頃、特に文永九年頃のものと推定。一方、中尾尭氏は、右の中尾（二〇一〇）において、新たに発見された真蹟断簡の筆跡から系年を推定し（山上氏はこの真蹟断簡には触れていない）、文永六年前後のものとみなしている。そこで、本書では、両説の重なるところをとって、佐渡流罪より前の文永六年ないし文永七年（一二七〇、四九歳）頃のものと措定しておきたい。

(12) 日蓮における「謗法」の意味および様相については、本章第二節第二項「「謗法という罪」の二」を参照せよ。

(13) 日蓮による他宗批判の社会的背景については、高木豊氏や佐々木馨氏による優れた論考がある。高木（一九六五）七五―七七頁（第一章「日蓮の宗教の社会的基盤」第三節「日蓮の檀越」第五項「社会的基盤と諸宗批判」）、および一五四―一八一頁（第三章「文永八年の法難」第一節「鎌倉の諸宗派」・第二節「日蓮の諸宗批判」・第三節「諸宗批判の激化」）、佐々木（一九九七）、佐々木（二〇〇四）二二五―二三九頁（第三部第二章「真言宗批判の実相」）などを参照せよ。
高木（一九七三）四三〇―四六五頁（第八章「法華唱題とその展開」第一節「法華唱題の展開」・第二節「唱題思想の成立」）を参照せよ。

(14) 日教研〔一九八五〕一〇四二―一〇四三頁の項目『法華本門宗要鈔』による。同鈔の下巻は、日蓮の伝記に関する記述を豊富に含むものである。

(15) 『註画讃』八頁上段、括弧内割注、原漢文、および一〇八頁。この『註画讃』は、京都本圀寺所蔵本『日蓮聖人註画讃』を、写真版と「解説」（詞書の翻刻と書き下しを含む）によって紹介したものである。

(16) 『清澄寺大衆中』、一一三四頁。具体的には次のような文言である。

　建長五年四月二十八日、安房ノ国東条ノ郷清澄寺道善之房持仏堂の南面にして、浄円房と申ス者並に少々ノ大衆にこれを申しはじめて、其後二十余年が間退転なく申ス。

　右に引いた文言では、いわゆる「立教開宗」の日付は「四月二十八日」となっているが、山上弘道氏によれば、「最古写本である『平賀本』、そして『刊本録内』では三月となっております。しかるに小川泰堂の『高祖遺文録』が四月として以来、『縮冊遺文』『定遺』等がそれを踏襲」（山上〔二〇一一〕一二頁、傍点引用者）したものであるという。すなわち、身延曾存遺文である『清澄寺大衆中』の真蹟にあっては、「三月二十八日」となっていた可能性が高いということである。これを補完する材料として、山上氏は、身延曾存遺文で『延山録外』に収められている『破良観等御書』の、

　かく申ス程に、年卅二建長五年の春の比より念仏宗と禅宗等とをせめはじめて、後に真言宗等をせむるほどに、念仏者等始めにはあなづる。（『定遺』一二八四頁、傍点引用者）

という文言を引きつつ、「ご存知のように春というのは一・二・三月でありますから、『清澄寺大衆中』も本来『平賀本』のように「三月二十八日」と書かれていた可能性が非常に高い」（山上〔二〇一一〕一二―一三頁）と推測。その上で、「ともあれ宗祖はまず建長五年三月二十八日に、師匠道善房の持仏堂の南面（南側の部屋）において、浄円房をはじめ少々の住僧等に対し、内々に法華経至上主義と禅宗・念仏宗の批判を宣言した」（山上〔二〇一一〕一三頁、括弧内原文のまま）ものと結論づけている。

　ただ、その一方で、本文中にも引いているように、真蹟完存の『聖人御難事』では、いわゆる「立教開宗」の日付が「四月二十八日」と明記されている。これについて、山上氏は、「三月二十八日」の宣言は「浄円房と申ス者並に少々ノ大衆に」対して行なわれた、いわば「内々の宣言」ともいうべきものであり、「この内々の宣言を経ていよいよ本格的な宣言が、一ヶ月後の四月二十八日になされ」（山上〔二〇一一〕一四頁）たものと推察する。さらに、本文中でも引いている『聖人御難事』の一節を引用しつつ、「今度は諸仏坊の持仏堂の南面で、正午に宣言されております。場所が（「道善之房持仏堂の南面」から）変わったのは、師匠道善坊に持仏堂において宣言することを拒否されたからかもしれません」（山上〔二〇一一〕一四頁、括弧内引用者）と述べている。

このように、山上氏は、日蓮によるいわゆる「立教開宗」の宣言を、「三月二十八日」と「四月二十八日」の二段構えでなされたものとみている。本文中でも引いているように、いわゆる「立教開宗」の日の早朝、朝日に向かってはじめて唱題がなされたとされる日付を、『法華本門宗要鈔』では三月二十八日、『日蓮聖人註画讃』では「三（或は四）月」二十八日としているのであり、そこからしても、氏の見解は傾聴に値するといえるのではないか。

(17) ただし、同遺文の真蹟は存在せず、直弟子による写本も伝わっていない。最も古い写本は、身延山久遠寺第一一世・行学院日朝（一四二二－一五〇〇）によるものである。

(18)『唱法華題目鈔』の真蹟は現存しない。ただし、『南条兵衛七郎殿御書』の真蹟第二紙と第三紙の行間に、日蓮の直弟子・日興の筆による『唱法華題目鈔』の抄写が細字で記されていることから（日教研〔一九八五〕五五九頁、『真蹟集成』〈4〉六七－六八頁、三四七頁）、『唱法華題目鈔』には、直弟子による写本が現存する遺文と同程度の文献学的位置を与えてよいものと考えられる。したがって、以下では、文献学的に信頼し得る遺文として『唱法華題目鈔』を取り扱う。

(19) 日蓮が図顕した「本尊」の分析を通して、日蓮における信仰と宗教の総体を描き出そうとした意欲的な著作として、渡辺喜勝〔一九九九〕を挙げておきたい。この書において、渡辺氏は、日蓮の図顕による諸々の「本尊」を『文字マンダラ』と総称するとともに、それらの詳細な分析を通して、そこに込められた日蓮の内面的な「信仰」と、それを弟子・信者に向けて積極的に表出することによってみずからの「宗教」を確立しようとした日蓮の軌跡とを明らかにしようと試みている。

(20) 佐渡流罪の約五ヶ月前、文永八年（一二七一、五〇歳）五月に系けられる『十章鈔』には、

真実に円の行に順じて常に口ずさみにすべき事は南無妙法蓮華経なり。心に存スべき事は一念三千の観法なり。これは智者の行解なり。日本国の在家の者には但一向に南無妙法蓮華経ととなえさすべし。　（『定遺』四九〇頁）

とある。すなわち、「一念三千の観法」も、「唱題」と並ぶ「真実に円の行」と位置づけられながらも、結局、それは「智者の行解」であるがゆえに、「日本国の在家の者には但一向に南無妙法蓮華経ととなえさすべし」と、「唱題」のみが勧められているのである。ただし、これを逆にいえば、「出家」の者で、しかも「智者の行解」に堪《た》え得る者には、「一念三千の観法」が勧められる余地は残っている、ということにもなる。したがって、佐渡流罪より前の段階での「唱題」観は、次にみられるような、身延期の徹底した「唱題為本」（高木〔一九七三〕四七七頁）の主張とは区別されなければならない。

（『法華文句』第九に）直専持此経と云ふは、（『法華経』）一経に亘《わた》るにあらず。専ら題目を持ちて、余文を雑へず。尚、一経の読誦をも許さず。　（『四信五品鈔』、一二九七頁、原漢文、括弧内引用者）

南無妙法蓮華経と申スは法華経の中の肝心、人の中の神《たましひ》のごとし。此レにものをならぶれば、きさき（后）のならべて二王をおとことし、乃至きさきの大臣已下になひ〳〵（内々）とつ（嫁）ぐがごとし。わざはひのみなもとなり。正法・像法に

は此法門をひろめず、余経を失ハじがため也。今、末法に入リぬれば余経も法華経もせん（詮）なし。但南無妙法蓮華経なるべし。かう申シ出タシて候もわたくし（私）の計ラヒにはあらず。釈迦・多宝・十方ノ諸仏・地涌千界の御計ラヒ也。此南無妙法蓮華経に余事をまじ（交）へば、ゆゆしきひが（僻）事也。

（『上野殿御返事』、一四九二頁）

なお、『十章鈔』は、『定遺』では文永八年（一二七一、五〇歳）五月に系けられているが、『真蹟対照録』〈上〉二一一頁では、文永二年（一二六五、四四歳）に系年されている。岡元錬城氏は、この他にも、山川智応による文永六、七年説（一二六九、四八歳、一二七〇、四九歳）、山中喜八氏による文永三年説（一二六六、四五歳）、山上弘道氏による文永六年説（一二六九、四八歳）があることを紹介した上で、山上氏の説を支持しつつも、論断は下していない（岡元〔一九九六〕一三七頁、七〇二頁）。このような諸説が並び立つ状況に決着をつける力は、残念ながら筆者にはなく、とりあえずは『定遺』の系年に従っておく。

(21) 茂田井〔一九八二〕二七五－二七六頁、茂田井〔一九八四〕一〇一－一〇二頁、一二六－一二七頁、および高木〔一九七〇b〕一一九－一二二頁、高木〔二〇〇二〕一〇二－一〇五頁。

なお、『定遺』では「唯《た》だ教門計《ばか》りなり。理具《つぶさ》に我れこれを存ず」と訓じている『寺泊御書』、五一四頁の一節は、白文では「唯教門計也 理具我存之」である。これを、興風談所の『御書システム』に附属するコラム、平成一六年（二〇〇四）一一月号「日本語は難しい」（山上弘道氏担当）では、「唯《た》だ教門計りなり。理具は我れこれを存ず」（傍点引用者）と訓み、あなたは教相論ばかりだが、自分は観心門、つまり成仏論の基礎たる理具の法門を知っているぞ、という意味の批判であるとみなしている(http://www5f.biglobe.ne.jp/~goshosys/colum.html)。批判の内容については、茂田井氏や高木氏の見方と大きな違いがあるわけではないが、訓み方に関しては、傾聴すべき見解である。

(22) 日蓮における「一念三千」の用例については、佐渡流罪より前のものも含め、逐一引いた上で、渡辺宝陽氏が解説を施している。渡辺宝陽〔一九八三〕をみよ。

(23) かかる見方は、既に茂田井〔一九六四b〕にみられるが、茂田井〔一九七七〕や茂田井〔一九八〇〕において、より詳しく提示されている。

(24) ただ、茂田井氏の見解は極めて概略的であって、日蓮自身の言葉に逐一即して提示されたものであるとはいい難い側面がある。茂田井氏によって示された枠組みを踏襲しつつ、日蓮遺文を豊富に検索して、日蓮における「謗法」の意味あるいは意義を論じた宗学者による論考としては、渡辺宝陽〔一九七六〕や、原〔一九九九〕などがある。特に原氏の著作は、単に「謗法」のみならず、「不孝」や「逆罪」という時代性を孕んだ日蓮の用語を視野に収めつつ、日蓮における「罪」の観念の様相と背景、およびその意義を精緻に描き出した労作である。

(25) 日蓮の立場が、実際、「是一非諸（一を是とし、諸を非とす）」とみなされていたことは、文永八年（一二七一、五〇歳）の佐渡流罪直前に系けられる『行敏訴状御会通』中に、日蓮を訴える理由の一つとして訴状中に挙げられた次の文言が引かれていることからも明らかである。

八万四千の教、乃至、一を是とし、諸を非とする理、豈に然るべけんや云云。

（『行敏訴状御会通』、四九七頁、原漢文、傍点引用者）

(26) その経文を左に掲げておく。

① 誰か能くこの娑婆国土に於いて広く妙法華経を説かん。今、正しくこれ時なり。如来は久しからずして当に涅槃に入るべし。仏はこの妙法華経を以て、付嘱して在ることあらしめんと欲す。（『正蔵』九巻三三頁下、原漢文）

② 諸《もろもろ》の大衆に告ぐ。我が滅度の後に、誰か能くこの経を護持し、読説するや。今、仏の前《みまへ》に於いて自ら誓いの言《ことば》を説け。（『正蔵』九巻三四頁上、原漢文）

③ 諸の善男子よ、我が滅後に於いて、誰か能くこの経を受持し、読誦するや。今、仏の前に於いて自ら誓いの言を説け。（『正蔵』九巻三四頁中、原漢文）

なお、日蓮は、『開目抄』において、①を「第一の勅宣」、②を「第二の鳳詔」、③を「第三ノ諫勅」と名づけて引いている（『定遺』五八二－五八三頁）。

(27) 久遠実成の釈迦仏のこうした位置づけは、次のような日蓮の言葉に明瞭である。

此過去常顕ルヽ時、諸仏皆釈尊の分身なり。（『開目抄』、五七六頁）

久遠実成は一切の仏の本地、譬へば大海は久遠実成、魚鳥は千二百余尊なり。久遠実成なくば千二百余尊はうきくさの根なきがごとし、夜の露の日輪の出テざる程なるべし。（『聖密房御書』、八二四頁）

(28) 『顕謗法鈔』における次の文言をみよ。

問テ云ク、五逆罪より外の罪によりて無間地獄に堕ツことあるべしや。答テ云ク、誹謗正法の重罪なり。……懺悔せる謗法の罪すら五逆罪に千倍せり。況や懺悔せざらん謗法にをいては阿鼻地獄を出る期かたかるべし。（『定遺』二五四－二五五頁）

(29) 国を挙げての「不孝謗法」の罪が何故に惹起されてしまうのか。そして、自己の罪をどうして誰も自覚し得ないのか。こうした問題に、日蓮は人間存在がそもそも抱えざるを得ない智慧の有限性を以って答えているように思われる。そこで注目されるのが、日蓮の用いる「元品の無明」という術語である。

設《たと》ひ等覚の菩薩なれども元品の無明と申す大悪鬼身に入ッて、法華経と申ス妙覚の功徳を障へ候也。何ニ況ャ其已下の人人にをいてをや。（『兄弟鈔』、九二三頁）

ここで、「元品の無明」は明らかに『法華経』に対立するものとして挙げられている。しかも、それは、仏に成る一歩手前の

「等覚の菩薩」でさえも免れ得ないものであり、したがって、菩薩以下の人々には当然つきまとわざるを得ないものであるとみなされている。

これと同様な見解は、次のような文言にもみることができる。

> 爾前の別教の十一品の断無明、円教の四十一品の断無明の大菩薩普賢・文殊等も、未だ法華経の意を知らず。何に況や、蔵・通二教の三乗をや。何に況や、末代の凡夫をや……。（『始聞仏乗義』、一四五四頁、原漢文）

ここで、「十一品の断無明」「四十一品の断無明」というのは、逆にいえば、「元品の無明」はいまだ断ち切ってはいない、ということである。そして、この「元品の無明」ゆえに、「末代の凡夫」はもちろんのこと、「普賢・文殊」といった「大菩薩」といえども、「法華経の意」を、すなわち『法華経』の真の意味・価値を知り得ない、とされるのである。この意味では、「弥勒菩薩・文殊師利菩薩・観世音菩薩・薬王菩薩等の四十一品の無明を断ぜし人々も、元品の無明を断ぜざれば愚人といわれて」（『撰時抄』、一〇四八頁）しまうことになる。

このように日蓮は、仏を除くすべての人々に「元品の無明」を認めるとともに、かかる「元品の無明」を、『法華経』の真の意味や価値に対する無知を引き起こさざるを得ない根本的な制約として提示している。言葉を換えるならば、日蓮は、人間にあって必然的に「謗法」の罪が惹起せざるを得ない理由、しかも、現に犯しつつあるその罪を自覚することも困難とならざるを得ない理由を、「元品の無明」によって制約された人間の智慧の有限性に見出さざるを得なかったものと思われるのである。

> 仏法をばがく（学）すれども、或は我が心のをろかなるにより、或はたとい智慧はかしこきやうなれども師によりて我心のまがるをしらず。仏教をなをし（直）くならい（習）うる事かたし。（『三沢鈔』、一四四四頁）

> 設ひ堅く三帰・五戒・十善戒・二百五十戒・五百戒・十無尽戒等の諸戒を持てる比丘・比丘尼等も、愚智の失に依て、小乗経を大乗経と謂ひ、権大乗経を実大乗経なりと執する等の謬義、出来す。大妄語・大殺生・大偸盗等の大逆罪の者なり。愚人はこれを知らず、智者と尊む。（『大学三郎殿御書』、一〇八三頁、原漢文）

といった文言は、そうした智慧の有限性を表現したものであるといえよう。

しかし、日蓮にあっては、そうした有限性が諦めに直結するものでは、もちろんあり得なかった。日蓮は、智慧の有限性を抱えるがゆえに「愚者」「愚人」たらざるを得ない人間のあり方に、かえって、仏の言葉を歪曲することなく、そのままに――日蓮の言葉を借りるならば、「正直」に――受け取り得る可能性を見出すのである。換言するならば、「愚者」「愚人」たらざるを得ない自己のあり方そのものに、日蓮は、「仏の智慧」を受領した「智者」「智人」たり得る素地をみるわけである。この点については、第Ⅱ部第三章において改めて詳述する。

なお、断るまでもないことであるが、「元品の無明」という術語自体は、日蓮の創作にかかるものではまったくない。『摩訶止観』第六上では、別教の場合、初地以上妙覚に至って十二品の無明を断じ、円教の場合、初住以上妙覚に至って四十二品の無明を断ずるとされるが、いずれの場合も、最後品の無明が「元品の無明」と名づけられている（望月〈5〉〔一九三三〕「無明」の項）。日蓮の場合も、基本的にこの説によっていることは明らかであるが、ここでは、日蓮が「元品の無明」を、『法華経』の真の意味・価値に対する無知を引き起こさざるを得ない根本的な制約として提示している点に、むしろ注目したい。

(30)『善無畏鈔』は、『定遺』では文永三年（一二六六、四五歳）に系けられているが、岡元錬城氏はこれを否定し、文永七年（一二七〇、四九歳）に系けられるべき遺文であることを主張した（岡元〔一九九二〕、岡元〔一九九六〕六九八－六九九頁）。ただ、いずれの説を採るにせよ、『善無畏鈔』が佐渡流罪（文永八年〔一二七一、五〇歳〕一〇月）より前の遺文とされることに変わりはない。

【引用・参照資料および略号】

『真蹟集成』〈4〉
　日蓮聖人真蹟集成法蔵館編集部『日蓮聖人真蹟集成』第四巻、法蔵館、一九七七年。
『真蹟対照録』〈上〉
　立正安国会編『日蓮大聖人御真蹟対照録』上巻、立正安国会、一九六七年。
『註画讃』
　小松茂美・若杉準治・前田多美子『日蓮聖人註画讃』（続々日本絵巻大成 伝記・縁起篇2）中央公論社、一九九三年。

【引用・参照文献】

姉崎〔一九一六〕
　姉崎正治「罪に関する日蓮上人の懐抱」（宗教研究会編『宗教研究』第一巻第一号）。
姉崎〔一九一六／一九八二〕
　姉崎正治『改訂 法華経の行者日蓮』。本書の初版は一九一六年、改訂版は一九三二年。改訂版はさらに、一九八二年には国書刊行会の『姉崎正治著作集』第一〇巻に収められた。本書での参照・引用は著作集に拠った。

家永〔一九四七〕
家永三郎「日蓮の宗教の成立に関する思想史的考察」（家永三郎『中世仏教思想史研究』法蔵館）。

岡元〔一九九二〕
岡元錬城「日蓮聖人遺文系年考〈その5〉――『善無畏鈔』――」（岡元錬城『日蓮聖人遺文研究』第一巻、山喜房仏書林）。

岡元〔一九九六〕
岡元錬城『日蓮聖人遺文研究』第三巻、山喜房仏書林。

佐々木〔一九七九〕
佐々木馨『日蓮と「立正安国論」――その思想史的アプローチ――』評論社。

佐々木〔一九九七〕
佐々木馨「日蓮の真言密教批判」（佐々木馨『中世仏教と鎌倉幕府』吉川弘文館）。後に、佐々木〔二〇一一〕に「真言密教批判について」というタイトルのもと再録。

佐々木〔一九九九〕
佐々木馨『日蓮の思想構造』吉川弘文館。

佐々木〔二〇〇四〕
佐々木馨『日蓮とその思想』平楽寺書店。

佐々木〔二〇一一〕
佐々木馨『日蓮の思想史的研究』山喜房仏書林。

佐藤〔一九七八〕
佐藤弘夫「初期日蓮の国家観――鎌倉旧仏教との比較において――」（東北大学文学部日本思想史学研究室『日本思想史研究』第一〇号）。

佐藤〔一九八七〕
佐藤弘夫『日本中世の国家と仏教』吉川弘文館。

佐藤〔一九九八〕
　佐藤弘夫『神・仏・王権の中世』法蔵館。
佐藤〔二〇〇三〕
　佐藤弘夫『日蓮――われ日本の柱とならむ――』ミネルヴァ書房。
高木〔一九六五〕
　高木豊『日蓮とその門弟』弘文堂。
高木〔一九七〇a〕
　高木豊「諸本解説」(戸頃重基・高木豊校注、岩波日本思想大系『日蓮』)。
高木〔一九七〇b〕
　高木豊『日蓮――その行動と思想――』評論社。
高木〔一九七三〕
　高木豊『平安時代法華仏教史研究』平楽寺書店。
高木〔二〇〇二〕
　高木豊『日蓮――その行動と思想――』〈増補改訂版〉、太田出版。
田村〔一九七五〕
　田村芳朗『日蓮――殉教の如来使――』日本放送出版協会。
中尾〔二〇一〇〕
　中尾堯「ご真蹟に触れる〈第三〇五回〉」(『日蓮宗新聞』二〇一〇年一二月二〇日号)。
日教研〔一九八五〕
　立正大学日蓮教学研究所編『日蓮聖人遺文辞典(歴史篇)』総本山身延山久遠寺。
原〔一九九九〕
　原愼定『日蓮教学における罪の研究』平楽寺書店。

茂田井〔一九六四a〕
　茂田井教亨「日蓮聖人に於ける「謗法」ということについて」（茂田井教亨『観心本尊抄研究序説――宗学体系化への試み――』山喜房仏書林）。
茂田井〔一九六四b〕
　茂田井教亨「謗法意識と下種の問題」（茂田井教亨『観心本尊抄研究序説――宗学体系化への試み――』山喜房仏書林）。
茂田井〔一九七七〕
　茂田井教亨『開目抄講讃』山喜房仏書林、第五講・第六講。
茂田井〔一九八〇〕
　茂田井教亨「日蓮の原罪観（一）（二）」（茂田井教亨『日蓮の法華経観』佼成出版社）。
茂田井〔一九八二〕
　茂田井教亨『日蓮教学の根本問題』平楽寺書店。
茂田井〔一九八四〕
　茂田井教亨『日蓮――その人と心――』春秋社。
望月〈5〉〔一九三三〕
　『望月仏教大辞典』第五巻、世界聖典刊行協会。
山上〔二〇一一〕
　山上弘道『日蓮の諸宗批判――「四箇格言の再歴史化」の前提――』〈本化ネットワーク叢書（1）〉、本化ネットワーク。
渡辺宝陽〔一九七六〕
　渡辺宝陽「聖人教学における謗法の意義」（渡辺宝陽『日蓮宗信行論の研究』平楽寺書店）。
渡辺宝陽〔一九八三〕
　渡辺宝陽「事一念三千義覚え書き」（宮崎英修先生古稀記念論文集刊行会編『日蓮教団の諸問題』平楽寺書店。
渡辺喜勝〔一九九九〕
　渡辺喜勝『文字マンダラの世界――日蓮の宗教――』岩田書院。

第二章　「法華経の持経者」から「法華経の行者」へ

——正統性の「心み」——

はじめに

凡夫の私の計《ヒ》、是非につけてをそれあるべし。仏と申《ス》親父の仰《セ》を仰《ク》べしとまつところに……

(『法門可被申様之事』、四四五頁、傍点引用者)

凡夫の習ひ、仏法に就て生死の業を増すこと、その縁一にあらず。

(『守護国家論』、八九頁、原漢文、傍点引用者)

前章でみてきた「教相知」「実践知」ともいうべきものは、いうまでもなく、日蓮という一個の人間が仏教と真摯に向き合うことによって構築し得た「道理」であり、日蓮という人格によって実践の場へと適用されたものである。しかし、日蓮自身、右に引いた文言で自戒しているように、それは「凡夫の私の計《ヒ》」であってはならない。つまり、それは恣意性を排したものでなければならないのである。でなければ、仏教に救いを求めながらも、かえって救いの契機を逸してしまう「凡夫の習ひ」に堕してしまうからである。したがって、日蓮にあっては、一個の「凡夫」たる自己の智慧は、それを用い、実践する主体が「凡夫」であるという限界性を常に孕みながらも、その限界性を突破して、「仏の御心」に適ったいわば「仏の智慧」ともいうべきものを目指すものでなければならないことになる。

それでは、みずからの智慧を用いて構築してきた「道理」は、果たして「仏の御心」に適った正統なものであるといい得るのか。それとも、所詮は恣意の産物に過ぎないといわざるを得ないものなのか……。凡夫としての抜き難い意識を一方では抱き続ける日蓮にとって、自己の正統性に対する、緊張感を孕んだこうした検証――日蓮の用語に従うならば、「こゝろみ」あるいは「心み」――は、修学および実践の場面で常に意識されなければならないことであった、といってよかろう。

それでは、日蓮にとって、そうした「こゝろみ」＝「心み」に確信を与えてくれるものは、果たして何だったのであろうか。本章では、この問題に対する考察を通して、日蓮における「法華経の持経者」と「法華経の行者」という二つの宗教的自覚を取り上げてみたいと思う。具体的には、

①日蓮における「法華経の持経者」自覚の意味

②日蓮以前、および同時代にあっても多数存在していたであろう「法華経の持経者」と、日蓮における「法華経の持経者」自覚との重なり、相違

③「法華経の持経者」から「法華経の行者」への移行の具体相と、「法華経の行者」自覚の意義、および自身の正統性を「唯日蓮一人」と誇称する背景

などを明らかにしていく。

周知のように、姉崎正治は『法華経の行者日蓮』[1]（姉崎〔一九一六／一九八二〕）のタイトルのもと、従来の伝説に安易に寄りかかることを排して、あくまでも「日蓮遺文」を根本資料とする姿勢を貫き、日蓮の生涯と

思想とを緻密かつ壮大に描き出すことに成功した。姉崎のこの業績が、現代の研究水準からみれば種々の限界を孕みつつも、日蓮研究史上、必読の古典として評価される所以である。姉崎はいう。

「法華経の行者」とは何か。ここで之を解釈するは不可能であつて、本書一篇がその註脚である。否、上人の活きた人格がその説明であり、実証体現である。仏法が仏陀の人格で、活きた事実となつた如く、「法華経」は、実に上人の一生に依つて、血あり涙ある人間となつて、活躍した。此以外に区々の言を連ねる要はなかろう。

（姉崎〔一九一六／一九八二〕「初刊序言」八頁）

日蓮が「法華経の行者」としての自覚を比較的早い段階から鮮明にし、生涯を通じてその自覚を保ち続けたことに鑑みれば、姉崎が右に述べたような手法も、確かに首肯できるところではある。

しかし、その反面、この手法では、「法華経の行者」とは何か、という問題に対する検討が拡散しがちになってしまうことも否めない。つまり、日蓮はいかなる意味を込めて「法華経の行者」という自覚を打ち出したのか、あるいは、日蓮にとって「法華経の行者」と称することの意義はどこにあったのか、という問題にストレートに焦点を絞る機会を、ややもすれば失いがちになってしまう。実際、姉崎以降の種々の業績をみても、日蓮＝「法華経の行者」という定式が独り歩きしてしまい、その意味ないし意義が尋ねられることは、ほとんどなかったように思われる(2)。本章は、そうした課題に応えようとする一つの試みでもある。

第一節　歴史事象的現証

後年、身延に入った日蓮は、みずからが行なってきた「心み」の跡を振り返って、次のように述べている。

日蓮仏法をこゝろみるに、道理と証文とにはすぎず。又道理証文よりも現証にはすぎず。

（『三三蔵祈雨事』、一〇六六頁）

これによれば、みずから行なってきた「こゝろみ」＝「心み」に確信を与えてくれるものとしてまず必要なのは、「道理」と「証文」（「文証」ともいわれる）であるという。この場合、「道理」とは、「仏の御心」を確定し、表現するための首尾一貫した理論を、また「証文」（「文証」）とは、その理論が「仏の御心」に適ったものであることを証明し、裏づけるための、仏の言葉たる経文等のことであるといってよかろう。日蓮はまず、この二つが「心み」において必要不可欠であることを強調して、「道理と証文とにはすぎず」という。

だが、「心み」はこの二つのみでは完結し得ない。というのも、たとえ「凡夫の私の計ヒ」によって構築された恣意的な「道理」であっても、それがあたかも「仏の御心」に適ったものであるかの如く、「証文」（「文証」）で飾り立てることは、少々智慧のある者であれば、決して不可能ではないからである。このように、「道理」と「証文」（「文証」）のみでは、それが真に「仏の御心」に適った正統なるものであるという必要十分な証にはなり得ないとするならば、その正統性を最終的に保証してくれるものは何か。日蓮にとっては、それが

「現証」なのである。「道理証文よりも現証にはすぎず」といわれる所以である。

この場合、「現証」とは、まず一つには、日蓮自身、『立正安国論』において、『金光明最勝王経』『大集経』『仁王経』『薬師経』などに基づいて警告した「他国侵逼難」「自界叛逆難」の的中のことである。こうした意味での「現証」を、ここでは「歴史事象的現証」と呼んでおこう。

「他国侵逼難」については、文永一一年（一二七四、五三歳）一〇月のいわゆる「文永の役」によってついに現実のものとなった、と日蓮はみる。また、「自界叛逆難」については、文永九年（一二七二、五一歳）二月の「北条時輔の乱」（あるいは「二月騒動」とも）によって現実化した、とみなされる。こうした形での「的中」によって、日蓮が、みずからの「智慧」により構築した「道理」は「仏の御心」に適うものである、との大きな自信を獲得したことは間違いない。

予は未だ我が智慧を信ぜず。然りといへども、自他の返逆侵逼、これを以て我が智を信ず。

（『聖人知三世事』、八四三頁、原漢文）

という文言が、そのことを端的に物語っている。

もっとも、本書第Ⅰ部の検討対象である佐渡流罪より前（文永八年〔一二七一、五〇歳〕一〇月以前）の段階では、「他国侵逼難」も「自界叛逆難」も、いまだ現実のものとなってはいない。とはいえ、特に「他国侵逼難」について注目してみるならば、文永五年（一二六八、四七歳）正月、蒙古の国書を携えた使者が九州の太宰府に到着、国書は翌月の閏正月に鎌倉にもたらされており、さらに翌文永六年（一二六九、四八歳）の九月には、蒙古の牒状を持参した使者が再び太宰府の地を踏んでいる。後述するように、日蓮にとって、こうした事態は、「他国侵逼難」の現実化に向けた確実なる予兆に他ならず、したがって「他国侵逼難」の「現証」とほぼ同じ重みをもつものとして受け止められた。

周知のように、日蓮は『立正安国論』において、頻発する天変地夭の根本原因を、「邪法」「謗法」たる法然浄土教の流布に求め、その禁圧を実現すべく、文応元年（一二六〇、三九歳）、鎌倉幕府の実質的主権者たる前執権・得宗の北条時頼（最明寺入道）に同書を上呈した。その経緯について、日蓮は次のように記している。

> 正嘉元年大歳丁巳八月廿三日戌亥の時、前代に超えたる大地振。同二年戊午八月一日、大風。同三年己未、大飢饉。正元元年己未、大疫病。同二年庚申、四季に亘て大疫已《や》まず。万民、既に大半に超えて死を招き了んぬ。しかる間、国主これに驚き、内外典に仰せ付けて種種の御祈祷あり。しかりといへども、一分の験《しる》しもなく、還て飢疫等を増長す。日蓮、世間の体を見て、粗一切経を勘るに、御祈請験なく、還て凶悪を増長するの由、道理文証、これを得了んぬ。終に止むことなく、勘文一通を造り作し、その名を立正安国論と号す。文応元年庚申七月十六日辰時、屋戸野《やどや》入道に付し、古最明寺入道殿に奏進して了んぬ。
>
> （『安国論御勘由来』、四二一－四二二頁、原漢文、傍点引用者）

右に傍点を施したように、日蓮にとって『立正安国論』は、「道理文証」を兼ね備えた「勘文」であった。その「道理文証」の趣くところ、日蓮は法然浄土教の禁圧を求めるとともに、もし禁圧をなさず放置しておくならば、必ずや「他国侵逼難」と「自界叛逆難」の二難にみまわれることになろうと警告したわけである。そして果たせるかな、先述のように、文永五年（一二六八、四七歳）には蒙古の国書が到来し、翌年には重ねて牒状がもたらされるに至った。こうした事態をうけて、日蓮は、

文応元年（『立正安国論』上呈の年）大歳庚申より、文永五年大歳戊辰後の正月十八日に至るまで、九ケ年を経て、西方大蒙古国より我が朝を襲ふべきの由、牒状これを渡す。また同六年、重ねて牒状これを渡す。既に勘文これに叶ふ。これに準じてこれを思ふに、未来また然るべきか。この書は徴《しるし》ある文なり。これ偏に日蓮の力にあらず。法華経の真文の至す所の感応か。

（『安国論奥書』、四四三頁、原漢文、括弧内引用者）

と述べる。「既に勘文これに叶ふ」という言葉が示すように、日蓮は、『立正安国論』でなした「他国侵逼難」到来の警告が、現実化の方向へと間違いなく歩み始めたことを確信した。日蓮によれば、そのような適切な警告をなし得たのは、自己自身の力によってではない。それは、「法華経の真文」、つまり仏の真実の言葉が自己に対して働きかけ、その働きかけに自己が適切に「感応」し得た結果なのである。「これ偏に日蓮の力にあらず。法華経の真文の至す所の感応か」とは、この謂いであるとみてよいであろう。こうして日蓮は、『立正安国論』において種々の「文証」を以って構築した「道理」――日蓮にとって、それは「仏の御心」を表現しようとする「心み」の一環に他ならない――が、今や「現証」の一端を得て、まさに「仏の御心」に適うものとしての正統性をあらわにし始めた、と確信するのである。

かかる確信のもと、日蓮は『立正安国論』における主張・警告を、再び宿屋入道を介して鎌倉幕府に申し伝えようとした（『宿屋入道再御状』、四二五頁）。幕府に対してのみではない。

抑もこの法門の事、勘文の有無に依て、弘まるべきか、これ弘まらざるか。去年〔文永五年＝一二六八、四七歳〕方々に申シて候しかども、いなせ（否応）の返事候はず。今年十一月之比、方々へ申シて候へば少々返事あるかたも候。をほかた人の心もやわらぎて、さもやとをぼしたりげに候。又上のけさん（見参）にも入て候やらむ。

（『金吾殿御返事』[3]、四五八頁、一部原漢文、〔　〕内引用者）

とあるように、具体名を挙げてはいないが、「方々」に対しても、二度にわたり、同様の主張・警告を申し送っている。一度目は、なんの反応も得られなかったが、その警告が単なる警告に止《とど》まらず、現実化することを実際に危惧させざるを得ない「現証」を獲得しつつあることの効果か、二度目には、日蓮の説く「法門」＝「道理」に、共感をもって耳を傾ける人々もあらわれてきた、という。

法門の事。日本国に人ごとに信ぜさせせんと願して候しが、願や成就せんとし候らん、当時は蒙古の勘文によりて世間やわらぎて候なり。

（『上野殿母尼御前御書』[4]、四六〇頁）

という記述も、同様の経緯を物語るものである。

日蓮による布教は、このように、鎌倉等において順調に実を結んでいくように思われた。しかし、文永八年

（一二七一、五〇歳）の法難は、順調にみえたこうした歩みを、壊滅的な危機へと暗転させることになる。

第二節　体験的現証

日蓮には、右に述べてきたような「現証」と並んで、あるいはそれ以上に、自己の正統性を確信させる「現証」があった。自己にもたらされた迫害を通して、みずからの身体が『法華経』を表現しているとの確信、いわゆる「色読」の確信が、それである。前節でみた「歴史事象的現証」と区別して、これを「体験的現証」と呼んでおこう。

> 近年より、予、我不愛身命但惜無上道の文を瞻《み》る間、雪山・常啼の心を起し、命を大乗の流布に替へ、強言を吐て云く、選択集を信じて後世を願はんの人は、無間地獄に堕すべしと。
> （『守護国家論』、一一七－一一八頁、原漢文、傍点引用者）

右に傍点を施した「我不愛身命但惜無上道（我れ身命を愛せず、但だ無上道を惜しむ）」とは、『法華経』の「勧持品」第十三にみえる文言である（『正蔵』九巻三六頁下）。『法華経』の「見宝塔品」第十一において、釈尊は、自身が世を去った後の悪世にこそ『法華経』を弘通すべく、誓いをなせ、と聴衆に命ずる。「勧持品」第十三では、かかる命令をうけて、八十万億那由他の菩薩らが、あらゆる迫害に耐えつつ、この命令を実践する旨を誓う。その誓いを「偈」の形で記した部分が、いわゆる「勧持品二十行の偈」であり、その中に「我不愛身命但惜無上道」という言葉があらわれてくる。この誓いの言葉に触発されて、日蓮はあえて「強言」をも辞さず、法然浄土教の破折に乗り出した、というのである。[5] 右の引用文を含む『守護国家論』の執筆（正元元年（一二五九）、三八歳）は、いわばこの覚悟の実践であり、その延長線上に、翌文応元年（一二六〇、三九歳）、『立正安国論』の上呈がなされるわけである。

『立正安国論』の上呈からしばらくして、日蓮は、実際、命に関わる迫害に遭遇することになる。

国主の御用ヒなき法師なればあやまちたりとも科《とが》あらじとやおもひけん。念仏者并に檀那等、又さるべき人々も同意したるとぞ聞へし。夜中に日蓮が小庵に数千人押シ寄セて殺害せんとせしかども、いかんがしたりけん、其の夜の害もまぬかれぬ。

（『下山御消息』、一三三〇頁）

いわゆる「松葉ケ谷法難」と称される事件である。[6] 幸いこの難は免れた日蓮であったが、翌弘長元年（一二六一年、四〇歳）の五月一二日には、[7] 鎌倉幕府によって伊豆伊東への流罪に処せられる。佐渡流罪に先立つ、いわゆる最初の「王難」（『開目抄』、五五七頁）である。

去ヌル弘長元年辛《かのと》ノ酉《とり》五月十二日に御勘気をかうふりて、伊豆ノ国伊東にながされぬ。又同シキ弘長三年癸《みづのと》ノ亥《ゐ》二月二十二日にゆりぬ。

（『報恩抄』、一二三七頁）

弘長元年辛酉五月十二日には伊豆ノ国へ流罪。（『聖人御難事』、一六七三頁）

日蓮にあって、自己が蒙った迫害に、いわゆる「色読」としての意味合いが付与されていくのは、この伊豆流罪を契機としてのことと考えられる。伊豆流罪中の弘長二年（一二六二、四一歳）正月一六日に系けられる『四恩鈔』において、こうした意味づけが明確にみられるようになるからである。もっとも、これは『四恩鈔』を信頼できる遺文と措定してのことであるが、(8) ここではそうした措定の上に立って、日蓮が自己にもたらされた迫害を「色読」とみなす、その意義について考えてみたい。

世末代に入て法華経をかりそめにも信ぜん者の人にそねみねたまれん事はおびただしかるべきか。故に法華経ニ云ク、「如来の現在にすら猶ほ怨嫉多し、況や滅度の後をや」と云云。始に此文を見候し時はさしもやと思候ヒしに、今こそ仏の御言《みことば》は違はざりけるものかなと、殊に身に当て思ひ知テれて候へ。
（『四恩鈔』、二三五頁、鍵括弧内原漢文）

ここで日蓮は、『法華経』の「法師品」第十でなされた「如来の現在にすら猶ほ怨嫉多し、況や滅度の後をや」（『正蔵』九巻三一頁中、原漢文）という仏の予言の確かさを、伊豆流罪によって「殊に身に当て思ひ知」ったという。ただし、これは、仏の予言と自身の体験とが単に合致したということではない。

去年《こぞ》の五月《さつき》十二日より今年《ことし》正月《むつき》十六日に至まで、二百四十余日の程は、昼夜十二時に法華経を修行し奉ル

　と存ジ候。其故は法華経の故にかゝる身となりて候へば、行住坐臥に法華経を読ミ行ずるにてこそ候へ。人間に生を受て是程の悦は何事か候べき。

（『四恩鈔』、二三六頁）

すなわち、「如来の現在にすら猶ほ怨嫉多し、況や滅度の後をや」という『法華経』の経文、換言するならば、釈尊滅後における『法華経』の担い手に迫害多からんという、釈尊みずからがなした予言――後に日蓮は、かかる予言を仏の「未来記」と称するようになる――が、伊豆流罪の直中《ただなか》にあるこの身において、常に「読ミ行」ぜられている、というのである。ここで「読ミ行」ずるというのは、単に『法華経』を読誦することでもなければ、ただ『法華経』を修行するという漠然とした意味でもない。それは、伊豆流罪に処せられているこの身体のあり方そのものが、『法華経』の「如来の現在にすら猶ほ怨嫉多し、況や滅度の後をや」という経文の表現、いわゆる「色読」であると同時に、仏の予言の確かさを十全に証明するものに他ならない、ということである。だからこそ、日蓮は「人間に生を受て是程の悦は何事か候べき」と喜びをあらわにするのである。

こうした喜びは、また次のようにも表明される。

　是程の卑賤無智無戒の者の、二千余年已前に説れて候法華経の文にのせられて、留難に値べしと仏記しをかれまいらせて候事のうれしさ申シ尽難く候。

（『四恩鈔』、二三六頁）

すなわち、日蓮は自己を、「仏記しをかれ」た存在＝仏が予言しておいてくださった存在、と位置づけるのである。自己は仏自身により予言せられた存在であり、まさにその点において、『法華経』の正統なる担い手というにふさわしい存在である。流罪の直中にある自己自身のあり方において、仏の予言が的確に成就せられていることが、なによりもその証である。このように日蓮は、自身にもたらされた迫害をいわゆる「色読」として意味づけることにより、仏に予言せられた、『法華経』の正統なる担い手としての喜びと自信を獲得し得たわけである。こうした自信はまた、みずから「文証」を以って構築してきた「道理」とその実践とが、仏自身によって裏づけられた正統なるもの、つまり「仏の御心」に適うものであるという自信に直結するものでもあるといえよう。同じく『四恩鈔』にみえる、

是程の心ならぬ昼夜十二時の法華経の持経者は、末代には有がたくこそ候らめ。　（『四恩鈔』、二三七頁）

とは、そのような諸々の自信を込めた自己の位置づけに他ならない。流罪に処せられているこの身は、仏に予言せられた存在であればこそ、その身体において、昼夜を問わず、『法華経』における仏の予言を読み持《たも》ち続けることができる。まさにそうした意味で、日蓮は自己を「昼夜十二時の法華経の持経者」と位置づけるのであり、のみならず、そうした自己を「末代には有がたくこそ候らめ」と評価できるのである。

第三節　「法華経の持経者」

元来、「法華経の持経者」（単に「持経者」とも）とは、天台僧・鎮源の『法華験記』（『本朝法華験記』、『大日本国法華経験記』とも。長久年間〔一〇四〇－一〇四四〕の成立）において、その呼称と多様な信仰のあり方が喧伝されて以来、法華信仰のあり方を示す一つの典型として、その存在が認知されてきた一群の仏教者に対する呼称である。日蓮がその存在を熟知していたであろうことは、「法華経の持経者」の呼称を実際に用いていることからも窺われるのであるが、しかも日蓮の場合、その呼称を自己自身に当てはめているのである。

ただし、だからといって、日蓮は「法華経の持経者」として類型される一群の仏教者の中の単なる一人として自己を位置づけたわけでは決してない。「法華経の持経者」たる自己を「末代には有がたくこそ候らめ」と評していること自体、そのことを端的に物語っている。それでは、日蓮が自己を「法華経の持経者」という場合と、伝統的な意味合いでの「法華経の持経者」とは、どこが重なり、どこが異なっているのだろうか。本節では、この問題に取り組んでおきたい。

第一項　「持経者」の研究小史

「持経者」研究、および、「持経者」と日蓮の関係に関する研究は、既に一定の蓄積を有している。その代表的なものを、管見の限りではあるが、発表年代順に挙げておこう。
①家永三郎「日蓮の宗教の成立に関する思想史的考察」（家永〔一九四七〕）
②川添昭二「『法華験記』とその周辺――持経者から日蓮へ――」（川添〔一九六〇／一九九九〕）
③佐々木孝正「本朝法華験記にあらわれた持経者について」（佐々木〔一九六五／一九八七〕）
④鈴木治美「『大日本国法華経験記』における持経者像――その構成要素をめぐって――」（鈴木〔一九六七〕）
⑤高木豊「持経者の宗教活動」（高木〔一九七三〕）
⑥菊地大樹「持経者の原形と中世的展開」（菊地〔一九九五／二〇〇七〕）
⑦中尾堯「日蓮の隠棲と山中観」（中尾〔一九九七／一九九九〕）
⑧菊地大樹「持経者と念仏者」（菊地〔二〇〇二／二〇〇七〕）

このうち、③・④・⑤は、日蓮との関係はともかく、「持経者」そのものを取り扱ったものである。③・④は、その標題にもあるように、鎮源の『法華験記』における「持経者」を分析したものであり、⑤は、さらに平安時代全般に史料を求めて「持経者」の史的実像を描き出そうとしたものである。一方、①は、日蓮の思想と行動を構成する要素として、「持経者」の信行が欠かせないことを指摘したものであり、②は、①によるこうした指摘――あくまでも指摘であり、必ずしも実証的ではない――をうけ、「持経者」に特徴的な具体的要素として「智解否定」「験得の論理」「数量信仰と苦行」などを挙げるとともに、日蓮によるその継承と克服の様を実証的に描いたものである。⑦も、「持経者」と日蓮の関係を扱ったものであるが、従来の諸研究とは異なり、「持経者」による山林修行の系譜に、身延期における日蓮の姿を重ね合わせたものである。

こうして進められてきた「持経者」研究[9]ではあるが、菊地大樹氏も指摘しているように（菊地〔二〇〇二／二〇〇七〕二二四頁）、一九七〇年代のいわゆる「顕密体制論」の登場[10]により、研究の主流が顕密仏教や寺院制度史などに移行するに伴って、研究者の関心の中心から外れがちになっていったことは、やはり否めない。かかる研究状況であればこそ、菊地大樹氏はかえって意識的に「持経者」研究を継続してきたのであるが、その成果が⑥・⑧などの論考である[11]。これら菊地氏による仕事の大きな特徴は、あくまでも「持経者」に即して「持経者」像を明らかにした点にある。従来の研究では、必ずしも「持経者」という言葉にこだわらず、信仰対象に『法華経』を置いている者の信行のあり方を時には幅広く取り込んで、「持経者」研究が行なわれてきた。それに対し、菊地氏は「持経」および「持経者」という言葉にこだわって史料を選び、その内実を明らかにしようとしたのである[12]。

こうして、菊地氏は、奈良期から鎌倉期に至る「持経者」像の変遷を描き出すことに成功するとともに、変遷の中にあっても一貫して変わらず「持経者」を特徴づけるものが、「暗誦」という行業にあることを明らかにした。つまり、「持経」という概念の中核にあるのは、『法華経』一部の「暗誦」であることを明らかにしたのである。

さて、本節の目的とするところは、「持経」概念の中核は法華一部の「暗誦」であるという菊地氏によるこの指摘を基として、改めて「持経者」と日蓮の関係につき考察してみることにある。もちろん、「持経者」と日蓮の関係については、先にも挙げたように、既に家永氏や川添氏、中尾氏の業績があり、菊地氏もまた、「専修念仏者」と「持経者」の対立に関係づけて、「持経者」と日蓮の継続性と断絶に言及している（もっとも、その言及はあくまでも示唆的なものであり、詳細にわたるものではないが）。ただ、家永氏、川添氏、中尾氏にしろ、菊地氏にしろ、歴史的文脈の中で「持経者」と日蓮の関係をみるという立場をとっており、日蓮自身がその関係を意識しているか否かは、特に問題とはされていない。歴史学の立場に立つならば、ある意味、当然ではあろうが、本節では、あくまでも日蓮自身の意識に即して、「持経者」との関係を明らかにしてみたいと思う。それは、菊地氏自身も述べているように、「持経者」と日蓮の関係は、歴史的文脈においてみるばかりではなく、『日蓮遺文』を始めとする思想史的範疇の中で、さらに内在的に考えてゆくべき問題」（菊地〔二〇〇二／二〇〇七〕二四九頁）として捉える必要もあると考えるからである。

第二項　「暗誦」の目指すところ

まずは、「持経」概念の中核をなす「暗誦」という行業の意味につき、『法華験記』を素材としてみておきたい。

『法華験記』には、『法華経』一部の「暗誦」を達成した、あるいは達成したと考えられる出家修行者が、少なからず登場する。その例を挙げておこう。

・「第十六　愛太子山《あたご》鷲峰の仁鏡聖」

九歳にして、寺に送りて僧に付けたり。先づ普門品を読む。読むに随ひて悉くに通利して、次第に一部を読誦せり。

（『験記』七三頁）

・「第十九　法性寺尊勝院の供僧道乗法師」
少年の昔より始めて、老後に至るまで、妙法華を暗誦し、昼夜倦むことなかりき。

（『験記』七八頁）

・「第廿一　愛太子山の光日法師」
一乗に深く渇仰を生じて、三宝に祈念すらく、願はくは法華を誦して、剋念限りなからむといへり。一部を徹誦せり。

（『験記』七九頁）

・「第廿四　頼真法師」
年始めて九歳にして、金勝寺《こむしょうじ》に住しけり。僧の経を読誦するを聞きて、憶持して忘れず、乃至一部を通利暗誦せり。

（『験記』八三頁）

・「第廿七　備前国の盲目法師」
已に心に慚愧《ざんぐゐ》を生じて、宿報を発露《ほつろ》し、法華経を誦せり。自然《じねん》に一部の始終を開通し、験力《げむりき》現前して、邪霊を結縛《けつばく》し、それを帰伏せしめて、身心の病苦は、即ち全くに除くことを得たり。

（『験記』八六頁）

・「第廿八　源尊法師」
閻王の庁にて経を読みしより已来《このかた》、前後に通利し、悉くに皆憶持して、一部を徹誦せり。

（『験記』八七頁）

・「第三十四　愛太子山の好延法師」
終日《ひねもす》に師長に随ひて、経文を授習し、通夜《よもすがら》松を燈《ともしび》となして、経巻を練読せり。精進の功致りて、一部に通利し、薫習《くんじふ》徳累《つ》みて、早く口に経を誦せり。（『験記』九三―九四頁）

・「第三十六　叡山の朝禅法師」
師の教に随順して、経を習ひて仏に仕ふ。昼は本房にして、法華を読誦し、夜は中堂に詣りて、承仕《しやうじ》礼拝せり。法華を暗誦して、一部に通利す。（『験記』九六頁）

・「第三十九　叡山の円久《ゑんく》法師」
楞厳院《れうごむいん》に移り住みて、法華経を読誦し、始終に通達して、諷誦無礙《むげ》なり。（『験記』九八頁）

・「第五十一　楞厳院の境妙法師」
師長に奉仕《ぶし》し、経文を読み習へり。……漸々《やうやう》に学びて法花一部を読めり。誠心に温《たづ》ね習ひて、悉くに通利することを得たり。諸の縁務を捨てて、深く読誦を宗とし、寸分の暇《いとま》を惜みて、余《ほか》のことを作《な》さず。（『験記』一一八頁）

・「第五十二　仁慶法師」
幼少の年、始めて比叡山に登りて、登壇受戒の已後《のち》、師の命に随順して、相副ひて奉仕《ぶし》せり。余の暇《いとま》に妙法華経を読誦して、初後に全《また》くに誦せり。

（『験記』一一九頁）

・「第五十四　珍蓮法師」
その志勤厚《きむごう》にして、誠に法花にあり、精進の功積りて、一部を暗誦《あんじゅ》す。

（『験記』一二一頁）

・「第五十五　愛太子山朝日の法秀法師」
法華経を読みて、纔《わずか》に一遍二遍にして、自然《じねん》に諷誦《ふじゅ》せり。練習を積まずして、一部を暗誦し、早口に読誦して、一日に部数、殆《ほとほと》に十廿部に及べり。

（『験記』一二二頁）

・「第五十六　丹州の長増法師」
開結の二経を相加へて、一部十巻の諷誦既に畢りぬ。若く盛なる年より、八十余に及ぶまで、他の所作なく、ただ法花を読誦せり。

（『験記』一二三頁）

・「第六十二　薗城寺の僧某」
比叡山に登りて、得度受戒せり。即ち三井寺に住して、法華を暗誦し、十余年を逕て、二万部を誦せり。

（『験記』一三〇頁）

・「第六十三　西塔の明秀《みやうしう》法師」
法花を誦するをもて、一生の業となし、……重き病ありといへども、障《さはり》急なりといへども、暇《いとま》には必ず一部を誦して、日《ひび》の所作となせり。

（『験記』一三〇－一三一頁）

・「第六十四　千手院の広清法師」
法華経を諷誦《ふじゆ》通利して、更に忘れ失ふことなし。

（『験記』一三一頁）

・「第六十六　神明寺の睿実法師」
法華の持経者にして、下賤の人にあらず、……愛太子《あたご》山に住して、法華経を練誦せり。……諸の苦行を修して一部を誦するに、白象、聖人の前に現《げん》じ来りて立ち、口より光を出して、草庵を照り曜《かがや》かせり。

（『験記』一三三頁）

・「第六十八　一宿の沙門行空」
沙門行空は、……法華の持者なり。日に六部を誦し、夜に六部を誦し、日夜に十二部を誦して、更に退き欠くことなし。

（『験記』一三七頁）

・「第七十一　西塔宝幢院の真遠法師」
幼少にして山に登りて、即ち法華経を読みたり。懇重の志を運びて、一部通達し、昼夜六時に、読誦怠ることなし。極めて疾《と》く早口にして、人の一巻を誦する間に、両三部を読みて、一日に読むところ三、四十部なり。

（『験記』一三九頁）

・「第八十六　天王寺の別当道命阿闍梨」
幼少の時、比叡山に登りて、仏道を修行せり。法華経において、一心に読持して、更に他《ほか》のことなく、一年に一巻を誦して、八年に一部を誦せり。

（『験記』一六四頁）

・「第九十八　比丘尼舎利」
自然《じねん》の智《さとり》ありて、言詞巧妙《げうめう》なり。七歳より以前《さき》に、法花経一部・華厳経一部を暗誦せり。(13)

（『験記』一七九頁）

しかし、その一方で、『法華験記』では、法華一部の暗誦を志しながら、どうしても達成できない修行者の姿も、次の七話において描き出されている。

「第三十一　醍醐の僧恵増法師」（『験記』九〇－九一頁）
「第五十八　廿七品の持経者蓮尊法師」（『験記』一二五－一二六頁）
「第七十七　行範法師」（『験記』一四七頁）
「第七十八　覚念法師」（『験記』一四七－一四八頁）
「第八十　七巻の持経者明蓮法師」（『験記』一四九－一五〇頁）

「第八十九　越中国の海蓮法師」（『験記』一六九―一七〇頁）
「第九十三　金峰山《みたけ》の転乗法師」（『験記』一七四―一七五頁）

法華一部の暗誦が叶わないこれらの話に登場する修行者たちは、決して怠けているわけではない。それどころか、法華一部の暗誦のために多大な努力が払われているのである。にもかかわらず、どうしても『法華経』全体の暗誦が達成できない。これらの話において、その原因は、いずれも前世に求められている。例えば、前世は衣魚《しみ》であって、『法華経』の中に住みついていたが、三行の経文を食べてしまったがために、今世、その三行の経文をどうしても暗誦できない（第七十八）、前世、犬として（第五十八）、あるいは馬として（第七十七）、あるいは牛として（第八十）、「持経者」による法華読誦を聞いていたが、すべてを聞いたわけではないので、聞いていないところについては、どうしても暗誦できない、などといった設定である。こうした設定は、反面においては、『法華経』と何らかの形で接触すること（『法華経』の中に住む、読誦された『法華経』を聞く等々）によって、いわゆる『法華経』の力に与《あずか》り、それによって、今生は人間として生をうけ、のみならず、『法華経』を修行する身となり得た、ということを示すものでもある。法華一部の暗誦に苦しむ修行者の姿を『法華験記』があえて載せたのは、このように生をまたいで、六道・十界的秩序における存在のあり方の上昇もたらす『法華経』の力を強調するためではあったろう[14]。だが、これらの話はまた、法華一部の暗誦がいかに困難であったかということを[15]、そして、そうした困難に直面しても、法華一部の暗誦になおもこだわる修行者がいたことを、確かに伝えてくれるのである。

それにしても、何故、ここまで法華一部の暗誦にこだわるのであろうか。そして、そこまでこだわる法華一部の暗誦とは、一体、何を目指してのものだったのか。『法華験記』では、その答が明示されているわけではないが、その答を暗示しているとみなしてよい話が、数例、収められている。

例えば、「第六十二　薗城寺の僧某」（『験記』一三〇頁）である。

先にも紹介したように、「薗城寺の僧某」は、「法華を暗誦し、十余年を逕て、二万部を誦」すほどの人物であった。ところが、やがて生国である備前国に戻り、「昔のごとくに本の妻子と相共に、世間を経営せり。誦するところの妙法華経を棄捨《す》てて、廃忘《はいもう》すること年尚し。誠にもて無慚愧《むざんぐゐ》の僧となすに足る」という状態に陥ってしまった。その彼が、死に臨んで、「昔二十年の間、読むところの二万余部の経、もし失はずして猶し我が心にあらば、……願はくは法花経、今命終るの時に、当に暗誦せらるべし」と願った上で、「傍《かたはら》の人に勧めて、妙法蓮華経序品第一と唱へしめ、その音《こゑ》に続《つ》ぎて即ち誦し始めて、如是我聞《によぜがもん》より、一心高声《かうしやう》に、一部を誦し訖りて、頭面作礼《づめんさらい》して、即ち入滅」し得た、という。

この話から読み取ることができるのは、ひとたび法華一部を暗誦し、二万部の誦経を積んだ「薗城寺の僧某」の心中、というか体内には、確かに法華一部が蔵せられていた、ということである。だからこそ、世俗と等しい生活の中ですっかり忘れ果ててしまったと思われていた『法華経』が、臨終に際して、一部丸ごと「僧某」の口から紡ぎ出されたわけである。見方を変えるならば、暗誦によって「僧某」の身体と一体化した『法華経』が、「妙法蓮華経序品第一」という声を呼び水として、「僧某」の口から音声を伴って流れ出たのだ、とみなすこともできる（佐藤繭子〔二〇〇五〕八七頁）。

暗誦によって身体と一体化した『法華経』は、生きている時のみならず、その身体が滅した後も、音声として流れ出す。そうしたモチーフを示すのが、次の八話にみえる「死後法華誦経譚」とも称すべき話である。少々長くなるが、その概要を示しておこう。

・「第九　奈智山の応照法師」(『験記』六四－六五頁)

「熊野奈智山の住僧」である「沙門応照」は、「法華を読誦するをその業となし、仏道を勤求《ごんぐ》するをその志となして、山林樹下を棲《すみか》となし、人間の交雑を楽《ねが》はず。法華を転読するの時、薬王品に至るごとに、骨髄に銘じ肝胆《かんたむ》に徹して、喜見菩薩の身を焼き臂を燃《や》きしことを恋慕随喜」していた。恋慕の思いに堪えず、ついに焼身供養を実行に移したところ、「身体《すがた》は灰と成りしも、経を誦する音《こゑ》絶えず、散乱の気色《けしき》を見ず。煙の香臭《くさ》からず、沈檀《ちむだん》の香を焼《た》くに似たり」という最期を遂げた。

・「第十三　紀伊国宍背山《ししがせ》に法華経を誦する死骸《しにかばね》」(『験記』六九－七〇頁)

長年、「法華経を受持」してきた「沙門壱睿」が、熊野に参詣する途中、宍背山に野宿した。夜中、「法華経を誦するの声あり。その声極めて貴く、聞きて骨髄に銘《しる》しぬ。もしまた人の宿ることあるかと思ひ」、共に「一部を誦して」夜を明かした。「明朝見るに死骸《しにかばね》の骨あり。身体全《また》く連りて、更に分散せず、青苔身に纏《まつは》りて、多くの年月を逕たり。髑髏《ひとがしら》を見るに、その口の中に舌あり。赤く鮮かにして損せず」。これを見て深く感動した壱睿は、その夜も共に『法華経』を誦した。明朝、壱睿は死骸《しにふばね》に問うた。「既に一乗を誦せり。あに心神なからむや。願はくは本縁を聞かむといふ。霊《りやう》即ち答へて云はく、我は天台山の東塔の住僧なりき。名を円善と曰ふ。修行の間、ここに至りて死去せり。而るに生前の中に、六万部の法華転読の願ありき。昔存生《ぞんしよう》の時に、半分は誦し畢《お》へき。その残りを読まむがために、猶しこの辺《ほとり》に住せり。願既に満つべし。その残りの経は幾《いくばく》ならず。ただ今年許《ばかり》はこの処に住すべし。その後には都率の内院に生るべし。慈尊に値遇して引摂《いんぜふ》を蒙るべし」。壱睿はこれを聞き終わって、「骸骨に礼拝し」、熊野に詣でた。数年後、再び「骸骨を尋ね見るに、去る所を知らず。随喜の涙勝《た》へがたしといふ」。

・「第廿二　春朝法師」（『験記』八〇―八一頁）
「沙門春朝は、これ権者《ごんざ》にして直人《ただびと》にあらず。言音和雅にして、巧に法華を誦せり。聴者倦《う》むことなく、食頃《じききやう》のごとくに謂《おも》へり」と評される人物であった。その春朝が「我当《まさ》に七反《へん》獄所の中に入りて、諸の罪人をして法華経を聞かしむべし」と発願。実際、春朝は故意に軽い盗みをはたらいて度々獄舎に入り、『法華経』を誦して囚人たちを深く随喜させた。しかし、それが度重なるに従い、検非違使庁では、春朝の盗みは盗みとして罰するべきであるとの声が高まり、ついに春朝を一条の馬場に連行。「正《まさ》に両の足を切らむとせり。時に春朝聖《ひじり》、声を挙げて法華経を誦せり。極悪不善の十六の官人、不覚の涙を流して、皆聖人を礼《らい》して去る」。また、検非違使庁の長官が夢を見た。それは、天童が現われて、長官に、「春朝聖人、獄《ひとや》の罪人を救はむがために」七度にわたって獄舎に入ったのは、「これ諸仏の方便にして、和光同塵《わくわうどうぢむ》ならくのみ」と告げた、というものであった。こうして、結局は罰せられないこととなった春朝は、「一条の馬場にありて、舎《いへ》を出でて死去せり。髑髏《ひとがしら》その辺《ほとり》にありて、毎夜《よごと》に法花を誦す。聞く者怪び貴《たふと》ぶ。一の聖人あり、その髑髏を拾ひて、深山の中に置きぬ。それより以来《このかた》、誦経の音《こゑ》絶えたり」。

・「第三十九　叡山の円久《ゑんく》法師」（『験記』九八―九九頁）
「沙門円久」は九歳で出家。「楞厳院《れうごむゐん》に移り住みて、法華経を読誦し、始終に通達して、諷誦無礙《むげ》なり。

音声《おんじやう》和雅にして、聞く者胸を叩き、歓喜讃歎《くわんぎさんだん》せり」。さらに、五十歳にして愛太子山に入り、「昼夜に妙法を転読し」、往生を志《こころざ》した。「最後の時に臨み、手に経巻を執りて、口に妙法を誦し、西方に向ひて坐し、更に余の言なし。その死屍《しにかばね》を斂《おさ》めて、幽谷の中に置けり。数日《すじつ》を逕ずして、その墓所の方に、法華を誦する声あり。その音《こゑ》甚だ貴くして、存生《ぞんしやう》の音に似たり。連夜の誦経、更に休息《くそく》せず、四十九日の法事の已後《のち》、その声聞えず。中有《ちう》の生《しやう》を替へて、浄土に往生するがごとし」。

・「第四十一　嵯峨の定照僧都」（『験記』一〇三―一〇五頁）
「顕密の道に長《すぐ》れ」た「定照僧都」は、「法華経を誦」して「これ仏使なり」と譜えられ、また、東寺の長者、興福寺の別当を務める程の人物であった。様々な奇瑞に彩られる生涯を送った定照僧都は、その「最後に、沐浴清浄にして、新しき浄衣《じやうえ》を着、右の手に五鈷を執りて、左の手に法華経を持せり。初に密印を結びて真言を誦し、次に法華経を誦せり」。さらに、『法華経』「薬王品」の節、「於此命終、即往安楽世界、阿弥陀仏、云々」を二、三度唱え、唱え終わったところで、「弟子に告げて言はく、更に我が尸骸《しにかばね》を焼き尽すべからず。仮使焼失《たとひせうしつ》して灰と成るといへども、猶し法華を誦して、一切《いつさい》を利益《りやく》せむといへり。言語已りて手に定印を結び、坐しながら入滅せり。誓願験《しるし》ありて、今にその墓に法華経を誦する声あり、また振鈴の声あり」。

・「第五十六　丹州の長増法師」（『験記』一二三―一二四頁）
「沙門長増は、出家の以後《のち》、遥に人間を離れて、深山に籠居せり」。人を避けることが可能な、より深い山を求めて、「愛太子山」から始まり、「雷岳」「破奈支の峰」に籠り、「開結の二経を相加へて、一部十巻の諷誦既に畢りぬ。若く盛なる年より、八十余に及ぶまで、他の所作なく、ただ法花を読誦せり」。そうした年月を過ごした後、長増は「金峰山《みたけ》に参り向ひて、蔵王大菩薩を帰信せり」。金峰山よりの帰り、長増ら一行は、「淀河の南の辺《ほとり》」に着いたが、そこで長増は、一行の者たちに対し、「汝等、早く本《もと》居りし所の土に還れ。我は進み去るべからず。ここにして滅を取るべしといへり。即ち法花経を誦し、旬日を逕ずして、正心に入滅せり。それより以後《のち》、毎夜《よごと》に必ず法花を誦する声あり。その音《こゑ》老いて貴くして、法華を読誦す。その淀河の辺に、道心の僧あり。このことを奇《あやし》び念《おも》ひて、音を尋ねて常に往き、近づき寄りて聞く。一町以上を隔てて聞くときは、高く貴く法華経を読誦す。もし極めて近く往くときは、その声聞えず。年序を送るといへども、その音更に闕け怠らず」。

・「第六十三　西塔の明秀《みやうしう》法師」（『験記』一三〇－一三一頁）
「沙門明秀」は、「法花を誦するをもて、一生の業となし、真言を兼ね習」い、「重き病ありといへども、障《さはり》急なりといへども、暇《いとま》には必ず一部を誦して、日《ひび》の所作となせり」。四十歳に至って、「黒谷《くろだに》に籠居して、法華経を読誦せり。病悩を受けて、療治を加ふといへども、平《たひらか》なることを得ること能はず。最後に手に法華の妙典を執りて」、次のように「誓言《せいごん》」した。「死骸《しにかばね》・魂魄《たましひ》といふとも、この法花を誦し、中有《ちうう》・生有《しやうう》といふとも、常にこの経を誦し、もしは悪趣に随ひ、もしは善趣に生るとも、所生の処に随ひて常にこの経を誦し、仏果に至るまで常にこの経を誦せむ」。「かくのごとくに誓願して、即ち入滅せり。その墓所《はかところ》にして、常にこの経を誦せり。人往きてこれを聞くに、存生《ぞんしやう》の音《こゑ》に異ならず」。

・「第六十四　千手院の広清法師」（『験記』一三一－一三二頁）
「沙門広清」は、「法華経を諷誦通利《ふじゆ》して、更に忘れ失ふことなし。また道心ありて、常に後世を念《おも》へり」。様々な事情があって今は比叡山の千手院に縛られているが、「心は山林にありて、専《もは》らに隠居を思へり。何《いか》に況や昼夜一乗経を読みて、この善根《ぜんごん》をもて、菩提に廻向《ゑかう》するをや」。また、夢の中で、金色に輝く八人の菩薩から、「一心に退かずして、妙法を修行せよ。我等八人、当に極楽に送るべし」という保証を得ていた。最後は、「一条より以北《きた》にある道場にて入滅せり。その墓所にして、毎夜《よごと》に法花を誦する音《こゑ》あり。必ず一部を誦す。一の弟子あり、その髑髏《ひとがしら》を取りて、清浄《しやうじやう》の山に置きぬ。その山の中にして、猶し法華を誦せり」。

右に紹介した「第十三」は、『法華経』と一体化した「髑髏《ひとがしら》」中の「舌」、あるいは「心神」＝「霊《りやう》」が、死後も『法華経』を誦し続け、都率往生の願を果たした、という話である。この話では、『法華経』を誦し続けている当の主体は、「髑髏《ひとがしら》」中の「舌」なのか、「心神」＝「霊《りやう》」なのか、今ひとつはっきりしないところがあるが、もとより「既に一乗を誦せり。あに心神なからむや」と述べられているわけであるから、「舌」を動かして『法華経』を誦ませている根本はやはり「心神」であると考えてよいであろう。この点について、確かに、「第四十一」では、「仮使焼失《たとひせうしつ》して灰と成るといへども、猶し法華を誦して、一切《いつさい》を利益《りやく》せむ」という言葉があり、これによれば、身体と一体化した『法華経』が、死後、音声として発せられるためには、必ずしも身体的要素＝「死骸《しにかばね》（「第六十三」）」（あるいはその一部）は必要なく、「魂魄《たましひ》（第六十三）」のみでも可能とみなされている、と読めるのである。ただ、その一方で、同じ「第四十一」で、「更に我が尸骸《しにかばね》を焼き尽すべからず」といわれているところからすれば、身体と一体化した『法華経』が死後も音声化されるためには、やはり、『法華経』と一体化した身体、あるいはその一部の残存が、音声化のとっかかりとしてあったほうがよいとみなされている、ともいえる。身体と一体化した『法華経』が死後も音声化される具体的場として、身体、あるいはその一部の残存を明示、あるいは暗示する方が、より説得力がある、ということであろう。その事例が、「第十三」にみえる「髑髏《ひとがしら》」の中の「舌」であり、「第廿二」「第六十四」の「髑髏《ひとがしら》」であって、また、「第三十九」も「死屍《しにかばね》」の残存を暗示している。もっとも、「第九」では、「身体《すがた》は灰と成りしも、経を誦する音《こゑ》絶えず」とあり、また、「第五十六」では、遺体の存否に関する情報自体がまったく記されていないにもかかわらず、死後における『法華経』の音声化が描かれている。このことは、身体と一つになった『法華経』が死後に音声化されるために、身体、あるいはその一部の存否は特にこだわるところではないことを暗示している、とも読めるのである。

いずれにしても、「暗誦」によって、修行者はみずからの身体を『法華経』と一体化することができ、さらに死後も、自身と一体化した『法華経』を、その身体（あるいはその一部）、もしくは魂魄を拠り所として音声化することができる、とみなされていたことは確かであろう。そして、菊地氏によれば、「持経者」とは、まさにかかる「暗誦」を、欠かせない行業とする者に他ならないのである。とするならば、彼ら「持経者」が『法華経』一部の「暗誦」によって何を目指したかも、みえてくるであろう。『法華経』との一体化、さらに言うならば、『法華経』が有する力を自己の身体と一体化させること、それが目的なのである。

華園聰麿氏は、その論文「鎮源撰述『本朝法華験記』における法華信仰の諸相」（華園〔一九九〇〕）におい

て、

鎮源が法華経の霊験を述べるに際して、「(法華)経の力」「妙法の(威)力」「威神」「一乗力」といった表現を用いていることは既に指摘しておいたが、これは言うまでもなく、信仰のその当処における法華経の現れ方もしくは人間に対する関わり方の表現である。鎮源にとって、法華経は何よりも「力あるもの」であった。

(華園〔一九九〇〕四五頁、括弧内は原文のもの)

と的確な指摘を行なっているが、その力とは、例えば、先にも述べたような、『法華経』との接触により、生をまたいで六道・十界的秩序における存在のあり方の上昇(いわゆる「往生」も含めて)をもたらすもの――いわば「後生善処的な力」――である。それはまた、一方では、

・「広恩法師」が、自身の病を癒さんとして、秘かに魚を食そうとしたが、事《こと》が露見しそうになったまさにその時、魚を『法華経』の経巻に変じることができる力

(「第十　吉野山海部峰《あまべのみね》寺の広恩法師」『験記』六五―六六頁)

・「一の瓠《ひさこ》の中に五斗の白き米《よね》」を生じさせる豊饒の力(16)

(「第四十八　光勝沙門・法蓮法師」『験記』一一四―一一六頁)

・迫り来る炎、あるいは鬼を近づけず、「妙法の力《りき》に依りて、躯命存することを得たり」、「一乗の力に依りて、火急の難を免《まぬが》れたり」といわせる力（「第五十四　珍蓮法師」〔『験記』一二一－一二三頁〕）・
（「第五十七　鬼の害を遁れたる持経者法師」〔一二四－一二五頁〕）

・盲いた女が法華一部を聞き習って暗誦したところ、「経の威力」「妙法の威力」「法華の力」によって目が開き見えるようになったと讃えられる力（「第百廿二　筑前国の盲《し》ひたる女」〔『験記』二〇六頁〕）

でもある。すなわち、一言でいうならば、「現世利益的な力」としても働くものである。[17]「持経者」は、『法華経』と一体化することによって、まさにこうした後生善処的・現世利益的な『法華経』の力を身に帯びようとするのであるが、このことを端的に示す事例を挙げておこう。

「第廿四　頼真法師」（『験記』八三－八四頁）では、「頼真法師」の前世が牛であったことが明かされるとともに、その牛が『法華経』八部を背負った功徳が説かれる。すなわち、「経を負ひたる功徳に依りて、牛の身を脱《はな》れて人間に至り、法華経を誦し、法文の理を解して、仏法の器《うつはもの》と作《な》りぬ」という。

一方、「第三十六　叡山の朝禅法師」（『験記』九六頁）では、「朝禅法師」の前世が馬であったことが明かされるとともに、その馬が「法華の持経者」を背負った功徳が説かれる。すなわち、「法華の持経者、その白き馬に乗りて、一時遊行《ひとときゆぎやう》しけり。その功力《くりき》に由りて、白き馬の身を転じて、人界《にんがい》に生まるることを感じ、法華経を誦して、仏法に値遇せり」、「持経者の馬に乗りし威力に依りて、人界に生まるることを得て、法華経を誦せり」という。

この二つの事例をつき合わせてみれば明らかなように、『法華経』と「持経者」とは、まさに同じ力を担い、発揮するものとして位置づけられている。その力とは、背負うという形でそれに接触することにより、畜生の身を、次生では人間へと引っ張り上げ、しかも、再び『法華経』との結縁を可能とするのみならず、『法華経』を修行する身へと導いていく、というものである。このような形で例示される『法華経』の力――それは、右に示したように後生善処的な力として働くこともあれば、現世利益的な力として能動する場合もある――を、我が身に帯びるために、「持経者」は『法華経』を暗誦しようとした。暗誦することによって、『法華経』は「持経者」と一体化し、一体化することによって、『法華経』の力は「持経者」の身体に備わることになるからである。言葉を換えるならば、『法華経』の暗誦によって、「持経者」の身体は『法華経』化し、それによって、『法華経』の力は「持経者」の身体に備わるところとなるからである。これを『法華経』の側からいえば、『法華経』は、「持経者」において身体化されるのであり、「持経者」の身体においてその力を発揮する場を得る、ということである。[18]

第三項　「持経者」日蓮

「持経者」とは、みずからの身体を『法華経』化する存在であり、『法華経』の側からいえば、『法華経』は「持経者」という存在において身体化されることになる――。実は日蓮も、自己をまさにこうした意味合いにおいて「持経者」と称していることを示してくれるのが、前節でもみたように、伊豆流罪中に記された『四恩鈔』なのであるが、ただ、日蓮の場合、その遺文を通覧してみても、『法華経』一部の暗誦達成を窺わせるような箇所は見当たらない。むしろ、

> 此身に学文つかまつりし事、やうやく二十四五年にまかりなる也。法華経を殊に信じまいらせ候し事はわづかに此六七年よりこのかた也。又信じて候しかども懈怠の身たる上《うへ》、或は学文と云ひ、或は世間の事にさえ（障）られて、一日にわづかに一巻一品題目計也。
>
> （『四恩鈔』、二三六頁）

という『四恩鈔』の文言からは、学問に力を注いだり、布教に伴う種々の雑事に時間を割かれているため、法華一部の暗誦どころか、読経に時間をとる暇《いとま》もままならないことが窺われるのである。

にもかかわらず、みずからの身体を『法華経』化した、あるいは、『法華経』を自己において身体化したことを以って、日蓮が自身を「法華経の持経者」と位置づけていたことは間違いのないところである。日蓮にとって、『法華経』一部の暗誦は「持経者」であるか否かを決定するメルクマールではもはやなかった。

> 是程の心ならぬ昼夜十二時の法華経の持経者は、末代には有がたくこそ候らめ。
>
> （『四恩鈔』、二三七頁、傍点引用者）

前節末尾でも引いたところであるが、これは、流罪に処せられている自己のあり方そのものにおいて、常時『法華経』を「色読」している、つまり、『法華経』を身体化しているということの端的な表明であり、言葉

を換えるならば、自己の身体は、流罪に処せられることによって常時『法華経』化している、ということの表明であるともいえる。まさにそうした意味合いで、日蓮は自己を「昼夜十二時の法華経の持経者」と位置づけるわけであるが、ただし、このことは、日蓮が、「法華経の持経者」として類型される一群の仏教者の中の単なる一人として自己を位置づけたことを意味するものでは、もとよりない。右に引いた文言に「末代には有がたくこそ候らめ」とあるように、日蓮は、「持経者」という呼称を自身に適用しながらも、むしろ自己の独自性・優越性を強調しているのである。こうした独自性・優越性の強調は、身体の『法華経』化、あるいは『法華経』の身体化に向けての方法の違い――「暗誦」と「色読」の違い――を踏まえてのものではあろうが、それのみならず、仏によって予言せられた、『法華経』の正統なる担い手としての自信、「文証」を以ってみずから組み立ててきた「道理」とその実践が、「仏の御心」に適った正統なるものであるとの自信をまってはじめて可能となったものに他ならない、といえるであろう。

第四節　「法華経の行者」日蓮――「持経者」との訣別――

周知のように、日蓮の自称として最も著名なものは「法華経の行者」であり、実際、日蓮は最晩年に至るまで「法華経の行者」の自覚を表明し続けている。ただ、前節でもみてきたように、伊豆流罪の段階で日蓮が自己に適用した呼称は「法華経の持経者」であり、いまだ「法華経の行者」の自覚が表明されるには至っていない。

「法華経の行者」という用語自体は、既に『守護国家論』において見出されるものであるが（『定遺』一三二頁、一三三頁）、そこでは「法華経の行者」に対して特別な意味づけがなされているわけではない。「法華経の行者」という言葉に特別な意味づけがなされるのは、やはり伊豆流罪中のことであり、具体的にいうならば、『四恩鈔』から約一か月後の弘長二年（一二六二、四一歳）二月一〇日に系けられる『教機時国鈔』――この場合も、これを信頼できる遺文と仮定してのことであるが[19]――においてである。少々長文の引用になるが、次をご覧いただきたい。

法華経の勧持品に、後五百歳二千余年に当て、法華経の敵人、三類あるべしと記し置きたまへり。当世は後五百歳に当れり。日蓮、仏語の実否を勘るに、三類の敵人これあり。これを隠さば、法華経の行者にあらず。これを顕さば、身命定めて喪はんか。法華経第四に云く、しかもこの経は如来の現在にすら猶ほ怨嫉多し、況や滅度の後をや等と云云。同第五に云く、一切世間、怨《あだ》多くして信じ難しと。また云く、我れ身命を愛せず、但だ無上道を惜しむと。同第六に云く、自ら身命を惜しまずと云云。涅槃経第九に云く、譬へば、王の使の善能《よく》談論し、方便に巧みなる、命を他国に奉《う》け、寧《むし》ろ身命を喪《うしな》ふとも、終に王の所説の言教を匿《かく》さざるが如し。智者もまた爾《しか》なり。凡夫の中において、身命を惜しまずして、要《かな》必《らず》大乗方等を宣説すべしと云云。章安大師釈して云く、寧喪身命不匿教（寧ろ身命を喪ふとも、教を匿さざれ）とは、身は軽く法は重し。身を死《ころ》して法を弘めよと云云。これらの本文を見れば、三類の敵人を顕さずんば、法華経の行者にあらず。これを顕すは、法華経の行者なり。しかれども、必ず身命を喪はんか。

（『教機時国鈔』、二四五頁、原漢文、括弧内・傍点引用者）

『法華経』のいわゆる「勧持品二十行の偈」においては、釈尊滅後の『法華経』の担い手に対する厳しい迫害とともに、迫害を加える者たちのあり様も描かれている。妙楽大師湛然はこれを、『法華文句記』において、「俗衆増上慢」「道門増上慢」「僣聖増上慢」の三種類に分けた（『正蔵』三四巻三一五頁上）。これが、いわゆる「三類の敵人」（「三類の強敵《ごうてき》」ともいわれる）である。「法華経の勧持品に、後五百歳二千余年に当て、法華経の敵人、三類あるべしと記し置きたまへり。当世は後五百歳に当れり」とあるように、日蓮は「三類の敵人」の登場を、自分が生きる時代にかけられた仏の予言であるとする。そして、「日蓮、仏語の実否を勘るに、三類の敵人これあり」と断言されるように、その予言は的中し、今や「三類の敵人」は確実に存在しているとみなされる。傍点部にあるように、日蓮によれば、「法華経の行者」とは、この「三類の敵人」と厳しく対決し、その対決において必然的にもたらされる迫害を、「身命定めて喪はんか」「必ず身命を喪はんか」という覚悟のもと忍受する者の謂いである。換言するならば、仏の予言した迫害者たる「三類の敵人」の存在を、みずからの行動によって仏の予言通り顕わにしてこそ、「法華経の行者」なのである。このように、「法華経の行者」とは、仏の予言を予言たらしめる存在であると同時に、まさにそのことによって、自己が仏に予言せられた、『法華経』の正統なる担い手たることを浮き彫りにする者に他ならない[20]。日蓮が、このような「法華経の行者」像に、法然浄土教との対決において実際に命を狙われ、さらに伊豆流罪にまで処せられた自己、かかる迫害を「色読」と受け止めることにより、仏に予言せられた、『法華経』の正統なる担い手としての自信を確立し得た自己を重ね合わせていることは間違いあるまい。ただし、この段階では、日蓮は自分こそが「法華経の行者」であると明言しているわけでは決してない。[21] 文永元年（一二六四、四三歳）のいわゆる「小松原法難」をまって、日蓮ははじめてはっきりと自分は「法華経の行者」であるとの自覚を表明することになるのである。

弘長三年（一二六三、四二歳）二月二二日をもって、日蓮は伊豆流罪を赦免されたが、翌文永元年（一二六四、四三歳）一一月一一日、日蓮は、政治的な意味においても、また宗教的な意味合いにおいても、かねてより敵対していた東条景信[22]ら念仏者たちの襲撃をうけることになる。後世、「小松原法難」の名で呼ばれるその襲撃の模様を、日蓮は次のように描写している。

今年も十一月十一日、安房国東條ノ松原と申ス大路にして、申酉《さるとり》の時、数百人の念仏等にまちかけられ候て、日蓮は唯一人、十人ばかり、ものゝ要にあふものはわづかに三四人也。いるやはふるあめのごとし、うつたちはいなづまのごとし。弟子一人は当座にうちとられ、二人は大事のてにて候。自身もきられ、打タれ、結句にて候し程に、いかが候けん、うちもらされていままでいきてはべり。いよいよ法華経こそ信心まさり候へ。

（『南条兵衛七郎殿御書』、三二六―三二七頁）

かかる描写に直ちに続けて、日蓮は次のように記す。

第四ノ巻ニ云ク、「しかもこの経は如来の現在にすら猶ほ怨嫉多し、況や滅度の後をや」。第五ノ巻ニ云ク、「一切世間、怨多くして信じ難し」等云云。日本国に法華経よみ学する人これ多シ。人のめ（妻）をねらひ、ぬすみ等にて打はらるゝ人は多けれども、法華経の故にあやまたるゝ人は一人モなし。されば日本国の持経者はいまだ此経文にはあわせ給はず。唯日蓮一人こそよみはべれ。我不愛身命但惜無上道是也。されば日蓮は日本第一の法華経ノ行者なり。

（『南条兵衛七郎殿御書』、三二七頁、傍点引用者、鍵括弧内原漢文）

傍点部において明らかなように、ここで端的に宣言されているのは、「持経者」との訣別である。日蓮によれば、仏滅後の『法華経』の担い手が迫害に晒されることを、『法華経』の「法師品」第十において仏みずからが予言した「この経は如来の現在にすら猶ほ怨嫉多し、況や滅度の後をや」、あるいは、「安楽行品」第十四の「一切世間、怨多くして信じ難し」（『正蔵』九巻三九頁上、原漢文）といった経文に、「持経者」らは、いまだみずからを「あわせ」てはいないという。つまり、仏の予言を予言たらしめるべく、迫害をも恐れぬ覚悟で、というよりも、あえて迫害を招き寄せるほどの覚悟で『法華経』を担うことを、「持経者」らはいまだなし得てはいない、というのである。しかし、自分はそれをなし得ている、と日蓮はいう。それをなし得たがゆえに、必然的に「よみ」得たのだという。ここでいう「よみはべれ」という言葉が、いわゆる「色読」を意味していることは、いうまでもない。しかも日蓮は、「唯日蓮一人」が「色読」をなし得ているのだ、と誇らしげに記している。日蓮によれば、それは、かねてより自己の精神的支柱としてきた「我不愛身命但惜無上道（我れ身命を愛せず、但だ無上道を惜しむ）」——「持経者」らは持ちあわせていないとされる覚悟——の結実に他ならないものである。

このようにみてくると、次のような二重の意味合いにおいて、日蓮は「持経者」との訣別を宣言することになったといえる。

第一点は、『法華経』の担い方においてである。『法華経』は、仏の予言を予言たらしめるべく、あえて迫害をも招き寄せるほどの覚悟で担われなければならない、とされる。

第二点は、『法華経』を「色読」しているとの自覚においてである。第一点でみたような『法華経』の担い方は、必然的に日蓮の身に様々な迫害をもたらすことになる。しかし、日蓮はそれにいわゆる「色読」という積極的な意味づけを施した。しかも、「色読」は「唯日蓮一人」において可能になったという。こうした意味づけは、日蓮にあっては、仏に予言せられた、『法華経』の正統なる担い手としての自覚、しかも唯一の担い手としての自覚に直結するものである。換言するならば、日蓮は、自分唯一人がなし得たとする「色読」という体験——日蓮にとって、それは「体験的現証」に他ならない——を通して、みずから「文証」を以って構築してきた「道理」とその実践が、しかもそれのみが、「仏の御心」に適った正統なるものであることを証明し得た、と確信するのである。

かかる二重の意味において、日蓮は自己と「持経者」とを明確に区別した。

確かに、身体の『法華経』化、『法華経』の身体化をなし得ているという点では、日蓮は従来の「持経者」と重なり合う。しかし、その方法が従来の「持経者」とは異なる上に、仏に予言せられた、『法華経』の正統なる担い手、しかも唯一の担い手としての自覚を、日蓮は獲得し得た。つまり、日蓮の自覚において、自己と「持経者」とは質的に一線を画されたわけである。そうした違いを鮮明にすべく、日蓮が自己にあえて適用した呼称。それが、「日本第一の法華経ノ行者」だったのである。[23]

むすびにかえて

このように「法華経の行者」としての自覚において、自己の正統性を、しかも自分唯一人の正統性を表現し得た日蓮は、さらに「死罪」をも招き寄せるほどの覚悟で、『法華経』を担う決意を固めていく。

人身すでにうけぬ。邪師又まぬがれぬ。法華経のゆへに流罪に及ヒぬ。今死罪に行れぬこそ本意ならず候へ。あわれさる事の出来し候へかしとこそはげみ候て、方々に強言《がうげん》をかきて挙ゲをき候なり。すでに年五十に及ぬ。余命いくばくならず。いたづらに広野にすてん身を、同クは一乗法華のかたになげて、雪山童子・薬王菩薩の跡をおひ、仙予・有得の名を後代に留て、法華涅槃経に説キ入レられまいらせんと願フところ也。

（『金吾殿御返事』、四五八－四五九頁）

「死罪」に至りかねない迫害にたとえ身を晒したとしても、日蓮にとって、それは「色読」という積極的な意味をもった体験である。すなわち、それは、自己という生きた人格のもと、『法華経』が正統性をもって表現・実践されていることの証なのである。その意味では、日蓮は自己を「生きた『法華経』」になそうとした、ともいえる。

ただ、その反面、究極的には「死罪」をも求めているという意味において、日蓮は『法華経』に対する徹底した自己否定を志向しているともいえる。

命は法華経にたてまつる。名をば後代に留《とどむ》べし。

（『開目抄』、五八九頁）

とは、そうした志向の端的な表明であるとみなし得よう。『法華経』を担ってきた自己の肉体は「死罪」によって消え去ろうとも、「日蓮」という「名」において集約された「道理」とその実践のあり方は後世に残そう、という志向である。[24]

あたかもそうした志向に応えるかのように、文永八年（一二七一、五〇歳）九月一二日、日蓮は鎌倉幕府の権力発動によって捕縛され、竜ノ口においてあやうく斬首に処せられかけることになる。斬首の危機はなんとか免れたものの、日蓮を待っていたのは佐渡流罪であった。

日蓮にとって、こうした一連の体験は、一面においては、『法華経』に対する自己否定の志向を貫き通し得たことを意味するものであった。しかし反面、当のその体験が、日蓮を深刻な懐疑に突き落とすことにもなる。果たして、自分は本当に「法華経の行者」であるといえるのか、という疑問である。

但シ世間の疑といゐ、自心の疑ヒと申シ、いかでか天扶ケ給ハざるらん。諸天等の守護神は仏前の御誓言あり。法華経の行者はさる（猿）になりとも法華経の行者とがう（号）して、早々に仏前の御誓言をとげんとこそをぼすべきに、其義なきは我身法華経の行者にあらざるか。此疑は此書ノ肝心、一期の大事なれば、処々にこれをかく上《うへ》、疑を強くして答をかまうべし。

（『開目抄』、五六一頁）

『法華経』では、釈尊滅後の法華弘通者は、厳しい迫害に晒される一方で、諸天等の守護にも与り得ることが予言・保証されている。例えば、「安楽行品」第十四では、「諸の天は昼夜に、常に法の為の故に、而《すなは》ちこれを衛護せん」（『正蔵』九巻三八頁下、原漢文）、「天の諸の童子は、以て給使を為さん。刀杖も加へられず、毒も害すること能はず。若し人、悪《にく》み罵らば、口は則ち閉塞せん」（『正蔵』九巻三九頁中、原漢文）とあり、また、「陀羅尼品」第二十六では、二聖（薬王菩薩・勇施菩薩）・二天（毘沙門天・持国天）・十羅刹女・鬼子母神らが、釈尊滅後の法華信仰者・弘通者に対する守護を仏前で誓っているのである。ならば、それを「色読」してこそ、つまり諸天等の守護を実際に受けてこそ、「法華経の行者」としての「現証」は十全に出揃った、といい得るわけである。にもかかわらず、日蓮には迫害があるのみで、諸天等の守護はない。つまるところ、日蓮は「法華経の行者」ではないのではないか。すなわち、仏に予言された存在などではなく、したがって、『法華経』の正統なる担い手であるともいえないのではないか……？。

日蓮にとって、この疑問は、「世間の疑」であると同時に、なによりも「自心の疑ヒ」であった。というのも、これは、自己の正統性に対する根本的な懐疑に他ならないからである。その意味で、この疑問は、「一期の大事」、つまり一生を左右する大事と称されるにふさわしい重みをもつものでもあった。だからこそ、日蓮は、流罪地佐渡で著した『開目抄』において、この疑問を、「此書ノ肝心」、つまり『開目抄』の一大テーマとして掲げ、「処々にこれをかく上《うへ》、疑を強くして答をかまうべし」という覚悟のもと、取り扱わなければならなかったのである。

それでは、日蓮は、『開目抄』において、さらにはそれに続く流罪地佐渡での思索において、かかる疑問とどのように向き合い、それをどのようにして克服していくのであろうか。そして、その過程で、日蓮は何を見出し、自己をどのように位置づけることになるのであろうか。これら諸問題については、第Ⅱ部第一章で詳しく検討することになる。

注

（1）『法華経の行者日蓮』と内容的には重なりつつ、日蓮を広く西洋に紹介する目的で著されたものが、ANESAKI (1916) である。

（2）こうした状況にあって、日蓮宗学の立場から、日蓮における「法華経の行者」自覚に焦点を絞りつつ、その意味ないし意義を問うた業績に、渡辺彰良氏の論考「日蓮聖人における法華経の行者と持経者」（渡辺〔一九九五〕）、「日蓮における法華経行者と持経者」（渡辺〔一九九六a〕）、「日蓮聖人の法華経行者観に関する一考察」（渡辺〔一九九六b〕）がある。これら論考の論題からも窺われるように、渡辺氏は、日蓮における「法華経の行者」自覚の意味ないし意義を、同じく日蓮における「持経者」自覚との関連のもとで考察している。この考察の中で、氏が、日蓮遺文に即しつつ、日蓮における「持経者」および「法華経の行者」自覚の意味と両自覚の関連性とを丁寧にトレースしている点は評価できるし、筆者もそこから示唆を得ている。ただ、日蓮の生涯にわたる宗教的諸自覚の展開の中で、これら両自覚をどう位置づけるのかという、より大局的な観点がいまひとつ見えてこないこと、および、経典語としての「持経者」と、歴史的・現実的実在としての「持経者」との区別が明確につけられていないために、「持経者」と「法華経の行者」との間の質的違い——後述するように、日蓮は歴史的・現実的実在としての「持経者」と自己とを質的にはっきりと区別するに至ったために、あえて「法華経の行者」と称した——が、十分には示されていない点が惜しまれるところである。

（3）『金吾殿御返事』の系年をめぐる主要な説としては、文永六年（一二六九、四八歳）説と文永七年（一二七〇、四九歳）説とがある。『定遺』では文永七年に系年されているが、本書では文永六年説をとる。その理由は以下の通り。

身延入山後に著された『種々御振舞御書』では、

去ヌル文永五年後ノ正月十八日、西戎大蒙古国より日本国ををそ（襲）うべきよし牒状をわたす。日蓮が去ヌル文応元年大歳庚申に勘ヘたりし立正安国論すこしもたがわず符合しぬ。……其年の末十月に十一通の状をかきてかたがたへをどろ（驚）かし申。（『定遺』九五九頁）

と回想されている。この回想と、本文中に引いた『金吾殿御返事』の一節とを重ね合わせてみるならば、文永五年（一二六八、四七歳）――この年の「後ノ正月十八日」に、蒙古による国書が初めて鎌倉にもたらされた――の「十月」に、日蓮は、「十一通の状」を「かたがた」に送付してみずからの主張・警告を伝え、さらに翌年の「十一月之比」に、再度、書状を「方々」に送付したことになる。つまり、二度にわたって行なわれた「かたがた」＝「方々」に対する主張・警告の第一回目は、文永五年の段階で既に行なわれていた、ということである。とするならば、『金吾殿御返事』にみえる「去年」とは、本文中に引用した同書の一節に〔　〕内で示してあるように、文永五年に相当するものであり、したがって、『金吾殿御返事』は、翌文永六年に書かれたもの、ということになる。

かかる論拠はもちろんのこと、これ以外にも種々の論拠・傍証を提供しつつ、『金吾殿御返事』が文永六年に系けられるべきことを詳細に証明した論考として、岡元〔一九九二a〕がある。この論考により、『金吾殿御返事』の系年が文永六年であることは確定した、と評してよいであろう。

（4）『定遺』では、この遺文名を『上野殿母尼御前御書』としている。だが、『真蹟対照録』〈中〉は、この標題は錯簡によるものであり、したがって、同遺文は上野殿母尼＝南條時光の母に宛てたものではないこと、同遺文の対告は富木氏で、系年は文永五年（一二六八、四七歳）に比定されるものとした（『真蹟対照録』〈中〉七五頁。なお、同書では、同遺文を『止観第五之事御消息』と題している）。こうした指摘の正しさを、岡元錬城氏は論文の形で補強し、『定遺』が論文名をいまだに『上野殿母尼御前御書』としていることを厳しく批判するとともに、同遺文に対する『定遺』の系年＝文永七年（一二七〇、四九歳）が誤りであることを論じている（岡元〔一九九二b〕・岡元〔一九九二a〕）。

（5）日蓮にあって、「我不愛身命但惜無上道」は、その後も一貫して、迫害に耐え抜く精神的支柱となっていく。

（6）日蓮が蒙った「四大法難」の一つに数えられるいわゆる「松葉ケ谷法難」は、通常、文応元年（一二六〇、三九歳）八月二七日の夜に起こった出来事とされる。しかし、日蓮遺文自体には、「松葉ケ谷」という地名も、「八月二七日」という日付も特定されてはいない。本文でも引いた『下山御消息』の記述（『定遺』一三三〇頁）からは、『立正安国論』の上呈より伊豆流罪に至るまでの、一年に満たない間に、念仏者らが「夜中に日蓮が小庵」を襲い、日蓮の命を奪おうとしたことははっきりと読み取れるが、それ以上の事柄は知り得ない。『妙法比丘尼御返事』の、

去ヌル文応の比《ころ》、故《こ》最明寺入道殿に申シ上ぬ。されども用ヒ給フ事なかりしかば、念仏者等此由を聞キて、上下の諸人をかたらひ打チ殺サんとせし程に、かなはざりしかば、長時武蔵ノ守殿は極楽寺殿の御子なりし故に、親の御心を知リて理不尽に伊豆ノ国へ流し給ヒぬ。

（『定遺』一五六一頁）

という回想も、「松葉ケ谷」という地名と、「八月二七日」という日付の特定に資するものではない。また、『論談敵対御書』には、伊豆流罪に至る伏線が次のように記されている。

論談敵対の時、二口三口に及ばず、一言二言を以て退屈せしめ了んぬ。所謂、善覚寺道阿弥陀仏・長安寺能安等これなり。その後は、唯だ悪口を加へ、無知の道俗を相ひ語らひ、留難を作さしむ。或は国々の地頭等に語らひ、或は事を権門に寄せ、或は昼夜に私宅を打ち、或は杖木を加へ、或は刀杖に及び、或は貴人に向かひて云く、謗法者・邪見者・悪口者・犯禁者等の誑言、その数を知らず。終に去年五月十二日（伊豆流罪の日付）戌《いぬ》の時……（以下、欠）

（『定遺』二七四頁、原漢文、括弧内引用者）

この記述により、伊豆流罪に先だって、日蓮と「善覚寺道阿弥陀仏・長安寺能安等」との間に論争があったこと、それ以降、「無知の道俗」や「地頭」「権門」らと結びついた念仏者たちが、日蓮に対する「悪口」を言い立てたのみならず、日蓮の「私宅」にまで昼夜を問わず押しかけて「留難」を加えたこと、などを知り得る。つまり、念仏者らと日蓮との対立は、突如、しかも一回きり、「夜中に日蓮が小庵」を襲うという形で暴発したものでは決してなかったことが知られるのである。だが、これもまた、「松葉ケ谷」「八月二七日」といった地名・日付の特定に手掛かりを与えてくれるものではない。かかる特定は、後世の日蓮伝においてなされたものである。

ちなみに、「松葉ケ谷」という地名の特定に関してであるが、本格的な日蓮一代記としての体裁を初めて整えた伝記書として知られる、行学院日朝の『元祖化導記』（文明一〇年〈一四七八〉成立）では、夜中、日蓮の小庵に念仏者らが押し寄せて、日蓮を殺害しようとしたこの事件を、「鎌倉名越ノ小庵」での出来事としている（『化導記』一四頁）。すなわち、「名越」という限定はなされているが、いまだ「松葉ケ谷」というところまでは絞り込まれていないのである。一方、一般に流布した日蓮伝の形成に多大な影響を与えたことで知られる、円明院日澄（一四四一－一五一〇）の『日蓮聖人註画讃』（成立年未詳）では、同事件を「第六松葉谷夜討」と標記しており、「松葉谷」というはっきりとした限定がなされている（『註画讃』一七頁上、一一〇頁）。ただし、両書とも、事件の日付には一切触れていない。

「八月二七日」という日付の特定に関しては、天和元年（一六八一）から貞享二年（一六八五）にかけて、豊臣義俊により編まれた『法華霊場記』が初出であるという。『日蓮上人伝記集』には、『法華霊場記』の「冠部」の一部が「蓮公行状年譜」として収められており、その「文応元庚申年」の項に、「禅律浄土の僧俗数百人徒党して八月二十七日の夜子の刻はかりに名越松葉が谷の草庵に押寄師を夜討にせんと欲るの時……」（『伝記集』「蓮公行状年譜」一五頁、傍点引用者）とあるのが、それである。なお、いわゆる「松葉ケ谷法難」の日付が「八月二七日」とされていく過程については、寺尾英智氏が詳細に追跡している。寺尾〔二〇一〇〕の、殊に三七－四一頁をみよ。また、佐藤・小林・小島〔一九九七〕一〇四頁をみよ。

（7）本文中でも引くように、『報恩抄』、一二三七頁や、『聖人御難事』、一六七三頁などでは、伊豆流罪の日付を「五月十二日」としているが、一方、『一谷入道御書』では、去《いぬる》弘長元年太歳辛酉五月一三日に御勘気をかをほりて、伊豆ノ国伊東の郷《がう》というところに流罪せられたりき。

（『定遺』九八九頁）

とあるように、「五月十三日」と一日遅れの日付を記している。唯一「五月十三日」とする『一谷入道御書』の記載を、単なる日蓮の記憶違い、あるいは誤記と片づけることもできるように思われるが、事は決してそのように単純ではないことを、岡元錬城氏が明らかにしている。岡元氏は、『論談敵対御書』、二七四頁（直前の注（6）に引いてある）に「終に去年五月十二日戌《いぬ》の時」（原漢文、傍点引用者。「戌の時」は午後七時から九時頃）とあることに加えて、『神国王御書』、八九二頁に「両度（伊豆・佐渡）の流罪に当てゝ、日中に鎌倉の小路をわたす事朝敵のごとし」（括弧内・傍点引用者）、『兵衛志殿御書』、一三八八頁に「教主釈尊ノ御使ヲ二度までこうぢをわたし」（傍点引用者）などとあることにより、「聖人逮捕が（五月）十二日戌時であり、拘留の翌十三日の日中に『（鎌倉の）小路をわたし』、ついで（伊豆伊東の）配所への出発となった」（岡元〔一九八三〕三一九頁上、括弧内引用者）ことを明らかにした。五月一二日戌の時を日蓮に対する襲撃・逮捕に、翌一三日を伊豆流罪執行による配所への進発に配当するこうした見解は、岡元〔一九七七〕の第五章「伊豆法難――逆境を順境に――」の、殊に一五一―一五四頁においても詳しく展開されている。

同様の見解は、その後、高木〔一九八四／二〇〇八〕においても述べられているが、ただし、高木豊氏の場合、五月一二日戌の時の襲撃を、江戸前期に至ってようやく前年「八月二七日」の出来事とされるに至ったいわゆる「松葉ケ谷法難」（逆にいうと、それまでは日付が定められなかった。直前の注（6）をみよ）のこととみなしており、寺尾英智氏も高木氏のこの見方に賛同している（寺尾〔二〇〇九〕）。ただ、五月一二日戌の時の襲撃が、その後かなりの時を経て、前年八月二七日の「松葉ケ谷法難」として語り継がれるようになったとみなすこうした見方に対し、岡元氏は慎重な姿勢をとっている（岡元〔二〇一〇〕一一―一二頁）。

（8）『四恩鈔』は真蹟現存・曾存遺文ではなく、直弟子による写本も現存していない。最も古い写本は身延山久遠寺第一一世・行学院日朝（一四二二―一五〇〇）によるものまで下るが、内容的にみれば、偽撰を疑わせるような箇所は見当たらない。したがって、本書では、『四恩鈔』を文献学的に信頼し得る遺文に準ずるものとして取り扱っておく。

（9）かつて橋川正氏は、その論考「平安時代に於ける法華信仰と弥陀信仰――特に法華験記と往生伝の研究を中心として――」（橋川〔一九二四〕）において、次の二点を指摘した。

（一）平安時代の法華信仰と弥陀信仰は、その当時の信仰実態から把握されるべきである。日蓮と法然、および彼らを祖とする各宗派の色眼鏡を通して見るべきではない（橋川〔一九二四〕一四八―一四九頁）。

（二）ただ、それにしても、平安期の法華信仰・弥陀信仰は、日蓮の法華信仰・法然の専修念仏の前提とみなし得る要素を有していることも確かである（橋川〔一九二四〕一六七頁）。

かかる指摘を「持経者」研究に適用するならば、（一）の指摘に立脚して、「持経者」そのものを研究する立場と、（二）の指摘に立脚して、「持経者」に日蓮の前提となる要素を見出しつつ、両者の関わりを研究する立場とに別れようが、実際、橋川氏以降の「持経者」研究は、こうした二つの立場の絡み合いの中で展開してきたといってよかろう。

(10) 黒田〔一九七五〕、殊に同書の第三部として収められた「中世における顕密体制の展開」（後に、黒田〔一九九四〕に再録）。

(11) 菊地氏による「持経者」研究を集成したものが、菊地大樹『中世仏教の原形と展開』（菊地〔二〇〇七〕）である。この書には、「持経者」に関わる研究論文八本を収めるが、それらのうち、本書では、日蓮との関わりに言及している「持経者の原形と中世的展開」（菊地〔一九九五／二〇〇七〕）と「持経者と念仏者」（菊地〔二〇〇二／二〇〇七〕）の二本を取り上げた。
　なお、菊地大樹「中世における法華経持経者の系譜」（菊地〔二〇一一〕）で、菊地氏は、自身による「持経者」研究を振り返るとともに、「持経者」と日蓮とのつながりについても新しい着想に言及している。この「中世における法華経持経者の系譜」は、菊地氏による講演の記録であり、詳細はともかく、菊地氏の研究の大要を知るためにはわかりやすいものであることから、ここに紹介した次第である。

(12) 菊地氏によるこうした研究姿勢は、「やはり法華経信仰のみを媒介として安易に持経者と連続させて論じることは許されまい」（菊地〔一九九五／二〇〇七〕七七頁）という菊地氏自身の言葉が、よく示すところである。

(13) 出家者ではないが、『法華経』一部を暗誦した例としては、「第百廿二　筑前国の盲《し》ひたる女」に次のような事例がある。
　筑前国に府官の妻《め》あり。姓名いまだ詳《つばひらか》ならず。盛なる年に及びて、忽ちに二の目盲《し》ひて、全《また》く物の色を見ず。涙を流して歎息す。この女思念すらく、宿世の報に依りて、二の目忽ちに盲ひて、今生は我が身人の用に中《あた》らず。後世を覚らむにはしかじとおもへり。即ち一の尼に語りて、法華経を読み習ひ、一部を通利せり。（『験記』二〇六頁）

(14) こうした『法華経』の力については、間宮〔二〇〇六〕や間宮〔二〇〇七〕で分析したことがあるので、参照されたい。

(15) とするならば、先にも紹介した、「法華経を読みて、纔《わずか》に一遍二遍にして、自然《じねん》に諷誦《ふじゅ》せり。練習を積まずして、一部を暗誦」したという「第五十五　愛太子山朝日の法秀法師」や、「自然《じねん》の智《さとり》ありて、言詞巧妙《げうめう》なり。七歳より以前《さき》に、法花経一部・華厳経一部を暗誦せり」という「第九十八　比丘尼舎利」は、あくまでも例外というべきであろう。

(16) こうした豊饒の力を示す他の事例としては、盲目の僧にして「法華の持者」である妙昭についての記事の中に、「旱損《ひでり》したる田畠は、盲ひたる僧の経を誦すれば、自然《じねん》の水ありて、流れ充ちて豊饒《ほうぜう》なり」（「第九十一　妙昭法師」〔『験記』一七二頁〕）とある。

(17) 『法華験記』にみえるこうした現世利益的な力の詳細については、間宮〔二〇一〇〕で分析したことがあるので、あわせて参照されたい。

（18）『法華験記』の「第百廿八　紀伊国美奈倍郡《みなべの》の道祖神《さへのかみ》」には、もはや祀られることもなく、本来ならば防ぐべき行疫神に使役されてしまうまでに落ちぶれてしまった「道祖神」と、「聖人」もしくは「持経者」と称される「沙門道公」との間に交わされた会話として、次のような一節を載せている。

　道祖神、沙門に語りて云はく、今この下劣の神の形を捨てて、上品の功徳の身を得むと欲す。この身の受けたる苦びは、無量無辺なり。聖人の力に依りて、このことを成さむと欲すといふ。沙門答へて曰く、我このことにおいては、力の及ばざるところなりといふ。道祖神の云はく、この樹の下に住《とどま》りて、三日三夜《みかみよ》、法華経を誦せよ。経の威力《いりき》に依りて、我が苦の身を転じて、浄妙の身を受けむといへり。（『験記』二一六頁）

この一節からは、「経の威力」はまさに「経の威力」、つまり、本来は『法華経』に備わっている「威力」なのであって、人はその媒介者たるに過ぎないという観点も、確かに読みとることができる。だからこそ、「聖人の力に依りて」という道祖神の依頼に対し、道公は「我このことにおいては、力の及ばざるところなり」と、一旦は断っているのである。だが、道公は「持経者」である。「持経者」とは、暗誦を通して『法華経』と一体化することにより、その『法華経』が備える「威力」を、常時、媒介し得る存在なのである。道祖神が道公に「三日三夜《みかみよ》、法華経を誦せよ」と依頼するのも、道公が「持経者」である以上、既に暗誦している『法華経』を、山中の闇夜をものともせず、誦し続けることができるからに他ならない。そして、道祖神には、誦し続けられるその『法華経』に身を晒し続けるという仕方で、「経の威力」が媒介・伝達されることになる。

　なお、菊地大樹氏は、「持経者とは本質的に呪術宗教者であり、その呪術力の源泉は暗誦の達成に求められるのである」（菊地〔一九九五／二〇〇七〕六二頁）と記しているように、暗誦の目的を「呪術力」の獲得に置いている。だが、「呪術力」とは、いささか曖昧な言葉ではあるまいか。菊地〔一九九五／二〇〇七〕は示唆に富む誠に優れた論考であると筆者は評価しているが、この点は惜しまれるところである。実際、氏のこの論文において、「呪術力」とはどのような力を指すのかということが明確に説明された箇所は見当たらない。氏が「呪術力」と表現するその力を、『法華験記』に即して分析したものが、注の（17）で紹介している間宮〔二〇一〇〕である。

（19）『教機時国鈔』もまた、真蹟現存・曽存遺文ではなく、直弟子による写本も現存していない。最も古い写本は、『四恩鈔』と同様、身延山久遠寺第一一世・行学院日朝（一四二二―一五〇〇）によるものまで下るが、内容的にみれば、偽撰を疑わせるような箇所は見当たらないし、書名自体は、中山法華経寺第三世・日祐による『本尊聖教録』（いわゆる『祐師目録』。康永三年〔一三四四〕成立）の写本の部に既にみえるものである（『定遺』二七三八頁上）。したがって、本書では、『教機時国鈔』もまた、文献学的に信頼し得る遺文に準ずるものとして取り扱っておく。

(20) 高木豊氏は、日蓮における「仏の予言を予言たらしめる者」と「仏に予言せられた者」としての自覚の併存を、佐渡流罪の場面で明らかにしている（高木〔一九七〇〕一三一－一三三頁、高木〔二〇〇二〕一一四－一一五頁）。この指摘からは実に得るところは多いが、ただ、『四恩鈔』『教機時国鈔』を文献学的に信頼してよい遺文とするならば、こうした自覚の併存は既に伊豆流罪の直中で確立されていた、とみることができる。

(21) 「三類の敵人」「三類の強敵」と「法華経の行者」との絡みでいうならば、佐渡流罪中の『開目抄』において、日蓮は、「当世法華の三類の強敵なくば誰か仏説を信受せん。日蓮なくば誰をか法華経の行者として仏語をたすけん」（『定遺』五六〇頁）と記すに至る。すなわち、「三類の強敵」からの迫害を仏の予言通りに蒙ったことによって「三類の強敵」の存在を隠れなきものにしたことは、自己が「法華経の行者」たればこそなし得たことだ、と明言するに至るのである。

(22) 『清澄寺大衆中』に、

　東條左衛門景信が悪人として清澄のかいしゝ（飼鹿）等をかり（狩）とり、房々の法師等を念仏者の所従にしなんとせしに、日蓮敵をなして領家のかたうどとなり、清澄・二間の二箇の寺、東條が方につくならば日蓮法華経をすてんと、せいじやう（精誠）の起請《きしやう》をかいて、日蓮が御本尊の手にゆい（結）つけていのりて、一年が内に両寺は東條が手をはなれ候しなり。

（『定遺』一一三五頁）

とあるように、荘園内部における自己の権益を、自身の念仏信仰と絡めて強引に拡大しようとする東条景信に対して、日蓮は荘園領主である「領家」の側に立って係争し、訴訟を勝訴に導いたとされる。日蓮にとって「領家の尼」は、「日蓮が父母等に恩をかほらせたる人」（『清澄寺大衆中』、一一三五頁）であった。

　なお、右の出来事は、通常、日蓮によるいわゆる「立教開宗」（建長五年〔一二五三、三二歳〕四月二八日）よりも後のこととされるが、小林正博氏は、「もし、これが立教開宗後の訴訟問題ということになれば、東条景信の迫害によって清澄を追放《ついほう》された日蓮大聖人が、領家を援護《えんご》することは不可能である」とし、「修学からの帰還後、解決への手を尽《つ》くし、東条方の不利がほぼ決した段階を迎え、その後立教開宗し」たのではないか、としている（佐藤・小林・小島〔一九九七〕五七頁）。

　だが、訴訟を法廷で争うということは、たとえ清澄を追放されていようとも法廷に出向いていけば可能なことなのではないか。つまり、清澄を追放されたことが、直ちに「領家」の援護を不可能にするとは考えられないのである。加えて、『妙法比丘尼御返事』には、

　地頭東條左衛門ノ尉景信《かげのぶ》と申せしもの、極楽寺殿・藤次左衛門入道、一切の念仏者にかたらはれて度々の問註ありて、結句ハ合戦起リて候上……

（『定遺』一五六二頁）

とあり、「合戦」（いわゆる「小松原法難」のことを指そう）の以前に、「度々の問註」＝少なからざる回数の裁判闘争があった

と回想されていることからすれば、「領家」に対する日蓮の援護を「立教開宗」以前に限定する根拠は、さらに弱いものとならざるを得ないのではないか。

ただ、『妙法比丘尼御返事』は、真蹟現存・曾存遺文ではなく、また直弟子写本も現存しない遺文ではあるが、本書では、文献学的に信頼し得る遺文に準ずるものとして扱っている。その理由については、第Ⅰ部第一章の注（5）をみよ。

(23)「持経者」という用語を含む『法華経』の一節を門弟に解説するに際し、日蓮は、次に引くようにあえて「持経者」という言葉を用いず、「法華経の行者」と言い換えて説明している。

法華経第四法師品ニ云ク、「人ありて仏道を求めて、しかして一劫の中に於て合掌して我が前にありて、無数の偈を以て讃めん。この讃仏に由るが故に、無量の功徳を得ん。持経者を歎美せんは、その福、復た彼に過ぎん」（『正蔵』九巻三一頁中、原漢文）等云云。文の心は、釈尊ほどの仏を三業相応して一中劫が間ねんごろに供養し奉ルよりも、末代悪世の世に法華経の行者を供養せん功徳はすぐれたりととかれて候。

（『国府尼御前御書』、一〇六二頁、傍点・括弧内引用者、鍵括弧内原漢文）

法華経の法師品には而於一劫中と申シて、一劫が間釈迦仏を種々に供養せる人ノ功徳と、末代の法華経の行者を須臾モ供養せる功徳とたくらべ候に、其福復過彼と申シて、法華経の行者を供養する功徳すぐれたり。

（『高橋殿御返事』、一〇九三頁、傍点引用者）

この点にも、歴史的・現実的存在としての「持経者」と、「法華経の行者」たる自己とを截然と区別しようとする日蓮の意識を窺うことができる。

(24)『開目抄』にみえる「此は釈迦・多宝・十方の諸仏の未来日本国当世をうつし給フ明鏡なり。かたみともみるべし」（『定遺』五九〇頁、傍点引用者）という言葉も、こうした志向を反映したものであるといってよかろう。

【引用・参照資料および略号】

『化導記』

高木豊校注『元祖化導記』（『日蓮教学研究所紀要』第二号、一九七五年の〈史料紹介〉所収）。

『験記』

井上光貞・大曽根章介校注、岩波日本思想大系『往生伝・法華験記』、一九七四年。引用に際しての訓読も、これに従った。

『真蹟対照録』〈中〉

立正安国会編『日蓮大聖人御真蹟対照録』中巻、立正安国会、一九六七年。

『註画讃』

小松茂美・若杉準治・前田多美子『日蓮聖人註画讃』（続々日本絵巻大成 伝記・縁起篇2）中央公論社、一九九三年。

『伝記集』

日蓮宗全書出版会編『日蓮上人伝記集』須原屋書店、一九一〇年。

【引用・参照文献】

姉崎〔一九一六／一九八二〕
姉崎正治『改訂 法華経の行者日蓮』。本書の初版は一九一六年、改訂版は一九三二年。改訂版はさらに、一九八二年には国書刊行会の『姉崎正治著作集』第一〇巻に収められた。本書での引用・参照は著作集に拠った。
家永〔一九四七〕
家永三郎「日蓮の宗教の成立に関する思想史的考察」（家永三郎『中世仏教思想史研究』法蔵館）。
岡元〔一九七七〕
岡元錬城『日蓮聖人――久遠の唱導師――』法華ジャーナル。
岡元〔一九八三〕
岡元錬城「日蓮聖人と法難」（石川教張・河村孝照編『日蓮聖人大事典』国書刊行会）。
岡元〔一九九二a〕
岡元錬城「日蓮聖人遺文系年考〈その1〉――『金吾殿御返事』（付『止観第五之事御消息』）――」（岡元錬城『日蓮聖人遺文研究』第一巻、山喜房仏書林）。
岡元〔一九九二b〕
岡元錬城「日蓮聖人書状『止観第五之事御消息』について」（岡元錬城『日蓮聖人遺文研究』第一巻、山喜房仏書林）。

岡元〔二〇一〇〕
岡元錬城『本妙寺教報』第八七号（二〇一〇年八月三日号）。
川添〔一九六〇／一九九九〕
川添昭二「『法華験記』とその周辺――持経者から日蓮へ――」（『仏教史学』八巻四号、一九六〇年）。後に、川添昭二『日蓮とその時代』山喜房仏書林、一九九九年に、若干の補訂が加えられて再録。
菊地〔一九九五／二〇〇七〕
菊地大樹「持経者の原形と中世的展開」（『史学雑誌』一〇四編八号、一九九五年）。後に、菊地〔二〇〇七〕に再録。本書での引用・参照は菊地〔二〇〇七〕に拠った。
菊地〔二〇〇二／二〇〇七〕
菊地大樹「持経者と念仏者」（中尾堯編『鎌倉仏教の思想と文化』吉川弘文館、二〇〇二年）。後に、菊地〔二〇〇七〕に再録。本書での引用・参照は菊地〔二〇〇七〕拠った。
菊地〔二〇〇七〕
菊地大樹『中世仏教の原形と展開』吉川弘文館。
菊地〔二〇一二〕
菊地大樹「中世における法華経持経者の系譜」（『興風』第二三号、興風談所）。
黒田〔一九七五〕
黒田俊雄『日本中世の国家と宗教』岩波書店。
黒田〔一九九四〕
『黒田俊雄著作集』第二巻〈顕密体制論〉、法蔵館。
佐々木〔一九六五／一九八七〕
佐々木孝正「本朝法華験記にあらわれた持経者について」（『大谷史学』第一一号、一九六五年）。後に、佐々木孝正『仏教民俗史の研究』名著出版、一九八七年に再録。

佐藤・小林・小島〔一九九七〕
佐藤弘夫・小林正博・小島信泰『日蓮大聖人の思想と生涯』第三文明社。
佐藤繭子〔二〇〇五〕
佐藤繭子「喋る文字と出会う――『法華験記』下巻一一〇話に向けて――」（永藤靖編『法華験記の世界』三弥井書店）。
鈴木〔一九六七〕
鈴木治美「『大日本国法華経験記』における持経者像――その構成要素をめぐって――」（『大崎学報』第一二二号）。
高木〔一九七〇〕
高木豊『日蓮――その行動と思想――』評論社。
高木〔一九七三〕
高木豊「持経者の宗教活動」（高木豊『平安時代法華仏教史研究』平楽寺書店）。
高木〔一九八四／二〇〇八〕
高木豊「鎌倉名越の日蓮の周辺」（『金沢文庫研究』二六二号、一九八四年）。後に、高木豊著・小松邦彰編『日蓮攷』山喜房仏書林、二〇〇八年に再録。
高木〔二〇〇二〕
高木豊『日蓮――その行動と思想――』〈増補改訂版〉、太田出版。
寺尾〔二〇〇九〕
寺尾英智「鎌倉の日蓮をめぐる三つの日付」（神奈川県立歴史博物館編『特別展 鎌倉の日蓮聖人――中世人の信仰世界――』日蓮宗神奈川県第二部宗務所）。後に改稿の上、寺尾〔二〇一六〕に収録。
寺尾〔二〇一〇〕
寺尾英智「日蓮聖人の法難と法難会」（『日蓮宗勧学院中央教学研修会講義録』第二〇号、日蓮宗宗務院）。後に改稿の上、寺尾〔二〇一六〕に収録。
寺尾〔二〇一六〕
寺尾英智『日蓮信仰の歴史を探る』山喜房仏書林。

中尾〔一九九七／一九九九〕
　中尾堯「日蓮の隠棲と山中観」（中尾堯『日蓮信仰の系譜と儀礼』吉川弘文館、一九九九年）。初出は「山中隠棲の宗教的系譜――日蓮の身延山中観をめぐって――」というタイトルのもと、今成元昭編『仏教文学の構想』新典社、一九九七年。
橋川〔一九二四〕
　橋川正「平安時代に於ける法華信仰と弥陀信仰――特に法華験記と往生伝の研究を中心として――」（橋川正『日本仏教文化史の研究』中外出版）。
華園〔一九九〇〕
　華園聰麿「鎮源撰述『本朝法華験記』における法華信仰の諸相」（『東北大学日本文化研究所研究報告』第二六集）。
間宮〔二〇〇六〕
　間宮啓壬「存在のあり方を決定するもの――法華経力の一断面――」（『日本仏教学会年報』第七一号）。
間宮〔二〇〇七〕
　間宮啓壬「存在の上昇――『法華験記』にみる法華経力の一断面――」（立正大学法華経文化研究所『法華文化研究』第三三号）。
間宮〔二〇一〇〕
　間宮啓壬「現世安穏・後生善処――『法華験記』にみる法華経力の諸相――」（『日本仏教学会年報』第七五号）。
渡辺〔一九九五〕
　渡辺彰良「日蓮聖人における法華経の行者と持経者」（『日蓮教学研究所紀要』第二二号）。
渡辺〔一九九六ａ〕
　渡辺彰良「日蓮における法華経行者と持経者」（『印度学仏教学研究』第四四巻第二号）。
渡辺〔一九九六ｂ〕
　渡辺彰良「日蓮聖人の法華経行者観に関する一考察」（立正大学大学院仏教学研究会『仏教学論集』第二〇号）。
ANESAKI (1916)
　ANESAKI Masaharu, *Nichiren, the Buddhist Prophet*, Cambridge : Harvard University Press.

第三章　台密批判への道程

はじめに

　第一章において既に確認したように、本書では日蓮四八歳・四九歳頃の作と措定している『顕謗法鈔』において、日蓮は『法華経』を「一切経の大王」と位置づけるとともに、『法華経』以外の経典への帰依を「謗法」とみなすに至った。四〇歳から四二歳にかけての伊豆流罪以降、従来の法然浄土教批判に加えて、禅・律、さらには東密へと批判の枠組みを広げつつある日蓮ではあったが、かくして、『法華経』以外の経典に最高の価値を置く宗派をことごとく批判する教相面の理論的根拠を確立し得たわけである。ただ、台密批判に関しては、佐渡流罪以前には本格的に行なわれることはなく、身延期の冒頭に至り、はじめて他を上回る厳しい批判の対象とされていくことにも留意しなければならない。

　日蓮による他宗批判がこのような展開をみせた歴史的・社会的背景については、既に高木豊氏や佐々木馨氏による優れた論考があるので(1)、ここで改めて触れることはしない。ただ、かかる展開をみせた他宗批判のうち、殊に佐渡流罪との関連を重視するならば、やはり台密批判が注目される。台密批判への重点の移行は、右にも指摘したように、佐渡流罪期を境として行なわれているからである。もちろん、佐渡流罪より前から、密教化した比叡山への批判が既にみられはする。だが、その一方で、やはり佐渡流罪より前にあっては、批判すると同時に、比叡山に対して大きな期待がかけられていることも確かである。また、佐渡流罪より前においては、批判の対象として、台密に特に重点を置くということはなく、台密の基礎を形作った慈覚大師円仁に対する批判もみられない。しかし、台密に対するこうした態度は佐渡流罪期を境に一変する。つまり、他宗にも増して厳しく批判されるべき対象として、密教、特に台密が取り上げられるようになるのである。と同時に、慈覚大師に対する厳しい批判も顕在化してくる。さらに、比叡山に対しては、もはやなんの期待もかけられなくなっていくのである。

日蓮におけるこうした台密批判に関しては、既に小松邦彰氏による優れた論考が発表されている。「日蓮聖人の台密批判について」（小松〔一九六五〕）、および「天台密教思想との連関」（小松〔一九七四〕）がそれである。蒙古襲来の危機に対処する祈祷の担い手として、朝廷・幕府から大きな期待が寄せられた密教に対抗し、それにとって代わろうとする意図から、日蓮にあっては密教批判がなされたとする従来の説（家永〔一九四七〕、川添〔一九五七〕）を、小松氏は、顕在化した批判とその根底にある思想との関連を軽視したものであると批判する。日蓮による台密批判の過程について、小松氏は、佐渡期に入って顕著な形をとり始め、さらに身延に入った直後の文永一一年（一二七四、五三歳）以降、慈覚大師批判を含め、思想的に深く立ち入った批判に展開していくと指摘する。その上で、小松氏は、こうした批判が、事の一念三千論に立脚する日蓮独自の思想的立場からなされていることを論じたのである。

筆者は、小松氏のこうした見解におおむね賛意を表するものであるが、厳しい台密批判をもたらした、あるいはもたらさざるを得なかった、佐渡期における日蓮の思想と宗教的自覚の転回については、いまだ十分には描かれていないように思われる。そこで、本章、および続く第Ⅱ部第一章では、かかる転回を描き出す作業を、小松氏の業績に触発されつつ、行なってみたいと思う[2]。

その第一段階として、まず本章では、日蓮における密教批判の展開を、本格的な台密批判に至る道程にスポットをあてて――したがって、佐渡流罪以降までも視野に収めて――確認しておきたい。なお、佐渡流罪期における日蓮の思想と宗教的自覚の画期を描き出す作業――具体的にいえば、「死罪」を経た「魂魄」として自己を規定した日蓮が、二つの画期的「発見」、つまり、本源的な救済世界・一切の救済根拠としての「一念三千」の「発見」と、自己自身の「謗法罪」の「発見」とを経て、新たなる宗教的自覚のもとに「再生」する過程の描写――、および、そうした画期と本格的な台密批判との内的連関については、続く第Ⅱ部第一章で取り上げる。

第一節　台密批判への道程（一）――佐渡流罪より前――

日蓮における台密批判の推移については、先学によるいくつかの業績があるので、まず、それらを概観しておこう。

市村其三郎氏は、日蓮が真言批判に移る契機を、文永五年（一二六八、四七歳）の蒙古来牒に求めるとともに、具体的な批判が文献上に現れてくるのは、文永六年（一二六九、四八歳）の『法門可被申様之事』（ただし、市村氏はこれを文永七年（一二七〇、四九歳）に系年する）であるとする（市村〔一九二八〕）。また、川添昭二氏は、市村氏のこうした見解を大体において支持しながらも、真言批判が明確に開始される時期を、文永八年(一二七一、五〇歳)、佐渡に流罪される直前の『寺泊御書』にまでずらしている。[3]

しかし、市村・川添両氏によるこうした見解に対しては、宮崎英修氏・小松邦彰氏より、次のような問題点が指摘された(宮崎〔一九六九〕、小松〔一九六五〕、小松〔一九七四〕)。日蓮が「真言」を批判の対象とする場合、いわゆる「東密」と「台密」とにわけて批判を展開しており、しかも、両者に対する批判の間には時間的なズレがあるにもかかわらず、市村・川添両氏ともそうしたズレを無視して立論してしまっている、という指摘である。その上で、宮崎氏は、東密に対する批判の萌芽を、弘長二年(一二六二、四一歳)の『顕謗法鈔』——この系年は『定遺』のもの。宮崎氏・小松氏ともこれに従う——に求めるとともに、台密批判へと明確に移っていく時期を、佐渡から身延に入って間もない文永一一年(一二七四、五三歳)一一月の『曾谷入道殿御書』に設定した(宮崎〔一九六九〕三八頁)。

宮崎氏のこうした見解を踏まえて、小松氏は、日蓮による台密批判の過程をさらに詳しく分析し、次のようにまとめた(小松〔一九七四〕八五頁)。

①文永五-六年(一二六八-一二六九、四七-四八歳)の『御輿振御書』・『法門可被申様之事』あたりから、密教化した当時の天台教団および教学に対して批判的態度を示し始める。

②こうした批判は文永八年(一二七一、五〇歳)の佐渡流罪を契機に顕著な形をとり始め、同九年(一二七二、五一歳)の『開目抄』に慈覚大師批判があらわれてくる。しかし、ここでの慈覚大師批判は形式的批判に止《とど》まり、教理的批判はみられない。

③思想的に深く立ち入って台密理論と対決し、批判が展開されるのは、文永一一年(一二七四、五三歳)の

『曾谷入道殿御書』以降である。

筆者は、大枠において、宮崎・小松両氏により提起された説に賛同するものである。特に、本格的な台密批判の出発点を、文永一一年（一二七四、五三歳）の『曾谷入道殿御書』に求めることについては、なんら異論はない。ただし、疑問点がないわけでは決してない。そこで、本格的な台密批判に至る詳細を、改めて日蓮遺文に当たって確認しておきたい。

現存する日蓮遺文において、最古層の建長六年（一二五四、三三歳）に系年される『不動・愛染感見記』にあっては、「大日如来より日蓮に至る廿三代、嫡々相承」（『定遺』一六頁、原漢文）と記されている。つまり、大日如来を出発点とする相承の系譜にみずからを位置づけるのであり、密教の伝統を濃厚に受け入れていたことが看取される。正元元年（一二五九、三八歳）に系年される『守護国家論』においても、いまだ密教批判はみられない。同書において、日蓮はいわゆる「法華真言未分」の立場、つまり法華と密教とを同価値とみなす立場に立っている。このことは、「法華・涅槃・大日経等は了義経なり」（『定遺』九七頁、原漢文）と述べて、『大日経』を『法華経』と同じく「了義経」の範疇に入れていることからも明らかである。

日蓮のこうした姿勢は、教相面での他宗批判の基準を確立した著作といってよい『顕謗法鈔』（本書では日蓮四八歳、四九歳頃の著作と措定）では、当然、大きく変化したものとなっている。その変化の様を、まずは『顕謗法鈔』に即してみておこう。

真言宗には日本国に二の流あり。東寺の真言は法華経は華厳経にをとれり。何ニ況ャ大日経にをいてをや。

天台の真言には大日経と法華経とは理は斉等《さいとう》なり。印・真言等は超過せりと云云。

（『顕謗法鈔』、二六一頁）

真言宗には日本国に二の流あり。東寺流は弘法大師十住心を立て、第八法華・第九華厳・第十真言。法華経は大日経に劣るのみならず猶華厳経に下ルなり。天台ノ真言は慈覚大師等、大日経と法華経とは広略の異。法華経は理秘密、大日経は事理倶密なり。

（『顕謗法鈔』、二六四頁）

日蓮はこのように、日本の密教の伝統を、「東寺の真言」、いわゆる東密と、「天台の真言」、いわゆる台密とに分けて捉えている。[(4)] そして、東密に関しては、弘法大師空海による「十住心」の区分に基づいた教判を紹介し、また、台密に関しては、『法華経』と『大日経』とは「理」においては等しいが、『大日経』は「印・真言」といった「事」を備えている分だけ、『法華経』より優れているという教判、いわゆる「理同事勝」説を、慈覚大師の名前を挙げて紹介している。[(5)]

このうち、前者に関しては、日蓮はこれを批判の対象としている。

されば諸宗の祖師の中に回心の筆をかゝずば、謗法の者悪道に堕チたりとしるべし。三論の嘉祥・華厳の澄観・法相の慈恩・東寺の弘法等は回心の筆これあるか。よく〳〵尋ネならうべし。

（『顕謗法鈔』、二六一―二六二頁）

ここで日蓮は、「回心」を表明した文書がない限り、「謗法」の罪を免れ得ない人物の一人として、弘法大師空海を挙げている。つまり、『法華経』を『華厳経』や『大日経』の下位に置く教判を、「謗法」であると断罪しているのである。

このように、東密に対する批判は、『顕謗法鈔』の段階では既に確実に現われているのであるが、問題は台密である。

同書において、日蓮は次のように記している。

> 大日経は印真言ヲ説ク経の中の王、一代一切経の王にはあらず。法華経は真諦俗諦・空仮中・印真言・無為ノ理・十二大願・四十八願、一切諸経の所説の所詮の法門の大王なり。これ教をしれる者なり。
>
> （『顕謗法鈔』、一七〇頁、傍点引用者）

日蓮にあってはこのように、「印・真言」の存在は『大日経』が『法華経』に勝れていることの根拠とはならない。一切の経典に対する「大王」の位置にくるのは、あくまでも『法華経』に他ならず、そのことを知る者こそ「教をしれる者」といえる、というのである。

こうして法華最勝の立場が明らかにされた以上、「印・真言」という「事」の存在を根拠に、『法華経』に対する『大日経』の優位を説くいわゆる「理同事勝」説、および、その「理同事勝」を教判とする台密は、本来ならば当然、批判されて然るべきであろう。また、「理同事勝」を説く代表者として名前が挙げられる慈覚大師も、やはり批判されて然るべき者となるはずである。しかし、『顕謗法鈔』においては、「理同事勝」

説および台密に対する批判も、慈覚大師批判も明確にはみられない。理論的には批判されて然るべきものが、批判の対象とはなっていないのである。(6)

「理同事勝」批判が明確にあらわれてくるのは、『定遺』は文永三年（一二六六、四五歳）、岡元錬城氏・山上弘道氏は文永七年（一二七〇、四九歳）に系年する『善無畏鈔』(7)からである。

此釈ノ（善無畏『大日経義釈』）心は大日経に本迹二門、開三顕一、開近顕遠の法門あり。法華経の本迹二門の如し。此法門は法華経に同シけれども、此大日経に印と真言と相加わりて三密相応せり。法華経は但意密許にて身口の二密闕《かけ》たれば、法華経を略説と云ひ、大日経をば広説と申す可き也と書かれたり。此法門第一の悞《あやまり》謗法の根本也。

（『善無畏鈔』、四〇九－四一〇頁　括弧内引用者、一部原漢文）

天台妙楽の心は、法華経に勝レたる経有りと云はむ人ハ者　無間地獄に堕つべしと書かれたり。善無畏三蔵は法華経と大日経とは理は同けれども事の印真言は勝レたりと書れたり。

（『善無畏鈔』、四一〇頁、一部原漢文）

ここにみえるように、『善無畏鈔』にあって、「理同事勝」説は「謗法の根本」であり、「無間地獄に堕つべ」き重罪として厳しい批判の対象とされている。ただ、「理同事勝」説を唱えた代表者としては、中国密教の形成に大きな足跡を残した善無畏の名が挙げられ、彼がもっぱら批判の対象とされるのみであり、台密および慈覚大師に対する批判にまで筆が及ぶことはない。

「理同事勝」説に対する厳しい批判は、文永六年（一二六九、四八歳）に系年される『法門可被申様之事』においてもみられる。

真言宗の漢土ニ弘マル始は、天台の一念三千を盗ミ取て真言の教相と定て理の本とし、枝葉たる印真言を宗《むね》と立《たて》、宗として天台宗を立下《たてくだ》す条謗法の根源たるか。

（『法門可被申様之事』、四四九頁）

ここでも、「理同事勝」説は「謗法の根源」とされている。しかし、この場合の「理同事勝」批判も、やはり「漢土」を対象になされるのみで、台密および慈覚大師に結びつけて批判が展開されるまでには至っていない。慈覚大師についていえば、同書においては、批判の対象とされるどころか、

伝教・慈覚は八宗を極メ給へり。一切経をよみ給フ。これみな法華経を詮と心へ給はん梯磴なるべし。

（『法門可被申様之事』、四四七頁）

と述べられ、最澄と同様、法華最勝の立場をとった人物として、非常に高く評価されているのである。

ただし、注目すべきは、この『法門可被申様之事』において、密教に重点を置き過ぎる比叡山のあり方を批判するという形で、台密がはじめて批判の俎上にのぼってくるということである。

叡山の真言宗は天台円頓の戒をうく、全ク真言宗の戒なし。されば天台宗の円頓戒にをちたる真言宗なり

等申スべし。而ルニ座主等の高僧名を天台宗にかりて一向真言宗によて法華宗をさぐる（下）ゆへに、叡山皆謗法になりて御いのりにしるしなきか。

（『法門可被申様之事』、四五一－四五二頁）

「叡山の真言宗」つまり台密といえども、天台の円頓戒を受ける以上、法華が密教に勝ることを知るべきであるのに、座主をはじめ比叡山の高僧ら自身、法華を密教より劣ったものとしてしまっている。こうした現状に、日蓮は危機感を募らせるのである。これと同様の批判は、

叡山にをいては天台宗にたいしては真言宗の名をけづり、天台宗を骨とし真言をば肉となせるか。而ルに末代に及て天台真言両宗中《なか》あしうなりて骨と肉と分《わけ》、座主は一向に真言となる。骨なき者ノごとし。大衆は多分天台宗なり、肉なきものゝごとし。仏法に諍ヒあるゆへに世間の相論も出来して叡山静カならず、朝下にわづらい多シ。此等ノ大事を内々は存スべし。此法門はいまだをしえざりき。よく〱存知すべし。

（『法門可被申様之事』、四五二－四五三頁）

という文言にもみることができる。日蓮自身、比叡山の現状に対するこうした批判をはっきりと表明することは、これ以前にはなかったのであろう。しかし、日蓮にとって、これはもはや看過できない重大事であった。それゆえに、対告《たいごう》である弟子の三位房に対して、いまだ「内々」にとはいうものの、「此法門はいまだをしえざりき。よく〱存知すべし」と念を押すのであろう。ただし、「天台宗を骨とし真言をば肉となせるか」という言葉に窺われるように、この段階では、日蓮は台密の存在そのものを否定しているわけでは決してない。

あくまで、密教があまりにも優位を占める比叡山の現状に対し、警告を発しているのである。ただ、比叡山の現状に対してこうした批判を投げかける一方で、この時期の日蓮は、比叡山に大きな期待を寄せてもいた。

文永五年(一二六八、四七歳)正月、蒙古の国書を携えた使者が日本に到着した。こうした事態に「他国侵逼難」到来の危機を読み取った日蓮は、同年四月、『安国論御勘由来』を著し、「日蓮復たこれを対治するの方これを知る。叡山を除て、日本国には但だ一人なり」(『定遺』四二三-四二四頁、原漢文)と記した。蒙古による侵略の危機に対処し得るのは、自分と、そして比叡山のみだ、というのである。比叡山については、『法門可被申様之事』においても、次のように述べられている。

仏法の滅不滅は叡山にあるべし。叡山の仏法滅せるかのゆえに異国我朝をほろぼさんとす。

(『法門可被申様之事』、四五三頁)

逆にいえば、比叡山の仏法のあり方次第で、蒙古の侵略による国の滅亡を防ぐことができる、ということでもある。

また、文永六年(一二六九、四八歳)に系年される『御輿振御書』においては、比叡山の現状を報告してきた、比叡山に留学中の弟子・三位房に対し、「中堂炎上の事、その義候か。山門破滅の期、その節に候か(根本中堂が焼けたということですが、本当なのでしょうか。もし本当ならば、山門破滅の時もいよいよ迫ってきたといわざるを得ないのではないでしょうか)」(『定遺』四三七頁、原漢文。括弧内の現代語意訳は引用者)と問い

合わせた上で、

但し、恃《たの》む所は妙法蓮華経第七の巻の後五百歳於閻浮提広宣流布の文か。又、伝教大師の正像稍《やゝ》過ぎ已て末法太だ近きにあり、法華一乗の機、今正しくこれその時の釈なり。滅するは生ぜんが為、下るは登らんが為なり。山門繁昌の為、かくの如き留難を起こすか。（『御輿振御書』、四三八頁、原漢文）

と記している。「中堂炎上」[8]という、「山門破滅」を予感させるような災いが起きてしまうところまで落ちきってしまったのならば、むしろその逆境を契機として、比叡山が末法今時における『法華経』流布の予言の成就を担ってこそ、はじめて「山門繁昌」に向けての第一歩も踏み出せよう、というのである。

比叡山に対する期待のこのような大きさは、「天台沙門」[9]としての日蓮の姿を明瞭に浮かび上がらせるものである。この段階での日蓮の帰属意識は、比叡山、つまり現実に存在する天台教団にあったのである。前章でもみたように、伊豆流罪・小松原法難といった受難体験を経て、日蓮は仏教の正統を唯一人担う者としての自覚を獲得していった。だが、少なくとも佐渡流罪より前の日蓮にあっては、そうした自覚は「天台沙門」としての帰属意識と必ずしも矛盾・対立するものではなかった、といわねばならない。

こうした帰属意識が東密に対する批判を生み出すことは、それほど困難なことではないであろう。だが、台密批判となると話は別である。このような帰属意識からすれば、台密批判はむしろ身内に対する批判となるからである。佐渡流罪より前の日蓮にあっては、法華独勝の立場からなされる「理同事勝」批判が、当然結びついてよいはずの台密批判や慈覚大師批判に結びつかないのも、また、比叡山の過度の密教化に警鐘を鳴らす形で開始された台密批判が、いまだ台密の存在そのものの否定には立ち至っていないのも、やはりこうした帰属意識によるところが大きいといえよう。

第二節　台密批判への道程（二）――佐渡流罪以降――

しかし、竜口法難から佐渡流罪という一連の体験は、日蓮のこうしたあり方に大きな転機をもたらすことになる。

文永八年（一二七一、五〇歳）九月一二日、日蓮は鎌倉幕府によって捕縛され、翌日未明、一旦は斬首されかけたが、なんとか免れ、一〇月末、佐渡へと配流されることとなった。佐渡に配流される直前に著された『寺泊御書』において、日蓮は、

> 諸宗の中に、真言宗殊に僻案を至す。善無為・金剛智等の想《おもはく》に云く、一念三千は天台の極理・一代の肝心なり。顕密二道の詮たるべきの心地の三千をば、且らくこれを置く。この外、印と真言と、仏教の最要等云云。その後、真言師等、事をこの義に寄せ、印真言なき経経をば、これを下《くだ》す。外道の法の如し。
>
> （『寺泊御書』、五一三頁、原漢文）

と記している。ここで注目されるのは、「諸宗の中に、真言宗殊に僻案を至す」という文言である。これまでみてきたように、日蓮においては、これ以前から「真言宗」、つまり密教に対する批判はみられたのであるが、それが他にも増して「僻案」であるとする強い言葉はなかった。しかし、ここに至って、批判の重点を密教に置くことが明言されたわけである。ただし、ここでいう「真言宗」に台密も含まれているとは、必ずしもいえない。ここでは、「理同事勝」説とその説を継承する「真言師」らが批判の対象とされているとはいってよいが、そうした批判が台密批判と具体的に結びつけられることも、「真言師」の代表として慈覚大師の名が挙げられることも、いまだないままだからである。

明くる年の文永九年（一二七二、五一歳）二月に執筆された『開目抄』においても、「理同事勝」説を根拠に『法華経』を貶める「真言の愚者等」が次のように批判されている。

今真言の愚者等、印真言のあるをたのみて、真言宗は法華経にすぐれたりとをもひ、慈覚大師等の真言勝レたりとをほせられぬれば、なんどをもえるはいうにかいなき事なり。（『開目抄』、五八五頁）

田村芳朗氏と小松邦彰氏はともに、日蓮による慈覚大師批判の端緒をこの文言に求めている（田村〔一九六五〕五八八頁、小松〔一九七四〕八五頁）。だが、そうではあるまい。ここでは、慈覚大師に事寄せて密教の優位を主張する「真言の愚者等」が、「いうにかいなき事なり」とされているのである。つまり、批判の矛先は、あくまでも「真言の愚者等」に向いているのであって、[10]慈覚大師を引き合いに出す彼等に対し、日蓮はむしろ不快感を懐いているものとみてよい。その意味では、慈覚大師はいまだ擁護されているともいえる。

慈覚大師に対する批判が現れ始める文言を『定遺』に求めるならば、同じく文永九年（一二七二、五一歳）に系年される『祈祷鈔』の次の箇所を挙げることができる。

慈覚大師御入唐以後、本師伝教大師に背かせ給ヒて、叡山に真言を弘めんが為に御祈請ありしに、日を射《い》るに日輪動転すと云フ夢想を御覧じて、四百余年の間諸人是を吉夢と思へり。日本国は殊に忌ムべき夢なり。殷の紂王日輪を的にして射るに依て身亡びたり。此御夢想は権化の事なりとも能能思惟あるべき歟。

（『祈祷鈔』、六八六頁）

ここで、慈覚大師は、「権化」と称され、「能能思惟あるべき歟」といわれている点にいまだ十分な慎重さを窺うことはできるが、「叡山に真言を弘め」ることにより「本師伝教大師に背」いた人物として、確かに批判の俎上にのぼり始めているやにみえる。ところが、右に引いた『祈祷鈔』、六八六頁の一節については、本来、『祈祷鈔』の一節として扱い得ないものであることが、山上弘道氏によって次のように指摘されており、これを以って日蓮による慈覚大師批判の端緒とはみなし得ないことが明らかになる。

『祈祷抄』（文永九年）の最末部分（『定遺』６８６頁）にも慈覚批判が見られますが、身延曾存の『祈祷鈔』『祈祷鈔奥』は『定遺』の６６７頁から６８１頁１０行目までで、それ以降「秘法四十一人」から最末「仍て九牛の一毛所レ詮スル如シレ件ノ。」までは『本満寺録外』『刊本録外』等所収の『真言宗行調伏秘法而還著於本人之事』であり、『高祖遺文録』が日明『真撰祖書』の意を受けてこれを合体させたものであります。内容からしても本来これは別物であり、ことに『真言宗行調伏秘法而還著於本人之事』の一部は『本尊問答抄』と全く同文が見られるなど、真偽問題についても慎重に取り扱われるべきものであります。いずれにしましても慈覚批判が見られる部分は、文永九年に系けられる本来の『祈祷鈔』の文でないことは明白であります。

（山上〔二〇一二〕一六一―一六二頁）

それでは、日蓮による慈覚大師批判の端緒は、どこに求められるべきなのであろうか。そこで注目されるのが、『法華取要抄』の草稿である。周知のように、日蓮の重要論書の一つに数えられる『法華取要抄』の真蹟は中山法華経寺に完全な形で所蔵されている。一方、その草案と考えられる『以一察万抄』と『法華取要抄』（以下、『取要抄』と略記）とが、かつて身延山久遠寺に所蔵されていたとの記録がある。残念ながら、両書は明治八年（一八七五）の身延山の大火で焼失してしまったが、幸い、両書とも、身延山久遠寺に現存するいわゆる『延山録外』（身延山久遠寺第二六世・智見院日暹〔一五八六―一六四八〕により筆写された日蓮真蹟遺文の写本集）に収められている。都守基一氏は、『延山録外』所収の『以一察万抄』と『取要抄』を、その成稿ともいうべき中山法華経寺所蔵の『法華取要抄』と対照できる形で翻刻するとともに、これら三つの書の内容に対する詳細な比較検討を行なっているが（都守〔一九九八〕）、都守氏によるこの翻刻のうち、『取要抄』の中に慈覚大師批判が認められるのである。慈覚大師批判を含む一節は次の通りである。

伝教大師、像法の末に日本に居し、天台・真言の二宗これを弘通す。その中、真言宗は権宗たるの故に指し置き、天台宗の内にこれを弘め了んぬ。慈覚等、本師の実義を忘れ、唐師権宗の人に付順するなり。

智証大師は少しく伝教大師に似たり。弘法大師、専ら顕密二教を窺はず、但だ名を唐朝に似せる者なり。この法門、当世日本第一の秘事なり。これを軽んずることなかれ。

（都守〔一九九八〕九〇頁中段（原漢文）、一一九頁（書き下し）、傍点引用者）

草稿と考えられる『取要抄』の段階では、「この法門、当世日本第一の秘事なり」と慎重に断りながらも、日蓮はあえて、右の傍点部にみえるように慈覚大師批判を記した。しかし、文永一一年（一二七四、五三歳）の五月二四日に系けられる成稿の『法華取要抄』には、この批判がみられない。つまり、この批判は、成稿では削除されたと考えられるのである。このことから、文永一一年（一二七四、五三歳）の前半に至っても、慈覚大師批判に関する十分な慎重さを、日蓮は保持していたことが窺われよう。これについて、都守氏は、「台密の元祖（慈覚大師）や叡山上古の先徳に対する批判は、真言亡国の現証が明らかとなった文永の役（文永一一年一〇月）以後の遺文に譲られることになるのである。以上によって重要な法門は必ず現証を待って発表するという、聖人の慎重な態度と、現証重視の思考方法とが理解できる」（都守〔一九九八〕一二〇頁、括弧内引用者）としている。妥当な見解であるといえよう。

しかし、都守氏も指摘しているように、文永一一年（一二七四、五三歳）一〇月、蒙古の襲来が現実のものとなるに及んで、こうした慎重さはかなぐり捨てられるに至る。同年六月より身延山中の小庵に入っていた日蓮は、蒙古軍が壱岐・対馬を侵略したとの報をうけ、一一月、『曾谷入道殿御書』を著し、次のように記した。

当時壱岐・対馬の土民の如くに成リ候はんずる也。是偏に仏法の邪見なるによる。仏法の邪見と申スは真言宗と法華宗との違目也。禅宗と念仏宗とを責メ候しは此事を申シ顕さん料也。漢土には善無畏・金剛智・不空三蔵の誑惑の心、天台法華宗を真言ノ大日経に盗み入レて、還て法華経の肝心と天台大師の徳とを隠せし故に漢土滅する也。日本国は慈覚大師カ大日経・金剛頂経・蘇悉地経を鎮護国家の三部と取ッて、伝教大師の鎮護国家を破せしより、叡山に悪義出来して終に王法尽キにき。此悪義鎌倉に下ッて又日本国を亡すべし。弘法大師の邪義は中中顕然なれば、人もたぼらかされぬ者もあり。慈覚大師の法華経・大日経等の理同事勝の釈は智人既に許しぬ。愚者争テか信ぜざるべき。慈覚大師は法華経と大日経との勝劣を祈請せしに、箭を以て日を射ると見しは此事なるべし。是は慈覚大師の心中に脩羅の入て法華経の大日輪を射るにあらずや。

（『曾谷入道殿御書』、八三八－八三九頁、一部原漢文）

ここで、慈覚大師には、「理同事勝」説により比叡山を密教化した人物として、また、比叡山を密教化することによって、国家の危機に対処し得る鎮護国家の機能を奪い去り、いまや日本を亡国の危機に晒している元凶として、容赦ない批判が浴びせられている。台密の形成に大いに貢献した慈覚大師を集中的にたたくことにより、台密の存在を根底から否定し始めたのである。こうした形での批判はまた、密教化してしまった比叡山を一切評価しない、ということをも意味する。佐渡流罪の最中においても、「国中ノ棟梁たる比叡山」（『小乗大乗分別鈔』[11]、七七八頁）と、比叡山を評価するかのような言辞がみられはする。しかし、身延山中に入って以降は、例えば、

叡山の仏法は但タ伝教大師・義真和尚・円澄大師ノ三代計リにてやありけん。天台ノ座主すでに真言ノ座主

にうつりぬ。名と所領とは天台山、其主《ぬし》は真言師なり。　（『報恩抄』、一二一七頁）

とあるように、現実に存在している比叡山は、もはやなんら評価されることなく、したがって、もはやなんらの期待もかけられなくなるのである。

台密および慈覚大師に対する批判を、このように公然と、かつラディカルに表明するに至った直接の契機は、確かに「文永の役」にあったといってよい。しかし、それはあくまでもきっかけである。こうした批判に至る素地は、流罪地佐渡における思想および宗教的自覚の画期の中で、既に十分に整えられていたものと考えられるのである。続く第Ⅱ部第一章では、そうした画期について、詳細にみていきたいと思う。

注

（1）高木〔一九六五〕七五－七七頁（第一章「日蓮の宗教の社会的基盤」第三節「日蓮の檀越」第五項「社会的基盤と諸宗批判」）、および一五四－一八一頁（第三章「文永八年の法難」第一節「鎌倉の諸宗派」・第二節「日蓮の諸宗批判」・第三節「諸宗批判の激化」）、佐々木〔一九九一／一九九七〕、佐々木〔二〇〇四〕二二五－二三九頁（第三部「日蓮の比較思想」第二章「真言宗批判の実相」）など。

（2）右の注の佐々木〔一九九一／一九九七〕は、日蓮の密教批判を、鎌倉幕府がとった宗教政策（佐々木氏によれば「禅密主義」）との関連で捉えようとする論文である。この論文の目的を、佐々木氏は次のように説明する。すなわち、密教批判をはじめとする日蓮の他宗批判の意味を十全に解明するには、日蓮の内的状況からそれを検証しようとする、従来支配的であった観点のみならず、外的状況からそれを位置づけようとする試みが不可欠であるとして、この論文を著したというのである（佐々木〔一九九七〕三九一－三九二頁）。その意味では、大変貴重な労作であるが、筆者の場合、あくまでも日蓮の思想と宗教的自覚に即して台密批判の推移の必然性を探ろうとするものであり、佐々木氏とはおのずと立場が異なる。

（3）川添〔一九五七〕。明確な真言密教批判の契機を佐渡流罪に求める見解は、田村芳郎氏にもみられる。田村〔一九六五〕五七八

―五八九頁。

ただし、川添氏の場合、右の論文の改稿（論題はもとのまま）において、こうした見解に若干の修正を加えている。川添氏は、日蓮の真言批判が既に佐渡流罪より前から徐々に形成され、積み重ねられてきたものであることを認めるとともに、『寺泊御書』における明確な真言批判は、文永八年の法難を契機として、従来より積み重ねられてきた批判が高揚した結果、あらわれたものである、と位置づけ直したのである。川添〔一九九九〕二三一頁、二四二頁。

（4）日蓮自身は、「東密」「台密」といった言葉は使っていない。日蓮のいう「真言」「真言宗」は、特定の宗派を指す言葉というよりも、むしろ「密教」という意味合いで解されるべきであって、それが東密を指すのか、台密を意味するのか、あるいは両方を含めた概念なのかは、文脈の中で判断しなければならない。なお、中村他〔二〇〇二〕の「台密」の項によれば、「台密」「東密」の語の初見は、『元亨釈書』（一三二二年成立）巻二十七である。

（5）いわゆる「理同事勝」説の代表的提唱者として、日蓮が慈覚大師の名を挙げる根拠は、慈覚大師の代表作の一つである『蘇悉地羯羅経略疏』の次の一節に求めることができよう。

問ふ。何等をか名づけて顕教と為すや。答ふ。諸の三乗教、これを顕と為す。問ふ。何故に彼の三乗教を以て顕教となすや。答ふ。未だ理事倶密を説かざるが故なり。問ふ。言ふ所の理事倶密とは、その趣は如何。答ふ。世俗勝義円融不二なるを、これ理密と為す。若しは三世如来の身語意密、これを事密と為す。問ふ。花厳・維摩・般若・法華等の諸大乗教は、この顕密に於いては何等の摂ぞや。答ふ。華厳・維摩等の諸大乗教の如きは、皆これ密教なり。問ふ。若し云ふが如く皆これ密ならば、今の所立の真言秘教と、何等の異ありや。答ふ。彼の華厳等の経は、倶に密と為すといへども、しかも未だ如来秘密の旨を尽くさず。故に今の所立の真言教とは別なり。仮令《たと》ひ少しく密言等を説くといへども、未だ如来秘密の意を究尽することを為さず。今の所立の毘盧遮那・金剛頂等の経は、咸く皆、如来の事理倶密の意を究尽す。この故に別と為すなり。

（『日全』四三巻、二五四頁上―下、原漢文）

すなわち、「花厳・維摩・般若・法華等の諸大乗教」は、一応、「密教」の範疇に収められはするものの、それらはいずれも、「三世如来の身語意密」＝「事密」を十分には説き尽くしていないとして、「理密」の段階に止《とど》めおかれる。それに対して、「毘盧遮那（大日）・金剛頂等の経」（括弧内引用者）は、「理事倶密」「事理倶密」を十分に説き尽くした教えとして称揚される。こうした説を、日蓮は「理同事勝」という用語で表現するのである。浅井円道氏によれば、慈覚大師自身には、「理同事勝」という用語はまったくみられず、したがって、「理同事勝」は日蓮の命名によるものとみなしてよい、とのことである。浅井〔一九七三〕六二一頁。

（6）『顕謗法鈔』にみえる、

善無畏等ヵ大日経は法華経に勝レたりという。法華経の心をしらざるのみならず、大日経をもしらざる者なり。

（『定遺』二七〇－二七一頁）

善無畏三蔵・金剛智・不空・一行等の性悪の法門・一念三千の法門は天台智者の法門をぬすめるか。　（『定遺』二七二頁）

という文言に、「理同事勝」批判を読み込める可能性もあるが、『顕謗法鈔』の文脈をみる限り、これ以上断定的なことはいえない。

（7）『善無畏鈔』は、『定遺』では文永三年（一二六六、四五歳）に系年されている。だが、岡元錬城氏はこれを明確に否定し、文永七年（一二七〇、四九歳）に系けられるべきことを論じた（岡元〔一九九二a〕、岡元〔一九九六〕六九八－六九九頁）。また、山上弘道氏も、文永七年説を支持している（山上弘道「資料編（一）系年を変更した遺文」（山上〔二〇一一〕）二二四－二二五頁）。文永七年説をとった場合、『善無畏鈔』は、同じく「理同事勝」批判がみられる『法門可被申様之事』（文永六年（一二六九、四八歳））よりも後の遺文となり、したがって、文献学的に信頼の置ける遺文の中では、「理同事勝」批判が明確にあらわれてくる最初の遺文とはいえなくなる。なお、山上氏は、『法門可被申様之事』もまた、文永七年に系年されるべき蓋然性が高いことを指摘している（山上弘道「資料編（一）系年を変更した遺文」（山上〔二〇一一〕）二二六－二二八頁）。

（8）岡元錬城氏によれば、この「中堂炎上」の報告は、日蓮からの問い合わせの結果、誤報であることが明らかになったとみられるという。岡元氏は次のように記す。「弟子の通報に、叡山内部の乱闘のいきつくところ、自火を発した文永元年の災厄の再発を危惧するような記事があって、そのために「中堂炎上」云云の文言が書かれたのではなかったろうか。ともあれ中堂炎上については、真相が伝えられたものであり、すでに早く『法門可申抄』に「慈覚大師の常行堂等の難」として語られている」（岡元〔一九九二b〕五五頁。『法門可申抄』は『法門可被申様之事』のこと。「慈覚大師の常行堂等の難」という言葉は『定遺』四四七頁にみえる）。後年の著作『報恩抄』においても、

智証の門家園城寺と慈覚の門家叡山の、脩羅と悪龍と合戦ひまなし。園城寺をやき叡山をやく。智証大師の本尊慈氏菩薩もやけぬ。慈覚大師の本尊大講堂もやけぬ。現身に無間地獄をかん（感）ぜり。但中堂計リのこれり。

（『定遺』一二二〇頁、傍点引用者）

とあることから、岡元氏は、「『御輿振御書』の「中堂炎上」とは、実は叡山諸堂中最要の根本中堂＝一乗止観院）ではなく「慈覚大師の本尊大講堂」（総持院）であった」（岡元〔一九九二b〕五四頁）と結論づけている。

（9）玉沢妙法華寺蔵日興写本『立正安国論』では、題号の下に「天台沙門日蓮勘之」とある（『定遺』二〇九頁脚注）。文応年間（一二六〇－一二六一、三九－四〇歳）の作とされる『三部経肝心要文』の書名にも、「天台沙門日蓮」と記されている（『真蹟集成』〈6〉八七頁）。

(10)　都守基一氏、山上弘道氏も、筆者と同様の見方をとっている。都守〔一九九八〕一三八頁、山上〔二〇一二〕一五七―一五九頁。

(11)　『小乗大乗分別鈔』は、『定遺』では、佐渡流罪中の文永一〇年（一二七三、五二歳）に系けられているが、『真蹟対照録』〈中〉九〇頁では、筆跡鑑定に基づき、文永八年（一二七一、五〇歳）に系年されている。岡元錬城氏は、後者の説を支持するとともに、文永八年でも、同年九月の竜口法難および一〇月末の佐渡流罪より前のものである可能性を示唆している（岡元〔一九九六〕七〇七―七〇八頁）。その場合、『小乗大乗分別鈔』にみえる「国中ノ棟梁たる比叡山」という文言も、佐渡流罪より前のものとなる。山上弘道氏も、同鈔を文永七年（一二七〇、四九歳）に系年しており（山上弘道「資料編（一）系年を変更した遺文」〔山上〔二〇一二〕〕二二五頁）、やはり佐渡流罪より前の遺文としている。

【引用・参照資料および略号】

『真蹟集成』〈6〉
　日蓮聖人真蹟集成法蔵館編集部『日蓮聖人真蹟集成』第六巻、法蔵館、一九七七年。
『真蹟対照録』〈中〉
　立正安国会編『日蓮大聖人御真蹟対照録』中巻、立正安国会、一九六七年。

【引用・参照文献】

浅井〔一九七三〕
　浅井円道「日蓮の理同事勝批判とその検討」（中村元博士還暦記念会『インド思想と仏教――中村元博士還暦記念論集――』春秋社）。
家永〔一九四七〕
　家永三郎「日蓮の宗教の成立に関する思想史的考察」（家永三郎『中世仏教思想史研究』法蔵館）。
市村〔一九二八〕
　市村其三郎「日蓮の真言排撃」（『史学雑誌』第三九編第七号）。

岡元〔一九九二a〕
岡元錬城「日蓮聖人遺文系年考〈その5〉——『善無畏鈔』——」（岡元錬城『日蓮聖人遺文研究』第一巻、山喜房仏書林）。

岡元〔一九九二b〕
岡元錬城「日蓮聖人遺文系年考〈その1〉——『金吾殿御返事』（付『止観第五之事御消息』）——」（岡元錬城『日蓮聖人遺文研究』第一巻、山喜房仏書林）。

岡元〔一九九六〕
岡元錬城『日蓮聖人遺文研究』第三巻、山喜房仏書林。

川添〔一九五七〕
川添昭二「日蓮の史観と真言排撃」（『芸林』第八巻第一号）。

川添〔一九九九〕
川添昭二『日蓮とその時代』山喜房仏書林。

小松〔一九六五〕
小松邦彰「日蓮聖人の台密批判について」（『印度学仏教学研究』第一四巻第一号）。

小松〔一九七四〕
小松邦彰「天台密教思想との連関」（影山堯雄編『中世法華仏教の展開』平楽寺書店）。

佐々木〔一九九一／一九九七〕
佐々木馨「日蓮の真言密教批判」（佐々木〔一九九七〕）。本書での参照はこれに拠った。初出原題は「日蓮の真言宗批判の仏教史的意味」（新野直吉・諸戸立雄両教授退官記念歴史論集『中国史と西洋世界の展開』みしま書房、一九九一年）。後に、佐々木馨『日蓮の思想史的研究』山喜房仏書林、二〇一一年に「真言密教批判について」というタイトルもと再録。

佐々木〔一九九七〕
佐々木馨『中世仏教と鎌倉幕府』吉川弘文館。

佐々木〔二〇〇四〕
佐々木馨『日蓮とその思想』平楽寺書店。

高木〔一九六五〕
高木豊『日蓮とその門弟』弘文堂。
田村〔一九六五〕
田村芳朗『鎌倉新仏教思想の研究』平楽寺書店。
都守〔一九九八〕
都守基一「『法華取要抄』の草案について」(『大崎学報』一五四号)。
中村他〔二〇〇二〕
中村元・福永光司・田村芳朗・今野達・末木文美士編『岩波仏教辞典〈第二版〉』岩波書店。
宮崎〔一九六九〕
宮崎英修『不受不施派の源流と展開』平楽寺書店。
山上〔二〇一二〕
山上弘道『日蓮の諸宗批判――「四箇格言の再歴史化」の前提――』〈本化ネットワーク叢書（1）〉、本化ネットワークセンター。

第II部　「魂魄」からの「再生」、そして「超越」へ

第一章　画期としての佐渡

はじめに――「魂魄」としての日蓮――

日蓮といゐし者は去年（文永八年（一二七一、五〇歳））九月十二日子丑の時に頸《くび》はねられぬ。此は魂魄佐土の国にいたりて、返年《かへるとし》の二月雪中にしるして、有縁の弟子へをくれば、をそろしくてをそろしからず。

（『開目抄』、五九〇頁、括弧内引用者）

ここで日蓮は、自己を「魂魄」であるとみなしている。こうした自己認識の背景には、竜の口において斬首されかけたという、いわば死に瀕した体験があることはいうまでもない。しかし、実際には斬首を免れたにもかかわらず、「頸《くび》はねられぬ」と断定し、自己をあえて「魂魄」と認識するのである。こうした自己認識に、一体いかなる意味を読み取るべきなのであろうか。

このことを考えるに当たって注目されるのが、文永八年の法難の前々年、文永六年（一二六九、四八歳）に系年される『金吾殿御返事』[1]の次の一節である。先にも引いたところであるが、改めて引いておく。

人身すでにうけぬ。邪師又まぬがれぬ。法華経のゆへに流罪に及ヒぬ。今死罪に行れぬこそ本意ならず候へ。あわれさる事の出来し候へかしとこそはげみ候て、方々に強言《がうげん》をかきて挙《ゲ》をき候なり。すでに年五十に及ぬ。余命いくばくならず。いたづらに広野にすてん身を、同《ク》は一乗法華のかたになげて、雪山童子・薬王菩薩の跡をおひ、仙予・有得の名を後代に留て、法華涅槃経に説《キ》入《レ》られまいらせんと願《フ》ところ也。

（『金吾殿御返事』、四五八－四五九頁）

「あわれさる事の出来し候へかし」とあるように、迫害を招き寄せることをもあえて辞さない、「方々に強言《がうげん》をかきて挙《ゲ》を」くという布教方法[2]は、実際、日蓮の身に種々の受難をもたらさざるを得なかったが、こうした受難に、日蓮は積極的な意義づけを施していく。つまり、自己の受難を以って、釈迦滅後の法華弘通者の受難を予言する『法華経』の経文を我が身に体現するもの、と意義づけるのである。換言するならば、みずからの受難を介して、『法華経』と自己とを限りなく一体化させ、自己をいわば「生きた『法華経』」になそうと日蓮は志向するのである。自己を「生きた『法華経』」となすには、受難という苦しみを避けては通れないという点において、かかる志向は、確かに自己否定の契機を濃厚に孕むものではある。しかし、それは同時に、自己自身を器として『法華経』を生きたものにしようとする点では、積極的な自己肯定に他ならない。日蓮にあっては、このような自己否定と自己肯定との結節点に立つ自己が「法華経の行者」として自覚せられた、ということができる。

　こうした志向の萌芽は、伊豆伊東への流罪の最中、弘長二年（一二六二、四一歳）に系年される『四恩鈔』において既に、是程の卑賤無智無戒の者の、二千余年已前に説れて候法華経の文にのせられて、留難に値べしと仏記しをかれまいらせて候事のうれしさ申シ尽難く候。（『四恩鈔』、二三六頁）

法華経の故にかゝる身（流罪の身）となりて候へば、行住坐臥に法華経を読ミ行ずるにてこそ候へ。（『四恩鈔』、二三六頁、括弧内引用者）

という形で表現されている。[3]『四恩鈔』におけるこうした文言を踏まえた上で、再び『金吾殿御返事』からの先の引用に目を転じてみると、そこには、既に流罪を体験した以上、残るは自己の命を「死罪」という形で『法華経』に捧げることにより、『法華経』と自己との一体化を完成させようとする日蓮の明瞭なる意図を見て取ることができる。言葉を換えるならば、日蓮は、自己を通して『法華経』を生かそうとする自己肯定を、「死罪」という形の自己否定によって、逆説的に完成させようと意図するのである。

そうした意図にあたかも応えるかのように、日蓮は鎌倉幕府によって捕縛され、竜の口で首を斬られかけるのであるが、本章冒頭でも引いたように、日蓮はこれを「死罪」の体験そのものとして受け止め、自己を「魂魄」と位置づけるに至った。というのも、まさに「死罪」を体験することにより、求め続けてきた『法華経』と自己との一体化が完成されるからである。いわゆる竜口法難を体験した後に記された「上のせめさせ給ッにこそ法華経を信たる色もあらわれ候へ」（『土木殿御返事』、五〇三頁）、「経文に我が身普合せり。御勘気をかほ（蒙）ればいよ〱悦ヒをますべし」（『開目抄』、五六〇頁）といった文言は、かかる一体化に対する喜びの表現であるといえよう。と同時に、かかる文言は、受難をあえて喜びと表現することで、弾圧に耐えぬく覚悟を門弟らに促す役割も果たしたことであろう。

以上みてきたように、日蓮にとって、竜の口における「死罪」の体験は、『法華経』と自己との一体化を完成させたという意味で、一つの到達点を意味するものではあった。しかし、もとよりそれが終点なのではない。現実にはこの世にこうして生を繋ぎ止《と》め、艱難《かんなん》に満ちた流人としての生活を余儀なくされていることの意味あるいは意義を、恐らく日蓮は問わざるを得なかったであろう。しかも、事《こと》は日蓮一身の問題に止《とど》まるものではない。門弟らに対する責任を、日蓮は背負っているのである。弾圧に対する門弟らの動揺に歯止めをかけるのはもちろんのこと、佐渡の地より実際に生還し得ない事態に備えて、門弟らに対し、自己の教えを、今回の法難と流罪の意味づけも含めて十全に伝え遺しておく必要がある。このことについて、日蓮は、身延に入って後、

> 法門の事はさど（佐渡）の国へながされ候し已前の法門は、ただ仏の爾前の経とをぼしめせ。此国の国主我《われ》をもたもつべくは、真言師等にも召シ合せ給はずらん。爾ノ時まことの大事をば申スべし。弟子等にもなひく〳〵（内々）申スならばひろう（披露）してかれらしり（知）なんず。さらばよもあわ（合）じとをもひて各々にも申サざりしなり。而ルニ去ル文永八年九月十二日の夜、たつの口にて頸をはねられんとせし時よりのち（後）、ふびんなり、我につきたりし者どもにまことの事をいわ（言）ざりける、とをも（思）てさどの国より弟子どもに内々申ス法門あり。
>
> （『三沢鈔』、一四四六－一四四七頁）

と回想している。ここでは、「まことの大事」があたかも佐渡流罪以前から、既にまとまった形で日蓮の心中に用意されていたかのように語られている。しかし、これはあくまでも後年の回想であり、すべてを額面通り

受け取るというわけにはいくまい。むしろ、右の文言に、佐渡流罪以前の段階にあっては必ずしも十分にはまとめられておらず、したがってきちんと表明されてもいなかった事柄を、佐渡において、「内々」にとはいえ、まとまった形で表明する必要に迫られた日蓮の姿をみるべきであろう。

恐らく日蓮は、「死罪」の体験を経てこうした必要のもと思索に沈潜する自己を、「魂魄」と表現したものと考えられる。そして、「魂魄」としての思索を通して、日蓮は二つの画期を迎えることになる。一つは、本源的な救済世界・一切の救済根拠としての「一念三千」の「発見」であり、もう一つは、自己自身の謗法罪の「発見」である。これら二つの「発見」は、思想的にも、宗教的自覚においても、日蓮に画期をもたらすものであり、これによって、「魂魄」としての日蓮は「再生」を遂げることになるのである。

本章の課題は、以上を踏まえて、次のように設定される。

第一節および第二節では、右の二つの「発見」を描き出す。その上で、第三節では、『開目抄』におけるいわゆる「三大誓願」を、日蓮によるいわば「再生」の宣言として位置づけてみたい。さらに、第四節では、日蓮における「唯日蓮一人」の自覚が先鋭化を遂げ、「如来使」としての自覚に結実していくことをみる。これをみていく中で、日蓮が本格的な台密・慈覚大師批判に乗り出していく内的必然性もあわせて明らかにする。

第一節　「一念三千」の「発見」

一念三千の法門は但法華経の本門寿量品の文の底にしづめたり。

（『開目抄』、五三九頁）

この文言に明らかなように、日蓮は「法華経の本門寿量品の文の底」に「一念三千」を見出している。一念三千の成立を『法華経』の本門に求めていこうとする思考自体は、佐渡流罪の約五か月前の執筆とされる『十章抄』(4)に、

一念三千と申ス事は迹門にすらなを許されず。何ニ況ヤ爾前に分たえたる事なり。一念三千の出処は略開三之十如実相なれども、義分は本門に限ル。爾前は迹門の依義判文、迹門は本門の依義判文なり。但真実の依文判義は本門に限ルべし。

（『十章抄』、四八九頁）

という形で既に窺える。ただし、ここで問題にされているのは、あくまでも一念三千の「義分」である。「義分」という限り、それは「言葉＝文」に限定された「意味＝義」の領域に止《とど》まらざるを得ないであろう。

しかし、流罪地佐渡に入った日蓮は、「言葉＝文」を成り立たせる、「言葉＝文」ならざる世界として、一念三千を見出したといってよい。「文の底にしづめたり」という表現が、そのことをよく物語っている。「文の底にしづめ」られた世界である以上、それは「言葉＝文」のレベルを超えたところに「発見」せられねばならな

い。本節の標題として、「「一念三千」の「発見」」という言い方をあえて採用した所以である。

このように日蓮は、佐渡に入って間もなく、一念三千を、「言葉＝文」のレベルにおいてではなく、その底に沈められた世界として新たに位置づけるに至った。より詳しくいうならば、一念三千は、『法華経』の本門「如来寿量品」第十六の根底にあって、その教相のあり方を規定しつつも、教相をたどるのみでは決して把握され得ない超越的領分、いわば「観心」の領分に属するものとして捉え直されたのである。一念三千のこうした把握の仕方は、「此一念三千も我等一分の慧解もなし。而ども一代経々の中には此経（『法華経』）計リ一念三千の玉をいだけり」（『開目抄』、六〇四頁、括弧内引用者）という文言にも窺える。

だが、こうした「発見」によって、日蓮はさらなる課題に逢着することになる。それ自体としては言葉を超えた領域である一念三千を、どのように言語化・理論化していくのか、という課題である。この課題に、日蓮はどのように答えていったのであろうか。

このことを考えるに当たって、まずは一念三千を、天台大師智顗（五三八－五九八）や妙楽大師湛然（七一一－七八二）にまでさかのぼってみていくことにしよう。

周知のように、「一念三千」とは、元来、天台大師智顗によって創始された観心法門であり、「諸法の実相」を説く理論――したがって、本来ならば、「発見」されるような類いのものではない――でもあった。その場合、「一念」とは、私たちが刹那刹那に起こす「心」を意味する。一方、「三千」とは、三千種にも分類可能な一切の存在とそのあり方を指す。その意味で、「三千」は「一切法」ともいわれるが、あるいはまた、現代風にいえば、「存在」一般を指す語である、といってもよいであろう。

ところで、私たちの日常生活にあっては、心は主観の領域に属する一方で、存在は客観の領域に属し、あたかも、心という主観的実体が、存在という客観的実体を映し出すことによって認識が成り立っているという感覚を、漠然と抱いているのではなかろうか。確かに心は存在と、存在は心と常に関わっており、その関わりにおいて認識が成り立っていることは間違いない。

しかし、心にしろ、存在にしろ、それをそのものとして、つまり実体的なものとして取り出すことはできるであろうか。答えは否である。存在との関わりを一切離れた心そのものを提示することなど、できるはずもない。一方、存在にしても、心と関わって、はじめて「そのようなもの」「このようなもの」として認識されるのであり、心との関わりを一切離れた存在そのものを提示せよといわれても、できはしないのである。智顗はこのことを、端的に「心を求むるも、不可得なり。三千の法を求むるも、また不可得なり」(『摩訶止観』〈『正蔵』四六巻〉、五四頁中、原漢文)と述べた。存在を離れた心そのもの、などというものはあり得ないし、心を離れた存在そのもの、などというものもありはしない、ということである。

こうして、心と存在とは相互に不可分であり、したがって「不二相即」ともいうべき関係にあることが明らかになる(田村・新田〔一九八二〕一四六頁)。この関係を、智顗は「心是一切法、一切法是心(心はこれ一切法、一切法はこれ心)」(『摩訶止観』〈『正蔵』四六巻〉、五四頁上)と表現した。智顗にあっては、みずからの心を観ずることで、心と存在との不二相即を、さらには、心を含めた一切の存在の不二相即、つまり「諸法の実相」を悟るところに成仏がある(菅野〔一九九二〕三八頁)とされるのである。

妙楽大師湛然は、主体の心＝「一念」と、存在＝「三千」＝客観的存在世界との不二相即を強調して「一念三千」と成語化し、次のように述べている。

当知身土一念三千。故成道時称此本理。一身一念遍於法界。（当に知るべし、身土は一念の三千なり。故に成道の時、この本理に称《かな》ふて、一身一念、法界に遍《あま》ねし。）

（『止観輔行伝弘決』〔『正蔵』四六巻〕、二九五頁下、傍点引用者）

「身」＝主体の身体も、「土」＝その主体が生存する客観的存在世界も、「一念」＝心と不二相即なる「三千」である。「成道」、つまり成仏し得た瞬間とは、まさにかかる不二相即という真理に適って、主体の心、さらにはその身体が、客観的存在世界と即一化する瞬間であり、修行主体の側からいえば、みずからの「一身一念」が法界全体に遍満して即一化する瞬間だ、ということである。すなわち、湛然にとって成仏の瞬間とは、成仏した色心があらゆる存在に遍満して即一化する瞬間に他ならないのである。(5)

さて、日蓮である。日蓮はかかる湛然の見解を、成仏一般の話としては受け取らなかった。

久遠実成は一切の仏の本地、譬へば大海は久遠実成、魚鳥は千二百余尊なり。久遠実成なくば千二百余尊はうきくさの根なきがごとし、夜の露の日輪の出テざる程なるべし。

（『聖密房御書』、八二四頁）

とあるように、日蓮にあっては、一切の成仏の根元は釈尊の久遠実成にある、とみなされる。つまり、久遠の過去における釈尊の「成道」こそが、最も根源的な成仏なのである。

妙楽大師云く、当に知るべし、身土は一念の三千なり。故に成道の時、この本理に称ふて、一身一念、法界に遍ねし等云云。夫れ始め寂滅道場華蔵世界より沙羅林に終るまで五十余年の間、華蔵・密厳・三変・四見等の三土四土は、皆成劫の上の無常の土に変化する所の方便・実報・寂光・安養・浄瑠璃・密厳等なり。能変の教主、涅槃に入れば、所変の諸仏、随て滅尽す。土も又以てかくの如し。今本時の娑婆世界は、三災を離れ、四劫を出たる常住の浄土なり。仏、既に過去にも滅せず、未来にも生ぜず。所化以て同体なり。これ即ち己心の三千具足、三種の世間なり。

（『観心本尊抄』、七一二頁、原漢文、傍点引用者）

傍点部に、日蓮は、先に見た妙楽大師湛然の言葉を引いているが、ここでいう「成道」にしても、『観心本尊抄』から右に引いた一節の文脈の中でみるならば、『法華経』の本門「如来寿量品」に開顕された久遠の釈尊の「成道」として解釈されなければならない。まさにその「成道」の瞬間、一念と三千との不二相即という「本理」に適って、久遠仏の色心があらゆる存在に遍満し、それによって、娑婆世界も成道して浄土となり、そこにある衆生もまた成道して仏となった、というのである。しかも、久遠仏の永遠性ゆえに、娑婆世界は「常住の浄土」であり、衆生もまた「所化以て同体」、すなわち久遠仏と同体なる永遠の仏である、と規定されることになる。換言するならば、日蓮のいう「一念三千」とは、久遠仏の色心に貫き通されることによって、娑婆世界も、そしてそこにある衆生も、すべてが久遠仏と即一化した永遠の世界だということである。[6]

こうした一念三千を、日蓮は『観心本尊抄』において、「南無妙法蓮華経ノ五字」[7]という独特の言い方で表現している。つまり、日蓮にあって「南無妙法蓮華経」は、すべてが久遠仏と即一化した一念三千世界をあら

わす、ぎりぎりの象徴的表現として表出されるに至ったのである。(8)

ただし、現実にあっては、衆生も娑婆世界も決して久遠仏と即一なる存在ではない。現実的には、それはどこまでも「凡夫」(9)であり、「穢土」（『聖人知三世事』、八四三頁）であることを免れ得ないものである。したがって、一念三千は、久遠仏によって現に成就され、衆生も娑婆もその直中《ただなか》にありながらも、衆生の側からは決して把握されない世界であり、久遠仏の側にのみ、久遠仏自身の「功徳」として保持されている超越的領分である、ということにならざるを得ない。これを衆生と久遠仏との関係に約していうならば、衆生と久遠仏とは即一化した「南無妙法蓮華経ノ五字」の状態にはなく、「南無」すべき主体としての衆生と、久遠仏の色心の象徴たる「妙法蓮華経」とに分かれたままの状態にある、ということになる。だからこそ、久遠仏は、衆生が「南無」すべき客体として、「妙法蓮華経」の五字を衆生に差し出すのである。「妙法蓮華経」の五字が久遠仏の色心の象徴であるならば、そこにこそ、一念三千という、久遠仏によって成就された功徳が属していることになるからである。このことを端的に表現したのが、次の文言に他ならない。

一念三千を識らざる者には、仏、大慈悲を起し、五字の内にこの珠を裹《つつ》み、末代幼稚の頸に懸さしめたまふ。

（『観心本尊抄』、七二〇頁、原漢文）

そして日蓮は、久遠仏の「大慈悲」によって差し出されたこの「妙法蓮華経」の五字を「受持」（すなわち「唱題」）することにより、衆生は、一念三千という久遠仏の功徳を自然に譲り与えられることになるとして、釈尊の因行果徳の二法は、妙法蓮華経の五字に具足す。我等この五字を受持すれば、自然に彼の因果の功徳を譲り与へたまふ。

（『観心本尊抄』、七一一頁、原漢文）

という。

我等具縛の凡夫忽に教主釈尊と功徳ひとし。彼の功徳を全体うけとる故なり。

（『日妙聖人御書』、六四五頁）

とは、こうして可能になる境地に他ならない。日蓮はここに、衆生と久遠仏とが功徳において斉等となること、すなわち、「即身成仏」を見るのである。

このように、日蓮にあって「妙法蓮華経」の五字とは、『法華経』本門「如来寿量品」の経文の根底にあって経文の言葉を生み出すとともに久遠仏の功徳としての一念三千を領する、久遠仏自身の色心を象徴するものとして把握された。見方を変えるならば、「妙法蓮華経」の五字とは、言語化された『法華経』という経典に展開される以前の、「仏の御心」そのものの象徴であり、いわば「原法華経」とも称し得るものなのである。その意味では、『法華経』の最も本源的で本質的な姿である、ともいえよう。(10)『法華経』はまさにそうした姿で、末法を生きる自分たちに与えられていると日蓮は確信したのである。日蓮には、世末になれば、人の智はあさく仏教はふかくなる事なり。例せば軽病には凡薬、重病には仙薬……

（『報恩抄』、一二四八頁）

という発想があった。末法という時代に生きる者が、その智慧の有限性ゆえに「謗法」という「重病」を抱え込まざるを得ない機根であるならば、そうした重病の機根を救うべく、「仙薬」が与えられていなければならない。その「仙薬」を、日蓮は「妙法蓮華経」の五字として見出したわけである。

日蓮によれば、かかる「妙法蓮華経」の五字は、『法華経』の「如来神力品」第二十一において、「上行」「無辺行」「浄行」「安立行」といった四人の菩薩をリーダーとする「地涌の菩薩」らに対し特別に付嘱されたという。いわゆる「別付嘱」である。そして、末法の今こそ、付嘱された「妙法蓮華経」の五字を流布すべく、「上行」をはじめとして「地涌の菩薩」らが出現する時であるとされる。

所詮、迹化・他方の大菩薩等に、我が内証の寿量品を以て授与すべからず。末法の初は謗法の国、悪機なる故にこれを止め、地涌千界の大菩薩を召して、寿量品の肝心たる妙法蓮華経の五字を以て閻浮の衆生に授与せしめたまふなり。

（『観心本尊抄』、七一五-七一六頁、原漢文）

今、末法の初め、小を以て大を打ち、権を以て実を破し、東西共にこれを失し、大地顚倒せり。迹化の四依は隠れて現前せず。諸天、その国を棄ててこれを守護せず。この時、地涌の菩薩、始めて世に出現し、但だ妙法蓮華経の五字を以て幼稚に服せしむ。

（『観心本尊抄』、七一九頁、原漢文）

こうした観点から、日蓮は、釈尊滅後より今日に至るまでの仏教史を、「妙法蓮華経」の五字の広汎な流布と、それを担う「上行」ら「地涌の菩薩」の出現に向けてのいわば「前史」として再構成するとともに、各時代の仏教の担い手を限界づけていくことになる。

我が滅後の一切衆生は皆我子也。いづれも平等に不便にをもうなり。しかれども医師の習ヒ病に随ヒて薬をさづくる事なれば、我滅後五百年が間は迦葉・阿難等に小乗経の薬をもて一切衆生にあたへよ。次の五百年が間は文殊師利菩薩・弥勒菩薩・龍樹菩薩・天親菩薩等華厳経・大日経・般若経等の薬を一切衆生にさづけよ。我滅後一千年すぎて像法の時には薬王菩薩・観世音菩薩等、法華経の題目を除て余の法門の薬を一切衆生にさづけよ。末法に入リなば迦葉・阿難等、文殊・弥勒菩薩等、薬王・観音等のゆづられしところの小乗経・大乗経並に法華経は文字はありとも衆生の病の薬とはなるべからず。所謂病は重し薬はあさし。其時上行菩薩出現して妙法蓮華経の五字を一閻浮提の一切衆生にさづくべし。[11]

（『高橋入道殿御返事』、一〇八四―一〇八五頁）

実のところ、「如来神力品」第二十一では、末法という時代のみを目当てとして「地涌の菩薩」らに付嘱が行なわれているわけではない。「地涌の菩薩」たちに付嘱されたのが「妙法蓮華経」の五字である、と明記してあるわけでもない。だが、恐らく日蓮は、みずからが「発見」した「観心」の世界に立脚して「如来神力品」の教相を読み込んだ結果、このような理解に到達したのであろう。こうした理解に立つならば、末法において「妙法蓮華経」の五字を流布するということは、「上行」ら四菩薩をはじめとする「地涌の菩薩」たちに託された行ないを、自己自身において実践する、ということになる。ここに、日蓮のいわゆる「地涌・上行菩薩」の自覚が出てくるのであるが、これについては、第II部第三章で改めて触れたいと思う。

なお、日蓮の密教批判を構成する重要な要素の一つに、「理同事勝」説批判があることは、第I部第三章で既にみた通りである。日蓮が「理同事勝」説批判を展開するに際して、善無畏らが『法華経』の一念三千を『大日経』に盗み入れた、と主張していることについても、同じく確認済みである。日蓮によるこうした主張は、既に佐渡流罪以前から現れており、その後、佐渡流罪期を経て、身延期に至るまで一貫してみられるものである。その一例を、『開目抄』から引いてみよう。

善無畏三蔵ヵ震旦に来て後、天台の止観を見て智発し、大日経の心実相我一切本初の文の神《たましひ》に天台の一念三千を盗ミ入レて真言宗の肝心として、其上ニ印と真言とをかざり、法華経と大日経との勝劣を判ずる時、理同事勝の釈をつくれり。　（『開目抄』、五七九頁）

かかる主張は、裏を返せば、一切の本源を大日如来に置き、森羅万象を大日如来の顕れとみる密教的世界観と、『法華経』を根拠に日蓮が構築する一念三千の世界観とが、ある意味、近接していることを、日蓮自身、十分に意識していたことを物語るものである。逆にいえば、近接していると認識すればこそ、日蓮は両者の間の相違と優劣とを明瞭にする必要に迫られたのである。佐渡の日蓮が、一念三千を、『法華経』「如来寿量品」の「文の底」に「発見」された、いわば『法華経』固有の世界としてクローズアップするとともに、さらにそれを、久遠仏によって成就された本源的な救済世界、一切の救済の究極的な根拠として理論化したのは、そうした必要性に応える意図もあってのこと、といえるであろう。

第二節　謗法罪の「発見」

日蓮にとって、みずからが蒙った受難は、自己という存在を通して『法華経』が正統に表現されていることの証であった。言葉を換えるならば、日蓮にあって、自己にもたらされた流罪や「死罪」は、自己が「法華経の行者」たること、つまり、仏によって予言せられた、『法華経』の正統なる担い手たることの「現証」に他ならなかったのである。竜口法難から佐渡流罪に至る一連の受難体験も、そうした「現証」に間違いないはずのものであった。

だが、その一方で、かかる一連の受難体験が、日蓮に深刻な疑問を投げかけてくることにもなる。周知のように、『法華経』においては、釈尊滅後の法華弘通者の受難が説かれる一方で、諸天等の守護があることも明確に保証されている。例えば、『法華経』の「安楽行品」第十四には、「諸の天は昼夜に、常に法の為の故に、而《すなは》ちこれを衛護せん」（『正蔵』九巻三八頁下、原漢文）、「天の諸の童子は、以て給使を為さん。刀杖も加へられず、毒も害すること能はず。若し人、悪《にく》み罵らば、口は則ち閉塞せん」（『正蔵』九巻三九頁中、原漢文）とあり、また「陀羅尼品」第二十六では、薬王・勇施菩薩の二聖、毘沙門・持国の二天、および十羅刹女や鬼子母神とその子・眷属らが、釈尊滅後の法華弘通者の守護を誓っているのである。しかるに、どうして日蓮にはその守護がなく、一方的に受難のみがあるのか。つまるところ、日蓮は「法華経の行者」ではないということか、という疑問である。しかも、日蓮にしてみれば、経文に現れたこれら二聖・二天や諸々の守護神のみならず、いかなる仏・菩薩も、そしてまた二乗も、『法華経』によってこそ成仏が可能になった存在である以上、「法華経の行者」があるならば、なにをさしおいても、それを守護するべきなのである。にもかかわらず、自分にはその守護がない。あるのは、ただ受難のみである。受難のみならず、諸天等の守護もあってはじめて、いわば「現証」は出揃ったといえるのであり、現状では、「現証」はまったく不完全であるといわざるを得ない。とするならば、自分はやはり「法華経の行者」ではないのか……。

配所である佐渡塚原の劣悪な環境(12)の中で、一気呵成に書き上げたとみられる『開目抄』は、まさにこの疑問に正面から立ち向かうことを目的として著された。

> 但《シ》世間の疑といゐ、自心の疑《ヒ》と申《シ》、いかでか天扶《ケ》給《ハ》ざるらん。諸天等の守護神は仏前の御誓言あり。法華経の行者はさる（猨）になりとも法華経の行者とがう（号）して、早々に仏前の御誓言をとげんとこそをぼすべきに、其義なきは我身法華経の行者にあらざるか。此疑は此書《ノ》肝心、一期の大事なれば、処々にこれをかく上《うへ》、疑を強くして答をかまうべし。
>
> （『開目抄』、五六一頁）
>
> 法華経の行者あるならば、此等の聖者（『法華経』において成仏を保証された二乗のこと）は大火の中をすぎても、大石の中をとをりても、とぶらはせ給《ッ》べし。迦葉の入定もことにこそよれ。いかにとなりぬ

るぞ。いぶかしとも申スばかりなし。後五百歳のあたらざるか。広宣流布の妄語となるべきか。日蓮が法華経の行者ならざるか。　（『開目抄』、五六六頁。括弧内引用者）

法華経の諸仏・菩薩・十羅刹、日蓮を守護し給フ上《うへ》、浄土宗の六方ノ諸仏、二十五ノ菩薩、真言宗の千二百等、七宗の諸尊・守護ノ善神、日蓮を守護し給フべし。例せば七宗の守護神ヵ伝教大師をまほり給しがごとしとをもう。日蓮案シテ云ク、法華経の二処三会の座にまし〱し日月等の諸天は、法華経の行者出来せば磁石の鉄を吸フがごとく、月の水に遷ルがごとく、須臾に来て行者に代リ、仏前の御誓をはたさせ給フべしとこそをぼへ候に、いままで日蓮をとふらひ（訪）給わぬは日蓮法華経の行者にあらざるか。されば重て経文を勘ヘて我身にあてゝ身の失《とが》をしるべし。　（『開目抄』、五八一－五八二頁）

「我身法華経の行者にあらざるか」「日蓮が法華経の行者ならざるか」「日蓮法華経の行者にあらざるか」と繰り返される問いは、仏教の正統を担ってきたはずである自己の正統性そのものへの根本的な疑いに他ならない。『開目抄』の主題をなすこうした深刻な懐疑に向き合うことを通して、日蓮は、自己という存在が無始以来抱え込んできた「謗法」の罪(13)、すなわち、意識的・無意識的に『法華経』・釈尊に背き、救済から隔絶され続けてきた自己自身の「身の失《とが》」に遭遇することになるのである(14)。

此に日蓮案シテ云ク、世すでに末代に入て二百余年、辺土に生をうく。其上ヘ下賤、其上ヘ貧道の身なり。輪回六趣の間ニハ人天の大王と生て、万民をなびかす事、大風の小木の枝を吹がごとくせし時も仏にならず。大小乗経の外凡内凡の大菩薩と修シあがり。一劫二劫無量劫を経て菩薩の行を立テ、すでに不退に入ぬべかりし時も、強盛の悪縁にをとされて仏にもならず。しらず大通結縁の第三類の在世をもれたるか、久遠五百の退転して今に来ルか。法華経を行ぜし程に、世間の悪縁・王難・外道の難・小乗経の難なんどは忍し程に、権大乗・実大乗経ヲ極メたるやうなる道綽・善導・法然等がごとくなる悪魔の身に入リたる者、法華経をつよくほめあげ、機をあながちに下し、理深解微と立テ、未有一人得者千中無一等とすかししものに、無量生が間、恒河沙ノ度《たび》すかされて権経に堕チぬ。権経より小乗経に堕ぬ。外道外典に堕ぬ。結句は悪道に堕けりと深ク此をしれり。

（『開目抄』、五五六頁）

という一節は、こうして「発見」せられた自己自身の謗法の罪を、悔悟をこめて凝視する日蓮の姿を彷彿とさせるものである。前節でもみたように、日蓮は『法華経』「如来寿量品」第十六の「文の底」に、久遠仏によって成就せられた救済世界としての「一念三千」を見出したのであるが、それは同時に、その救済世界から逸脱し続けてきた自己自身のあり方をも浮き彫りにせざるを得なかったわけである。

自身が抱え込んできた謗法罪を、こうして「発見」した日蓮は、みずからの受難に対し、過去世の謗法罪が形をとって現れたもの、という意味を新たに付け加えることになる。

今ま日蓮強盛に国土の謗法を責れば大難の来ルは、過去の重罪の今生の護法に招キ出せるなるべし。

（『開目抄』、六〇三頁）

みずからの受難が、このように過去世の謗法罪が顕在化したものであるならば、滅罪の道は、その受難を忍受することにのみ求められなければならない。だからこそ、

法華経の御ゆへに過去に頸をうしなひたらば、かゝる少身のみ（身）にて候べきか。又数数見擯出ととかれて、度々失《とが》にあたりて重罪をけしてこそ仏にもなり候はんずれば、我と苦行をいたす事は心ゆくなり。

（『土木殿御返事』、五〇三頁）

生死を離ルヽ時は必此重罪をけしはてゝ出離すべし。

（『開目抄』、六〇二頁）

といわれることになるのである。(15)

実のところ、「果たして自分は、本当に「法華経の行者」であるといえるのか？」という深刻な疑問をテーマとする『開目抄』においては、この疑問に対して日蓮が直接的かつ断定的に答えた箇所は見出せない。この疑問に立ち向かうための畳みかけるような思索と、自己の過去世をも見定めようとする自己凝視は、『開目抄』を『日蓮遺文』における最長編に仕立て上げてはいるが、かかる思索と自己凝視の結果として「やはり自分は「法華経の行者」に他ならない」という断定が下される箇所は、『開目抄』自体にはみられないのである。

しかし、『開目抄』から約二か月後に系けられる『富木殿御返事』において、「日蓮、法華経の行者たる事、疑ひなきか」（『定遺』六一九頁、原漢文）と記されているように、ようやく深刻な懐疑をくぐり抜けて、自己が

「法華経の行者」であることの再確認がなされていることは確かである。すなわち、日蓮は自己の正統性に対する確信を回復し得たのである。日蓮にとって、自身にもたらされる受難が、自己の正統性に対する証であることは、結局、疑い得ない事実であり、したがって、受難の直中にある自己は、やはり「法華経の行者」に他ならないとの自覚を、再び揺るぎないものとすることができたわけである。

だが、その一方で、受難のみあって、あるべき諸天等の守護がないという現実は、日蓮に、自己が無始以来抱え込んできた謗法罪の深淵を、否応なく開示せざるを得なかった。つまり、日蓮は、自己の受難に、「法華経の行者」たることの「現証」としての意義を再確認する一方で、自己という存在の深みにおいて「発見」された謗法罪に、「法華経の行者」としてただ受難のみを忍受しなければならない理由を見出したのである。

権経を行ぜしには此の重罪いまだをこらず。　（『開目抄』、六〇二頁）

とあるように、『法華経』以外の経典を行じている限りでは、みずからの謗法罪が自覚されることも、ましてやそれが顕在化することもあり得ない、と日蓮はみなしている。であるならば、諸天等の守護がたとえなかろうとも、受難に耐え続ける「法華経の行者」というあり方を身命を賭して貫く以外に、自己が抱え込んできた罪を顕在化させ、かつ滅していく道はあり得ないことになる。

詮するところは天もすて給へ、諸難にもあえ、身命を期《ご》とせん。　（『開目抄』、六〇一頁）

とは、日蓮のそのような覚悟を端的に示す文言に他ならない。

ところで、自己が抱え込んできた謗法の罪に対する深刻な悔悟を綴った文言として、先に『開目抄』、五五六頁の一節を引いたが、それに直ちに続けて、日蓮は次のように記している。

> 日本国に此をしれる者、但日蓮一人なり。これを一言も申シ出すならば父母・兄弟・師匠ニ国主ノ王難必来ルべし。いわずば慈悲なきににたりと思惟するに、法華経・涅槃経等に此二辺を合セ見るに、いわずわ今生は事なくとも、後生は必無間地獄に堕べし。いうならば三障四魔必競《きそひ》起るべしとし（知）ぬ。二辺の中にはいうべし。王難等出来の時は退転すべくは一度に思ヒ止ムべし、と且クやすらい（休）し程に、宝塔品の六難九易これなり。我等程の小力の者須弥山はなぐとも、我等程の無通の者乾草《かれくさ》を負て劫火にはやけずとも、我等程の無智の者恒沙の経々をばよみをぼうとも、法華経は一句一偈モ末代に持チがたしと、とかるゝはこれなるべし。今度強盛の菩提心をこして退転せじと願しぬ。既に二十余年が間此法門を申スに、日々月々年々に難かさなる。
>
> （『開目抄』、五五六―五五七頁）

つまり、自己の謗法の罪に対する深刻な悔悟が、厳しい受難に耐えて『法華経』を担い続けるか否かの二者択一を日蓮に迫り、一旦はためらったものの（＝「やすらい（休）し程に」）、ついには、一切のためらいと妥協を排して『法華経』の担い手たることを決断した、というのである。「今度強盛の菩提心をこして退転せじと願しぬ」と表現されるこうした決断は、右の文言によれば、「既に二十余年」も前になされていたことになる。

ここでいう「二十余年」前を、日蓮自身、みずからの出発点と位置づける建長五年（一二五三、三二歳）――宗門でいうところの「立教開宗」の年――と重ね合わせることも、不可能ではなかろう。というのも、その時点で、ためらいと妥協を排して『法華経』の担い手たらんことを決断したと、日蓮自身が回想しているからである。

此を申さば必ス日蓮が命チと成ルべしと存知せしかども、虚空蔵菩薩の御恩をほう（報）ぜんがために、建長五年四月二十八日、安房ノ国東條ノ郷清澄寺道善之房持仏堂の南面にして、浄円房と申ス者竝に少々ノ大衆にこれを申しはじめて、其後二十余年が間退転なく申ス。

（『清澄寺大衆中』、一一三四頁）

とあるのが、それである。

ただし、ためらいと妥協を排して『法華経』の担い手たらんとする決断自体は、右の回想にあるように、建長五年（一二五三、三二歳）にまでさかのぼり得るとしても、その時点でなされた決断が、自己自身に見出された謗法の罪に対する深刻な悔悟に促されたものであったとは考えにくい。というのも、佐渡流罪より前の日蓮が謗法罪を問題にするのは、ほぼ対他的な場面に限られるといっても過言ではないからである。すなわち、既に述べたように、法然浄土教から始まって、東密・禅・律等へと謗法の枠を広げ、さらに、「日本国当世は国一同に不孝謗法の国なるべし」（『法門可被申様之事』、四四六頁）といわれるように、日本全体を謗法とみなすことはあっても、それを自己自身の存在に関わる深刻な問題として反省の俎上にのせようとする姿勢は、佐渡流罪より前の日蓮にはほとんどみられないからである。確かに、唯一の例外として、佐渡流罪より前の著述とみられる『善無畏鈔』の「我等過去現在未来の三世の間に仏に成らずして六道の苦を受るは偏に法華経誹謗の罪なるべし」[16]といった文言の存在を挙げることもできないわけではない。しかし、これにしても、既に「我等」という言い方で一般化・抽象化している時点で、謗法の罪を自己自身の問題として掘り下げていこうとする方向性が阻まれてしまっていることは、第I部の第一章末に指摘しておいた通りである。したがって、日蓮における自己自身の謗法罪の「発見」は、やはり竜口法難から佐渡流罪に至る時期にまで下らなければならないものと考える。

第三節　日蓮の「再生」

自分は、久遠仏によって成就された救済世界から逸脱し続けてきてしまった存在である——。みずからが抱え込んできた謗法罪を「発見」することによってもたらされざるを得ない、このような深刻な悔悟は、もう二度とかかる救済世界から逸脱するまい、今度こそ一切のためらいと妥協を排し、あらゆる受難に耐えて『法華経』を担わなければならないとの決断を、改めて日蓮に生み出すことになる。「今度強盛の菩提心をこして退転せじと願しぬ」というかつての決断が改めて明記される所以であり、さらには、自己自身の滅罪のためにも、こうした決断が求められるのである。しかし、こうした決断は、もちろん、自利的意味合いにおいてのみなされるのではない。救済世界から逸脱し続けてきてしまったとの悔悟は、それが深ければ深いほど、自己と同じくいまだ救済に与れないままでいる一切の他者の救済をも、より強く希求させるのである。こうして日蓮は、

> 詮するところは天も捨て給へ、諸難にもあえ、身命を期《ご》とせん。身子が六十劫ノ菩薩ノ行を退《たい》せし、乞眼《こつげん》の婆羅門の責を堪ヘざるゆへ。久遠大通の者の三五の塵《ぢん》をふる、悪知識に値ゆへなり。善に付け悪につけ法華経をすつる、地獄の業なるべし。a本ト願を立ツ。日本国の位をゆずらむ、法華経をすてゝ観経等について後生をご（期）せよ。父母の頸《くび》を刎《はねん》、念仏申さずわ。なんどの種々の大難出来すとも、智者に我義やぶられずば用ィじとなり。其外の大難、風の前の塵《ちり》なるべし。b我レ日本の柱《はしら》とならむ、我レ日本の眼目とならむ、我レ日本の大船とならむ、等とちかいし願《ぐわん》、やぶるべからず。
>
> （『開目抄』、六〇一頁、a・bの記号および各傍線引用者）

と述べて、自己の果たすべき役割を再確認することになる。右に引いた一節、特に傍線部bの部分が、いわゆる「三大誓願」と称せられる言葉であるが、ここに、「魂魄」としての思索を経て、二つの画期的な「発見」をなし得た日蓮の「再生」の宣言を見てとることができるであろう。

なお、ここで留意しておきたいことがある。右の引用文の傍線部aの読み方についてである。「日蓮遺文」の引用に際して、本書が依拠している立正大学日蓮教学研究所編『昭和定本日蓮聖人遺文』（『定遺』）では、

傍線部ａにあるように、「本ト願を立ッ」と読んでいる。(17) この場合、「三大誓願」は、かつて立てた誓願を改めて確認したものとなる。しかし、『定遺』に先立って基本的な遺文集とされてきた霊艮閣版の『日蓮聖人御遺文』（いわゆる『縮冊遺文』）では、これと同じ箇所が、「大願を立ン」（『縮冊遺文』、八一六頁）となっている。この場合、「三大誓願」は、未来に向けて新たに誓願を発したものとなる。もちろん、『開目抄』の真蹟が現存しているのであれば、それに直接あたって、この部分の正しい読み方を確認すればよいのであるが、残念ながら、明治八年（一八七五）の身延山の大火で真蹟が焼失してしまっている以上、それは叶わない。そこで、身延山久遠寺第二一世・寂照院日乾の校合による真蹟対照本の『開目抄』（京都本満寺蔵）(18)にあたってみると、この部分は、「本願ヲ立」となっていることが確認できる。これによって、真蹟においては、少なくとも、「大願」ではなく、「本願」と表記されていたであろうことが推測可能となる。『定遺』より後に出された岩波古典文学大系本では、真蹟対照本のこうした表記に従って、この部分を「本願を立《たてん》」（『親鸞集 日蓮集』、四〇二頁）と読んでいるのであるが、『定遺』では、同じく真蹟対照本の表記を基本におきながらも、あえて「本ト願を立ッ」という読み方を採用しているのである。

そこで、本書ではいずれの読み方を採用するのか、という問題であるが、本書においては、やはり『定遺』の読み方に従いたいと思う。というのも、傍線部ｂの末尾に近い部分に「等とちかひし願《ぐわん》」という箇所があるが、この箇所を文法的にみてみると、「ちかいし」というように過去形をとっており、いわゆる「三大誓願」が過去のある時点で立てられたこと、つまり、「本ト」立てられた誓願であることを示しているからである。(19)

それでは、その「本ト」とは、一体いつのことであろうか。それを、日蓮自身、みずからの出発点として位置づける建長五年（一二五三、三二歳）四月二八日と重ね合わせることも可能ではあろう。前節でも引いたように、日蓮の回想は、確かにその時点で、ためらいと妥協を排した『法華経』の担い手たらんとの決断を固めた、と記しているからである。

しかし、だからといって、『開目抄』に明記される「三大誓願」を、かつての決断の「再確認」に過ぎなかった、という意義づけで済まそうとするならば、「三大誓願」の意義はほとんど見失われてしまうことになるであろう。二度にわたる流罪、そして「死罪」という体験の後、さらに「魂魄」としての思索を経た上で、改めて「三大誓願」は発せられたのである。「三大誓願」を「再生」の宣言とみなす所以であり、むしろその点にこそ、「三大誓願」の意義を認めるべきである。

第四節　「如来使」の自覚――「唯日蓮一人」の自覚の先鋭化――

こうして「再生」を果たし得た日蓮は、必然的に自己を次のように位置づけることになる。

日蓮賤身《いやしき》なれども、教主釈尊の勅宣を頂戴して此国に来《タ》れり。（『四条金吾殿御返事』、六六四頁）

ここにおいて、日蓮は自己を、久遠の釈尊によって遣わされた者、いわゆる「如来使」として認識している。すなわち、みずからの全功徳を「妙法蓮華経」の五字を介して譲り与えようとする久遠仏の「大慈悲」を担い、実現する者として、日蓮は自己を久遠仏に直結させたのである。

確かに、法華弘通の歴史的展開を構想する際には、

天台大師は、釈迦に信順し、法華宗を助けて震旦に敷揚し、叡山の一家は、天台に相承し、法華宗を助けて日本に弘通す等云云。安州の日蓮は、恐らくは三師に相承し、法華宗を助けて末法に流通す。三に一を加へて、三国四師と号《なづ》く。

（『顕仏未来記』、七四二―七四三頁、原漢文）

と記されるように、日蓮は、自己を含めたいわゆる「三国四師」の系譜を描いている。天台大師、および「叡山の一家」＝伝教大師は、かかる系譜に位置づけられることにより、釈尊以来の正統な法華弘通の流れをくむ偉大なる先人として、一定の評価を与えられるのである。

だが、その一方で、日蓮は、先にもみたように、釈尊滅後から当代に至る仏教史を、末法今時に『法華経』が「妙法蓮華経」の五字として必然的に流布すべき、言葉を換えるならば、末法今時において久遠仏の「大慈悲」が必然的かつ十全に実現されるべき、いわば「前史」として構想してもいるのである。日蓮のこうした史観に照らすならば、当然、天台・伝教の両大師は、釈尊の正統をくみつつも、いまだ「前史」の段階にある、という制約を負わざるを得ないことになる。

天台大師、日蓮を指して云く、後の五百歳、遠く妙道に沾《うるお》はん等云云。伝教大師、当世を恋ひて云く、末法、太《はな》はだ近きにあり等云云。

（『富木殿御返事』、七四四頁、原漢文）

とは、両大師に対するかかる限界づけを、如実に示すものである。

これに対して、日蓮は「法華経は誰人の為にこれを説くや」（『法華取要抄』、八一三頁、原漢文）という問いをみずから設け、それに、

末法を以て正と為す。末法の中には、日蓮を以て正と為すなり。（『法華取要抄』、八一三頁、原漢文）

と答えている。つまり、『法華経』は末法今時のため、さらにいえば、日蓮自身を目当てに説かれた、と断言するのである。伝教大師が「当世を恋ひ」、天台大師が「日蓮を指し」たといわれる所以である。ここに、法華弘通、殊に「妙法蓮華経」の五字の流布を媒介に実現される久遠仏の「大慈悲」を、それが実現するべき時代にあって、唯一人その身に担う者としての日蓮の自負を鮮明に見て取ることができる。

日蓮と久遠仏との間のこうした直接的な結びつきに、もはやいかなる権威も介在し得ないことは明白である。第Ⅰ部第三章において確認したように、佐渡流罪より前の日蓮にあっては、仏教の正統を「唯日蓮一人」が担い得るとの自覚は、「天台沙門」としての比叡山への帰属意識と必ずしも矛盾するものではなかった。したがって、日蓮は、比叡山が法華弘通における権威として再び十全に機能してくれることを期待しもした。すなわち、日蓮は、自己と並び立つ正統的な権威の存在を認めていたのである。しかし、今や、「唯日蓮一人」という自覚は、「唯日蓮一人」という本来の意味そのままに、先鋭化していくことになる。自己と並び立つ権威の存在、あるいは、自己と久遠仏との間を媒介し得る権威の存在を、日蓮ははっきりと拒絶し、自己と久

遠仏との間を直結させるに至ったのである。流罪地佐渡において明確にされるいわゆる「如来使」としての自覚は、かかる先鋭化の結実に他ならない。

このような先鋭化はまた、当然のことながら、比叡山への帰属意識と、比叡山に対して抱いてきた期待とを解消させていくことにもなる。たとえ台密であろうとも、また、その台密の基礎を作った慈覚大師であろうとも、久遠仏によって成就せられた救済世界を歪め伝え、救済の根拠と方法とを誤らせるものであるならば、厳しい批判の対象とせねばならない。一切のためらいと妥協を排した台密批判および慈覚大師批判の素地は、佐渡流罪の最中、こうして整えられていったのである。

注

（1）『金吾殿御返事』の系年については、第Ⅰ部第二章の注（3）をみよ。

（2）こうした布教方法につき、身延入山後に記された『種種御振舞御書』においては、より具体的な形で次のように回想されている。

去《ヌル》文永五年後《ノ》正月十八日、西戎大蒙古国より日本国をそ（襲）うべきよし牒状をわたす。日蓮が去《ヌル》文応元年大歳庚申に勘《ヘ》たりし立正安国論すこしもたがわず符合しぬ。……其年の末十月に十一通の状をかきてかたがたへをどろ（驚）かし申《ス》。（『定遺』九五九頁）

（3）『四恩鈔』は真蹟現存・曾存遺文ではなく、直弟子による写本も現存しない。最も古い写本は身延山久遠寺第一一世・行学院日朝（一四二二－一五〇〇）によるものまで下るが、内容的には偽撰を疑わせるようなところは見当たらない。したがって、本書では、『四恩鈔』を文献学的に信頼できる遺文に準ずるものとして取り扱っている。

（4）第Ⅰ部第一章の注（20）でも触れたが、『十章鈔』は、『定遺』では文永八年（一二七一、五〇歳）五月に系年される一方で、『真蹟対照録』〈上〉二二一頁では、文永二年（一二六五、四四歳）に系けられている。岡元錬城氏は、この他にも、山川智応による文永六、七年説（一二六九、四八歳、一二七〇、四九歳）、山中喜八氏による文永三年説（一二六六、四五歳）、山上弘道氏による文永六年説があることを紹介した上で、山上氏の説を支持しつつも、論断は下していない（岡元〔一九九六〕七〇二頁）。このように諸説が並び立つ状況であるが、とりあえずは『定遺』の系年に従うこととする。

（5）これと同様の見解を、湛然は『金剛錍』（『金錍論』）において次のように示している。

一仏成道せば、法界この仏の依正にあらざることなし。一仏既に爾《しか》なれば、諸仏咸《ことごと》く然《しか》なり。衆生自《みずか》ら仏の依正の中に於て、而《しか》も殊見を生じて苦楽昇沈し、一一皆計りて己が身土となす。（『正蔵』四六巻七八四頁下、原漢文）

（6）「一念三千」、つまり一念と三千との不二相即という「理」を、久遠の釈尊が成就した瞬間、久遠の釈尊の色心は娑婆世界と、そしてそこに住む衆生と即一化した——。日蓮にとっては、いわゆる「理」の一念三千がこのように本門の教主たる久遠の釈尊により事実として成就されたことで一切が久遠の釈尊と即一化した世界こそ、「本門の一念三千」、「事」の一念三千に他ならない。「理」および「事」の一念三千や、「本門の一念三千」といった術語の、「日蓮遺文」における典拠は、周知のように、『富木入道殿御返事』における次の文言である。

一念三千ノ観法に二ツあり。一ニハ理、二ニハ事なり。天台・伝教等の御時には理也。今は事也。観念すでに勝《まさ》る故ニ、大難又色まさる。彼は迹門の一念三千、此は本門ノ一念三千也。（『定遺』一五二二頁）

なお、『開目抄』にみえる、

九界も無始の仏界に具し、仏界も無始の九界に備《そなはり》て、真ノ十界互具・百界千如・一念三千なるべし。（『定遺』五五二頁）

という文言は、久遠の釈尊によって成就された「事」の一念三千を、久遠の釈尊（＝仏界）と衆生（＝九界）との関係に約して述べたものであり、『観心本尊抄』へと確実につながっていく表現であるといえよう。

（7）『観心本尊抄』、七一二頁。建治三年（一二七七、五六歳）に系けられる『下山御消息』にも、「本門寿量品の肝心たる南無妙法蓮華経の五字」（『定遺』一三一六頁）とある。

（8）一念三千を、このように久遠仏によって成就された救済世界として言語化・理論化し、かつ「南無妙法蓮華経」という形で象徴化する一方、日蓮はそれを「本尊」として図顕していく。

周知のように、日蓮が図顕した現存する本尊は、佐渡に向けて出立する直前、相模の依智において顕された「一遍首題」から始まって、「大曼荼羅」へと様式の変化を遂げていくが、渡辺喜勝氏は、出発点である一遍首題様式を、「本尊」（渡辺氏の用語では「文字マンダラ」）の〈原型〉と位置づける。現存する最初の様式だから、という単純な理由で、〈原型〉とされるのではない。本尊として必要不可欠であり、逆にいえば、それさえあれば本尊として成り立ち得る「首題＝南無妙法蓮華経」を既に含んでいる、という理由からである。これ以降、大曼荼羅に至る様式の展開は、渡辺氏によれば、それが『法華経』の「本門」の世界であることを、よりわかりやすく表現するためにとられた教導上の工夫の跡であり、いわば対機的な意味合いでの成熟を示すものだとされる。渡辺氏によるこうした指摘には、特に注目しておきたい。というのも、「首題＝南無妙法蓮華経」の意義を考えれば、むしろ当然といってもよいこのことを、従来の研究は、ややもすれば見過ごしてきたように思われるからである。恐らく、大曼荼羅様式が完成態であるという、それ自体としては誤っていない常識が幅をきかせ過ぎて、対機的な意味合いでの成熟度と、本尊としての本質性とが混同されてきたのだと思う。

　右に紹介した渡辺氏の見解については、渡辺〔一九九九〕五三－八八頁（第二章「文字マンダラの成立根拠〔その一〕＝日蓮の菩薩意識」）を参照のこと。

(9) 日蓮は自己自身を「凡夫の身日蓮」（『三沢鈔』、一四四五頁）とみなすとともに、自他を一括して、「我等は凡夫なり」（『撰時抄』、一〇〇五頁）、「我等凡夫」（『千日尼御前御返事』、一五三九頁）など称している。

(10) 「内証ノ寿量品」（『観心本尊抄』、七一五頁）や、「妙法蓮華経の五字は経文にあらず、その義にあらず、唯だ一部の意のみ」（『四信五品抄』、一二九八頁、原漢文）といった文言も、このような意味合いで捉えることが可能であろう。ただし、「妙法蓮華経」の五字が、言語化される以前の「仏の御心」そのものの象徴であるとするならば、それは、「原法華経」であるに止《とど》まらず、仏教の全経典を生み出す根源である、ということにもなる。したがって、「妙法蓮華経の五字ハ即（『法華経』）一部八巻の肝心。亦復一切経の肝心」（『報恩抄』、一二四一頁、括弧内および傍点引用者）ともいわれるわけである。

　もっとも、「妙法蓮華経」の五字のこうした位置づけは、佐渡流罪より前の文永三年（一二六六、四五歳）に系年される『法華題目鈔』において、「法華経の題目は八万聖教の肝心一切諸仏の眼目なり」（『定遺』三九二頁）、「妙法蓮華経の五字に一切の法を納ムる事をいはば、経の一字は諸経の中の王也。一切の群経を納ム」（『定遺』三九五頁）といった形で既にみられるのであるが、日蓮にあっては、「妙法蓮華経」の五字のかかる位置づけに確たる理論的根拠を与えるべく構築されたのが、『観心本尊抄』における「観心ノ法門」（『観心本尊抄副状』、七二一頁）であったといえる。

(11) これと同様の史観は、『観心本尊抄』以降の諸遺文にしばしば現れる。ここで逐一引く余裕はないが、『定遺』におけるその遺文名と頁数をいくつか記しておく。『波木井三郎殿御返事』、七四七－七四八頁、『法華行者値難事』、七九八－七九九頁、『新尼御前御返事』、八六七頁、『曾谷入道殿許御書』、八九八－九一〇頁、『撰時抄』、一〇〇九－一〇一七頁、『下山御消息』、一三一六－一三一七頁、『三沢鈔』、一四四七頁など。

(12) 佐渡における最初の配所であった塚原の状況について、日蓮は次のように回想している。

（文永八年（一二七一、五〇歳））十月十日に依智を立ッて、同十月二十八日に佐渡ノ国へ着キぬ。十一月一日に六郎左衛門が家のうしろみの家より塚原と申ス山野の中に、洛陽の蓮台野のやうに死人を捨る所に一間四面なる堂の仏もなし。上《うへ》はいたま（板間）あはず、四壁はあばらに、雪ふりつもりて消ュる事なし。かゝる所に、しきがは（敷皮）打チしき蓑うちきて、夜をあかし日をくらす。夜は雪雹・雷電《いなづま》ひまなし。昼は日の光もさゝせ給はず。心細かるべきすまゐなり。
（『種種御振舞御書』、九七〇－九七一頁、冒頭の括弧内のみ引用者）

北国の習なれば冬は殊に風はげしく、雪ふかし。衣《ころも》薄く、食ともし。根を移されし橘の自然にからたちとなりけるも、身の上につみしられたり。栖《すみか》にはおばな（尾花）かるかや（苅萱）おひしげれる野中の御三昧ばらに、おちやぶれたる草堂の上は、雨もり壁は風もたまらぬ傍《あたり》に、昼夜耳に聞ク者はまくらにさゆる風の音、朝暮に眼に遮る者は、遠近《おちこち》の路を埋む雪也。現身に餓鬼道を経《へ》、寒地獄に堕チぬ。

（『法蓮鈔』、九五三頁）

（13）日蓮における「謗法」の意味および様相については、本書第I部の第一章第二節第二項「「謗法」という罪」を参照されたい。

（14）庵谷行亨氏は、「『開目抄』述作時に、日蓮聖人自身が諸天の不守護に疑念を懐いておられたとは考えられない」、「『開目抄』に表明された「自心の疑い」とは聖人自身の疑問ではなく、門下檀越の疑心を払拭するための問題提起であったと思われるのである」（庵谷〔一九九七〕一一九頁、一二〇頁）としているが、これには賛同できない。「されば重て経文を勘へて我身にあてゝ身の失《とが》をしるべし」（『開目抄』、五八一―五八二頁、傍点引用者）といわれているように、日蓮は、諸天等の不守護の理由を、他ならぬ自己自身の問題として問い詰めていく中で、自己という存在の深淵に、謗法罪という「身の失《とが》」を見出すことになるのである。とするならば、諸天等の不守護は、少なくとも『開目抄』の段階では、やはり日蓮「自心の疑ヒ」であった、といわねばならない。

（15）みずからが蒙っている現在の受難に、過去世における自己の謗法の罪を見出すとともに、受難に耐え抜くことによってこそ、滅罪を果たすことも可能になるとの論理を、日蓮は、信仰をめぐって厳しい圧迫に晒されている檀越の池上兄弟にも適用し、その圧迫に耐え切るよう教示している。周知のように、日蓮に帰依を示す兄・池上大夫志宗仲と弟・兵衛志とは、信仰の問題から、父・左衛門大夫と厳しく対立し、兄・宗仲は勘当の憂き目をみるに至るが、その際、日蓮は池上兄弟に対し、右の論理を以ってこの難局に耐え抜くよう、次のように書き送っているのである。

我等過去に正法を行シける者にあだをなしてありけるが、今かへりて信受すれば過去に人を障ケつる罪ニテ未来に大地獄に堕ツべきが、今生に正法を行ずる功徳強盛なれば、未来の大苦をまねきこして少苦に値フなり。……過去の誹謗によりてやう〳〵（様々）の果報をうくるなかに、或は貧家に生レ、或は邪見の家に生レ、或は王難に値フ等云云。この中に邪見の家と申スは誹謗正法の父母の家なり。王難等ト申スは悪王に生レあうなり。此二ツの大難は各々の身に当ておぼへつべし。過去の謗法の罪ノ滅センとて邪見の父母にせめられさせ給フ。又法華経の行者をあだむ国主にあへり。……我身は過去に謗法の者なりける事疑ヒ給フことなかれ。此を疑て現世の軽苦忍ヒがたくて、慈父のせめに随て存ノ外に法華経をすつるよしあるならば、我身地獄に堕ルのみならず、悲母も慈父も大阿鼻地獄ニ堕チてともにかなしまん事疑ヒなかるべし。大道心と申スはこれなり。各々随分に法華経を信ぜられつるゆへに、過去の重罪をせめいだし給ヒて候。

（『兄弟鈔』、九二四―九二五頁）

（16）『善無畏鈔』、四一三頁、一部分原漢文。第I部第一章の注（30）でも記したように、『善無畏鈔』は、『定遺』では文永三年（一

二六六、四五歳）に系年されているが、岡元錬城氏はこれを明確に否定し、文永七年（一二七〇、四九歳）に系けられるべきであることを論じた（岡元〔一九九二〕、および岡元〔一九九六〕六九八–六九九頁）。ただ、いずれの説を採るにせよ、『善無畏鈔』が佐渡流罪（文永八年〔一二七一、五〇歳〕一〇月）より前の遺文とされることに変わりはない。

(17) 『開目抄』を収める『定遺』第一巻の刊行は、一九五二年。二〇〇〇年に出された改訂増補第三刷でも、この部分の読み方に変化はない。

(18) 『開目抄』本山本満寺、一九六四年、二一九頁。真蹟対照本の奥書きによれば、校合の完了は慶長九年（一六〇四）である。この真蹟対照本は、当時の流布本を底本とし、それを『開目抄』の真蹟と対照して、詳細に校合していったものである。日乾による真蹟対照本の価値については、宮崎〔一九五二〕、および高木〔一九七〇〕六〇一–六〇三頁を参照せよ。

(19) 上原専祿氏は、『法華経』および日蓮の誓願思想を検討する中で、『定遺』の読み方が正しいとの判断を下している。すなわち、『開目抄』において日蓮は、『法華経』「方便品」第二の「我れ本と誓願を立つ（我本立誓願）」（『正蔵』九巻八頁中）を、思想の上でも、表現の上でも継受したとの想定に立って、「本ト願を立ッ」という読み方でなければならない、と主張するのである。上原氏のこうした主張については、上原〔一九七四／一九八八〕を参照のこと。

【引用・参照資料および略号】

『縮冊遺文』

　霊艮閣版『日蓮聖人御遺文』、一九〇四年。

『真蹟対照録』〈上〉

　立正安国会編『日蓮大聖人御真蹟対照録』上巻、立正安国会、一九六七年。

『親鸞集 日蓮集』

　名畑応順・多屋頼俊・兜木正亨・新間進一校注、岩波日本古典文学大系『親鸞集 日蓮集』、一九六四年。

【引用・参照文献】

上原（一九七四／一九八八）
　上原専祿「誓願論」（上原専祿『死者・生者――日蓮認識への発想と視点――』未来社、一九七四年）。後に『上原専祿著作集』第一六巻、評論社、一九八八年に再録。本書での引用・参照は著作集に収録されたものに拠った。
庵谷（一九九七）
　庵谷行亨「開目抄述作由来考――「自心の疑い」を中心として――」（浅井円道先生古稀記念論文集刊行会編『日蓮教学の諸問題』平楽寺書店）。
岡元（一九九二）
　岡元錬城「日蓮聖人遺文系年考〈その5〉――『善無畏鈔』――」（岡元錬城『日蓮聖人遺文研究』第一巻、山喜房仏書林）。
岡元（一九九六）
　岡元錬城『日蓮聖人遺文研究』第三巻、山喜房仏書林。
菅野（一九九二）
　菅野博史『一念三千とは何か――『摩訶止観』（正修止観章）現代語訳――』第三文明社〈レグルス文庫２０４〉。
高木（一九七〇）
　高木豊「諸本解説」（戸頃重基・高木豊校注、岩波日本思想大系『日蓮』）。
田村・新田（一九八二）
　田村芳朗・新田雅章『智顗〈人物 中国の仏教〉』大蔵出版。
宮崎（一九五二）
　宮崎英修「開目抄の伝承と乾師本の価値について」（『大崎学報』九八号）。
渡辺（一九九九）
　渡辺喜勝『文字マンダラの世界――日蓮の宗教――』岩田書院。

第二章　身延入山の意図と意義

はじめに

佐渡の日蓮はまさに逆境にあった。日蓮は「彼ノ国へ趣ク者は死は多ク、生は希《まれ》なり」（『法蓮鈔』、九五三頁）といわれる佐渡に流された罪人であり、しかも、「今年今月、万が一も身命を脱がれ難きなり」（『顕仏未来記』、七四二頁、原漢文）、「今日《けふ》切《き》ル、あす切ル」（『報恩抄』、一二三八頁）といわれるように、命の危険を常に意識しなければならない境遇に身を置かなければならなかった。

一方、日蓮が鎌倉を中心に築きあげてきた教団もまた、文永八年（一二七一、五〇歳）九月一二日以降、門弟にまで及んだ禁獄・流罪・所領没収・御内追放といった弾圧の過程で、(1)「弟子等檀那等の中に臆病のもの、大体或はをち、或は退転の心あり」（『弁殿尼御前御書』、七五二頁）、「かまくらにも御勘気の時、千が九百九十九人は堕チテ候」（『新尼御前御返事』、八六九頁）といわれるように、壊滅の危機に直面せざるを得なかった。

しかし、こうした逆境を、日蓮はむしろバネとした。前章において既に論じたように、佐渡の地にあって日蓮は、一切の存在の本源的在り方・一切の救済の根拠としての一念三千の発見・理論化と、自身が過去世以来抱え込んできた謗法罪の発見という二つの画期を経て、思想的にも、自覚的にも「再生」を遂げることに成功した。しかも日蓮は、こうした「再生」の成果を、みずからの自内証的な思索に止《とど》めおくことはせず、弾圧の中で踏み止《とど》まった門弟らに対して積極的に伝達した。つまり日蓮は、佐渡という遠隔地にあって、門弟らから基本的には隔てられつつも、自己を精力的に開示し続けたのである。いうまでもなく、この場合の伝達・開示の仕方は、文書を介しての音信という形をとらざるを得ない。[2] 佐渡流罪によって日蓮は、門弟らと日常的あるいは恒常的に交流し、互いに面と向かって語り合うという、より直接的な関係の場を奪い取られたからである。その意味では、佐渡の日蓮と、残された門弟らとの間のつながりが太いものであったとはいい難い。

もっとも、佐渡にあって日蓮は、門弟らとの間に文書以外のいかなる交流手段も持ち得ないほど隔絶された状況下に置かれていたわけではない。高木豊氏によれば、名前ははっきりしないが、弟子の幾人かは日蓮と共に流罪された可能性があるし、幾人かは自発的に日蓮のもとを往来しているのである。[3] 少なくとも、「伊予房ハ（日頂）機量物にて候ぞ。今年留《とどめ》候ヒ了ンヌ」（『富木殿御返事』、七四三頁、括弧内引用者）という佐渡流罪中の日蓮自身の言葉や、『日興上人御伝草案』にみえる「文永八年カノトノヒツシ九月十二日大聖人御カンキノトキ、サトノシマニ御トモアリ御年二十六歳ナリ。御名伯耆坊、配所四ケ年キウシアツテ、同十一年キノヘイヌ二月十四日シヤメンアテ、三月廿六日カマクラヘ聖人御トモシテ入給」（『富士学林教科書』第一巻、一八一―一八二頁）という記録によって、日頂・日興といった高弟らが佐渡に渡り、日蓮のもとに滞在していたことが知られる。[4] また、「をとごぜんのはゝ」と称せられる女性の信者は、鎌倉よりはるばる海を越えて日蓮のもとを訪ねており、その篤信ぶりを讃えて、日蓮より「日妙聖人」の名を授けられている（『日妙聖人御書』、六四七頁、『乙御前母御書』、七五四―七五五頁）。[5] 直接は訪ねないにしても、「さじき妙一尼」は「小童」を、「弁殿尼」は「下人」を日蓮のもとに送り、身の回りの世話に当たらせている（『妙一尼御返事』、七二二頁、『弁殿尼御前御書』、七五二頁）。こうして日蓮のもとを訪ねた門弟およびその関係者らが相互の文物・情報の媒介者となったことは、容易に推測できるところであろう。日蓮が「弁殿に申ス。大師講をこなうべし。大師と（取）てまいらせて候。三郎左衛門尉殿に候文《ふみ》のなかに涅槃経ノ後分二巻・文句五ノ本末・授決集ノ抄の上巻、御随身あるべし」（『弁殿尼御前御書』、七五二頁）(6)、「立正安国論の正本、土木殿に候。かきて給候はん。とゞとのか又」（『安国論送状』、六四八頁）といった依頼をなし得るのも、こうした媒介者の往来が決して希なものではなかったことを物語っている。さらには、現地の佐渡においても、日蓮と弟子らは、その教説に信を置き、苦しい生活に援助の手を差し伸べてくれる阿仏房・千日尼夫妻、国府入道夫妻、一谷入道夫妻といった檀越の獲得に成功している(7)。

このようにみてくると、佐渡の日蓮と、残された門弟らとのつながりが太いものではないということは、必ずしも両者のつながりの「弱さ」を意味するものではないことが明らかになるであろう。みずからの「再生」とその結実とを伝達すべく発した音信に応えてくれる門弟らとのこうしたつながりに、日蓮は、佐渡流罪より前とは異なった新たな関係のあり方を見出すとともに、佐渡流罪より前とは異なった意味でのつながりの「強さ」も感じていたのではなかろうか。思想面・自覚面においてのみならず、このように門弟らとのむすびつきにおいても、佐渡流罪は、日蓮に新たな、そして豊かな実りをもたらしたのである。

もっとも、佐渡流罪によって日蓮から隔てられ、厳しい弾圧の前にややもすれば動揺をきたす門弟らにしてみれば、自分たちの教導者である日蓮の流罪赦免を幕府に求めていくことは、当然なすべき措置であった。ところが、日蓮はこの赦免運動を、次のように厳しく戒めるのである。

早々に御免《ごめん》を蒙らざる事は、これを歎くべからず。……日蓮の御免を蒙らんと欲するの事を色に出す弟子は、不孝の者なり(8)。

（『真言諸宗違目』、六三八頁、原漢文）

日蓮にとっては、幕府から強制される形で流罪に処せられるということ自体、自己の身体に『法華経』を読むことに他ならず、みずからの正統性は、まさにそうした「色読」によってこそ保証されると確信された。だからこそ、

　上のせめさせ給ッにこそ法華経を信シたる色もあらわれ候へ。月はかけてみち、しを（潮）はひ（干）てみつ事疑なし。此も罰あり必徳あるべし。なにしにかなげかん。

（『土木殿御返事』、五〇三頁）

といわれるのである。さらには、

　日蓮が流罪ハ今生ノ小苦なればなげかしからず。後生には大楽をうくべければ大に悦ハし。

（『開目抄』、六〇九頁）

といわれるように、佐渡流罪はみずからの「滅罪」のためにも欠かせない体験であった。すなわち、佐渡流罪は、それをあえて忍受することによって滅罪を果たし、みずからを「後生」の「大楽」へと導くために欠かせない「今生ノ小苦」と位置づけられているのである。

もとより、日蓮の教説に対する信仰上の回心を幕府に求めた上での赦免運動であるならば、日蓮は必ずしもそれを拒絶しなかったかもしれない。しかし、ただ単に流罪からの赦免のみを求める運動であるならば、そ

れは、日蓮から「色読」と「滅罪」の道を奪い去るに等しい行為となる。だからこそ、日蓮は門弟らの赦免運動を厳しく戒めるのであろう。

ましてや、日蓮は佐渡流罪という試練を、自己が思想的かつ自覚的に「再生」を遂げる又とない機会として活かしつつあったのであり、そうした中で、弾圧に踏み止《とど》まった門弟らとの間においても、新たな、かつ強いつながりを築くことに成功しつつあったのである。とするならば、日蓮が

御勘気ゆりぬ事、御歎《き》候べからず候。

（『富木殿御返事』、七四三頁）

と、重ねて言い送ったのも、むしろ当然のことであったといえよう。

そうした意味では、むしろ離れ難い地であったとさえいえる佐渡を離れるに当たっての感慨を、後年、日蓮は次のように回想している。

さればつらかりし国なれども、そりたるかみ（髪）をうしろへひかれ、すゝむあし（足）もかへりしぞかし。

（『国府尼御前御書』、一〇六四頁）

この文言は、直接的には、「身命をつぐべきかつて（糧）もなし。形体を隠《す》べき藤の衣ももたず。北海の嶋にはなたれしかば、彼国の道俗は相州の男女よりもあだをなしき。野中にすてられて、雪にはだへをまじえ、くさをつみ（摘）て命をさゝえたりき」（『国府尼御前御書』、一〇六三頁）という極めて厳しい状況に陥っていた

日蓮らに、国府入道とその妻の尼御前とが「人めをそれて夜中に食ををくり、或時は国のせめをもはばからず、身にもかわらんと」（『国府尼御前御書』、一〇六三－一〇六四頁）してくれたことに対する感謝の言葉として綴られたものである。したがって、この言葉に、個人に対する謝辞以上のものは読み取れないのかもしれない。しかし、佐渡流罪が日蓮にもたらした実りの豊かさを考慮に入れるならば、単なる謝辞以上の感慨、つまり、流罪地でありながら、結果的には豊かな実りをもたらしてくれた佐渡の地に対する惜別の情を読み取ることも可能であろう（佐々木〔一九七九〕一七四頁）。

このように十分な愛惜の念を抱きつつも、日蓮は佐渡をあとにすることになる。文永一一年（一二七四、五三歳）二月一四日付の赦免状が、同三月八日、佐渡に到着したからである。これをうけて、日蓮は三月一三日に佐渡を出立、同月二六日には再び鎌倉の地を踏むに至った。そして、鎌倉に入ってから一〇日余りを経た四月八日、日蓮は、文永八年（一二七一、五〇歳）の法難の際に自分を捕縛する先頭に立った侍所所司・平左衛門尉頼綱らと会談する機会を得る。これら一連の経緯については、次の諸遺文に詳しい。

文永十一年二月十四日の御赦免状、同三月八日に佐渡の国につきぬ。同十三日に国を立《チ》てまうら（網羅）というつ（津）にをりて、十四日はかのつにとどまり、同《シキ》十五日に越後の寺どまり（泊）のつにつくべきが、大風にはなたれ、さいわひ（幸）にふつかぢ（二日程）をすぎて、かしはざき（柏崎）につきて、次《ノ》日はこう（国府）につき、十二日をへて三月二十六日に鎌倉へ入《リヌ》。同《シキ》四月八日に平《ノ》左衛門《ノ》尉に見参す。

（『光日房御書』、一一五五頁）

去年の二月に御勘気をゆりて、三月の十三日に佐渡の国を立チ、同月の二十六日にかまくらに入リ、同四月の八日平ノさえもの尉にあひたりし時……

（『高橋入道殿御返事』、一〇八八頁）

去ヌル文永十一年大歳甲戌《きのえいぬ》二月の十四日にゆりて、同シキ三月二十六日に鎌倉に入リ、同シキ四月の八日、平ノ左衛門ノ尉に見参……

（『報恩抄』、一二三八―一二三九頁）

平左衛門尉頼綱らとの会談において、日蓮は、蒙古の襲来が今年中に迫っていること、調伏の祈祷を真言師らに任せるならば、ただでさえ避け難い日本国への壊滅的打撃がさらに早期にもたらされてしまうであろうこと、したがって、真言師らの起用はなんとしても中止されねばならないこと、などを進言した。いわゆる第三次の「諫暁」である。

しかし、蒙古襲来を宗教問題としてではなく、外交・軍事上の問題として捉える鎌倉幕府に、日蓮の進言を受け入れる余地はあり得なかった。自分の進言がまったく容れられないことを知った日蓮は、同年五月一二日に鎌倉を退出、五日を経た一七日、恐らくは身延の波木井（南部）実長自身、あるいはその関係者の邸宅に入った。そして、それからちょうど一ヶ月後の六月一七日には、「木のもとに、このはうちしきたるやうなるすみか」（『上野殿御返事』、八一九頁）、「この山のなかに、き（木）をうちきりて、かりそめにあじち（庵室）をつくりて候」（『庵室修復書』、一四一〇頁）といわれる、身延山中に設けられた庵室[9]に入り、それ以降、結局、弘安五年（一二八二、六一歳）九月、「ひたち（常陸）のゆ（湯）」（『波木井殿御報』、一九二四頁）へと湯治に向かうまでの八年三ヶ月の間、日蓮はこの地に止《とど》まり続けることになるのである。

佐渡流罪より前の日蓮にとって、鎌倉は布教の根拠地であり、門弟らとの交流の拠点であった（高木〔一九七二〕七三―七四頁）。流罪を赦されてせっかく戻り得たその鎌倉の地を、何故に、日蓮は早々に退出したのか。そして、日蓮は何故に、人里離れた身延山中に入ってしまったのであろうか。佐渡流罪より前の日蓮の歩みが「動」的なものであっただけに、鎌倉退出から身延入山は、その「動」をあえて捨て去って、みずから「静」を選んだ行動であるかのようにみえる。そうした行動の動機については、宗の内外を問わず関心を呼び、かねてより様々な考究がなされてきた。しかし、必ずしも見解の一致をみているわけではない。その理由の一つとして、日蓮自身の語る動機が時と場合に応じて語られたものであり、決して一定していないということが挙げられよう。一定していない言葉のどこに重点を置くかによって、動機を確定しようとする見解も、様々に分かれてくるわけである。

そうした中で、最も説得力のある論考として評価し得るのが、上原専祿氏の「日蓮身延入山考」（上原〔一九七四／一九八八〕）である。本章第一節においては、まず、上原氏によるこの論考を詳細に紹介する。日蓮の身延入山に関わる基本的な事実認識については、上原氏の見解を基本に置くからである。関連する諸遺文は、この紹介の中で多く引かれることになる。

ただ、上原氏の見解を基本に据えるとはいえ、その見解を全面的に支持するわけではない。また、本書においてテーマとしている日蓮の宗教的自覚の問題に関していえば、上原氏の論考は、日蓮が身延にあっていかなる自己を確保しようとし、自己をいかなる者として位置づけていこうとしたのか、という問題にまで深く踏み込もうとするものであるとは必ずしもいえない。

そこで、本章第二節・第三節さらに第四節では、上原氏の見解を踏まえつつも、筆者なりに、日蓮の鎌倉退出・身延入山の動機を問うとともに、上原氏が深く踏み込んでいるとはいえない右に掲げた問題について考察する。そうした中で、上原氏以外の幾人かの先学の説についても検証を行ない、取り入れるべきところは取り入れ、賛同し難い点については、その理由を示したいと思う。

本章において立論すべき事柄を、やや先取りして示すならば、日蓮の鎌倉退出・身延入山の動機は、次の二点に集約できるのではないかと考える。

まず第一点は、いわゆる第三次の諫暁がまったく無視されることによって日蓮にもたらされざるを得なかった、「日本国」全体からの疎外感である。これはいわば、鎌倉退出・身延入山の消極的動機といい得るものである。

第二点は、このような消極的動機と分かち難く結びついた、積極的動機ともいうべきものである。つまり、身延山中という人里離れた地にあえて自己を置くことにより、日蓮は、自己の存在状況においても、また門弟らとのつながりのあり方においても、佐渡流罪期のそれを継承し、さらに発展させようとしたのではないか、ということである。

以下、こうした点を論証すべく、先述の順序に従って考察を進めていく。

第一節　上原専祿「日蓮身延入山考」

先述のように、文永一一年（一二七四、五三歳）三月二六日、鎌倉に戻った日蓮は、同年四月八日、侍所所司・平頼綱らと会見し、日蓮自身、かねてより予定していた第三次の諫暁を敢行した。その模様については、『法蓮鈔』・『種種御振舞御書』・『撰時抄』・『高橋入道殿御返事』・『光日房御書』・『報恩抄』・『下山御消息』などの諸遺文に描写されているが、上原氏はこれらの遺文を手がかりに、次の三つの問いを立てる。

まず第一は、「四月八日の日蓮と平左衛門尉頼綱らとの会談が、いったい誰によって発案され、計画され、実行に移されたのか、という問題である」（上原（一九七四／一九八八）一一二頁）。この問題に対する常識的回答は、蒙古襲来についてかねてより警告を発してきた日蓮の見解を質《ただ》すために、幕府の側が公《おおやけ》に日蓮を召喚したのだ、というものであろう。しかし、上原氏は、日蓮自身の記述に、

たすけんがために申ス を此程《これほど》あだまるゝ事なれば、ゆりて候ヒし時、さどの国よりいかなる山中海辺にもまぎれ入ルべかりしかども、此事をいま一度平ノ左衛門に申シきかせて、日本国にせめのこされん衆生をたすけんがためにのぼりて候ヒき。

（『高橋入道殿御返事』、一〇八八―一〇八九頁）

とあることに着目し、次のように述べる。

この一節は、四月八日会談の発意者が他ならぬ日蓮その人であることを十分証拠だてている、と思う。すなわち日蓮は、「山中海辺」への韜晦の自由を自ら抑止して、平左衛門尉説得の積極的意図を擁して鎌倉へ上ってきた。……鎌倉へ到着した日蓮は、その意向を平左衛門尉に伝達し、会談のために自分を招請することを要望したのではなかっただろうか。平左衛門尉が日蓮の要請に応じたのだとすれば、それは左衛門尉側でも日蓮と対談することに関心があったからに他ならないだろう。

（上原〔一九七四／一九八八〕一一四頁）

第二は、「四月八日会談の主要テーマはいったい何か、という問題がそれである。それと同時に、会談をリードし、それを方向づけていったいわば演出者はいったい誰れか、ということも問題になる」（上原〔一九七四／一九八八〕一一四頁）。会談の主要テーマが蒙古襲来の問題であったことは、間違いない。このことは、日蓮自身、証言するところであり、従来の研究も、この点では一致している。しかし、上原氏は、「同時に注意を要するのは、モンゴルの来襲が、この日の会談において問題にされたその文脈と構造についてであり、さらにその意味についてである」（上原〔一九七四／一九八八〕一一五頁）と、より一層の注意を喚起する。その上で、氏はまず、

同四月八日平ノ左衛門ノ尉に見参しぬ。さき（前）にはにるべくもなく威儀を和げてただ（正）しくする上《うへ》、或入道は念仏をとふ、或俗は真言をとふ、或人は禅をとふ、平ノ左衛門ノ尉は爾前得道の有無をとふ。一一に経文を引キて申す。平ノ左衛門ノ尉は上《かみ》の御使の様にて、大蒙古国はいつか渡り候べきと申ス。日蓮

答テ云ク、今年は一定也。

（『種種御振舞御書』、九七九頁）

という一節により、会談への参加者が、日蓮と平頼綱以外にも複数人あったこと、会談の導入が、諸宗の教義や、得道に向けてのその有効性を問う宗教談義によってなされたことを確認する。さらに、

去年文永十一年四月八日左衛門ノ尉ニ語テ云ク、王地に生レたれば身をば随ヘられたてまつるやうなりとも、心をば随ヘられたてまつるべからず。念仏の無間獄、禅の天魔の所為《そゐ》なる事は疑ヒなし。殊に真言宗が此国土の大なるわざわひにては候なり。大蒙古を調伏せん事真言師には仰セ付ケらるべからず。若大事を真言師調伏するならば、いよ〳〵いそいで此国ほろぶべしと申せしかば、頼綱問テ云ク、いつごろ（何頃）かよせ候べき。

（『撰時抄』、一〇五三頁。傍点は上原氏による）

四月の八日に平ノ金吾ニ対面して有リし時、理不尽の御勘気の由委細に申シ含メぬ。又恨らくは此国すでに他国に破れん事のあさましさよと歎キ申せしかば、金吾が云ク、何《いつ》の比《ころ》か大蒙古国は寄セ候べきと問ヒしかば……

（『下山御消息』、一三三四頁。傍点は上原氏による）

とあることを根拠に、次のように推測する。

四月八日会談においてモンゴル来襲問題が論議されたのは、当初からそのことを平左衛門尉側が計画して

いたからであるというよりは、むしろ、教法と信仰の邪正の問題を現証としての外交・軍事の問題情況の次元にまで現実化させてゆき、それによって危機への対策を献言しようとする日蓮の姿勢と方法に平左衛門尉らが誘導された結果である、と考えられないだろうか。こうみることができるとすれば、日蓮は会談の発意者であっただけではなく、それを効果と意味のあるように仕立てあげてゆく演出者でもあった、といえるだろう。

（上原〔一九七四／一九八八〕一一七頁）

問題の第三は、「四月八日会談において日蓮はどのような危機認識に立って、どのような対策を提案したか、また、日蓮のその危機認識と献策は平左衛門尉らによってどのように受けとめられ、会談はどのような成果を挙げえたか、という問題である」（上原〔一九七四／一九八八〕一一七頁）。

上原氏によれば、「第一次と第二次の国家諫暁においては、「自界反逆」・「他国侵逼」の両難の実現が、予言者的に蓋然性において語られている」（上原〔一九七四／一九八八〕一一八頁）のに対して、四月八日の会談でなされたいわゆる第三次の諫暁では、蒙古襲来による日本国の滅亡を、既に「不可避の既定事実として措定」（上原〔一九七四／一九八八〕一一八頁）する極めて先鋭的な危機意識が看取されるという。氏は、

> 真言宗と申ス宗がうるわしき日本国の大なる呪咀の悪法なり。弘法大師と慈覚大師、此事にまどいて此国を亡さんとするなり。設ヒ二年三年にやぶるべき国なりとも、真言師にいのらする程ならば、一年半年に此国にせめらるべしと申シきかせ候ヒき。
>
> （『高橋入道殿御返事』、一〇八八頁。傍点は上原氏による）

などの文言を根拠に、このような先鋭的な危機意識に立ってなされた献策の内容は、「必至とみられる亡国のさだめの実現をぎりぎりの刻限まで遅延させるために、特に真言師による調伏を絶対に禁止せよ、という一事に尽きる」（上原〔一九七四／一九八八〕一一九頁）とする。しかし、「哀願ともみられる」（上原〔一九七四／一九八八〕一一九頁）こうした献策も、先の第一次・第二次の諫暁と同様、完全に無視されるに至った。こうして日蓮は、「三回にわたる国家諫暁がことごとく無視された悲痛の思い」（上原〔一九七四／一九八八〕一一九頁）を抱えて、鎌倉を退出することになる。

鎌倉退出から五日を経た五月一七日、日蓮は甲斐国波木井郷に入った。上原氏も推測するように、波木井実長、あるいはその一族の邸宅に身を落ち着かせたものと思われる。日蓮はその日のうちに、次の一書をしためて、檀越の富木常忍に送った。

けかち（飢渇）申ス ばかりなし。米一合もうらず。がし（餓死）しぬべし。此御房たちもみなかへして但一人候べし。このよしを御房たちにもかたらせ給へ。

十二日さかわ（酒輪）、十三日たけのした（竹ノ下）、十四日くるまがへし（車返）、十五日ををみや（大宮）、十六日なんぶ（南部）、十七日このところ。いまださだまらずといえども、たいし（大旨）はこの山中心中に叶て候へば、しばらくは候はんずらむ。結句は一人になて日本国に流浪すべきみ（身）にて候。又たちとどまるみ（身）ならばけさん（見参）に入候べし。恐々謹言。

十七日　　日蓮花押

ときどの

（『富木殿御書』、八〇九頁）

この書状に対し、上原氏は綿密な分析を加えていく。氏は、「いまださだまらずといえども、たいし（大旨）はこの山中心中に叶て候へば、しばらくは候はんずらむ」という一節に着目し、ここに、「日蓮の「身延入山」というものが、当初から計画された予定の行動ではなかった、という事実」（上原〔一九七四／一九八八〕一二六頁）を確認する。つまり、この一節は、

心情と意識の上だけではなく、行動のプランとしても日蓮が意志決定を行いかつ実行したのは「鎌倉退出」であり、「身延入山」のほうは、予定のプランの実施としてではなく、いわば好ましい偶然の所産という意味のものであり、日蓮自身もそのことをはっきり自覚していたことを示すもの

（上原〔一九七四／一九八八〕一二六頁）

だ、というのである。

その上で、上原氏は、右の書状に込められた日蓮の意図は「孤存」への志向にあった、とみる。氏も指摘しているように、右の短い書状に「此御房たちもみなかへして但一人候べし」、「結句は一人になて日本国に流浪すべきみ（身）にて候」と、二度も「一人」がうたわれている。氏はここに、「孤存」＝「一人になる」ことへの日蓮の強い志向を読み取るのである。

上原氏によれば、この場合の「孤存」＝「一人になる」こととは、「信仰者集団からの「脱出」を意味して」（上原〔一九七四／一九八八〕一三〇頁）いるという。すなわち、「日蓮はたんに鎌倉からの脱出だけではなく、弟子・檀那たちからの脱出をも意図したわけであって、その情景はやはり愴然と形容せられるべきものではあったろう」（上原〔一九七四／一九八八〕一三〇頁）というのである。こうした見解を補強する日蓮自身の言葉として、上原氏は、身延入山の翌年、建治元年（一二七五、五四歳）にしたためられた『高橋入道殿御返事』の「去年《こぞ》かまくらより此ところへにげ入候ヒし時」（『高橋入道殿御返事』、一〇八七頁）という一節、および、弘安元年（一二七八、五七歳）、身辺の人の多さに耐えかねて記された次の一節を挙げている。

人はなき時は四十人、ある時は六十人、いかにせき候へども、これにある人々のあにとて出来し、舎弟とてさしいで、しきゐ候ぬれば、かゝはやさに、いかにとも申シへず。心にはしづかにあじちむすびて、小《こ》法師《ほっし》と我身計リ御経よみまいらせんとこそ存て候に、かゝるわづらわしき事候はず。又としあけ候わば、いづくへもにげんと存シ候ぞ。かゝるわづらわしき事候はず。（『兵衛志殿御返事』、一六〇六―一六〇七頁）

これらの一節にみえる「にげる」という言葉を、上原氏は「漂泊とか、流浪とかを意味するのではなく、群居生活からの「脱出」そのままを意味する」（上原〔一九七四／一九八八〕一三〇頁）ものとみなすのである。

もっとも、「結句は一人になて日本国に流浪すべきみ（身）にて候」という段に着目するならば、日蓮は「漂泊とか、流浪とか」を志向しているようにもみえる。しかし、上原氏はこれを、次のような理由から、「「一人にな」らざるをえないことを相手に説得するためのレトリックに過ぎなかった、と考えざるをえない」

（上原〔一九七四／一九八八〕一二九頁）とする。

もともと日蓮という人は「捨て聖」としての一遍でもなければ、いわば「漂泊の歌人」としての西行でもありえないような存在だ。日蓮は余りにも学問僧なのである。内典・外典を通じて多量の典籍を座右に備え、それらを参看しつつ深秘の法門を探究してきたのが日蓮の常態なのであり、「読む」ことを抜きにしては日蓮の日常は成り立ちえなかったし、鎌倉退出後といえども成り立ちえないだろう。そのことを日蓮は自覚していたにちがいない[10]。そのことは、「流浪」や「漂泊」を事実上不可能にさせる。だから日蓮が、漂泊の聖などというようなものとして自己を表象することは本来ありえないことであるし、実際にもそのような自己像をもってはいなかっただろう。

（上原〔一九七四／一九八八〕一二九頁）

したがって、日蓮は、富木氏に宛てた書状の末文に「又たちとどまるみ（身）ならばけさん（見参）に入候べし」と記すことになる。日蓮自身の本意ではないにしても、「結句は一人になて日本国に流浪すべきみ（身）にて候」と言い放たれた相手は、当然衝撃を受けることになる。そこで日蓮は、『そうはいうものの、ここに止住するのがさだめなら、お目にかかりましょう」（上原〔一九七四／一九八八〕一三〇－一三一頁）と相手を慰撫した。上原氏は、右の末文にこうした慰撫の意味合いを読み取るのである。

なお、上原氏によれば、添書の「けかち（飢渇）申スばかりなし。米一合もうらず。がし（餓死）しぬべし。此御房たちもみなかへして但一人候べし」という文言も、「孤存」への志向を伝えるものであるという。この一節を、氏は次のように解する。

「たいへんな飢饉でみな餓死してしまうような窮状だから、ついてきた門弟たちも残らず返さざるをえないわけだ」と説明することによって、「但一人候べし」という日蓮孤存の境涯を相手に納得させようとしたのだ、と解せられ、この境涯の実現を願望する日蓮によって時の飢饉というものが利用された形になっている。

（上原〔一九七四／一九八八〕一三一頁）

上原氏は、日蓮がこれほどまでに志向した「孤存」に、「あわれな孤独」や「悲愴」さをみる必要はない、という。すなわち氏は、

そのように想像するのは、その当時の弟子・檀那たちの立場か、日蓮を宗祖と仰ぐ教団人の立場かの反映なのであって、当然の進退として鎌倉を退出する日蓮自身は「孤存」のうちに安息と解放の境涯を想見して、その「孤存」をむしろ享受《エンジョイ》しようとした、と考えるべきであろう。

（上原〔一九七四／一九八八〕一二七－一二八頁）

とみるのである。

五月一七日よりちょうど一ヶ月を経た六月一七日、日蓮は身延山中に新設された庵に入った。これについては、日蓮自身、「去《いぬる》文永十一年六月十七日に、この山のなかに、き（木）をうちきりて、かりそめにあじち（庵室）をつくりて候」（『庵室修復書』、一四一〇頁）、「去文永十一年六月十七日この山に入ｿ候」（『上野殿母尼御

前御返事』、一八九六頁）と記すところである。

身延山中の庵に入るまでのこの一ヶ月の間に、日蓮は『法華取要抄』を書き上げている。これは、「三大秘法」の名称たる「本門の本尊・戒壇・題目」が初出する日蓮の重要論書であるが、上原氏によれば、「末法衆生の救済を必然のものとして保証する深秘の原理を見定め」（上原〔一九七四／一九八八〕一三四頁）、さらにそれを「三大秘法」として体系づけていく日蓮の足取りは、佐渡流罪中に著された『顕仏未来記』、『富木殿御返事』、『法華行者値難事』から、この『法華取要抄』に見出されるという。すなわち日蓮は、身延山中に入る直前に、「末法衆生の救済を久遠の過去から永劫の未来にかけて保証する「三大秘法」の不滅の体系を完全に体得した」（上原〔一九七四／一九八八〕一三五頁）とされるのである。そうした意味で、日蓮は「朗々と身延へ入山することができた」（上原〔一九七四／一九八八〕一三五頁）であろう、とみなされる。

さて、鎌倉を退出し、身延に入山するに至った理由についての日蓮自身による説明は、「書状の名宛人によってちがい、また、身延隠棲の時期によってもちがう」（上原〔一九七四／一九八八〕一三六頁）が、上原氏は、「本来は無際限、無窮であるべきはずの法華折伏の信仰実践に、ともかくもいちおうの区切りをつけ、限度を画することを許容する論理を日蓮はいったいどう体得し、それをどう駆使しえたか」（上原〔一九七四／一九八八〕一三六頁）という観点から、日蓮自身による理由づけを三つのモチーフに分けている。

まず第一は、「モチーフA＝山林隠遁の自然的権利」（上原〔一九七四／一九八八〕一三六頁）である。

たすけんがために申スを此程《これほど》あだまるゝ事なれば、ゆりて候ヒし時、さどの国よりいかなる山中海辺にもまぎれ入ルべかりしかども、此事をいま一度平ノ左衛門に申シきかせて、日本国にせめのこされん衆生をたすけんがためにのぼりて候ヒき。又申シきかせ給ヒし後はかまくらに有ルべきならねば、足にまかせていでしほどに、……

（『高橋入道殿御返事』、一〇八八－一〇八九頁）

先にも引いたこの文言は、上原氏によれば、佐渡を離れる時点で既に、「山中海辺」への隠棲をいわば「自然的権利」とする意識を日蓮がもっていたこと、そうした意識をあえて押さえて、いわゆる第三次の諫暁を行なうべく、鎌倉に上ったことを物語るものである。だが、第三次の諫暁も、結局は無視された。これについて、上原氏は、

多年日蓮が警告してきたモンゴルの来襲が眼前の事実になろうとしているその時点においてさえも、なお且つ日蓮が無視されるその事態は、意味と名分を問う視点からするならば、存在の「場」が剥奪されていることを直ちに意味するはずだ。

（上原〔一九七四／一九八八〕一三七頁）

という。つまり、日蓮は「歴史的・社会的空間としての「鎌倉」の、日蓮にたいするかたくなな閉鎖性」（上原〔一九七四／一九八八〕一三七－一三八頁）[11]に直面した、というのである。その結果、いわば「自然的権利」を行使する形で、日蓮は鎌倉を退出した。こうした理由づけを示す日蓮自身の言葉として、上原氏はさらに、次の一節を挙げている。

今適《たまたま》御勘気ゆりたれども、鎌倉中にも且ラクも身をやどし、迹をとどむべき処なければ、かゝる山中の石《いは》

のはざま、松の下《もと》に身を隠し心を静ムれども……

（『法蓮鈔』、九五三頁。傍点は上原氏による）

ついで氏は、身延入山をいわば「道徳的」権利の行使とする日蓮の理由づけに着目する。建長五年（一二五三、三二歳）の開教以来続けられ、『開目抄』の「三大誓願」においてさらに高められた、「限りなく能動的で、限りなく戦闘的な、永遠の闘争」（上原〔一九七四／一九八八〕一四一頁）ともいうべき「誓願行」に、「あるいは終止符を打ち、あるいは休止符を付することを日蓮に許容する論理と倫理を日蓮はどう体得したか、また、そのような論理と倫理というものは、いったいどのようなものであるのか」（上原〔一九七四／一九八八〕一四一頁）。上原氏によれば、身延入山を「道徳的」権利の行使とする理由づけは、かかる問いによって浮かび上がってくるものである。

こうした理由づけを、上原氏は、「モチーフB＝国家諫暁の三度遂行」（上原〔一九七四／一九八八〕一三九頁）として抽出し、それを定型的に示すものとして、次の文言を挙げる。

本よりご（期）せし事なれば、三度国をいさめんにもちゐずば国をさるべしと。されば同五月十二日にかまくらをいでて此山に入ル。

（『種種御振舞御書』、九八二頁）

本よりごせし事なれば、日本国のほろびんを助ケンがために、三度いさめんに御用ヰなくば、山林にまじわるべきよし存ぜしゆへに、同五月十二日に鎌倉をいでぬ。

（『光日房御書』、一一五五頁）

上原氏によれば、日蓮による「国家諫暁」とは、「俗権力を一つの権威としてとらえる視点に立ち、その権威を効率的に機動させることによって法華経弘通の目標をいわば一挙に達成しうる、とみる権力認識と方法論的展望のもとに」（上原〔一九七四／一九八八〕一四一頁）なされたものである。ただ、こうした方法の採択は、同時に、「能動的・戦闘的な弘通活動に終止符なり休止符なりが打たれることをさしゆるす論理と倫理」（上原〔一九七四／一九八八〕一四一頁）を日蓮に与えることにもなるという。氏によれば、そうした論理と倫理を日蓮に与える一種の媒介項となったのが、

三《み》たび諫《いさ》めて聴《き》かれざれば、則《すなは》ち之《これ》を逃《さ》る。（『礼記』上〔「曲礼」下第二〕七〇頁）

君に事《つか》ふるの礼は、その非あるに値ひては、厳顔を犯し、道を以て諫争す。三たび諫めて納《い》れられずんば、身を奉じて以て退く。（『古文孝経』「諫争章」の注釈）[12]

という儒教的古訓であった。上原氏も述べるように、日蓮が「本文」と呼ぶこれらの古訓に、日蓮自身いつの時期から注目し始めたかは明らかではない。また、「三たび」という回数を必ずしも機械的に受け取っていたわけではなく、「諫暁」を効果あるものとするための一つの目安として受け取っていたに過ぎないであろう。とはいえ、この古訓を介して、

「三たび」は諫暁の行なわれるべき最小限の頻度を示すと同時に、諫暁のいわば免責条件を形作る、と日

蓮は解した。であるから、第三次国家諌暁は行なわれなければならないし、それ以上行なわれる必要はないことになる。

（上原〔一九七四／一九八八〕一四二頁。傍点は上原氏による）

と、上原氏はみる。

こうした論理と倫理を端的に示す日蓮自身の言葉として、氏は、

これを申すといへども、未だ天聴を驚かさざるか。事三ケ度に及ぶ。今、諌暁を止むべし。後悔を至すなかれ。

（『未驚天聴御書』、八〇八頁、原漢文）

を挙げる。上原氏によれば、これは、鎌倉幕府と京の朝廷という政治的緊張関係を踏まえた上で、幕府への諌暁が三度に及んだ以上、朝廷への諌暁も断念せざるを得ない理由を示したものである。すなわち、氏は「事三ケ度に及ぶ」という右の言葉を以って、「宿願完了の、たとえば満足の念を言い現わしているのではもとよりなく、朝廷諌暁断念への釈明のこころを内包しつつ、総じて諌暁活動というものを日蓮が停止する理由の説明を行ったもの」（上原〔一九七四／一九八八〕一四五頁）とみるのである。

上原氏はさらに、次の一節を引く。

五月の十二日にかまくら（鎌倉）をいでて、此山に入れり。これはひとへに父母の恩・師匠の恩・三宝の恩・国恩をほう（報）ぜんがために、身をやぶり、命をすつれども、破れざればさてこそ候へ。又賢人の

習ヒ、三度《みたび》国をいさむるに用ヒずば、山林にまじわれということは、定マるれい（例）なり。

（『報恩抄』、一二三九頁）

上原氏によれば、「破れざればさてこそ候へ」という言葉は、「不惜身命の報恩行をもってして、なおかつ残存している一身の余儀ない進退として、鎌倉退出・身延入山を理由づけ」（上原〔一九七四／一九八八〕一五〇頁）るものである。しかし、そうした理由づけは、どうしても消極性を帯びざるを得ない。それを打ち消すために、日蓮は、高度の報恩倫理として三度の諫暁を位置づけるとともに、それを果たした上での山林への隠棲を、あえて「賢人の習ヒ」、「定マるれい（例）」として規範化しているのだ、という。

氏はまた、次の文言を取り上げる。

抑モ日蓮は日本国をたすけんとふかくおもへども、日本国の上下万人一同に、国のほろぶべきゆへにや、用ヒられざる上《うへ》、度々あだをなさるれば、力をよばず山林にまじはり候ぬ。大蒙古国よりよせて候と申せば、申せし事を御用ヒあらばいかになんどあはれなり。皆人の当時のゆき（壹岐）つしま（対馬）のやうにならせ給はん事、おもひやり候へばなみだもとまらず。

（『上野殿御返事』、八三六頁。傍点は上原氏による）

ここでは、山林への隠棲の理由づけを、「三たび」という諫暁の数を挙げることによって行なう、というやり方がとられているわけではない。しかし、文永一一年（一二七四、五三歳）一〇月に蒙古襲来がついに現実化してしまったことをうけて記された右の言葉に、上原氏は、「諫暁が「日本国の上下万人一同に用ヒられ」ないだけではなく、それが「度々あだをなさ」れるという対応で迎えられる、そういう歴史的・社会的情況をつぶさに体験させられたので、能力の限界の自覚に立って山林に隠棲したのだ」（上原〔一九七四／一九八八〕一四七頁）という、日蓮の苦渋に満ちた告白を読み取っている。

日蓮による鎌倉退出・身延入山の理由づけとして、上原氏が最後に挙げるのは、「モチーフC＝仏法中怨からの免責」（上原〔一九七四／一九八八〕一五五頁）である。

涅槃経に云く、若し善比丘あて、法を壊る者を見て、置きて呵責し駈遣し挙処せざれば、当に知るべし、この人は仏法の中の怨なり。若し能く駈遣し呵責し挙処せば、これ我が弟子、真の声聞なりと已上。予、この文を見るが故に、仏法中怨の責を免れんが為に、見聞を憚からずして、法然上人並びに所化の衆等の阿鼻大城に堕つべき由を称す。

（『災難対治鈔』、一七〇－一七一頁、原漢文）

と記されるように、日蓮の行動原理には、「仏法中怨の責を免れんが為」という強烈な志向があった。上原氏によれば、身延の日蓮は、弘安期に入って以降、このモチーフの成就を以って鎌倉退出・身延入山の理由を説明するようになるという。このことを示す遺文として、氏は、弘安元年（一二七八、五七歳）の『妙法比丘尼御返事』、一五六二頁、弘安三年（一二八〇、五九歳）の『秋元御書』、一七三九頁、同じく弘安三年の『四条金吾殿御返事』、一八〇〇頁の各一節を引く。氏は、文献学的にみれば、これらの遺文の信頼度が必ずしも高くないことに懸念を表明――したがって、ここで改めて引くことはしない――しつつも、一応、これらを日蓮本人による理由づけと仮定した上で、弘安期に至り、モチーフCがモチーフBに取って代わる理由を推察していく。

三月十九日の和風（使者）竝びに飛鳥（音信）、同じく廿一日戌の時、到来す。日蓮一生の間の祈請竝びに所願、忽ちに成就せしむるか。はたまた五々百歳の仏記、宛かも符契の如し。所詮、真言禅宗等の謗法の諸人等を召し合わせ、是非を決せしめば、日本国一同に日蓮が弟子檀那とならん。我が弟子等の出家は主上上皇の師となり、在家は左右の臣下に列ならん。はたまた一閻浮提、皆この法門を仰がん。幸甚々々。

弘安元年三月廿一日戌時　　日蓮花押

諸人御返事

（『諸人御返事』、一四七九頁、原漢文、括弧内引用者）

高揚感に満ちた右の書簡に、上原氏は「国家諫暁不毛のにがい経験に裏づけられて、法華経国家ともいうべきものの創出を断念し、身延の山中に隠棲をつづけてきた日蓮」（上原〔一九七四／一九八八〕一五九頁）が、「真言禅宗等の謗法の諸人等を召し合わせ、是非を決せしめ」る機会を実現させることに、新たな、そして大いなる希望をわきたたせている姿をみる。もとより、この法論が実際に行なわれたか否かは定かではないし、結局は、「日本国一同に日蓮が弟子檀那とならん。我が弟子等の出家は主上上皇の師となり、在家は左右の臣下に列ならん。はたまた一閻浮提、皆この法門を仰がん」という日蓮の見果てぬ夢が叶ったわけでもない。しかし、この時期、「身延入山以前における日蓮の、文字通り肉体的生命をかけた限りなく動的で闘争的な法華経の行者としてのあの雄姿が如実に再現している」（上原〔一九七四／一九八八〕一五九頁）のも確かである。これを示すものとして、上原氏はさらに次の一節を引く。

御文《ふみ》うけ給ハリ候了ンヌ。日蓮流罪して先々《さきざき》にわざわいども重《かさなり》て候に、又なにと申ス事か候べきとはをもへども、人のそん（損）ぜんとし候には不可思議の事の候へば、さが（兆）候はんずらむ。もしその義候わば、用ヒて候はんには百千万億倍のさいわいなり。今度ぞ三度になり候。法華経もよも日蓮をばゆるき行者とわをぼせじ。釈迦・多宝・十方の諸仏地涌千界の御利生、今度みはて（見果）候はん。あわれ〳〵さる事の候へかし。雪山童子の跡ををひ、不軽菩薩の身になり候はん。いたづらにやくびやう（疫病）にやをかされ候はんずらむ。をいじに（老死）にや死ニ候はんずらむ。あらあさまし〳〵。願クは法華経のゆへに国主にあだまれて今度生死をはなれ候ばや。天照太神・正八幡・日月・帝釈・梵天等の仏前の御ちかい、今度心み候ばや。

（『檀越某御返事』、一四九三頁）

これは、幕府が日蓮を三度目の流罪に処すとの噂に呼応して書かれたものであるが、流罪をもあえて厭わない、むしろ歓迎しようとさえする日蓮のこの姿勢について、上原氏は、

これはもう、どのような意味においても「遁世者」などというものの言辞ではない。これは、いわば自然死としての老死を避けて、「国主にあだまれて」の殉教死を選ぼうとする者の、主権者を向うにまわして

の捨て身の闘争宣言に他ならない。身延入山後四年にして、このような絶対闘争の意識に立ち返らざるをえなくされた日蓮にとっては、鎌倉退出の理由として、国諫三度遂行のモチーフを挙げることが、むしろ怠惰に過ぎると思考されるにいたったのかも知れないのである。

（上原〔一九七四／一九八八〕一六〇頁）

と述べて、稿を閉じている。

第二節　日本国からの疎外感――身延入山の消極的動機――

日本国にそこばくもてあつかうて候みを、九年まで御きえ候ぬる御心ざし申スばかりなく候へば、いづくにて死ニ候とも、はか（墓）をばみのぶさわ（沢）にせさせ候べく候。

（『波木井殿御報』、一九二四頁）

身延入山以来、日蓮は断続的に「やせやまい」（恐らくは慢性的な下痢）に悩まされていたが、弘安四年（一二八一、六〇歳）の春に再発したこの病は、日蓮自身の加齢と相俟って、日蓮の体力を徐々にそぎ落としていった。[13]弘安五年（一二八二、六一歳）九月、病がいよいよ重篤になるに及んで、日蓮は、入山以来、八年三ヶ月にわたって居を構え続けた身延の地を離れることになる。「ひたち（常陸）のゆ（湯）」（『波木井殿御報』、一九二四頁）へと湯治に向かうためである。右に引いた『波木井殿御報』の一節は、その途次、武蔵国池上の地で記されたものであるが、(14)身延にあって帰依を示し続けた波木井実長に改めて感謝を述べ、墓所を身延の地に指定するその語調は、明らかにみずからの死を視野に収めてのものである。実際、日蓮は池上の地で生涯を閉じ、この『波木井殿御報』が日蓮最後の書状となった。

ところで、ここでは、右に引いた一節の「日本国にそこばくもてあつかうて候み」という文言に特に注目してみたい。すなわち、日蓮が「日本国中どこにあっても、自分をもて扱いかねて、容れられる処がなかった」と我が身を振り返っている点に着目したいのである。ここで明らかに見て取れるのは、日蓮が抱く、日本国全体からの疎外感である。かように疎外されたこの身をあえて受け入れ、帰依を示し続けてくれたがゆえに、日蓮は波木井氏に対して「御心ざし申《ス》ばかりなく候」と甚深の感謝の言葉を遺したわけである。

いわゆる第三次の諫暁が無視されて以来、恐らく身延期全般を通して、日蓮はこのような日本国全体からの疎外感を、いわば通奏低音のように抱き続けてきたのではなかろうか。上原氏の的確な指摘にもあるように、日蓮による「諫暁」とは、鎌倉幕府を一個の世俗的権力として認め、それを効率的に利用することにより、一挙に法華弘通の目的を達成しようとするものであったといってよい（上原〔一九七四／一九八八〕一四一頁）。しかし、三度にわたるこのような諫暁がことごとく無視されるに至って、日蓮は、日本全体への法華弘通の機会が当面は失われたのみならず、目前に迫った蒙古襲来の打撃から日本を守るべき手だてもまた失われた、と認識せざるを得なかった。すなわち、第三次の諫暁が無視された時点で、日蓮は日本の滅亡を、近い未来における既定の事実とみなさざるを得なくなったのである。蒙古襲来の打撃を少しでも軽くする手だてを知っていながら、それを行使し得ないとの苦々しい思いは、こうして、日蓮に無力感をもたらすことになる。第三次の諫暁に際し、日蓮が平頼綱ら重臣たちに向かって発した「日蓮をばわどのばら（和殿原）が用ヒぬ者なれば力及ばず」（『下山御消息』、一三三五頁）という警告は、今や現実のものとして日蓮に迫ってきたのである。さらに、日蓮にあっては、日本をなんとかして救いの方向に導こうとする思いが、みずからを第三次の諫暁に向かわせるほど危急なものであっただけに、こうした無力感は、自分は日本には受け入れられ難い身である、といった疎外感と容易に結びつくものと推測される。日蓮が鎌倉を退出し、身延という人里離れた地に入るに至った動機の一つとして、このような無力感、ひいては疎外感を無視するわけにはいかないであろう。このことは、

抑モ日蓮は日本国をたすけんとふかくおもへども、日本国の上下万民一同に、国のほろぶべきゆへにや、用ヒられざる上《うへ》、度々あだをなさるれば、力をよばず山林にまじはり候ぬ。（『上野殿御返事』、八三六頁）

いかにも今は叶フまじき世にて候へば、かゝる山中にも入リぬるなり。各々も不便《ふびん》とは思へども、助けがたくやあらんずらん。（『南条殿御返事』、一一七六頁）

といった文言に、十分に窺われるところである。

前節でもみたように、日蓮が鎌倉を退出し、結果として身延に入ることになった動機の一つとして、上原氏は、

今適《たまたま》御勘気ゆりたれども、鎌倉中にも且ラクも身をやどし、迹をとどむべき処なければ、かゝる山中の石《いは》

のはざま、松の下《もと》に身を隠し心を静ムれども……

（『法蓮鈔』、九五三頁）

といった文言を根拠に、「鎌倉」からの疎外感を挙げる（上原〔一九七四／一九八八〕一三六―一三八頁）。しかし、如上のようにみてくると、単に「鎌倉」のみならず、「日本国」全体からの疎外感を挙げなければならないであろう。

とするならば、日蓮が身延の地に到着した当日、文永一一年（一二七四、五三歳）五月一七日、富木氏に宛てた書状の「結句は一人になて日本国に流浪すべきみ（身）にて候」（『富木殿御書』、八〇九頁）という一節も、こうした疎外感の表現とみることが可能になる。すなわち、鎌倉を退出し、身延の地に足を踏み入れた当時の日蓮の心中には、このように表現せざるを得ないほどの疎外感が差し込んでいたものと考えられるのである。その意味では、当時の日蓮の心境を「漂泊の思い」と表現した高木豊氏の考察（高木〔一九七〇〕一九二―一九六頁、高木〔二〇〇二〕一六六―一七一頁）も、一理あるといえよう。

ただし、それはあくまでも「漂泊の思い」の吐露なのであって、これを以って直ちに、「漂泊」、つまり「流浪」を実行に移すための決意表明と受け取るわけにはいかない。というのも、この点は次節でとりあげる身延入山の積極的動機と深く関わってくることでもあるが、日蓮は結局、「流浪」を実行に移すことなく、身延の地に止《とど》まり続けるからである。換言するならば、身延の地を定点として、深く思索し、その成果を折りに触れて門弟らに表明・開示する営み――「流浪」を実行に移していたならば、まずは不可能だったであろう営み――を、日蓮は決して止《や》めようとはしなかったからである。

ただ、上原氏はこの点を捉えて、「結句は一人になて日本国に流浪すべきみ（身）にて候」という文言は、

「孤存」への志向を相手に納得させるためのレトリックに過ぎないとみている。すなわち氏は、前節でもみたように、日蓮の本質が常に典籍に親しみ思索する「学問僧」にあったとみなし、したがって、「流浪」する自己像をイメージすること自体、日蓮にはできなかったはずだとして、右の文言をレトリック以上のものではない、とするのである（上原〔一九七四／一九八八〕一二九頁）。

だが、この見解には賛同しかねる。確かに、日蓮が「孤存」を志向したという上原氏の指摘は、的を射たものであると思う。また、「流浪」を実行に移すための明確なヴィジョンを、日蓮がもっていたとも思えない。この点も、上原氏のいう通りであろう。しかし、だからといって、「流浪」を意図するが如き右の文言を以って単なるレトリックに過ぎないといってしまっては、そのように表現せざるを得なかった日蓮自身の抜き差しならぬ疎外感を、まったく度外視してしまうことになるのではないか。

もっとも、日蓮が抱いたこのような疎外感は、当時の日蓮の状況を客観的に映し出したものであったとは必ずしもいえない。というのも、現実問題として、日蓮が日本国全体から疎外されるということはあり得ないからである。現象的にみれば、日蓮は鎌倉幕府という政治権力——しかも、日本全土を一円的に支配しているわけではない——から拒絶されたに過ぎない。ましてや、文永八年の法難に踏み止まった門弟らが日蓮を疎外しようとするはずもない。実際、檀越の波木井氏が日蓮を受け入れてくれたがゆえに、日蓮の身延入山は可能となったのである。したがって、日蓮が抱く日本国全体からの疎外感は、いわば日蓮の意識の上でのもの、ともいえるわけである。

とはいえ、そうした疎外感を刺激する現実的根拠がまったくなかったわけではない。その意味で注目されるのが、次の文言である。

便宜にて候ヒしかば設ヒ各々はいとわせ給フとも、今一度はみたてまつらんと千度をもひしかども、心に心をたゝかいてすぎ候ヒき。そのゆへはするがの国は守殿《かうどの》の御領、ことにふじ（富士）なんどは後家尼ごぜんの内の人々多し。故最明寺殿・極楽寺殿の御かたきといきどをらせ給フなれば、きゝつけられば各々の御なげきなるべしとをもひし心計リなり。いまにいたるまでも不便にをもひまいらせ候へば御返事までも申サず候ヒき。この御房たちのゆきすりにも、あなかしこ〳〵、ふじ（富士）かじま（賀島）のへんへ立チよるべからずと申せども、いかが候らんとをぼつかなし。

（『高橋入道殿御返事』、一〇八九頁）

これは、身延入山の翌年、建治元年（一二七五、五四歳）七月一二日に系けられる『高橋入道殿御返事』の一節である。この箇所は、身延の地に入る折りに、近辺を通りながら訪ねることもせず、身延に入って以降も、連絡をもらいながら無沙汰を重ねてしまったことについて、無礼を詫びると同時に、そうせざるを得なかった理由を示したところである。固有名詞が頻出して、このままではいささか理解し難いと思うので、意訳を次に示しておきたい。

道中、皆様方がお住まいの近辺を通りましたので、たとえ皆様方は私日蓮の来訪を迷惑だと思ったとしても、今一度お会いしたいものだ、と千度思いましたが、その思いをなんとか抑え込んで、お訪ねすることもしないまま、通り過ぎました。その理由はこうです。皆様方がお住まいの駿河の国は、守殿（当時の執権・北条時宗）の所領であり、殊に富士のあたりは、後家尼御前（北条重時の娘で、北条時頼の妻。時宗の母に当たる）の身内の方々も多く住んでおります。この方々は、私日蓮を故最明寺殿（北条時頼）や極楽寺殿（北条重時）のかたきであると憤っておられますので[15]、そんな私が皆様方を訪問したと、この方々の耳に入ってしまったならば、きっと皆様方に災いがもたらされてしまうであろう、と配慮したのです。今に至りますまで、そうしたことがあってはならないと思い、御返事を差し上げることもしなかった次第です。この身延におります弟子たちにも[16]、往来のついでだからといって、富士や賀島のあたりに立ち寄ってはいけない、と言い聞かせてはおりますが、果たして言う通りにしているであろうかと、心配しております。

つまり、駿河、殊に富士・賀島に在住する高橋入道等の檀越らを直接訪ねたり、あるいは自分の側から連絡をとったりすることは、北条得宗家とその関係の人々の怒りを招き、ひいては高橋氏ら檀越に迷惑をかけてしまうことが予想されるので、それを行なおうにも行ない得なかったのだ、と記しているのである。

日蓮のこうした口吻に、無沙汰を重ねてしまったことに対する釈明の響きを読み取ることも、確かに可能ではあろう。しかし、それ以上にここでは、日蓮の側から檀越に関わろうとしても、関わることを躊躇せざるを得ない現実的な根拠あるいは状況[17]がはっきりと示されていることに、むしろ着目したい。こうした現実的状況が、日蓮の抱く疎外感を刺激せざるを得なかったであろうことは、容易に想像されるところだからである。

実際、日蓮は、鎌倉から身延の地に入る途上、高橋氏のみならず、檀越と一切会おうとはしなかった。それは、「このたびくだしには人にしのびてこれへきたりしかば」（『春之祝御書』、八五九頁、傍点引用者）という旅程だったのである。このように人目をしのぶ行程をとった理由の一半として、次節で詳しくみるように、自己と門弟らとをあえて隔てられた状況下に置こうとする、日蓮の積極的な意図も指摘し得ようかと思う。しかし、日蓮が抱く疎外感の現実的側面ともいうべき、右にみてきたような事情もまた、決して無視することはできないのである。

第三節　佐渡期の継承と展開——身延入山の積極的動機——

このような深い疎外感を抱きつつ、日蓮は身延山中に身を置くこととなった。

身延に入って以降の日蓮は、現象的にみるならば、もはや、門弟の先頭に立って迫害を厭わずに法華弘通を志す日蓮であるとはいえない。言葉を換えるならば、「但惜無上道」はともかく、「我不愛身命」を法華弘通の現場で貫き通そうとする日蓮ではもはやなくなったのであり、少なくとも、日蓮はみずからの「三大誓願」をそのような動的実践によって果たそうとすることは止《や》めた、といえるであろう。

第一節でも引いたところであるが、日蓮は自己のこうした行動を、

賢人の習ヒ、三度《みたび》国をいさむるに用ヒずば、山林にまじわれということは、定マるれい（例）なり。

（『報恩抄』、一二三九頁）

と理由づけている。上原氏も指摘するように、ここには確かに、「三大誓願」の放棄ともとられかねないみずからの行動を、あえて「賢人の習ヒ」、「定マるれい（例）」として規範化しようとする日蓮の意図を見て取ることができるであろう（上原〔一九七四／一九八八〕一五〇－一五一頁）。

しかし、日蓮は身延入山によって、果たして「三大誓願」そのものを放棄したのであろうか。

この問題を考えるに当たって、日蓮は何故に身延山という「山林」に入ったのか、ということを改めて問うてみたい。

本より存知せり、国恩を報ぜんがために三度までは諫暁すべし。用ヒずば山林に身を隠さんとおもひし也。又上古の本文にも、三度のいさめ用ヒずば去レといふ。本文にまかせて且ラく山中に罷リ入リぬ。

（『下山御消息』、一三三五頁）

ここでは、三度にわたる諫暁が用いられなかった時点で「山林に身を隠」したという行動は、「本文」に従ったまでのことであり、本より予定していた行動であった、と記されている。ここでいう「本文」とは、第一節でも引いたように、

三《み》たび諫《いさ》めて聴《き》かれざれば、則《すなは》ち之《これ》を逃《さ》る。

（『礼記』上〔「曲礼」下第二〕七〇頁）

君に事《つか》ふるの礼は、その非あるに値ひては、厳顔を犯し、道を以て諫争す。三たび諫めて納《い》れられずん

ば、身を奉じて以て退く。

（『古文孝経』「諫争章」の注釈）

であると考えられるが、日蓮自身、「又上古の本文にも、三度のいさめ用ヒずば去レといふ」と記しているように、いわゆる「本文」自体には、去るべき場として「山林」が指定されているわけではない。したがって、身延山という「山林」をあえて選んだのは、日蓮自身による主体的選択であった、ということになる。このようにあえて「山林」が選ばれた理由の一半としては、前節でもみたように、日蓮が抱く日本国全体からの疎外感があったものと思われる。つまり、そもそも自分は日本という国に受け入れられない身の上であるがゆえに、日本国のいづこにも身を置き難いとの思いが、人里離れた「山林」に入るという形で表出された、と考えられるのである。日蓮自身、「去年《こぞ》かまくらより此ところへにげ入候ヒし時」（『高橋入道殿御返事』、一〇八七頁、傍点引用者）と述べていることからも窺われるように、日蓮の胸に差し込む深い疎外感は、身延という「山林」に「にげ入」るという形で表出されたのである。

だが、どうして「山林」なのかという問いに答えるのに、こうした消極的動機のみでは、必ずしも十分であるとはいえないように思う。「山林」という人里離れた環境をむしろ活用しようとする積極的な意図が、消極的動機と分かち難い形で、日蓮の胸中に存していた――。このように考えることによってはじめて、この問いには十全に答え得るように思われるのである。

それでは、その積極的な意図とは、どのようなものか。

端的にいうならば、それは、自己自身のあり方、および、自己と門弟らとのつながり方において、佐渡期のそれを継承しようとの意図である。本章の冒頭でもみたように、佐渡における厳しい存在状況は、日蓮の思索と宗教的自覚にかえって画期をもたらした。また、門弟らとの結びつきにおいても、隔てられているがゆえの危うさを、かえって強いものに鍛え上げることができた。そうした実り多き佐渡と同様の状況を、日蓮は、身延山という人里離れた「山林」に入ることによって、あえて作り出そうとしたのではないか。[18] 前節でみた消極的動機に、このようないわば積極的動機を重ね合わせることで、人里離れた「山林」に入ることの必然性が、より明瞭に浮かび上がってくるように思われるのである。[19]

その意味では、鎌倉を退出して身延に入った日蓮に、「孤存」＝「一人になる」ことへの強い志向を読み取った上原氏の見解は、大いに参考になる。また、「にげ入る」という表現に、単なる「逃避」の意味合いではなく、門弟らからの「脱出」の意図を見て取る氏の見解もまた、示唆に富む（上原〔一九七四／一九八八〕一二九－一三〇頁）。しかし、上原氏は、日蓮がいかなる意図のもと、門弟らから「脱出」して「一人」になろうとしたのかという点については、明瞭なる答えを示しているとはいい難い。この点について、筆者は、前節でみた消極的動機とともに、右に挙げた積極的動機をみたいのである。

もとより、「一人になる」こと自体が日蓮の目的だったわけではない。日蓮が身延に入ってなそうとしたことは、自己の思想に画期をもたらした佐渡における思索の続行であった、と考える。そのためには、門弟らから、基本的には隔てられた環境に身を置く必要がある。胸中に巣くう疎外感に適合したのみならず、この点においても、人里離れた身延は、日蓮の意にさしあたり適うものであった。そうした意味で、まさに「この山中心中に叶て候へば、しばらくは候はんずらむ」（『富木殿御書』、八〇九頁）だったのである。しかし、身延の山中という地の利を得て、みずからの思索活動が軌道にのってしまえば、あえて余所《よそ》へ移る必要はない。したがって、日蓮は結局、身延山中に止《とど》まることになったものとみたい。

思索の場を確保するために、日蓮は自己を、このように基本的には隔てられた状況に置こうとしたが、もとより、日蓮は門弟らとのつながりを断ち切ったわけではない。本章の冒頭でもみたように、佐渡流罪の最中にあっても、日蓮のもとへの門弟の往来は少なからずあったし、そうした門弟らを媒介として、物資や重要な文書・情報の伝達がなされていた。すなわち、隔てられている状況が、かえって、従前とは異なった形の確かなつながりを生み出したのである。門弟らとのこうしたつながりのあり方を、日蓮は、身延山中に身を置くことによって、むしろ積極的に作り出そうとしたのではなかったか。そして、そうしたつながりのあり方において、みずからの思索を表出しつつ、門弟らを教導しようとしたのではなかろうか。

もっとも、門弟らとのそうしたつながり方、および、そうしたつながりにおける教導は、身延山中での生活が一応の安定をみ、門弟らの往来が行なわれるようになった結果として、生み出されたものであるという見方が、一方ではある。すなわち、身延入山当初の日蓮を支配していたのは、あくまでも挫折感や無力感・疎外感といった消極的な感情であって、門弟らとのつながりを保ち、そのつながりの中で門弟らを教導しようとする積極的な意図が当初よりあったわけではない、とする見方である。むしろ、そうした見方が一般的であろう。[20]

しかし、上原氏も触れているように（上原〔一九七四／一九八八〕一三二―一三五頁）、文永一一年（一二七四、五三歳）五月一七日に身延の地へと入ってから、同六月一七日、身延山中の小庵に居を移すまでの一ヶ月の間に、日蓮は、いわゆる「三大秘法」の初出となる『法華取要抄』を書き上げ、[21]それを、「我が門弟、委細にこれを尋討せよ」（『定遺』八一〇頁、原漢文）、「我が門弟、これを見て法華経を信用せよ」（『定遺』八一八頁、原漢文）という言葉を織り込みつつ、提示しているのである。のみならず、同じく身延山中に居を移す前後に系けられている、清澄寺の聖密房に宛てた『聖密房御書』の末文には、「これは大事の法門なり。こくうざう（虚空蔵）菩薩にまいりて、つねによみ奉ラせ給フべし」（『定遺』八二六頁）とあり、さらに、『聖密房御書』と時を同じくして書かれたものと思われる『別当御房御返事』[22]の冒頭には、「聖密房のふみにくはしくかきて候。よりあいてきかせ給ヒ候へ」（『定遺』八二七頁）と記されているのである。

このように、日蓮は既に身延山中に入る前後から、門弟らとのつながりを保とうとしているのであり、しかも、そこには、門弟らの教導に対する並々ならぬ意志さえ見て取られるのである。

もとより筆者は、身延山中の日蓮を気遣っての門弟の往来や供養の数々が、日蓮の教導をより積極的にし、拡充していったことを否定するものでは決してない。このことはむしろ、大いに肯定されてしかるべきであると考える。ただ、右に挙げた例をみるならば、少なくとも、身延入山当時の日蓮が、無力感・疎外感や挫折感といった消極的感情にのみ支配されていたとはとてもいえない。むしろそこに、身延山中に隔てられつつも門弟らとつながり、そうしたつながりをテコに、門弟らを教導しようと模索する日蓮の姿を見出したいのである。

ただし、日蓮にとって門弟らとのつながりは、みずからの思索の妨げとならないものであることが、なによりも望ましいことであった。逆にいえば、だからこそ、日蓮は身延山中に入るという形で、基本的には自己を門弟らから隔てたのである。そうすることによって培われた思索の成果を文書で伝達することが、身延の日蓮にとって最も重要な教導手段であったことは、身延期に残された文書の多さからみても、[23]間違いのないところである。

もっとも、日蓮は、必要があれば、弟子を身延に呼び出し、自己のもとで直接教導することを決して厭わなかったし、必要な典籍類を身延に持参することを弟子に依頼することも、しばしばあった。高弟の日昭に

様々な頼み事をする目的で記された書状において、日蓮は、

ちくご房〔日朗〕・三位〔三位房〕・そつ〔日高〕等をばいとまあらばいそぎ来ルるべし。大事の法門申ス べしとかたらせ給へ。十住毘婆沙等の要文を大帖《だいでふ》にて候と、真言の表《へう》のせうそくの裏《うら》にさど房〔日向〕の かきて候と、そう（総）じてせゝとかきつけ（書付）て候ものゝかろきとりてたび候へ。

（『弁殿御消息』、一一九一頁、〔　〕内引用者）

と依頼し、また、佐渡の千日尼に宛てた書簡の「追申」に、佐渡在島の弟子らに伝えてほしい事柄として、

豊後房に申サるべし。既ニ法門日本国にひろまりて候。北陸道をば豊後房なびくべきに学生ならでは叶フべ からず。九月十五日已前にいそぎいそぎまいるべし。……山伏房をばこれより申スにしたがいて、これへは わたすべし。

（『千日尼御返事』、一七六五－一七六六頁）

と記しているのは、その好例である。

その結果、身延山中の日蓮の住所に常に幾人かの門弟がいる、という状況がもたらされたことも事実である。例えば、建治二年（一二七六、五五歳）三月に系けられる『忘持経事』では、身延山中の様子が、

深洞に尋ね入りて、一庵室を見る。法華読誦の音、青天に響き、一乗談義の言、山中に聞こゆ。

（『忘持経事』、一一五一頁、原漢文）

と記されており、ここから、日蓮の身延入山より二年を経ずして、既に少なからぬ門弟が身延山中にて「法華読誦」「一乗談義」に励んでいた様子が窺われる。また、翌建治三年（一二七七、五六歳）の冬に系けられる『庵室修復書』では、身延山中に入った当初の小庵がついに倒壊してしまい、「人《にん》ぶ（夫）なくしてがくしやうども（学生共）をせめ」（『庵室修復書』、一四一一頁）て庵を修復した、と報告されている。このことも、身延山中の日蓮の近辺に、「がくしやうども（学生共）」、すなわち日蓮の直接的教導のもと学問に励む弟子たちが仕えていたことの証となろう。

しかし、門弟らが必要以上に身延山中に集まり、ひいては、必要以上の数そのままに常住するに至ってしまうことは、日蓮が本来望むところでは決してなかった。本章第一節でも引いたように、弘安元年（一二七八、五七歳）一一月に至って、日蓮はついに、

> 人はなき時は四十人、ある時は六十人、いかにせき候へども、これにある人々のあにとて出来し、舎弟とてさしいで、しきゐ候ぬれば、かゝはやさに、いかにとも申ｼへず。心にはしづかにあじちむすびて、小《こ》法師《ほっし》と我身計ﾘ御経よみまいらせんとこそ存て候に、かゝるわづらわしき事候はず。又としあけ候わば、いづくへもにげんと存ｼ候ぞ。かゝるわづらわしき事候はず。
>
> （『兵衛志殿御返事』、一六〇六－一六〇七頁、傍点引用者）

という嘆きの言葉を発することになる。右の傍点部にみえる日蓮の嘆息は、身延入山に関する日蓮本来の意図が、身延山中を思索に適した静閑なる場として確保しようとするところにあったことを、雄弁に物語るものであるといえる。

さて、以上の私見を補強する意味合いも込めて、次に、先学による二、三の見解の批判的検討を行なっておきたい。

まず最初に取り上げるのは、佐々木馨氏の見解である。

佐々木氏によれば、佐渡流罪より前の日蓮は、「政治的志向を表面に打ち出し、対者たる幕府＝体制と同じ次元で激しく争い、諫暁もした。その意味で、そのころの日蓮は、体制内の人」（佐々木〔一九七九〕一九〇頁）であったと規定される。また、既に佐渡流罪より前から、日蓮が「鎌倉幕府という現実＝体制」（佐々木〔一九七九〕一八九頁）を批判し、それと対決したといっても、それは現実を否定し去ってしまうための対決ではなく、あくまでも現実を利用した上で、それを変革しようとする意図のもと、なされたものであったとされる。そうした意味で、それは「現実を肯定するなかでの対決」（佐々木〔一九七九〕二二六頁）であり、「現実肯定の立場・価値観」（佐々木〔一九七九〕一七三頁）に立脚した上での行動であったとみなされる。

しかし、日蓮のこうした立場・価値観は、佐渡流罪を契機に大きな転回を遂げることになるという。すなわち、佐渡流罪という逆境は、日蓮に「無限の思索の自由を与え」（佐々木〔一九七九〕一七四頁）るとともに、佐渡における懺悔と批判および法華経の理論化、という思索生活を通して、日蓮は佐渡以前のような、執拗に政治に拘泥するという、現実肯定の立場・価値観を捨てていったのである。
この点、佐渡における思索生活は、現実からの離脱者日蓮を生み出したと言わなければならない。

（佐々木〔一九七九〕一七三頁）

というのである。

こうした観点に立って、佐々木氏は、日蓮の鎌倉退出・身延入山を次のように意味づける。

現実から離れたところに精神の自由を求めようとし、加えて法華信仰を理論化していた日蓮が、第三度目の国諌が黙殺されようとも、それによって宗教的・思想的な挫折感や敗北感を味わうことはなかったのである。鎌倉からの退出＝身延入山とは、したがって、鎌倉幕府という現実＝体制に対する永遠なる訣別の宣言であり、佐渡につぐ第二の思索生活への旅立ちを意味していたのである。

（佐々木〔一九七九〕一八九頁）

（身延入山は）敗北感や挫折感から発したものではなく、深遠な哲理の組織化を行なうべく、体制＝現実に対する永遠の訣別の宣言に発した、と言うべきであろう。身延は、佐渡の思索をさらに組織化・体系化する日蓮を待っていた。

（佐々木〔一九七九〕一九〇頁、括弧内引用者）

ここに引いたように、佐々木氏は、日蓮の鎌倉退出・身延入山を「佐渡につぐ第二の思索生活への旅立ち」

と意味づけ、「身延は、佐渡の思索をさらに組織化・体系化する日蓮を待っていた」とする。(24)

この点について、筆者にはなんら異論はない。むしろ積極的に肯定したいと思う。佐渡流罪において先鞭がつけられた「現実からの離脱者日蓮」というあり方が、身延という地を得て、より押し進められていったとみる佐々木氏の見解(25)もまた、後述するように、立論の仕方が本章とは異なるとはいえ、基本的には賛同できるものである。

しかし、鎌倉退出・身延入山について、「宗教的・思想的な挫折感や敗北感を味わうことはなかった」、「敗北感や挫折感から発したものではな」いと佐々木氏が断じている点には賛同し難い。佐々木氏は、身延入山からしばらくしてしたためられた、

用ヒられざる上《うへ》、度々あだをなさるれば、力をよばず山林にまじはり候ぬ。（『上野殿御返事』、八三六頁）

という日蓮の文言を引き、「一読するだけでは、あたかも一種の疎外感を漂わせているものの、熟読するなら、この感慨は、幕府＝体制がおのれを正当に評価できないことから生ずるところの、蔑視にも相似た憐憫《れんびん》・同情であることが判明するであろう」（佐々木〔一九七九〕一九一頁）と述べているが、これは自己の見解に余りにも引き寄せ過ぎた読み方ではなかろうか。

佐々木氏も指摘するように、日蓮にあって、鎌倉幕府から流罪される、あるいは黙殺されるという形での政治的挫折は、そのまま宗教的・思想的挫折に直結するものではあり得なかった（佐々木〔一九七九〕一二五頁）。日蓮はむしろ、そうした政治的挫折をバネとして、みずからが築き上げてきた宗教思想の正統性と、そ

の宗教思想に基づいたみずからの実践の正統性とを、検証・確認してきたのである。しかし、少なくとも、第三次の諫暁が幕府から黙殺された時点では、日蓮は、宗教の力によって国を救いの方向へと導くことを断念せざるを得なかった。そして、そのことが、日蓮に無力感を、ひいては日本国全体からの疎外感をもたらさざるを得なかったことは、前節でみた通りである。しかも、右に引いた『上野殿御返事』、八三六頁の文言以外にも、鎌倉退出・身延入山に対する消極的動機づけ――それを、敗北感・挫折感・無力感・疎外感といった言い方のどれで呼ぶかという問題には、ここでは立ち入らないにしても――を、日蓮みずからが語っていることは、前節でもいくつか引いたように紛れもない事実なのである。そのように表出せざるを得ない日蓮の状況と内面に立ち入ろうとするならば、「宗教的・思想的な挫折感や敗北感を味わうことはなかった」と軽々に断じることはできないはずである。

佐々木氏はまた、日蓮の鎌倉退出・身延入山を「鎌倉幕府という現実＝体制に対する永遠なる訣別の宣言」、「体制＝現実に対する永遠の訣別」と意味づけている。確かに日蓮は、みずからの宗教的・思想的目的を達成するため鎌倉幕府を動かそうとする行動に、鎌倉退出・身延入山を以って終止符を打った。その意味では、佐々木氏の見解は的を射ている。ただし、佐々木氏はこの点に触れてはいないが、日蓮にあっては、鎌倉幕府を見限ったということが、政治的な権力・権威と一切訣別したことを直ちに意味するものではないことにも、留意するべきである。というのも、身延入山以降も、日蓮は天皇を頂点とする京都の朝廷に対しては、一縷の望みを抱いているからである。

文永一一年（一二七四、五三歳）に系けられる『強仁状御返事』によれば、同年一〇月二五日付の「強仁」という僧による「御勘状」が、身延山中の日蓮にもたらされた。これをうけて、日蓮は、この事、余も年来欝訴するところなり。忽ちに返状を書きて、自他の疑冰を釈かんと欲す。但し、歎ずるは、田舎に於いて邪正を決せば、暗中、錦を服て遊行し、澗底の長松、匠に知られざるか。兼ねて又、定めて喧嘩出来の基なり。貴坊、本意を遂げんと欲せば、公家と関東とに奏問を経て、露点（公文書）を申し下し、是非を糾明せば、上一人、咲みを含み、下万民、疑ひを散ぜんか。その上、大覚世尊は仏法を以て王臣に付嘱せり。世出世の邪正を決断せんこと、必ず公場なるなり。

（『強仁状御返事』、一一二二頁、原漢文、括弧内引用者）

と書き送った。すなわち、「公家」と「関東」に奏問を経た上での「公場」対決を要求したのである。[26] ただ、ここでは、「関東」の名が挙げられていることから、一見したところ、鎌倉幕府への期待がいまだ捨てられてはいないかのようにもみえる。しかし、同書の末尾に近い箇所では、結局、「然るべくは、この次いでに天聴を驚かし奉りて（是非を）決（断）せん（ものか。本文に云く、危き時は諫め易しと云云。既にこの時に当たるか。早々に鳳詔・御教書を申し下し、日蓮に相ひ付けて是非を決断し、諸人の迷を遣りたま（へ）[27]」と記されることになる。ここでいう「御教書」は、「鳳詔」とともに、「公場」対決を実施するに当たっての命令書のことを指しているとみてよく、しかも、先に「関東」の名が挙げられていることから、いわゆる「関東御教書」（将軍の仰せを執権・連署が奉ずる文書）のことを指すか、あるいは「関東御教書」を含むものである、と考えてよかろう。つまり、「関東」＝鎌倉幕府は、「公場」対決の場を整える手続きにおいてのみ関与する可能性が認められているのであって、奏問を経て「公場」対決を行なうことによりみずからの主張を耳に入れ、その上で最終的に「是非」の「決断」を仰ぐべき対象としては、結局、「天聴を驚かし奉りて（是非を）決（断）せん（ものか）」とあることからも明らかなように、天皇を頂点とする朝廷のみが念頭に置かれているのである。文永一一年（一二七四、五三歳）四月、いわゆる第三次の諫暁が鎌倉幕府から黙殺された時点では、第一節でも引いたように、

これを申すといへども、未だ天聴を驚かさざるか。事三ケ度に及ぶ。今、諫暁を止むべし。後悔を至すなかれ。

（『未驚天聴御書』、八〇八頁、原漢文）

と記した日蓮であったが、[28]それから一年を経ずして、公場対決という条件さえ整えば、みずからの主張を以って、「天聴」、つまり天皇の耳を驚かし、それによって是非を決したい、という姿勢をとるに至ったわけである（ただ、もとより、そう簡単に整え得る条件ではない。逆にいえば、公場対決の条件が完全に整わない限り、「田舎」、つまり身延山からあえて離れることはしない、ということでもある。実際、強仁との公場対決も実現はせず、したがって日蓮が対決のために身延山中から出ることもなかった）。しかも、公場対決を経て「天聴」に届いたみずからの主張が受け入れられた結果につき、日蓮は、

所詮、真言禅宗等の謗法の諸人等を召し合わせ、是非を決せしめば、日本国一同に日蓮が弟子檀那となら ん。我弟子等の出家は主上上皇の師となり、在家は左右の臣下に列らん。はたまた一閻浮提、皆この法門を仰がん。

（『諸人御返事』、一四七九頁、原漢文、傍点引用者）

と思い描いているのである。(29)

このように、鎌倉幕府はともかくも、天皇を頂点とする京の朝廷という「現実＝体制」に、身延の日蓮が期待をかけていたことを看過してはならないであろう。

次に取り上げたいのは、田村芳朗氏の説である。

田村氏は、思想的な観点から、日蓮の生涯を次の三期に分けている（田村〔一九七五〕一三頁、五一－五三頁、五九－六二頁、一四一頁）。

第一期は、天台本覚思想の絶対的一元論、および現実肯定的立場から、法然浄土教の相対的二元論の立場に批判を加えた時期である。『立正安国論』が上呈される頃までが、この時期にあたるとされる。第二期は、期待をかけていた現実から、かえって迫害・弾圧を以って報われたことをうけて、現実対決・現実変革の思想を打ち出し、みずからは予言者的・殉教者的な使徒意識を高めていった時期である。伊豆流罪から佐渡流罪までが、この時期にあてられるが、ここで問題にしたいのは、続く第三期である。田村氏によれば、第三期は、現実を変革し、理想社会を建設するということは未来の門弟に託し、日蓮自身は現実超越の境地にひたっていく時期である。佐渡流罪中にその萌芽がみられ、身延期にはその傾向が顕著になるとされる。

もっとも、田村氏は、日蓮が身延入山の当初から「現実超越の境地」にひたっていた、とみなすわけではない。氏によれば、身延入山当時の日蓮を支配していたのは、「人生放棄」ともいうべき敗北感であったとされる（田村〔一九七五〕一三八－一三九頁）。

しかし、日蓮の身延入山に消極的動機のみをみるこうした見解が余りにも一面的であることについては、既に述べておいた通りである。特に、「人生放棄」という形容は行き過ぎであろう。身延入山当時の日蓮が日本国からの疎外感に晒されていたことは否定しようのない事実であるが、その一方で、日蓮は門弟らから自己をあえて隔てることにより、みずからの思索にさらに磨きをかけ、それを基として門弟らを教導すべく、身延山中に入った、と考えられるからである。

確かに、あたかも人生を放棄したかと思わせるような、身延山中でのわびしく、厳しい生活を写し出した遺文は、数多く挙げることができる。例えば、身延山中に入ってから一ヶ月ほどして書かれたとされる書状には、

今年のけかち（飢渇）に、はじめたる山中に、木のもとに、このはうちしきたるやうなるすみか、をもひやらせ給へ。

（『上野殿御返事』、八一九頁）

とあり、それ以降の諸遺文にも、いくつかの例を引くならば、次のように記されている。

かゝる山中の石《いは》のはざま、松の下《もと》に身を隠し心を静ムれども、大地を食とし、草木を著《き》ざらんより外は、食もなく衣《ころも》も絶ェぬる処に、いかなる御心ねにてかくかきわけ（掻分）て御訪《とひ》のあるやらん。不レ知、過去の我父母の御神《みたましひ》の御身に入リかはらせ給フか。又不レ知、大覚世尊の御めぐみにやあるらん。涙おさへがたく候へ。

（『法蓮鈔』、九五三－九五四頁）

かんいよく〵かさなり候へば、きものうすく食ともしくして、さしいづるものもなし。坊ははんさくにて、かぜゆきたまらず。しきものはなし。木はさしいづるものもなければ火もたかず。ふるきあかづきなんどして候こそで一《ひとつ》なんどきたるものは、其身のいろ紅蓮大紅蓮のごとし。こへはは〻（波々）大ば〻地獄にことならず。手足かんじてきれさけ、人死ヌことかぎりなし。俗のひげをみれば、やうらくをかけたり。僧のはなをみれば、すゞをつらぬきかけて候。か〻るふしぎ候はず候に、去年の十二月の卅日よりはらのけの候しが、春夏やむことなし。あきすぎて十月のころ大事になりて候しが、すこしく平癒つかまつりて候へども、や〻もすればをこり候に、兄弟二人のふたつの小袖、わた四十両をきて候が、なつのかたびらのやうにかろく候ぞ。ましてわたうすく、たゞぬのものばかりのもの、をもひやらせ候へ。此二のこそでなくば、今年はこゞへしに候なん。其上《うへ》、兄弟と申シ、右近尉の事と申シ、食もあいついて候。

（『兵衛志殿御返事』、一六〇六頁）

もっとも、こうした記述には、田村氏も指摘するように（田村〔一九七五〕一四〇－一四一頁）、相手に対する感謝の念を強調するための一種のレトリックとしての側面があることも否定はできまい。身延での生活のわびしさや窮状をあえて強調することによって、そうしたわびしさを慰めてくれる来訪や、窮状を救ってくれる援助の有り難さをより一層際だたせる、という手法である。もとより、それが、身延での現実の生活をなんら反映しない、純然たるレトリックであるということは考えにくい。ある程度の誇張はあるとはいえ、実際、身延での日蓮の生活が衣食住の充足から程遠いものであったことは否めないであろう。

ただ、恐らく、日蓮にしてみれば、そうした生活で十分だったのではないか。

身延山という地に日蓮が望んだことは、門弟らから基本的には隔てられて、思索に専念し得る場としての役割であり、思索の成果を文書で発信し得る教導の拠点としての役割であった。そして、必要があれば、一時的に弟子を呼び寄せ得る、いわば臨時の道場としての役割であった。先にもみたように、佐渡流罪中の日蓮は、衣食住とも厳しい状況——特に塚原においてはそうであり、一谷に移って改善されたとはいえ、決して豊かになったわけではなかった——の中で、みずからの思索を鍛え上げることに成功したのである。そうした佐渡流罪中のあり方を、身延山中においてあえて継承し、佐渡での思索をさらに深めようとする日蓮にしてみれば、自己一身と、若干の弟子らをまかない得るための最低限のものがあれば、それで十分であった、と考えたい。

身延山中での窮状を記す日蓮の文言をみるにつけ、身延に日蓮を受け入れた波木井氏は、日蓮に十分な外護の手を差しのべなかったのではなかろうか、との思いを禁じ得ないことも確かである。しかし、叙上のように考えるならば、日蓮は、波木井氏からの必要以上の外護をむしろ望まなかった、とみることができるであろう。

さて、本節の最後に、田村氏が身延期を「現実超越」の時期とみなしている点に触れておきたい。田村氏は次のように記している。

はじめは山中をさまよい、飢えて死ぬ覚悟であったが、次第に門下たちの供養や慰問あるいは給仕を受けるようになって、日蓮の身延退隠の生活は定着化し、衣食とぼしく風雪きびしい環境ながらも、閑寂な深山の中で、人生超絶の境地にひたっていくようになる。ときに宇宙の内奥ふかくに沈潜しゆき、そこに秘められた絶対の真理と一つになり、ときに宇宙の無限のかなたへ飛翔しゆき、そこにみなぎる永遠の生命に身をひたすにいたる。再び現実に目を向けることもあったが、それは聖なる宗教の世界から俗なる現実の世界を見おろすものであり、永遠の世界から未来のあるべき姿を展望するものであった。仏国土の実現は、きたるべき未来に託し、みずからは永遠への思慕を高めていったのである。

（田村〔一九七五〕一四一頁）

右の引用の冒頭部、すなわち身延入山当初の日蓮に、「人生放棄」ともいうべき敗北感のみを見出す見解については、上述のように首肯し難い。一方、身延期の日蓮に、「人生超絶の境地」、言い換えれば「現実超越」の立場を見出す見解は、示唆に富むものである。次節でみるように、身延の地にあって日蓮は、仏と同じ高みに自己を位置づけるに至る。恐らく、そうした立場に立つことは、現実をより広い視野に立って見渡し、現実の行く末に対して指針を提示するために、是非とも必要なことであった。そうした立場から、日蓮は門弟らを――時には、信仰上の困難な問題に直面している門弟らを――教導するとともに、国の未来についても、確たる見通しと方針を与えようとするのである。言葉を換えるならば、身延の日蓮は、現実を超越する立場を確保することによって、かえって現実を凝視し、その現実に意味と方針を与えることを、みずからの本務としたのである。[30]田村氏の見解は、身延の日蓮に「超越者」としての姿をみる点では確かに示唆に富むが、右の引用では、その「超越者」としての立場に充足する日蓮の姿が第一義的に強調される一方で、その立場から現実を見定めようとする場面には、二義的な意味づけしか与えられていないのではなかろうか。筆者はむしろ、この後者の場面にこそ、身延における日蓮の本領を見出したいのである。[31]

第四節　「超越者」日蓮

佐渡および身延の日蓮に共通するのは、門弟らから基本的には「隔てられた」存在状況にあった、という点である。そうした自己の存在状況を、日蓮はみずからの思索のために最大限、活かそうとした。だが、日蓮は隔てられた状況に自閉的に閉じこもってしまったわけでは決してない。佐渡にあっても、身延にあっても、日蓮はみずからの思索を、文書を以って発信し続けた。言葉を換えるならば、日蓮は隔てられつつ、門弟らに自己を開示し続けたのである。(32) そうした仕方で、日蓮は門弟らとのつながりを確保しようとし、それに応えて、門弟らも文物・情報を携えて、隔てられた日蓮のもとに往来——時には近侍——するようになった。つまり、日蓮は「隔てられている」という自己の存在状況を基点に、かえって門弟らとの間に強固な結びつきを現出し得たのである。

もっとも、佐渡の場合、それは流罪という公権力の強制の結果、生み出されたものであった。だが、身延の場合は、それをみずからの手で現出すべく、日蓮は身延山中に入ったのである。もとより、身延入山は、一面においては、日蓮の胸中に巣くう日本国からの疎外感の消極的表現であった。しかし、それは同時に、自己をあえて隔てられた存在状況に置き、それを基点として、みずからの思索にさらなる磨きをかけるとともに、門弟らとの間に確かなつながりを築いていこうとする積極的意図をも孕んでいたわけである。

実際、身延期全般を通して、日蓮は「隔てられた」存在であることを、ある意味、頑なに守り通そうとした。池上兄弟が信仰をめぐって父親と厳しく対立した際も、四条頼基が主である江馬氏から日蓮に対する帰依《や》を止めよと迫られ、抜き差しならぬ状況に陥った時も、そして、ついには殉教者さえ出すに至ったいわゆる「熱原法難」の折りにも、(33)日蓮は身延山中から出ようとはしなかった。日蓮は「隔てられた」自己の存在状況を守り通したままで、教導を続けたのである。(34)旧師・道善房が死去したとの報をうけた際も、同様である。

彼人の御死去ときくには、火にも入リ、水にも沈み、はしり（走）たちてもゆひて、御はか（墓）をもたゝいて経をも一巻読誦せんとこそをもへども、賢人のならひ、心には遁世とはをもはねども、人は遁世とこそをもうらんに、ゆへもなくはしり出ッるならば、末へもとをらずと人をもうべし。さればいかにをもうとも、まいるべきにあらず。

（『報恩抄』、一二四〇頁）

と記し、世人のいう「遁世」――もちろん、日蓮にとって、それは単なる「遁世」ではなく、隔てられつつ門弟らと関わろうとする積極的な営みでもあった――を、旧師の死を悼む情を押し殺してまでも守り通した。先にもみたように、身延山中の改修した庵に、制止しようとする努力もむなしく、予期しないほど多数の門弟らが住まうようになってしまった折りには、「かゝるわづらわしき事候はず」と記し、そこから「にげ」ようとさえ、日蓮は考えている。それは、「隔てられた」存在状況が、図らずも浸食されてしまっていることに対する嘆きであったといえよう。

さて、身延山中にあって、このように隔てられた存在であり続けようとした日蓮は、佐渡流罪以前にはみられなかった自己の位置づけを表明するに至る。一般的な言葉でいうならば、それは「超越者」としての自覚ともいうべきものである。こうした日蓮の自覚は、例えば、次のような文言に窺うことができる。

日蓮は日本国の人々の父母ぞかし、主君ぞかし、明師ぞかし。

（『一谷入道御書』、九九六頁）

日蓮は当帝の父母、念仏者・禅衆・真言師等が師範なり、又主君なり。

（『撰時抄』、一〇一八頁）

ここで日蓮は、みずからにいわゆる「主・師・親」の「三徳」を与えている。この「三徳」は、佐渡流罪以前の日蓮にあっては、

釈迦如来は我等衆生には親也、師也、主也。我等衆生のためには阿弥陀仏・薬師仏等は主にてはましませども、親と師とにはましまさず。ひとり三徳をかねて恩ふかき仏は釈迦一仏にかぎりたてまつる。親も親にこそよれ、釈尊ほどの親。師も師にこそよれ、主も主にこそよれ、釈尊ほどの師主はありがたくこそはべれ。この親と師と主との仰《せ》をそむかんもの、天神地祇にすてられたてまつらざらんや。不孝第一の者也。

（『南条兵衛七郎殿御書』、三二〇－三二一頁）

といわれるように、本来、教主たる釈尊にのみ付与されるべきものであった。その「三徳」を、今や日蓮は自己自身に付与するに至った。つまり、日蓮は釈尊と同じ高みに立つ、いわば「超越者」として、自己を位置づけるに至ったのである。[35]

仏眼をかり、仏耳をたまわりて、しめし候　　（『仏眼御書』、一三八六頁）

とは、仏と同じ高みに立って、現実を超越しつつ、現実を、さらには歴史を意味づけ、かつ導いていくことができる自己の位置を示したものであるといえよう。日蓮におけるいわゆる「師」の自覚とは、まさにこうした立場の謂いに他ならない。そして、仏と同じ高みに立つことによってみずからの智慧に仏の裏づけを獲得し得たとの確信が、日蓮自身の言葉を借りるならば、「智人」たる自覚として表明されることになるのである。[36]

このようにみてくると、日蓮が身延山中にあってあえて「隔てられた」存在であり続けようとしたその意図も、おのずから明らかになるであろう。現実に直接的に関わることは、右にみたような意味での「超越者」としての位置を危うくしかねない。「超越者」であり続けるためには、あくまでも現実と距離をとる必要がある。つまり、基本的には「隔てられた」存在であることが、是非とも必要なのである。日蓮がそうした存在状況を頑なに守り通そうとしたのも、「超越者」としての立場を保持し続けようとしたからに他ならない。日蓮にしてみれば、そうすることによってかえって、現実を、さらには歴史を、より高い視点から意味づけ、その意味づけに沿って方針を与えていくことができるのである。

このような「超越者」としての立場に立つ日蓮は、門弟と同じ地平に立って現実と格闘する実践家では、もはやあり得ない。にもかかわらず、身延山中に入って以降も、日蓮は引き続き、「法華経の行者」「如来使」としての自覚を表明し続けている。その事例は枚挙に暇がないので、いちいち挙げることはしないが、それは、一方では、身延入山までの自己の行動に対する評価としての側面も確かにもってはいる。だが、他方、それは紛れもなく、身延山中にある今の自己に対する評価でもある。とするならば、日蓮にあっては、仏と同じ高みに立って行なう教導こそが、身延山中にあってなすべき「法華経の行者」「如来師」としての実践であると実感されていた、とはいえまいか。

そうした実践において、日蓮は、現在は自己を疎外している日本国、蒙古襲来が再び現実のものとなりかねない危機に晒され続けている日本国の、未来に向けての救いを公言するようになる。その好例が、『報恩抄』の末尾にみえる有名な次の一節である。

日蓮が慈悲曠大ならば、南無妙法蓮華経は万年の外未来までもながるべし。日本国の一切衆生の盲目をひらける功徳あり。無間地獄の道をふさぎぬ。此功徳は伝教天台にも超へ、龍樹・迦葉にもすぐれたり。極楽百年の修行は穢土《えど》の一日の功に及ばず。正像二千年の弘通は末法ノ一時に劣るか。是はひとへに日蓮が智のかしこきにはあらず。時のしからしむる耳。春は花さき、秋は菓《このみ》なる、夏はあたゝかに、冬はつめたし。時のしからしむるに有ラずや。

（『報恩抄』、一二四八―一二四九頁）

「時のしからしむる耳」「時のしからしむるに有ラずや」という言い方に着目するならば、ここでは、日本国の救いは「時の必然」ともいうべきものに還元されているかのようにもみえる。「機」の劣悪さにもかかわらず、「時」の必然性によって、日本の救いは達成される、というのである。[37] ただし、それは、仏の高みに立って見通された結果への確信を高らかにうたい上げた言葉であって、文字通りの自然的必然性を意味するものでは、もちろんない。時の必然を必然たらしめる人間の側の、言葉を換えるならば、仏の高みから見定められた必然を、まさに仏による当為的命題として受け止め、実践に移す人間の側の働きかけが必要なのである。[38] その働きかけをなす大元締の位置に、日蓮は自己自身を置いた。「日蓮が慈悲曠大ならば」という条件文は、この謂いに他ならない。日蓮は、自己を疎外する当の日本国を救いへと導く「慈悲」の根元的発動者として、自己を位置づけたのである。換言するならば、歴史がまさに「救済史」として完結するために必要不可欠な存在として、日蓮はみずからを位置づけたのであり、そうした意味でなされる教導こそが、日蓮にあっては、身延の地にあってする「三大誓願」の実践であった、ということである。

ただし、時の必然を必然たらしめるために現実と直接的に格闘する、という意味での実践を、「超越者」たる日蓮はもはやなそうとはしない。

経文にたがわず此の度々の大難にはあいて候しぞかし。今は一こうなり。いかなる大難にもこらへてん、我身に当て心みて候へば、不審なきゆへに此山林には栖《すみ》候なり。

（『三沢鈔』、一四四六頁）

迫害されることをも厭わず、現実と直接的に格闘する「心み」の正統性は、実際、経文に予言された通りの度重なる迫害を招くことによって、また、それらの迫害に耐え抜くことによって、「不審なき」ものとなった。それゆえに身延山中に入ったのだ、という。こうして日蓮は、みずからの「心み」の成果を、身延山中より発信する側に回った。と同時に、日蓮より発信された「心み」の成果をうけてなされる現場での実践、現場での「心み」は、日蓮の門弟らの仕事となる。だからこそ日蓮は、

されば我弟子等心みに法華経のごとく身命もをしまず修行して、此度仏法を心みよ。

（『撰時抄』、一〇五九頁）

月は西より東に向へり。月氏の仏法ノ東へ流ルべき相也。日は東より出ヅ。日本の仏法ノ月氏へかへるべき瑞相なり。月は光あきらかならず。在世は但八年なり。日は光明月に勝れり。五々百歳の長キ闇を照スべき瑞相也。仏は法華経謗法の者を治シ給はず、在世には無きゆへに。末法には一乗の強敵充満すべし、不軽菩薩の利益此なり。各々我弟子等はげませ給へ〳〵。

（『諫暁八幡抄』、一八五〇頁）

と、門弟らを激励するのである。

こうした激励を、日蓮は山深い身延の地より送った。日蓮にあって、結果的に、人里離れた身延山中は、現実からの「超越者」たる自己が住むにふさわしい場所として受け止められるに至った。その意味で、身延は、日蓮にとって、佐渡と同様、離れ難い地となりおおせたのである。遺言ともいうべき、

いづくにて死ニ候とも、はか（墓）をばみのぶさわ（沢）にせさせ候べく候。

（『波木井殿御報』、一九二四頁）

という言葉に、身延に対する日蓮のこうした思いはもちろんのこと、さらには、身延にあって永遠の「超越者」たろうとする日蓮の願いをも見て取ることができるのではなかろうか。

むすびにかえて

弘安四年（一二八一、六〇歳）一二月八日に系けられる書状において、日蓮は次のように記している。

去《ヌル》文永十一年六月十七日この山に入《リ》候て今年十二月八日にいたるまで、此の山出《ツル》事一歩も候はず。

（『上野殿母尼御前御返事』、一八九六頁）

これによる限り、日蓮は、文永一一年（一二七四、五三歳）六月一七日の身延入山以降、弘安四年一二月八日に至るまで、身延山中から一歩も出なかったかのように思われるが、実はそうではなかったことを、宮崎英修氏が指摘している（宮崎〔一九五五〕、宮崎〔一九八五〕）。

宮崎氏が注目するのは、『莚三枚御書』にみえる次の一節である。

抑《モ》三月一日より四日にいたるまでの御あそびに、心なぐさみてやせやまいもなをり、虎とるばかりをぼへ候……

（『定遺』一九一三頁）

宛所と年月日を欠く『莚三枚御書』（真蹟四紙断、大石寺蔵）は、『定遺』では、堀日亨氏の説により、弘安五年（一二八二、六一歳）三月上旬に系けられ、宛所は南条氏とされている。身延入山以来、身延山中から一歩も出なかった日蓮ではあるが、弘安五年三月のはじめ、一日から四日に至って、富士上野郷の南条時光のもとに療養をかねた「御あそび」に出かけ、それによっていささか健康を回復し得た、とみるのである。

だが、かかる堀説に対して、宮崎氏は、弘安五年三月上旬では、日蓮の健康状態からいって、いくら療養のためとはいえ、とても「御あそび」に出かけられる状態ではなく、また、南条時光にしても、同年二月から三月にかけては病で床に伏していた時期であることから、とても日蓮を受け入れられる状態にはなかったことを指摘。その上で、宮崎氏はさらに考証を重ね、『莚三枚御書』は弘安五年三月上旬にしたためられたものではなく、その一年前、弘安四年三月上旬の書であること、したがって、日蓮による「御あそび」もその時のものであること、行き先は南条時光のもとであるとはいえず、したがって、『莚三枚御書』の宛所も南条時光ではないこと、などを論じたのである。

こうした事柄を傍証するものとして宮崎氏の引くのが、弘安五年正月一四日に系けられる『内記左近入道殿御返事』の次の一節である。

> 抑《モ》去年の来臨は曇華の如し。將又夢歟幻歟。疑《ヒ》いまだ晴《レ》ず候処に、今年之始深山の栖、雪中の室え、多国を経ての御使、山路をふみわけられて候にこそ、去年の事はまことなりけるやとおどろき覚へ候へ。他行之子細、越後公御房の御ふみに申候歟。
>
> （『定遺』一九〇七頁、一部原漢文）

この一節に対する宮崎氏の解釈は次の通り。

去年、この人（内記左近入道）は使者を身延におくり聖人を御見舞させたようである。聖人はこれはまことに珍しいことであったので使者がほんとうに登山してきたのかどうかいまだに夢か幻かと疑いが晴れなかったのに、今年、この大雪の山中に山路をふみわけ険阻をしのいで使者が訪れたのを見て、去年の使者の登山はほんとうの事であった、とはじめて合点がいったことである。去年登山されたときに丁度他行中であったが、その仔細についてはたぶん越後房日弁がお知らせしたと思うが、といわれているのである。

（宮崎（一九八五）五三九頁、括弧内および傍点引用者）

宮崎氏は、ここに記された「去年」の「他行」が、『莚三枚御書』に記された「御あそび」に相当するもの、とみるのである。

また、この「御あそび」の行き先についてであるが、宮崎氏は、『定遺』では弘安四年一一月頃に系けられている次の『老病御書』に注目する。

追申

老病の上、不食気いまだ心よからざるゆへに、法門なんどもかきつけて申《サ》ずして、さてはてん事なげき入て候。又三嶋の左衛門次郎がもとにて法門伝《テ》候けるが始中終かきつけて給《ヒ》候はん。其ならずいづくにても候へ、法門を見候へば心のなぐさみ候ぞ。

（『定遺』一八九六頁、傍点引用者）

このうち、宮崎氏は傍点部を、三嶋の左衛門次郎宅で、日蓮自身、法門を伝えたところであるが、最初から最後まですべて書き留められたことと思う、という意味に解釈。この「三嶋の左衛門次郎」宅が行き先ではなかったか、と推測している（宮崎（一九八五）五四〇頁、五四三頁）。

ただ、このように弘安四年三月一日から四日にかけて身延山中を離れることがあったとして、日蓮は何故、それ以降の弘安四年一二月八日の段階で「此の山出ツル事一歩も候はず」と記したのか、という問題は依然として残る。

これについて宮崎氏は、日蓮がこのように記すのは「表立った、人の噂になるような外出・下山のことをいわれるのであって、身延近辺の内々の外出」（宮崎（一九八五）五四一頁）までをも含むものではない、としている。

一方、宮崎氏のこうした解釈に対して異を唱えたのが、岡元錬城氏である（岡元（一九九六））。

岡元氏は、『莚三枚御書』が弘安五年三月初旬ではなく、弘安四年三月初旬に系けられるべきこと、『莚三枚御書』を『内記左近入道殿御返事』と関連づけることにより、弘安四年三月一日から四日にかけて、日蓮が身延を下山したとみなし得ることについては、宮崎氏の説を受け入れている。しかし、身延を下山しての出向先とその目的については、宮崎説に対して異論を展開している。

岡元氏は、『莚三枚御書』に記された日蓮への供養物の分析などを通して、『莚三枚御書』の宛所が南条時光である可能性が高いことを論証。と同時に、『老病御書』に対する右にみた宮崎氏の解釈が成り立ち得ないことを、次のように証明していく。

従来、『老病御書』（真蹟一紙、中山法華経寺蔵）は追申文だけであることから、本文不明の断簡として取り扱われてきたが、岡元氏は、中山法華経寺所蔵真蹟の各種目録類が活字化され、さらにその一部が影印刊行されたことをうけて、それらを精査。『老病御書』は、日蓮が病身ゆえに門下に代筆させた、弘安四年一〇月二二日の『富城入道殿御返事』（六紙、中山法華経寺蔵）を本文とするものであることを突き止めた（したがって、『定遺』が『老病御書』を「弘安四年十一月比」に系けているのは正確ではないということになる）。岡元氏は、こうした事実が明らかになった以上、宮崎氏による『老病御書』の解釈は成り立たなくなったことを指摘した上で、自身の解釈を次のように提示する。

筆者〈＝岡元氏〉の『老病御書』訳

老衰から起る病気の身であるのに、その上に、食欲がない状態がつづいて、いまだに不快にすごしていますので、（御返報の本状を代筆させた次第で、またいつものように）法門なども書き付けてさしあげることができませんでしたが、このような状態で死んでしまうことをおもって、嘆き入っております（どうか法門不記載をご了解ください）。

ところでまた、三嶋の左衛門次郎のところで、法門を伝えられたそうですね（法門を伝えられたということですが）、その一部始終を書き付けていただいて頂戴いたしたく存じます。

それだけでなく、どこであっても、説かれた法門を拝見すれば、不快な気持もしずめられなぐさめられてまぎれるのです（だからどうか法門を書き送ってください）。

第一節と第三節のカッコ内は言外の意味を汲んでの補訳、第二節のそれは同意の異訳である。私訳は法門宣伝者は日蓮ではなく富木氏である。富木氏が「三嶋の左衛門次郎がもとにて」宣べ伝えたことを日蓮に報じた。その報を受けての日蓮の発言であるとおもわれる。すなわち、宮崎教授の理解とは逆であり、氏のような理解はできないと考える。……

日蓮は老病で不食気の日々をすごす病臥の身であった。だから口述筆記させたのであり、そのために法門記述、教理の開陳はできなかった。それほどに日蓮は衰弱していたのであり、死の自覚ももたらされた。日蓮にとって法門を伝えられぬことは、生きてはいてもすでに死者であり、生ける屍であるとのおもいを抱かされたであろう。そうしたおもいを込めての率直な記述が「法門なんどもかきつけて申サずして、さてはてん事、なげき入ッて候」であり、無念のおもいを込めつつも、しかもなお法門流伝の素懐を持続し秘めもしてもいる。法門流伝の情熱が枯渇してはいないこと、そのための法門習学の情熱も失せてはいないこと、これらのおもいを内意しつつ、富木氏が「三嶋の左衛門次郎がもとにて」伝えたという法門を書き送ってほしいと希望し依頼した。日蓮にとって法門披読は病床の身を慰撫激励すると同時に日蓮の身を案ずる富木氏にとっても心を休めることであった。「さてはてん事、なげき入ッて候」とまで言った日蓮。代筆状を受け、追申の悲愴な文字に接し、かつ悲壮なおもいに触れた富木氏であったが、短文中に込められた師弟間のいわば無言の交流が汲みとられるべきである。対告者が富木氏であることからのあらわな心中の告白であり、富木氏に向けてふさわしい発言であったのである。

（岡元〔一九九六〕四七八－四七九頁、〈　〉内引用者）

長文の引用になったが、かくして岡元氏は宮崎説を否定し、『莚三枚御書』の宛所および「御あそび」の行き先は南条時光であると断じたのである。

では、日蓮がわざわざ身延を下山して南条時光のもとを訪ねた目的は、何であったか。

その目的の一つを、岡元氏は、南条時光の末弟で、弘安三年（一二八〇、五九歳）九月、弱冠一六歳で急死した五郎の墓参と、母尼や時光ら南条氏一門に対する慰撫にあったとみる。(39)

弘安三年に歿した末子の五郎は、あたかも文永二年父病死のおりは母の胎内にあった。母にとって五郎はまさに亡父の忘れ形見・遺児であり、あるいは亡父の生れ変りであった。母は懐妊中の子を産み、十六年手塩にかけて養育した。五郎を失った母の嘆きは深く、慟哭する母に向けて日蓮はその死を悼み、追善供養の浄志に対する返状を繁く綴り届けたのであった。哀切こもる文篇の数々を綴って日蓮は母の悲嘆に共感共鳴し、懸命に同苦の心を伝えたのである。南条一家に対する日蓮の深々としたおもいは、かって父の訃を聞いて弔問展墓したように、五郎の展墓と母子（子とは五郎の兄の時光）、家族・一門の人々慰藉のために下向を願ったであろう。日蓮の身延下山、駿河南条家訪問動機の一つは故五郎の墓参であり一家の人々をじかに面談して慰め励まし支えてあげたかったからにちがいあるまい。かような想定は、日蓮と南条家の積年の交流・親炙などから十分に可能であるばかりか、かく理解すべきであると考える。

（岡元〔一九九六〕四九四－四九五頁）

もう一つの目的として岡元氏が挙げるのは、いわゆる「熱原法難」の余燼に対処することである。具体的には、「法難当事者の一人下野房日秀の弟子であり、おそらくは時光の勧奨が力あって入信したかとおもわれる」「熱原浅間神社の神職たち」（岡元〔一九九六〕四九八頁）を、様々な迫害強迫に耐えつつ、まさに命懸けでかくまい続ける南条時光の強信ぶりに応えて慰撫激励するための訪問であった、とみるのである。

　これについて、岡元氏は、第一の目的とあわせて次のように記す。

> 日蓮は、懸命果断な時光の信、時光を支助する一家・一門の人々、庇護されている神主たちを見舞い慰め励ますことのおもいをつのらせた。あたかも南条家の末子五郎急逝の悲境に一家・一門は呻吟した。この悲劇は日蓮の南条家訪問のおもいを一段とつのらせたにちがいない。五郎の死は九月五日であった。秋・冬を経て、歳明けての春、春暖の頃の訪問をおもったであろう。つとに日蓮は上野郷訪問の意志を伝えていたにちがいない。弘安四年春三月、正月から持病「やせやまい」再発の兆しをもった日蓮は、訪問の素懐実行を決断したこととおもわれる。病身の日蓮にとって下山他行は冒険であった。また、得宗領下の富士郡行はきわめて危険であった。にもかかわらず実行を決意したのは、けなげをきわめる南条家の人々の捨命の熱信に応え、慰藉激励を最必要事と考えつめてのものであり、目途の一つは余燼つづく熱原法難の事後処置の一環であった。それはまた捨命の決断を要請した日蓮が身をもって献身の実行を示したものといえよう。筆者〈＝岡元氏〉はそのように理解する。こうして日蓮は上野郷へと赴いた。それは悲壮な決断にもとずく必死の決行・敢行であったにちがいない。
>
> （岡元〔一九九六〕五〇〇頁、〈　〉内引用者）

ただ、だとしても、それでは何故、日蓮は弘安四年十二月八日の『上野殿母尼御前御返事』で、いまだ「此の山出ツル事一歩も候はず」と記したのであろうか。

これに関する岡元氏の解釈も、宮崎氏のそれとは異なる。岡元氏は「此の山出ツル事一歩も候はず」といわれている当の相手が、「上野殿母尼御前」＝南条時光の母尼であることに注目する。南条時光の母尼は、日蓮が直接訪ねた相手であり、当然、日蓮が来訪のために身延を下山したことを知っている。日蓮ももちろんそれを承知の上でのことであるから、「一歩」も他行せずとの強い口調は南条家以外は他行外泊事実はないということをいって」（岡元〔一九九六〕五〇八頁）いることになり、そのように言うことで、南条家への来訪に込めた自身の決意と意義深さを浮き彫りにしようとした、と岡元氏はみるわけである。

以上、頁を割いて岡元氏の説を紹介したのは、その説が説得力に富むものであるからに他ならない。岡元氏が大学等に籍を置かない、いわば在野の研究者であるからか、日蓮宗門はこの説をはっきりと受容したようにはみえないが、筆者は、弘安四年三月初旬に行なわれた「御あそび」の訪問先とその目的に関しては、宮崎説ではなく、岡元説の上に立つこととする。なによりも、『老病御書』が接合すべき本文を『富城入道殿御返事』であると確定し得たことが決定的であり、自身によるそうした成果をうけて岡元氏の展開した説が、詳細にして、しかも隙のない見事なものだからである。(40)

このように岡元説に立つとするならば、弘安四年に入って「やせやまい」を再発し、自身の死というものをいよいよ意識せざるを得なくなった段に至り、日蓮ははじめて、「超越者」たる範を脇において行動した、ということになろう。

また、このように考えた場合、「やせやまい」がいよいよ昂《こう》じて、翌弘安五年九月、再び身延を下りるに至った日蓮の意図にしても、再考の余地があることになるのではないか。もとよりそれは、身延山中で厳しい冬を越す体力はもはや残されておらず、病気療養を最優先せざるを得ないがゆえの措置ではあったろう。だが、その一方で、死を明瞭に意識せざるを得ない状況にこと至った今、衰えた身体に鞭打ってでも、池上氏や、そのもとに駆けつけ得る門弟らと直接会っておかねばならないと日蓮が切望したゆえの身延下山であった、という側面も考えられはしまいか。つまり、歩みをそれ以上進め得なくなったから、たまたま池上氏のもとに逗留した、というのではなく、そこにたどり着くことが、当初よりの重要な目的の一つだったのではないか、と考えるのである。してみると、『波木井殿御報』冒頭の「みちのほど（道程）べち（別）事候はで、いけがみ（池上）までつきて候」（『定遺』一九二四頁）という一節は、かかる重要な目的がひとまずは果たされたことを報告する文言として読むことも、可能となってくるであろう。このことを指摘して、本章のむすびにかえる。

注

（1）高木豊氏は、こうした弾圧の様相の復元を試みている。高木〔一九六五〕一八一―一八五頁を参照せよ。門弟にまで及んだ弾圧について、日蓮自身の記述には、次のようにある。

王難すでに二度にをよぶ。今度はすでに我カ身命に及フ。其上ヘ弟子といひ、檀那といひ、わづかの聴聞の俗人なんど来て重科に行ハる。謀反なんどの者のごとし。　（『開目抄』、五五七頁）

我が身の失《とが》に当るのみならず、行通《ゆきかふ》人人の中にも、或は御勘気、或は所領をめされ、或は御内《みうち》を出され、或は父母兄弟に捨テらる。されば付キし人も捨テはてぬ。　（『法蓮鈔』、九五二頁）

（2）佐渡の日蓮と門弟らとの間の文書伝達システムについては、中尾〔二〇〇一〕一六三頁が参考になる。

（3）高木〔一九六五〕八頁、一八三―一八四頁。また、高木〔一九七〇〕一〇九頁、高木〔二〇〇二〕九四頁。

（4）佐渡の日蓮のもとに複数人の弟子がいたことは、「預りよりあづかる食は少し。付ケる弟子は多くありしに……」（『一谷入道御書』、九九四頁）という日蓮自身の回想によっても裏づけられる。

（5）佐渡流罪中の文永九年（一二七二、五一歳）四月に系けられる、四条頼基の妻に宛てられた『同生同名御書』には、「はかばかしき下人もなきに、かゝる乱れたる世に此との（殿）をつかはされたる心ざし、大地よりもあつし」（『定遺』六三三頁）とある。これによれば、四条頼基もまた、はるばる佐渡にまで日蓮を訪ねていたことになる。ただ、『同生同名御書』の真蹟は存在せず、その写本の初出も、一如院日重らにより文禄四年（一五九五）にまで筆写・集成し終えられた、いわゆる『本満寺本』（『本満寺録外』）にまで時代が下ることを断っておく。

（6）高木豊氏は、この「弁殿に申ス。大師講をおこなうべし」という文言に、佐渡の日蓮が「弁殿（日昭）」をはじめとする高弟らを介して、鎌倉の教団の回復に意を注いでいた証を見出し、「とりわけ注目すべきは、天台大師講の営為を指示したことである。講が同信の者の団結と連帯を促進し、信仰を確かめ合い深め合っていく集団的な営みであったことを思えば、潰滅状態にまでおちこんだこの時期の門弟にとって講の必要性はそれまで以上に大きかった。日蓮の指示はきわめて適切であるといわねばならない」（高木〔一九七二〕九一－九二頁）と述べている。

（7）日蓮は、「武蔵の前司殿（佐渡の守護で、日蓮の預かり人である大仏宣時）」より、文永一〇年（一二七三、五二歳）一二月七日付で、佐渡の依智六郎左衛門尉に向けて発せられた下文として、次のような文言を引いている。

　佐渡の国の流人の僧日蓮、弟子等を引率し、悪行を巧らむの由、その聞こえあり。所行の企て、甚だ以て奇怪なり。今より以後、彼の僧に相ひ随はんの輩に於ては、炳誡を加へしむべし。猶以て違犯せしめば、交名を注進せらるべきの由候所なり。仍て執達件の如し。

（『法華行者値難事』、七九八頁、原漢文）

　この下文から、日蓮とその弟子たちによる佐渡での布教が、少なくとも守護の警戒感を刺激するほどの成果を上げていたことが窺い知られよう。

（8）結果的に、日蓮が佐渡流罪を赦されていることからみても、日蓮のこうした戒めを門弟らが素直に守ったとは思えない。日蓮の流罪赦免に力があったであろう運動について、高木豊氏は、「文永八年の法難のおりに身を捨て方人したという大学三郎の、安達泰盛を通じての動きが有力ではなかったかと考えたい」と推測している。高木〔一九七〇〕一八四頁、高木〔二〇〇二〕一五九頁。

（9）この庵室の規模について、日蓮が直接記したところは見当たらないが、「かりそめ」の「このはうちしきたるやうなるすみか」とあるところから、ごく小規模で質素なものであったことが窺える。この庵室は、三年半後の建治三年（一二七七、五六歳）の冬には倒壊してしまったが、居合わせた「がくしやうども（学生共）」によって修復され（『庵室修復書』、一四一〇－一四一一頁）、さらに四年後の弘安四年（一二八一、六〇歳）一一月には、波木井実長一族の手により、「十間四面」の規模をもった「坊」へと拡大・再建されている（『地引御書』、一八九四－一八九五頁）。

(10) 上田本昌氏は、単に「読む」ことだけではなく、「書く」ことも付け加えるべきだとしている。身延期の日蓮が残した文書の多さを顧みるならば、上田氏の見解も首肯されるであろう。上田〔一九八三〕三三一頁を参照のこと。

(11) 中尾尭氏は、現実的な意味合いにおいても、既にこの時点では、鎌倉は日蓮の拠点たり得なかったとしている。中尾〔二〇〇一〕一七八頁をみよ。

(12) 上原氏はこの句を、『孝経』「諫争章」の一節としている。戸頃重基・高木豊両氏の校注による岩波日本思想大系の『日蓮』三二七―三二八頁の頭注も同様である。だが、『孝経』「諫争章」の本文にこの句を見出すことはできない。周知のように、『孝経』には二種の異本がある。秦代の古い字体で記された『古文孝経』と、漢代の隷書で記された『今文孝経』がそれである。しかし、これらいづれの本文においても、この句を見出すことはできないのである。

一方、同じ岩波日本思想大系の『日蓮』でも、二九〇頁の頭注では、この句を『孝経』「諫争章」の「注」にみえるものとしている。浅井要麟『日蓮聖人御遺文講義』第一〇巻（浅井〔一九三三〕）一四二頁、および、三戸勝亮『日蓮聖人遺文全集講義』第一七巻（三戸〔一九三六／一九七八〕）三三七頁においても同様である。ただし、単に「注」（あるいは「註」）とあるだけで、それがどの注釈書によるものなのかについての言及は、一切なされていない。『孝経』の注釈書としては、漢の孔安国によって注が施されたと伝えられる『古文孝経』（いわゆる『古文孝経孔伝』）と、後漢の鄭玄により注が付されたという『今文孝経』（いわゆる『孝経鄭註』）、さらには、先行の諸注を参考に記された、唐朝第六代の玄宗皇帝による『御註孝経』が有名であるが、少なくとも、『御註孝経』にはこの句はみられない。

以上を踏まえて、さらに検索を重ねた結果、インターネットで公開されている京都大学附属図書館蔵、重要文化財『古文孝経』（『古文孝経孔伝』）に、この句を見出すことができた（http://edb.kulib.kyoto-u.ac.jp/exhibit/kobun/image/kk01/Kk01s042.html）。なお、検索に当たっては、身延山大学の沼田晃佑氏（検索当時、附属図書館司書）より多大なるご協力を賜った。記して感謝を表する次第である。

(13) 弘安四年（一二八一、六〇歳）一二月八日に系年される書状には、次のようにある。

去《ヌル》文永十一年六月十七日この山に入《リ》候て今年十二月八日にいたるまで、此の山出《ツル》事一歩も候はず。ただし八年が間やせやまいと申《シ》、とし（齢）と申《シ》、とし〴〵に身ゆわく、心をぼれ（耄）候つるほどに、今年は春よりこのやまいをこりて、秋すぎ冬にいたるまで、日々にをとろへ、夜々にまさり候つるが、この十余日はすでに食もほとをど（殆）とゞまりて候……

（『上野殿母尼御前御返事』、一八九六―一八九七頁）

なお、身延における日蓮の健康状態の推移については、宮崎〔一九五五〕、および宮崎〔一九八五〕（殊に「四．聖人の健康と身延出遊」）に詳しい。

（14）正確には、日蓮自身が記したものではなく、高弟の日興による代筆である（『定遺』一九二四頁脚注）。末文に「所らうのあひだ、はんぎやうをくはへず候事、恐レ入リ候」（『定遺』一九二五頁）とあることからも、みずから筆を執ることもできないほどの病の篤《あつ》さが窺える。

（15）『種種御振舞御書』によれば、文永八年の法難に先立って、日蓮は、「念仏者・持斎・真言師等」により、「故最明寺入道殿・極楽寺入道殿を無間地獄に堕チたりと申シ」たと、「上郎《じやうろう》尼ごぜんたち」に讒訴されたという（『定遺』九六二頁）。また、『報恩抄』にも、「故最明寺殿・極楽寺殿を無間地獄に堕チタリと申ス法師なり」（『定遺』一二三八頁）と訴えられたとある。ただし、日蓮自身は、「最明寺殿・極楽寺殿を地獄という事はそらごとなり」（『種種御振舞御書』、九六二頁）としている。

（16）身延入山から約一年を経た建治元年（一二七五、五四歳）七月の段階で、日蓮を身延山中にまで訪ねてくる複数の弟子たちが既にいたことに、さしあたり注目しておきたい。

（17）同様の状況が現実に存在したことを窺わせる一節が、建治元年（一二七五、五四歳）に系年される『智慧亡国御書』にもみえる。それは、自分が墓参に直接赴かず、弟子を遣わしたことを伝える次の一節である。

此大進阿闍梨を故六郎入道殿の御はかへつかわし候。むかしこの法門を聞て候人々には、関東の内ならば、我とゆきて其はかに自我偈よみ候はんと存シて候。しかれども、当時のありさまは日蓮かしこへゆくならば、其日に一国にきこへ、又かまくらまでもさわぎ候はんか。心ざしある人なりとも、ゆきたらんところの人人め（目）をそれぬべし。

（『定遺』一一三一頁）

（18）身延入山を、佐渡流罪の継続・延長と捉えた先駆者として、姉崎正治の名を挙げることができる。姉崎はその著『法華経の行者日蓮』（姉崎（一九一六／一九八二））において、次のように述べている。

鎌倉を去り身延の山中に入つたのは、云わば流罪の延長、志願配流である。法華経の行者は、末法の世に処して、どうしても艱難苦行の生活を送らなければならぬ。（姉崎（一九一六／一九八二）二五一頁）

日蓮が過去謗法の罪を消す為に、佐渡に於ける流人《るにん》の生活を身延に於ける隠棲に継続延長して、懺悔の実を挙げると共に、此の代表的滅罪に依つて、一切衆生の眼を開き、彼等の罪を滅《ほろぼ》すという意味での、大規模な滅罪が、身延生活の意義であつた。（姉崎（一九一六／一九八二）二五二頁）

このように、姉崎は、日蓮自身の滅罪、さらには一切衆生の滅罪という観点から、身延入山を佐渡流罪の主体的な継続・延長とみなすのである。同様の見解は、ANESAKI (1916)pp. 93-95 にもみえる。

ただ、管見の限りでは、身延入山、および身延での生活を、「滅罪のため」と日蓮自身が明言した文言は、文献学的に信頼し得る遺文には見出せない。もちろん、それが佐渡流罪以来の自明の前提であったがゆえに、あえて言葉には載せなかった、とみることも可能ではあろうが、信頼できる遺文にはあらわれない以上、それを重要なる観点として取り上げることはしない。本章では、姉崎とは異なった観点から、身延入山を佐渡流罪期の継承と展開として捉えてみた。

(19) 第一節でも引いた文言であるが、身延に入った翌年の建治元年（一二七五、五四歳）に系年される『高橋入道殿御返事』において、日蓮は、

たすけんがために申スを此程《これほど》あだまるゝ事なれば、ゆりて候ヒし時、さどの国よりいかなる山中海辺にもまぎれ入ルべかりしかども、此事をいま一度平ノ左衛門に申シきかせて、日本国にせめのこされん衆生をたすけんがためにのぼりて候ヒき。

（『定遺』一〇八八―一〇八九頁、傍点引用者）

と記している。すなわち、「国を救いたい一心でなしたいわゆる第三次の諫暁が、結果的にはこれほど手ひどく無視されてしまったことを思えば、やはり佐渡流罪が赦免された時点で、「いかなる山中海辺」にでも紛れ入るべきであったが、国を救う手だてを、今一度、平頼綱らに言い聞かせて、蒙古の侵略に生き残った人々を救うせめてものよすがにしようと、あえて鎌倉に上ったのだ」、というのである。むろん、右の言葉、殊に傍点部は、身延での生活がある程度安定をみた時点での後づけの説明に過ぎないとみることもできようが、ここでは、上原氏も指摘するように、佐渡流罪を赦免されたその時点で、実際、日蓮には既に、「山中海辺」という、いわば人里離れた場所に入る積極的な意図があったものと解しておきたい。上原氏の指摘については、上原〔一九七四／一九八八〕一三八頁を参照のこと。

(20) 例えば、鈴木〔一九四四〕一二頁下―一三頁上、高木〔一九七〇〕一九二―二〇〇頁、高木〔二〇〇二〕一六七―一七四頁、田村〔一九七五〕一三七―一四一頁、今成〔一九九三〕一四七―一五一頁、中尾〔二〇〇二〕一八〇―一八五頁、一八六頁など。

(21) 周知のように、『法華取要抄』の執筆年次については、文永一一年（一二七四、五三歳）五月二四日とする説が広く行なわれてきた。ここでは、一応この説を受け入れておきたい。

この説は、都守基一氏によれば、本隆寺本『録内御書』（長享二年〔一四八八〕）の『法華取要抄』奥書を最古のものとするが、一方、文永九年（一二七二、五一歳）五月二四日説も、嘉吉三年（一四四三）の日意書写本にまでさかのぼる平賀本『録内御書』に既にみえるものである。都守氏は、この両説の、日付はともかく、年次について考証を行ない、日蓮直弟子の日興、およびその弟子・寂仙房日澄による『法華取要抄』古写本の奥書には「文永十一年　日」とある上に、『法華取要抄』にみられる佐渡での天変の記事から、文永一一年二月五日をさかのぼることはできないこと、また、『法華取要抄』にあらわれる他国侵逼難に関する論調より、文永一一年一一月一一日以前の成立とみられることを論証した。つまり、『法華取要抄』の成立年次に関して、都守氏は、文永九年説は退けられるべきであり、文永一一年説が採用すべき正しい説であることを証明したのである。

もっとも、都守氏によれば、文永九年説を以って、『法華取要抄』の草稿とみられる『以一察万抄』と『取要抄』（ともに『延

山録外』所収）の成立年代を示すものとみる向きもあるが、『以一察万抄』『取要抄』ともに、佐渡での天変記事を含んでいることから、文永一一年二月五日をさかのぼるものではあり得ないという。つまり、『法華取要抄』の草稿の成立年代を文永九年とみる説も成り立たないのである。

以上を踏まえた上で、都守氏は、『法華取要抄』成立の日付とされる「五月二四日」については確認し得ないものの、「要するに『法華取要抄』は、日蓮聖人が佐渡、鎌倉、波木井氏の館、身延の草庵と忙しく移動された数ヶ月間に、二度の改稿を経て成立したものであったことを確認」（都守（一九九九年）三八三頁）し得た、と結論づけている。

(22)『聖密房御書』および『別当御房御返事』の系年については、鈴木（一九六五）二九三－二九九頁。

(23)『定遺』（二〇〇〇年、改訂増補版第三刷）の「正篇」（四三四篇）および「正篇追加」（四篇）に収められた計四三八篇の遺文のうち、二九〇篇以上が身延期の遺文である。

(24)同様の見解は、佐々木（一九九九／一九七六）九七頁にもみられる。

(25)「現実からの離脱者日蓮」というあり方を押し進めていく中で日蓮が志向した世界観を、佐々木氏は「法華経世界」という氏独自の枠組みでまとめている。「法華経世界」について、佐々木氏自身、

佐渡流罪中の思索の産物である「三国四師」観、という法華経の弘通意識を第一の柱に、また、身延において表明した、謗法罪の懲罰を担わせた「蒙古襲来」観を第二の柱に、現実＝体制の支配権を超越した「釈尊御領」観を第三の柱に、仏教的な要塞としての「四箇格言」を第四の柱に、そして、法華経とその行者の守護を義務づけた神祇観＝「法華経神祇」を第五の柱にして、高く聳え立つ世界観である、と規定してもよいであろう。　（佐々木（一九七九）二二四頁）

と要約している。かかる「法華経世界」の成立を、日蓮のライフヒストリーに即して論じた労作が、佐々木（一九九九／一九七六）である。

(26)他者と論争する際、「私」の問答を排して、「公場」での対決を求めようとする日蓮の姿勢は、佐渡流罪以前より一貫したものである。例えば、文永八年（一二七一、五〇歳）七月、行敏からの「難状」を受け取った日蓮は、

條々御不審の事、私の問答は事行ひ難く候か。然れば、上奏を経られ、仰せ下さるるの趣に随ひて、是非を糾明せらるべく候か。　（『行敏御返事』、四九七頁、原漢文）

と書き送って、公場対決を要求している。

また、身延入山から約半年を経た、文永一一年（一二七五、五四歳）の正月に系けられる『大田殿許御書』においても、

抑も俗諦・真諦の中には、勝負を以て詮となし、世間・出世とも、甲乙を以て先となすか。しかるに、……法華経と大日経と天台宗と真言宗の勝劣は、月支日本、未だこれを弁ぜず、西天東土にも明らめざる物か。所詮、天台・伝教の如き聖人、

公場において是非を決せず、明帝・桓武の如き国主、これを聞かざる故か。（『定遺』八五二頁、原漢文）

と記し、特に「法華経と大日経と天台宗と真言宗の勝劣」という事柄については、「公場」ではっきりさせることが必要であるとしている。

(27) 『強仁状御返事』、一一二三頁、原漢文、傍点・括弧内引用者。

寺尾英智氏によれば、ここに引用した文言のうち、括弧内を除いた文言、漢文で表記すれば「可然者此次奉驚天聴決」は、現存の真蹟『強仁状御返事』では第六紙の末文に当たるが、これに直ちに続く第七紙の前半部分は、料紙の裁断により失われてしまっているとみて間違いなく、したがって、「奉驚天聴決（天聴を驚かし奉りて決せん）」という文言の「決（決せん）」は、本来、何らかの目的語をとるものであったという。寺尾氏は、安国院日講（一六二六－一六九八）の『録内啓蒙』に「異本ニ云」として引かれている、右の欠失部分に相当する文言を紹介しつつも、それが真蹟の第七紙前半を正確に復元するものであるといえるか否かについては、さらなる精査が必要であるとしている。寺尾氏によるこうした指摘については、寺尾（二〇〇一）四〇〇－四〇五頁をみよ。

寺尾氏によって示されたかかる成果をうけて、山上弘道氏は、「奉驚天聴決」に続く欠失部分が、「日朝本」により、「断是非者哉 本文云危時易諫云云 既当此時歟 早々申下鳳詔御教書 相付日蓮決断是非遣諸人之迷 若無其義可謂仮令（誑）言歟」であることが判明するとして紹介。『延山録外』所収の『強仁状御返事』草案によっても、欠失部分が右のような文言であるとみて差し支えないとしている。本文で引いている文言の括弧内は、山上氏による右の復元を訓読したものである。山上氏によるこうした仕事については、山上（二〇一〇）をみよ。この論文において、山上氏は、『延山録外』所収の『強仁状御返事』草案により、『強仁状御返事』が「文永一一年（一二七四、五三歳）一二月二六日」に系けられるべきであることを論証。『定遺』の系年「建治元年（一二七五、五四歳）一二月二六日」は訂正される必要があることを指摘しており、本書においても、山上氏によるこの論証に従っている。

(28) 『未驚天聴御書』の系年については、鈴木（一九六五）二九二－二九三頁をみよ。

(29) 坂井法曄氏は、『未驚天聴御書』の文言「これを申すといへども、未だ天聴を驚かさざるか。事三ケ度に及ぶ。今、諫暁を止むべし。後悔を至すなかれ」にみえる「天聴」という語について、次のように記している。

たしかに「天聴」は『日本国語大辞典』の同項が、用例を示して「天子がお聞きになること。天皇がお知りになること」と解説するように、天皇の上聞に達することと理解するのが一般的である。

しかし私は、この場合の「天聴」は、国主たる得宗に転用したものと理解すべきだと思う。例えば日蓮は、『立正安国論』の献上について「付屋戸野入道奏進古最明寺入道殿了、此偏為報国土恩也」（四二二頁A）といっている。「奏進」も

「天聴」とほぼ同義で、天子・天皇に献上するとの意である（『日本国語大辞典』）。日蓮はこれを得宗の時頼に対して使用しているが、むしろ得宗を国主とみる日蓮の書物にこうした用例が見られるのは、当然といえるのではなかろうか。よって日蓮がここで使用した「天聴」も、同様に捉えて何ら無理はないだろう。

（坂井〔二〇〇七〕二四二―二四三頁、傍点は原文のもの。括弧内の「四二二頁」は『定遺』の頁数を、記号の「A」は真蹟現存遺文〔この場合は、中山法華経寺真蹟完存の『安国論御勘由来』〕であることを示している）

その上で、坂井氏は、『未驚天聴御書』の文意を、

「得宗被官（宿屋最信・平頼綱）を通じて、たびたび諌暁したのに、いまだに得宗の上聞に達していないのか。ことは三度にも及んだ。これ以上諌暁することはない。後悔をするな」　（坂井〔二〇〇七〕二四六頁、括弧内原文のまま）

と解釈している。

『未驚天聴御書』は、前後の文脈が不明であり、その意味でも解釈の難しい遺文である。したがって、坂井氏の解釈がただちに不可であるというわけではもちろんないのであるが、ただ、本文中で取り扱った『強仁状御返事』や『諸人御返事』の文言、殊に『諸人御返事』の「我弟子等の出家は主上上皇の師となり」とあるのを考慮に入れるならば、「天聴」の意を「国主たる得宗に転用したもの」に限定する必要は必ずしもないのではなかろうか。

また、坂井氏は、『未驚天聴御書』の当該文をもって、日蓮における諌暁の対象が、朝廷に転じたと解釈することはできない」（坂井〔二〇〇七〕二四三頁）と述べており、この見解に、筆者も基本的には賛同するところである。実際、日蓮にあって、天皇を頂点とする京の朝廷がいわゆる「諌暁」の対象と位置づけられるようになったとまでは断定できないと、筆者も考えている。ただ、少なくとも、京の朝廷が、「公場」対決を披露してその内容を耳に入れることにより「是非」の判断を求める対象として位置づけられていたことは、本文中で取り扱った『強仁状御返事』や『諸人御返事』の文言によっても明らかである。

なお、末木文美士氏は、『諸人御返事』に描かれるこうした「来るべきユートピア」が、『三大秘法禀承事』（いわゆる『三大秘法抄』。弘安四年〔一二八一、六〇歳〕に系年）にみえる国立戒壇論につながっていく可能性を示唆している。末木〔二〇〇〇〕一八〇―一八二頁、末木〔二〇一〇〕一八六―一八八頁を参照のこと。

また、末木氏は同書で、従来より真偽問題が論じられてきたいわゆる『三大秘法抄』について、「確かにいくぶんの疑問点は残るにしても、本書を確実に偽撰だと言える根拠は必ずしも十分ではない。本書がある意味ではきわめて危険な王仏冥合説を主張しているとしても、単純に偽撰視するのではなく、むしろそれを日蓮の思想の展開の中に置きながら、どのように位置付けることができるかを考えていくべきではないだろうか」（末木〔二〇〇〇〕一七四頁、末木〔二〇一〇〕一八〇―一八一頁）と問題を提起している。耳を傾けるべき問題提起ではあるが、ここでは『三大秘法抄』にまで話題を広げることはしない。

(30) このような「超越者」としての立場を、身延期における日蓮の「予言」という独自の観点から指摘した業績として、渡辺喜勝氏の論考がある。
　周知のように、『立正安国論』で「予言」した「他国侵逼難」と「自界叛逆難」が現実のものとなったという観点から、従来、日蓮は「予言者」と位置づけられてきた。

　しかし、渡辺氏が注目するのは、そうした「予言」ではなく、むしろ身延期以降になされた「予言」である。それは顕示されたものではないゆえに、これまで「予言」とみなされることさえなかったものである。身延山中にあって日蓮は、「霊山浄土」を身延の地に重ねつつ、その実現を門弟らに語るようになる。日蓮個人の信仰に即してみれば、それはもはや「予言」ですらなく、既に身延の地に「現成」されているという。そして、「現成」されたその世界において、日蓮は現実の時間を超えつつ、「久遠の日蓮」として、久遠仏や諸菩薩と共に永遠に生き続けるとの自覚を抱いたとされる。渡辺氏によれば、このような信仰と自覚の端的な表現が日蓮のいわゆる文字マンダラであり、そこに大書される日蓮の自署と花押は、その世界の「主人」としての積極的な自己表現である。

　ただし、その一方で、文字マンダラは「本門」の「戒壇」として具体的に実現されるべき世界をも意味している。したがって、文字マンダラに表現された世界は、特に対機的な意味合いにおいては、未来に成就される、また成就されるべき「予言」としての意義も同時に含むことになるという。

　渡辺氏によるこうした見解については、渡辺〔一九九九〕の第八章「マンダラ界の住人たち〔その二〕＝予言者・日蓮」）を参照のこと。

(31) その意味では、末木文美士氏による、「現実に埋没してしまうのでもなく、かといって現世を離脱してしまうのでもない。両者の緊張関係に立ちつつ、現世を超える次元から現世を撃つという発想－日蓮の思想のダイナミズムはそこに由来している」（末木〔二〇〇〇〕二〇八－二〇九頁、末木〔二〇一〇〕二一五頁）という指摘は示唆に富む。

(32) 実際、身延の日蓮は自閉的に閉じこもっていたわけでは決してない。日蓮自身、門弟らから隔てられつつも、常に門弟らと「共に在る」ことを端的に示そうとしたのが、一連の文字マンダラ、つまり「本尊」の授与であったとする渡辺喜勝氏の次の指摘は、その意味で、示唆に富むものである。
　このような「本尊」を授与された者の心意はどうだったろうか。言うまでもなく門人たちの心意において、あるいは信仰において深い意味をもったに違いない。信仰の師日蓮と共に在るという実感は、情感に十分な安堵感を与えたであろうことは想像に難くない。加えて信仰場面においても、眼前にある〈親筆〉での本尊を通して常に日蓮の人となりと、その気迫を看取したことであろう。そこに不退転の決意と確固たる信仰が醸成されていったと思われる。　（渡辺〔一九九九〕四六頁）

(33) 池上親子の間の、また、四条頼基と主人江馬氏との間の葛藤、さらに、「熱原法難」の背景および経緯については、高木（一九六五）の第四章「熱原法難の構造」および第五章「日蓮の宗教と中世的人間関係」を参照のこと。

(34) だが、このことは、日蓮が文字通り一歩たりとも身延山中から出なかったことを意味するものではない。これについては、本章の「むすびにかえて」をご覧いただきたい。

(35) 日蓮が自己自身に「三徳」を付与しようとする萌芽は、佐渡流罪の直後からみられる。佐渡に流罪されてから約四ヶ月後に系けられる『開目抄』には、

日蓮は日本国の諸人にしたし（親）父母也。（『定遺』六〇八頁）

とあって、自己に「父母」＝「親」としての徳を与えており、さらに、それから約三ヶ月後の『真言諸宗違目』では、

日蓮、日本国の人の為には賢父也、聖親也。導師なり。（『定遺』六三八―六三九頁）

と、「主」徳を除く、「師」徳・「親」徳を自己に付与するに至る。

自己のこうした位置づけは、身延入山の後も確実に受け継がれていく。身延入山の翌年に系けられる『王舎城事』には、

かう申《ス》は国主の父母、一切衆生の師匠なり。（『定遺』九一八頁）

とあり、そしてついには、本文で引いたように、「主・師・親」の「三徳」を残らず自己に具備せしめるに至るのである。

(36) 「師」・「智人」としての自覚を、日蓮が抱懐するに至る経緯、およびそうした自覚の構造については、次章、第II部第三章で取り扱う。

(37) このような確信は、日蓮晩年の書である『諫暁八幡抄』にも、次のようにみえる。

日蓮は去《ヌル》建長五年癸丑四月二十八日より、今弘安三年大歳庚辰十二月にいたるまで二十八年が間、又他事なし。只妙法蓮華経の七字五字を日本国の一切衆生の口に入《レン》とはげむ計《リ》也。此即母の赤子の口に乳を入《レン》とはげむ慈悲也。此又時の当《ラ》ざるにあらず。已に仏記の五々百歳に当れり。天台伝教の御時は時いまだ来《ラ》ざりしかども、一分の機ある故、少分流布せり。何《カニ》況《ヤ》今は已に時いたりぬ。設《ヒ》機なくして水火をなすともいかでか弘通せざらむ《ヿ》。（『定遺』一八四四頁、傍点引用者）

(38) 玉懸（一九七二）六一頁、高木（一九八二）二二八―二三一頁、佐藤（一九九八）一七八―一八〇頁などを参照せよ。

(39) 南条五郎急逝の報を受けて直ちにしたためられた書状が、『上野殿後家尼御前御書』である。これ以降、日蓮は、子を失った母尼を慰めるために、折りに触れて書状を綴ることになる。なお、母尼に宛てられたこれらの書状については、本書第III部第一章の第二節および「むすび」において取り上げているので、参照されたい。

(40) 山上弘道氏は、「御あそび」の解釈について、岡元・宮崎説を含め従来の説にあっては日蓮が他所に出向いたものと解釈されて

いるのに対し、南条時光が日蓮のもとに出向いてきたものとみる姉崎正治の説（姉崎〔一九三一〕）を継承。その上で、新たな仮説を提示（山上〔二〇一二〕）しているが、説得力において岡元説を上回るものとは思えない。

【引用・参照資料および略号】

『日蓮』
　戸頃重基・高木豊校注、岩波日本思想大系『日蓮』、一九七〇年。
『富士学林教科書』第一巻
　『富士学林教科書 研究教学書』第一巻、富士学林、一九七〇年。
『礼記』上
　竹内照夫『礼記』上〈新釈漢文大系第二七巻〉、明治書院、一九七一年。

【引用・参照文献】

浅井〔一九三三〕
　浅井要麟『日蓮聖人御遺文講義』第一〇巻、龍吟社。
姉崎〔一九一六／一九八二〕
　姉崎正治『改訂 法華経の行者日蓮』。本書の初版は一九一六年、改訂版は一九三二年。改訂版はさらに、一九八二年には国書刊行会の『姉崎正治著作集』第一〇巻に収められた。本書での引用・参照は著作集に拠った。
姉崎〔一九三一〕
　姉崎正治「莚三枚御書の年代について」（法華会『法華』第一八巻第一一号）。
今成〔一九九三〕
　今成元昭「日蓮——その思考と行動の軌跡——」（〈岩波講座 日本文学と仏教 第一巻〉『人間』）。

上田〔一九八三〕
上田本昌「日蓮聖人身延入山の研究」（編集代表渡辺宝陽『日蓮教団の諸問題――宮崎英修先生古稀記念――』平楽寺書店）。
上原〔一九七四／一九八八〕
上原専祿「日蓮身延入山考」（上原専祿『死者・生者――日蓮認識への発想と視点――』未来社、一九七四年）。後に『上原専祿著作集』第一六巻、評論社、一九八八年に再録。本書での引用・参照は著作集に収録されたものに拠った。
岡元〔一九九六〕
岡元錬城「日蓮聖人書簡『莚三枚御書』研究近業批判――系年と対告者、その真実の探求――」（岡元錬城『日蓮聖人遺文研究』第三巻、山喜房仏書林）。
坂井〔二〇〇七〕
坂井法曄「日蓮と鎌倉政権ノート」（佐藤博信編著『中世東国の社会構造――中世東国論・下――』岩田書院）。
佐々木〔一九七九〕
佐々木馨『日蓮と「立正安国論」――その思想史的アプローチ――』評論社。
佐々木〔一九九九／一九七六〕
佐々木馨「日蓮の思想構造」（佐々木馨『日蓮の思想構造』吉川弘文館、一九九九年）。本書での引用・参照はこれに拠った。なお、佐々木氏によるこの論文の初出は『研究年報 日蓮とその教団』第一集、平楽寺書店、一九七六年。後に、中尾堯・渡辺宝陽編『日蓮聖人と日蓮宗』〈日本仏教宗史論集第九巻〉、吉川弘文館、一九八四年に再録。佐々木馨『日蓮の思想史的研究』山喜房仏書林、二〇一一年にも「「法華経世界」の構築」というタイトルで所収。
佐藤〔一九九八〕
佐藤弘夫「中世仏教者の歴史観」（佐藤弘夫『神・仏・王権の中世』法藏館）。
末木〔二〇〇〇〕
末木文美士『日蓮入門――現世を撃つ思想――』ちくま新書。
末木〔二〇一〇〕
末木文美士『〈増補〉日蓮入門――現世を撃つ思想――』ちくま学芸文庫。

鈴木〔一九四四〕
鈴木一成「身延入山の理由とその表現」(法華会『法華』第三一巻第六号)。
鈴木〔一九六五〕
鈴木一成『日蓮聖人遺文の文献学的研究』山喜房仏書林。
高木〔一九六五〕
高木豊『日蓮とその門弟』弘文堂。
高木〔一九七〇〕
高木豊『日蓮――その行動と思想――』評論社。
高木〔一九七二〕
高木豊「日蓮の門弟」(田村芳朗・宮崎英修編『日蓮の生涯と思想』〈講座日蓮第二巻〉、春秋社)。
高木〔一九八二〕
高木豊「鎌倉仏教における歴史の構想」(高木豊『鎌倉仏教史研究』岩波書店)。
高木〔二〇〇二〕
高木豊『日蓮――その行動と思想――〈増補改訂版〉』太田出版。
玉懸〔一九七一〕
玉懸博之「日蓮の歴史観――その承久の乱に対する論評をめぐって――」(東北大学文学部日本思想史学研究室『日本思想史研究』第五号)。
田村〔一九七五〕
田村芳朗『日蓮――殉教の如来使――』日本放送出版協会。
都守〔一九九九〕
都守基一「『法華取要抄』の成立」(高木豊・小松邦彰編『鎌倉仏教の様相』吉川弘文館)。
寺尾〔二〇〇一〕
寺尾英智「京都妙顕寺所蔵の日蓮真蹟――『強仁状御返事』『三八教』『八宗違目鈔』について――」(田賀龍彦博士古稀記念論文

集刊行会編『仏教思想仏教史論集――田賀龍彦博士古稀記念論集――』山喜房仏書林）。

中尾（二〇〇二）

中尾堯『日蓮』〈歴史文化ライブラリー一三〇〉、吉川弘文館。

三戸（一九三六／一九七八）

三戸勝亮『日蓮聖人遺文全集講義』第一七巻、ピタカ、一九七八年復刻版（初版は一九三六年）。

宮崎（一九五五）

宮崎英修「日蓮聖人晩年の健康をめぐって」（『大崎学報』第一〇三号）。

宮崎（一九八五）

宮崎英修「日蓮聖人の身延隠遁と出遊」（中村瑞隆博士古稀記念会編『仏教学論集――中村瑞隆博士古稀記念論集――』春秋社）。

山上（二〇一〇）

山上弘道「『強仁状御返事』について――『延山録外』所収『強仁状御返事』草案から得られる新知見を中心に――」（『興風』第二二号、興風談所）。

山上（二〇一二）

山上弘道「『莚三枚御書』について――「御あそびに」考」（興風談所御書システムコラム、平成二四年〔二〇一二〕八月号。http://www5fbiglobe.jp/~goshosys/colum_ft.html）。

渡辺（一九九九）

渡辺喜勝『文字マンダラの世界――日蓮の宗教――』岩田書院。

ANESAKI (1916)

ANESAKI Masaharu, Nichiren, the Buddhist Prophet, Cambridge : Harvard University Press, 1916

第三章　「愚者」と「智人」

――日蓮における「師」自覚の構造――

はじめに

佐渡流謫《るたく》の最中にあって、日蓮は「仏の御心」に直参することに成功した。すなわち、『法華経』の教相を生み出しつつも、教相のレベルには還元できない、教相を越えた領分である「仏の御心」そのものを、日蓮は「発見」し得たのである。日蓮にとって、そのことはまた、久遠仏の色心に貫き通されることによって一切が久遠仏と即一化した永遠なる世界の「発見」、言葉を換えるならば、無限の過去において久遠仏により既に成就された救済世界たる「一念三千」の「発見」であり、と同時に、かかる救済世界の象徴が「南無妙法蓮華経」に他ならないことの「発見」でもあった。

だが、いうまでもなく、現実の世界は、「穢土」以外のあり様を示さず、そこにある衆生もまた、「凡夫」たることを免れ得ない。つまり、「一念三千」は、たとえ我々がその直中《ただなか》にあるにしても、我々の現実の地平においてはいまだ現成されていないのであり、したがって「一念三千」は、久遠仏の側に久遠仏自身の「功徳」としてのみ保持されている超越的領分たらざるを得ないことになる。換言するならば、衆生と久遠仏とは即一化した「南無妙法蓮華経」の状態にはなく、「南無」すべき主体としての衆生と、久遠仏の色心の象徴たる

「妙法蓮華経」とに分かれたままの状態にある、ということである。

しかし、さればこそ、久遠仏は、「南無」すべき客体として、「妙法蓮華経」の五字を衆生に差し出すのである。というのも、久遠仏の色心の象徴たる「妙法蓮華経」の五字にこそ、「一念三千」という久遠仏の「功徳」が保持されているからである。かくして、久遠仏は、かかる「妙法蓮華経」の五字に「南無」するところ、つまり、「南無妙法蓮華経」と唱える当所に、「一念三千」というみずからの「功徳」を「自然譲与」することを、衆生に約束するのである。

「仏の御心」そのものという超越的領分、つまり「観心」の領分の「発見」は、日蓮にこのような「観心ノ法門」（『観心本尊抄副状』、七二一頁）の構築をもたらした。日蓮にあっては、かかる「観心ノ法門」の構築によって、いわゆる「教相知」と「実践知」との統合が果たされた、とみなすことができる。すなわち、『法華経』は、「仏の御心」そのものを内包せるがゆえに「一切経の大王」なのであり、そして、『法華経』の題目たる「妙法蓮華経」の五字とは、久遠仏の色心の事的象徴――それは「一念三千」をみずからの功徳として領するとともに唯一それを媒介し得るものである――であるがゆえに「南無」せられねばならないのである。

「教相知」と「実践知」とを統合し得るこうした「観心ノ法門」を、日蓮は、「仏の御心」に即応するいわば「仏の智慧」ともいうべきものとして構築していこうとした、といえるのではないか。「日本第一の智者となし給へ」（『清澄寺大衆中』、一一三三頁）と願った日蓮は、まさにこうした「智慧」の構築を通して、みずからを「一閻浮提第一の智人」（『撰時抄』、一〇五六頁）、「大覚世尊の智慧ノごとくなる智人」（『智慧亡国御書』、一一三〇頁）に比定し得たのであろう。

だが、第I部第一章の冒頭において既に確認したように、日蓮はその一方で、自己を愚かなる「凡夫」とみなすとともに、「仏経みなあやまれり。誰の智解か直かるべき」（『開目抄』、五五五頁）といういい方で、自身も含めた同時代人の智慧の有限性を指摘してもいる。果たして日蓮は、自己自身もそれを免れ得ないとした智慧の有限性を、どのようにして克服し得たというのであろうか。言葉を換えるならば、必然的に「愚者」たらざるを得ない自己の智慧が、「仏の智慧」ともいうべきものに転換し得る契機を、日蓮はどこに見出していたのであろうか。

本章第一節は、この問題の考察にあてることになる。この問題を解く鍵が、日蓮のいう「現証」にあることは、既に第Ⅰ部第二章でみた通りであるが、そこで引用された日蓮遺文は主として佐渡流罪より前のものに限られていた。これから行なう考察においても、「現証」が問題解決の糸口になることに変わりはないが、そこで素材として引いてくる遺文は佐渡流罪以降のものが主となる。かかる素材を用いての考察を経て、私たちは、「愚者」であるがゆえに「智人」である、「智人」であるということは「愚者」たることにおいて成り立つ、という日蓮の自覚に出会うことになるであろう。それは同時に、日蓮のいわゆる「師」としての自覚が有する、緊張感を孕んだ逆説的構造を明らかにする作業でもある(1)。

続いて第二節では、このような「師」の自覚に関連して、日蓮のいわゆる「地涌・上行菩薩」、および「如来使」の自覚を取り上げる。これらの自覚においても、「師」の自覚にみられると同様の緊張感が見出されることになるであろう。

第一節　「師」自覚の構造

法華経と申スは随自意と申シて仏の御心をとかせ給フ。……此法華経にをひて、又機により、時により、国により、ひろむる人により、やう〳〵（様々）にかわりて候をば、等覚の菩薩までもこのあわひをばしらせ給わずとみへて候。まして末代の凡夫はいかでかはからひをゝせ候べき。しかれども人のつかひに三人あり。一人はきわめてこざかしき、一人ははかなくもなし、又こざかしからず。一人はきわめてはかなくたしかなる。此三人に第一はあやまちなし。第二は第一ほどこそなけれども、すこしこざかしきゆへに、主の御ことばに私の言をそうるゆへに、第一のわるきつかいとなる。第三はきわめてはかなくあるゆへに、私の言をまじへず。きわめて正直なるゆへに主の言ばをたがへず。第二よりもよき事にて候。あやまつて第一にもすぐれて候なり。第一をば月支の四依にたとう。第二をば漢土の人師にたとう。第三をば末代の凡夫の中に愚癡にして正直なる物にたとう。

（『随自意御書』、一六一一－一六一二頁、傍点引用者）

ここでは、『法華経』を「仏の御心」のままに受け取ることの困難さが、まずは強調されている。それは、「末代の凡夫はいかでかはからひをゝせ候べき」といわれるように、「末代の凡夫」にとっては極めて困難なことであるとされる。しかし、その一方で、日蓮は「末代の凡夫」においてかえって、その困難さを克服し得る素地があることも指摘している。傍点部に示した「愚癡にして正直」というあり方がそれである。かかるあり方にかえって、「私の言をまじへず」、「主の言ばをたがへ」ない可能性があるとされるのである。

凡夫の私の計ヒ、是非につけてをそれあるべし。仏の申ス親父の仰セを仰クべし

（『法門可被申様之事』、四四五頁）

という言葉からも窺い得るように、日蓮は、恣意を排して仏の言葉を受け取り、それによって「仏の御心」に十全に従いきる、というあり方に最高の価値をおいていた。かかるあり方を達成し得たとの確信があればこそ、日蓮は次のようにも記し得るわけである。

日本国は仏法盛なるやうなれども仏法について不思議あり。人是を不レ知ラ。……真言師・華厳宗・法相・三論・禅宗・浄土宗・律宗等の人々は我も法をえたり、我も生死をはなれなんとはをもへども、立テはじめし本師等依経の心をわきまへず、但我心のをもひつきてありしまゝに、その経をとりたてんとをもうはかなき心ばかりにて、法華経にそむけば仏意に叶はざる事をばしらずしてひろめゆくほどに、国主万民これを信シぬ。又他国へわたりぬ。又年《とし》もひさしくなりぬ。末々の学者等は本師のあやまりをばしらずして、師のごとくひろめならう人ゝを智者とはをもへり。源とにごりぬればながれきよからず、身まがればかげなをからず。

（『一谷入道御書』、九九〇－九九一頁）

ここで日蓮は、みずからの智慧の有限性を自覚せぬまま仏法に真理を求めた結果は、当人の思いはどうあれ、仏の側からみれば、「仏意」＝「仏の御心」に適わない恣意的なものとなってしまう、と断じている。いわば

日蓮は、仏と同じ高みに立って、仏教信仰の直中《ただなか》に、それとして意識せられない「謗法」の罪が存在することを指摘しているのである。[2]

ただ、問題は、自分が「凡夫の私の計ヒ」を排して「仏の御心」を代弁し得る立場にあるという、日蓮のこうした確信の根拠である。日蓮自身、

いかでか仏法の御心をば我等凡夫は弁ヘ候べき。ただ経々の文字を引合セてこそ知ルべきに……

（『千日尼御前御返事』、一五三九頁）

と述べているように、「仏法の御心」、すなわち仏教全体を貫く「仏の御心」を知ろうとするならば、「我等凡夫」の立場でまずなし得ることは、仏の言葉たる「経々の文字」を「引合セ」るという営み、つまり比較検討するという作業以外にはあり得ないとする。しかし、それは、いわば学問の基本的かつ一般的な作業であって、かかる作業を行なったからといって、その結論が必ず「仏の御心」に適っていることの保証になり得るものでは決してない。つまり、その作業自体にみずからの智慧の正統性を保証する決め手があるわけではないのである。さらに日蓮は、自分自身のこうした作業に向けられた批判として、

汝は法華経の文に依ルやうなれども、天台・妙楽・伝教の僻見を信受して、其見《けん》をもつて経文をみるゆえに、爾前に法華経は水火なりと見るなり。

（『開目抄』、五五四頁）

という批判も挙げている。すなわち、「法華経の文」に直接依拠して「爾前に法華経は水火なり」という結論を導いているといいながらも、実のところ、「天台・妙楽・伝教」といった先師による解釈のバイアスを経てしまった結論に過ぎないのではないか、との批判である。「依法不依人」を掲げ、「法」＝経文に直参するといいながらも、結局は「人」を介して「法」＝経文をみようとしているではないかとの論難である。このような批判を乗り越える決め手を、日蓮は果たしてどこに求めたのであろうか。

そこで注目されるのが、次の文言である。

日蓮仏法をこゝろみるに、道理と証文とにはすぎず。又道理証文よりも現証にはすぎず。

（『三三蔵祈雨事』、一〇六六頁）

第Ⅰ部第二章において既に確認したように、ここでいう「道理」と「証文（文証とも）」とは、「仏の御心」を把握・表現しようとして組み立てられた理論と、その理論が「仏の御心」に適っていることを証拠づける仏の言葉、つまり経文等のことであるといってよかろう。自己の正統性、つまり「仏の御心」に適っていることを主張するためには、この「道理」と「証文（文証）」とは、もとより欠かせない。だが、「道理」と「証文（文証）」とはいわば必要条件であって、それだけでは自己の正統性を主張し通すことはできない。みずからの正統性を最終的に主張するためには、どうしても「現証」が必要となってくるのである。(3)

その場合、日蓮にとっての「現証」とは、一つには、日蓮自身が『立正安国論』において、『金光明最勝王経』『大集経』『薬師経』などの経文に基づき「予言」した「他国侵逼難」と「自界叛逆難」との「的中」のことである。(4)「他国侵逼難」については、文永五年（一二六八、四七歳）の蒙古国書の到来によって現実化への可能性が一挙に顕在化し、文永一一年（一二七四、五三歳）一〇月のいわゆる「文永の役」によってついに現実のものとなった、と日蓮はみる。また、「自界叛逆難」については、文永九年（一二七二、五一歳）二月の「北条時輔の乱」（「二月騒動」）によって現実化したとみなされる。こうした形での「的中」が、日蓮に大きな自信を与えたことは間違いない。

予は、未だ我が智慧を信ぜず。然りといへども、自他の返逆侵逼、これを以て我が智を信ず。

（『聖人知三世事』、八四三頁、原漢文）

という文言が、そのことを端的に物語っている。(5)

しかし、このこと以上に、自身の智慧の正統性を日蓮に確信させることになった「現証」がある。それは、まさに自己自身の身体において『法華経』が表現されているという確信を意味する、いわゆる「色読」の体験である。自己の度重なる受難は、日蓮によれば、釈尊滅後の法華弘通者が被るであろうと、釈尊自身が『法華経』において直接的・間接的に予言した迫害の体現に他ならない。しかも、日蓮は、釈尊滅後の歴史においてその予言を完全に成就し得たのは、自分ただ一人であるという。

勧持品に云く、諸の無智の人ありて悪口罵詈等すと云云。日蓮、この経文に当れり。汝等、何ぞこの経文に入らざる。及加刀杖者等と云云。日蓮はこの経文を読めり。汝等、何ぞこの経文を読まざる。常在大衆中欲毀我等過等云云。向国王大臣婆羅門居士等云云。悪口而顰蹙数数見擯出。数々とは度々なり。日蓮、擯出衆度《たびたび》。流罪は二度なり。
（『寺泊御書』、五一四－五一五頁、原漢文）

法華経の第五の巻勧持品の二十行の偈は、日蓮だにも此国に生レずは、ほとをど（殆）世尊は大妄語の人、八十万億那由佗の菩薩は提婆が虚誑罪にも堕ぬべし。経に云ク　有諸無智人悪口罵詈等、加刀杖瓦石等云云。今の世を見るに、日蓮より外の諸僧、たれの人か法華経につけて諸人に悪口罵詈せられ、刀杖等を加ラルる者ある。日蓮なくば此一偈の未来記ハ妄語となりぬ。悪世中比丘邪智心諂曲。又云ク　与白衣説法為世所恭敬如六通羅漢、此等ノ経文は今の世の念仏者・禅宗・律宗等の法師なくば世尊ハ又大妄語の人、常在大衆中乃至向国王大臣婆羅門居士等、今の世の僧等日蓮を讒奏して流罪せずば此経文むなし。又云ク数々見擯出等云云、日蓮法華経のゆへに度々ながされずば数々の二字いかんがせん。此の二字は天台伝教モいまだよみ給はず。況ヤ余人をや。末法の始のしるし、恐怖悪世中の金言のあふゆへに、但日蓮一人これをよめり。
（『開目抄』、五五九－五六〇頁）

日蓮はこのように、仏自身による「未来記」＝予言を実現する者としてみずからを位置づけることにより、仏自身によって予言された者としての自覚を獲得していくことになる（高木〔一九七〇〕一三一－一三三頁、高木〔二〇〇二〕一一四－一一五頁）。

仏の指サせ給ヒて候未来の法華経の行者なり。
（『三沢鈔』、一四四五頁）

とは、仏自身によって予言された者としての自覚を端的に表明したものに他ならない。自己一身において『法華経』が体現されているとの自信は、さらに、『法華経』が自己自身のために説かれたとの確信をも生み出すことになる。こうした確信を示すのが、

問て云く、法華経は誰人の為にこれを説くや。答て云く、……末法を以て正となす。末法の中には、日蓮を以て正となすなり。問て曰く、その証拠如何。答て曰く、況滅度後の文これなり。疑て云く、日蓮を正となす正文如何。答て云く、有諸無智人悪口罵詈等及加刀杖者等云云。

（『法華取要抄』、八一三頁、原漢文、傍点引用者）

という文言である。「日蓮を正となす」ことの根拠として、日蓮は、傍点部にあるように、自身がいわゆる「色読」したとする『法華経』の経文を掲げているのである。

自分は『法華経』を担うべく仏自身によって予言された存在であり、したがって、「仏の御心」に適った仕方で『法華経』を現に担っているのも他ならぬ自分自身である。いわゆる「色読」の体験によってもたらされた日蓮のこうした自覚が、みずからの智慧のあり方に大きな自信を与えたことは、いうまでもなかろう。だからこそ日蓮は、

仏、法華経をとかせ給て今にいたるまでは二千二百二十余年になり候へども、いまだ法華経を仏のごとく

よみたる人は候はぬか。大難をもちてこそ、法華経しりたる人とは申スべきに、天台大師・伝教大師こそ法華経の行者とはみへて候ヒしかども、在世のごとくの大難なし。

（『上野殿御返事』、一三〇七―一三〇八頁、傍点引用者）

と述べて、傍点部にあるように、みずからを「法華経を仏のごとくよみたる人」、「法華経しりたる人」に比定することになるのである。

また日蓮は、次のようにも述べている。

今、日蓮は賢人にもあらず、まして聖人はおもひもよらず。天下第一の僻人にて候が、但、経文計リにはあひて候やうなれば、大難来リ候へば、父母のいきかへらせ給ヒて候よりも、にくきもののことにあふよりもうれしく候也。愚者にて而も仏に聖人とおもはれまいらせて候はん事こそ、うれしき事にて候へ。智者たる上、二百五十戒かたくたもちて、万民には諸天の帝釈をうやまふよりもうやまはれて、釈迦仏・法華経に不思議なり提婆がごとしとおもはれまいらせなば、人目はよきやうなれども後生はおろそし。

（『上野殿御返事』、一二〇八頁、傍点引用者）

ここで日蓮は、「日蓮は賢人にもあらず、まして聖人はおもひもよらず。天下第一の僻人にて候」とまで述べて、自己が愚かなる凡夫であることを一方では強調しつつも、傍点部にあるように、「大難来リ候へば、……愚者にて而も仏に聖人とおもはれまいらせて候はん事こそ、うれしき事にて候へ」と記している。つまり、日蓮にあっては、「色読」体験を通して得られた、「仏に聖人とおもはれまいらせて候」という自覚にこそ、「愚者」たる自己がそのまま「智者」「智人」たり得る根拠が求められているのである。日蓮が自己を「一閻浮提第一の智人」（『撰時抄』、一〇五六頁）と名乗る理由は、まさにここにあるといえよう。「一人のしる（知）人日蓮」（『仏眼御書』、一三八六頁）というのも、同様の物言いである。

　こうした自称は、一方で自己を「愚者」とみなし、「わが智慧なににかせん」（『三三蔵祈雨事』、一〇六五頁）と、みずからの智慧の有限性を明言する日蓮にあっては、「愚者」たる自己が「仏の智慧」を受け取ったということを意味するものである、といえるのではないか。つまり、「愚者」である自己は、むしろ「愚者」に徹しきること――先に『随自意御書』、一六一一―一六一二頁より引いた日蓮自身の言葉を借りるならば、「きわめてはかなくあるゆへに、私の言をまじへず。きわめて正直なるゆへに主の言ばをたがへず」という「末代の凡夫の中に愚癡にして正直なる物」に徹しきること――によって「仏の智慧」を受け取り、まさにそのことによって「智者」「智人」たり得たのだ、ということである。

　「仏の智慧」をかくして受領し得たという自覚、ここでも日蓮自身の言葉を借りるならば、「大覚世尊の智慧ノごとくなる智人」（『智慧亡国御書』、一一三〇頁）たり得たとの自覚において、日蓮は、謗法罪の直中にありながらもそのことに気づき得ない同時代人を導く、いわゆる「師」としての自覚を表明することになる。

　　いまだきかず、いまだ見ず、南無妙法蓮華経と唱へよと他人をすゝめ、我と唱へたる智人なし。日出テぬれば星かくる。賢王来れば愚王ほろぶ。実経流布せば権経のとどまり、智人南無妙法蓮華経と唱えば愚人の此に随はんこと、影と身と声と響とのごとくならん。日蓮は日本第一の法華経の行者なる事あえて疑ひなし。これをもつてすいせよ。漢土・月支にも一閻浮提の内にも肩をならぶる者は有ルべからず。

（『撰時抄』、一〇四八頁）

とは、そうした自覚を端的に表明したものであるといえよう。すなわち、日蓮は、「南無妙法蓮華経と唱へよと他人をすゝめ、我と唱へ」るという「法華経の行者」としての自身の行実が、「智人」としての自信に裏打ちされた、いわゆる「師」としての実践に他ならないことを、誇らしげに宣言するのである。

「仏の智慧」を受け取ったがゆえに、まさに仏と同じ高みに立って人々を導く「師」たり得るとの自信は、例えば、次の文言にも窺い見ることができる。

仏眼をかり、仏耳をたまわりて、しめし候……

（『仏眼御書』、一三八六頁）

ただし、その一方で、「かり」、「たまわりて」という表現には、その「智慧」が自己に帰属するものではなく、あくまでも「仏」のものであるという意識をもまた、同時に看取できる。つまり、「仏の智慧」を受け取る「器」として自己は、どこまでも「愚者」であるという自省をも、同時に窺い見ることができるのである。

このように、日蓮のいわゆる「師」の自覚には、「智人」としての自己が誇られつつ、「愚者」としての自己が常に意識されている、という構造を見て取ることができる。このことは、先に引いた「仏法をこゝろみる」という表現にもあらわれている。日蓮の修学・実践の歩みは、「愚者」たる自己の限界を十分に自覚しつつも、なんとかして「仏の御心」をつかみ、それを適切な仕方で表現しようとするものであったといえよう。だから

こそ、先にも引いたところであるが、

いかでか仏法の御心をば我等凡夫は弁ヘ候べき。ただ経々の文字を引合セてこそ知ルべきに……

（『千日尼御前御返事』、一五三九頁）

といった仕方で「こゝろみ」＝「心み」がなされるのである。しかし、「いかでか仏法の御心をば我等凡夫は弁ヘ候べき」という右の言葉ににじみ出ているように、そうした「心み」には、実は「仏の御心」から隔たっているのではないか、という不安が常につきまとわざるを得なかったものと思われる。いわば、自己の「愚者」性に立脚した不安である。

だが、むしろそうした不安があるからこそ、「心み」はなされなければならない。そして、そうした「心み」は「現証」の裏づけを得てはじめて成功した、と確信されるに至る。

今度いかなる大難にも退せぬ心ならば申し出タすべしとて申し出シて候しかば、経文にたがわず此の度々の大難にはあいて候しぞかし。今は一こうなり。いかなる大難にもこらへてん、我身に当て心みて候へば、不審なきゆへに此山林には栖《すみ》候なり。

（『三沢鈔』、一四四六頁、傍点引用者）

とは、自身のこれまでの歩みを振り返りつつ、身延山中に入った理由を説明したものであるが、ここに、そうした「心み」がいわゆる「色読」の体験という「現証」を得て成就された、との確信を見出し得よう。そうした確信に基づいて、日蓮は、自己が「智人」たることを言表し、そうした自己の「智人」性に立脚して、いわゆる「師」としての自覚を表明することになるのである。(6)

日蓮のこうした自己表現には、確かに、法然や親鸞、そして一遍とも異なった、日蓮の独自性を見出すことができる。

法然は、

念仏ヲ信ゼン人ハ、たとひ一代ノ法ヲ能々《よくよく》学ストモ、一文不知《いちもんふち》ノ愚《ぐ》とんの身ニナシテ、尼入道《あまにゆうどう》ノ無ちノともがら二同《おなじう》しテ、ちしやノふるまいヲせずして、只一《ただいっ》かうに念仏すべし。

（『一枚起請文』、『法然 一遍』一六四頁）

と遺言したように、いかに学的な素養があろうとも、「ちしや」＝「智者」として自己を表現することを拒否した。

また、親鸞は、

親鸞《しんらん》は弟子《でし》一人《ゐちにん》ももたずさふらふ。そのゆへは、我《わが》はからひにて、ひとに念仏《ねむぶち》をまうさせさふらはゞこそ、弟子《でし》にてもさふらはめ。ひとへに弥陀《みだ》の御もよほしにあづかりて、念仏《ねんぶち》まうしさふらふひとを、わが弟子《でし》とまうすこと、きはめたる荒涼《くわうりやう》のことなり。

（『歎異抄』、『親鸞集 日蓮集』一九六頁）

と述べたと伝えられており、「弥陀《みだ》の御もよほし」を最大限に強調する立場から、自己が「師」とみなされることを拒絶した。

さらに、一遍の場合は、

となふれば仏もわれもなかりけり南無阿弥陀仏なむあみだ仏　（『一遍上人語録』、『法然 一遍』三一九頁）

と詠んで、六字名号と自己とを即一化する境地にまで突き進もうとする。この境地においては、「われ」という自覚すら、まったく必要のないものとなる。ましてや、「師」や「智人」、さらには「愚者」といった、いわば「われ」にまつわる属性や評価など、真っ先に捨て去るべきものとなろう。より正確にいうならば、「捨てる」と認識するその主体性こそ、一遍にとっては、捨て去らねばならない当のものなのである。一遍が、

身をすつるすつる心を捨てつればおもひなき世にすみぞめの袖　（『一遍聖絵』六九頁下）

と詠む所以である。(7)

これに対して、日蓮は、自己が「智人」であり、それゆえに「愚者」を導き得る「師」であることを高らかに宣言する。ただし、このことは、日蓮が自己の属性から「愚者」たることを切り捨てたことを意味するものでは、断じてない。

先にもみたように、「仏法をこゝろみる」ということ自体、日蓮にあっては、自己の「愚者」性に基づいた

営みに他ならないのである。その営みを続けてきた日蓮、そして、自身における「こゝろみ」＝「心み」は成就したことを明言しながらも、[8] なお「仏眼をかり、仏耳をたまわりて」と表現する日蓮にあっては、どこまでも「愚者」としての自己は意識され続けることになる。つまり、日蓮にあって、「愚者」たる自己が意識から払拭されることは、決してなかったのである。

とするならば、日蓮の「師」としての自覚に、「智人」としての自信をみるのみでは、やはり不十分であるといわねばなるまい。「智人」たり得ることを「心み」続ける原動力となった、そして、「仏の智慧」を受け取るためにはむしろそれに徹しきらねばならない「愚者」としての自省をも、同時に読み取るべきなのである。確かに、日蓮にあって、いわゆる「師」の自覚は、「智人」としての自信を前面に立てて宣言されてはいる。しかし、そうした「師」の自覚が成立する背景には、「愚者」としての自省を厳然と保ちつつ「智人」たらんとした、日蓮の動的な緊張感が存在している。そしてなによりも、「智人」としての自覚は同時に、みずからのあり方として「愚癡にして正直」を徹底し得たという自覚と表裏一体なのである。日蓮の「師」自覚に込められた、かかる緊張感と逆説性。これを見落としてはならない。

第二節　「地涌・上行菩薩」の自覚

第一項　本節執筆の背景

本節は、日蓮におけるいわゆる「地涌・上行菩薩」の自覚というものが、日蓮自身にとって——日蓮を信じる者にとってではなく——、いかなる意味を持つものであったのかという問題につき、前節において考察した「師」の自覚との関連において考察しようとするものである。

もっとも、筆者は、この問題を取り上げた拙論「「愚者」と「智人」——日蓮における「師」自覚の構造——」（間宮（一九九九））を以前に公表したことがある。また、この拙論の内容については、平成一一年（一九九九）度の日蓮宗教学研究発表大会でも発表を行なっている。

ただ、右の拙論・発表の主題はあくまでも、前節でみてきた、日蓮のいわゆる「師」としての自覚の構造に関する考察であった。日蓮における地涌・上行自覚の問題は主題ではなく、あくまでも付け足りとして論ぜられたものに過ぎなかったのである。それをこの度、あえて主題として取り上げようと思い至った理由は、以下の通りである。

まず第一点は、平成一一年度日蓮宗教学研究発表大会での発表の際、日蓮の地涌・上行自覚において重要な意味を持つ通称「万年救護御本尊」を考察に十分取り込むべきだとのご指摘を受けたこと、また、発表の後、現在、日蓮仏教研究所主任である都守基一氏より、この度、『法華取要抄』の草案とみてよい文献二本を翻刻し、考察を施した（都守（一九九八））が、その中に、日蓮の地涌・上行自覚に関わる記述があるので見てみるとよい、との貴重なご教示をいただいたことである。ご指摘・ご教示を頂戴したこれら諸文献については、後ほど取り上げる。

第二点。日蓮がみずからを「上行菩薩」であると明言している遺文としてこれまでも重視されてきた『頼基陳状』の文献学的研究が、右の拙論および発表の後、大きく進んだことである。周知のように、『頼基陳状』は、日蓮在俗の信者・四条金吾頼基が、主人の江馬氏と信仰上の問題で厳しく対立した際、頼基に代わって日蓮が代筆した陳弁書である。真蹟は伝えられていないが、「未再治本」「再治本」と称せられる、文章に若干の異同のある両写本が伝えられてきた。このうち、後者には奥書に「以再治本書写了」（『定遺』一三六〇頁脚注、傍点引用者）とあることから、「再治本」と称せられ、それを踏まえて、前者は再治本以前の「未再治本」とみなされ、そのように称せられてきたわけである。従来、両写本とも長らく、日蓮の直弟子である日興の筆になるとされてきたが、「再治本」の方にのみ、日蓮を「上行菩薩の垂迹」、さらには「上行菩薩」そのものとする記述があることから、①その記述は後人の加筆・改修か、そもそも「再治本」自体、本当に日興写本なのか、と疑われてきた（浅井（一九三三）三〇九頁、庵谷（一九九七）五七頁、七一頁）。あるいは、②この記述は日興自身による書き加えの可能性もある、とされてきた（菅原（一九九一）八八頁）。こうした各種疑問の解決に大きく寄与したのが、菅原関道氏の「重須本門寺所蔵の『頼基陳状』両写本について」（菅原（二〇〇三））である。この論文において、菅原氏は、筆跡の照合により、いわゆる「未再治本」は日興の筆ではなく、寂仙房日澄（一二六二－一三一〇）の筆であり、一方、「再治本」の方は、従来いわれてきた通り、日興の筆になることを明らかにした。これによって、『頼基陳状』、特に「再治本」を扱う際に常に懸念せざるを得なかった①の疑いは解決したといってよいのであるが、いまだ②の可能性は残る。ただ、これについても、菅原氏は、日蓮真蹟を書写する際、「上行菩薩」に関する記述を日興が加筆・改竄した跡はまったく見られないことを事例を挙げて紹介し、それによって、かつてみずから提起した②の可能性を否定している（菅原〔二〇〇三〕一七四－一七五頁、一八四頁下）。いずれも傾聴すべき指摘であるといえよう。こうした成果の上に立って[9]、日蓮の地涌・上行自覚につき、改めて考えてみたいと思った次第である。

第三点。日蓮教学者・教学史家として著名な執行海秀氏は、学生時代の昭和九年（一九三四）に著した手稿論文「御遺文に現れたる上行自覚表現の祖典学的一考察」を遺しているが、この度、その手稿が都守基一氏の手で活字化されたことによる（執行〔一九三四／二〇〇六〕）。右の論文において、執行氏は、「聖人御一代の化導は全く上行自覚の発露に外ならないであらう」（執行〔一九三四／二〇〇六〕二五四頁）としながらも、「聖人が其の上行自覚をいかなる表現によつて公表せられたかといふことは一箇の研究論目であらうと思ふ」（同前）とし、上行自覚が示されたとみなされる各遺文に詳しい考証を逐一加えている。その上で、日蓮がみずからを上行菩薩と明言している遺文で文献学的に確実なものはないこと、逆にいえば、文献学的に確実な遺文では、日蓮＝上行菩薩と明言する文言がみられないことを確認し、その理由につき、次のように記す。

　これは聖人が聖者としての自覚と共に、他方内面的に凡身としての懺悔滅罪の省慮を深められたからであらう。即ち姉崎博士の語を借りていへば、聖人の自覚には「聖者としての自覚」と「過去謗法の罪の意識」との二面があつて、この両者は表裏の関係をなしてゐて離すべからざる関係にあるといふことができる。而してこの凡夫としての罪の意識と聖者としての上行の自覚が混然として表現せられてゐるのが、聖

人の謂ゆる「法華経の行者」であると見ることができよう。（執行〔一九三四／二〇〇六〕三三七頁）

かやうに聖人御自身上行としての条件が具備せられてゐるにもかかはらず、上行自覚を表現せられるにあたつては、凡身日蓮と切離したる天啓的霊格的な上行に託することなく、……凡身としての日蓮に即したる「末法の法華経の行者」てふ自称に託して表現せられてゐるのである。

（執行〔一九三四／二〇〇六〕三四〇頁）[10]

執行氏の論文は、今から八〇年以上も前のものであることから、現在の研究水準に照らしてみれば、その文献考証に限界を孕んでもいることはやはり否めない。とはいえ、その記述は、学生時代の論文とは思えぬほど確かなものであり、後に執行氏が日蓮教学者・教学史家として優れた業績を多数著すことを十分に予想させる秀でたものである。その論文において、執行氏は、日蓮の宗教的自覚にあっては、聖者としての側面と、凡夫・罪人としての側面という、一見したところ相矛盾するかのような両側面が分かち難く結びついていることを指摘。日蓮にあって、自身、地涌・上行菩薩であることが明言されないのは、後者の側面に伴う反省があればこそ、とみたのである。かかる視点は、以前に公表した拙稿「「愚者」と「智人」――日蓮における「師」自覚の構造――」（間宮〔一九九九〕）、および、それに基づく本章第一節で示した間宮の視点と重なるものであり、このことに意を強くして、今回、改めて日蓮の地涌・上行自覚を取り上げてみようと思ったわけである。

以下、日蓮における地涌・上行自覚の再検討に入っていこう。

第二項　「地涌・上行菩薩」の自覚

第Ⅱ部の第一章第一節で触れたように、日蓮は、末法今時における妙法五字の流布は「上行菩薩」ら「四菩薩」をリーダーとする「地涌の菩薩」たちに付嘱されたとみなす。そして、その妙法五字を人々の先頭に立って担い、流布する者として、日蓮は「師」としての自覚を明らかにした。だからこそ、従来より、日蓮はみずから「地涌・上行菩薩」としての自覚を鮮明にした、といわれてきたのである。論理的に考えれば、このことになんら矛盾はない。特に宗門にあっては、日蓮＝「地涌・上行菩薩」という等式は、一種の「公理」ともいうべきテーゼであって、そのことに疑念が挟まれることはまずなかった、といってよい。宗門ばかりではない。宗外の研究者にあっても、このテーゼを基本的には受け入れているとみてよい場合が、往々にして見受けられる。[11]

しかし、日蓮遺文に直接当たってみると、ことはそれほど単純ではない。文献学的に信頼できる遺文で、日蓮が自己を「地涌・上行菩薩」に同定しているとみなし得るのは、次の二箇所に限られるからである。

日蓮聖人御房ハ、三界主・一切衆生ノ父母釈迦如来ノ御使、上行菩薩ニテ御坐候……

（再治本『頼基陳状』、「山上翻刻本」三一四頁下、『定遺』一三五八頁。傍点引用者）

日蓮聖人ハ御経ニトカレテマシマスカ如クハ、久成如来ノ御使、上行菩薩ノ垂迹、法花本門ノ行者、五々百歳ノ大導師ニテ御座候……

（再治本『頼基陳状』、「山上翻刻本」三〇八頁下。『定遺』一三五二頁。傍点引用者）

ここで日蓮は、確かに自己を「上行菩薩」それ自身、あるいは「上行菩薩の垂迹」としている。ただし、この出典である『頼基陳状』という文書の性格が問われなければならない。『頼基陳状』は、先にも記したように、日蓮に熱烈な信仰を寄せる在俗の信者・四条金吾頼基が、信仰上の問題で主人の江馬氏と厳しく対立し、日蓮への信仰を捨てなければ所領を召し上げるとさえ迫られながらも、なお信仰を捨てない旨を誓ったことに応えて、主人・江馬氏に提出すべく、日蓮が頼基の立場に立って代筆したものである。文中に「日蓮聖人」という尊称が用いられているのも、そのゆえである。したがって、そこには、頼基の目からみた日蓮が代弁されている、とみることができよう。

なお、これも先述のように、右の引用文がみられるのは『頼基陳状』の「再治本」の方である。菅原関道氏によれば、「再治本」は、主人の江馬氏に提出したもの（こちらが、いわゆる「未再治本」に当たるとみなされる）を再治したものであって、江馬氏に提出する目的で記されたわけではなかろうと推測されている（菅原〔二〇〇三〕一七二―一七三頁）。かかる再治の目的を、山上弘道氏は、本章の注（9）でみたように、『頼基陳状』を門弟にとってのいわばテキストとするため、とみたのであるが、たとえそうであったとしても、そこには依然として、門弟の目から見た日蓮が語られていることに変わりはない。そうした文書にあって、日蓮は自己を「上行菩薩」、「上行菩薩の垂迹」であると記したのである。とするならば、少なくとも門弟の目からは——いわば「三人称」の形では——、自己が「上行菩薩」あるいは「上行菩薩の垂迹」とみられることを、日蓮は必ずしも拒みはしなかった、とはいえるであろう。(12)

しかし、これがそのまま日蓮その人の自覚であったかとなると、必ずしもそうとはいえないように思う。というのも、文献学的に信頼し得る他の遺文から、「地涌・上行菩薩」と自己との関係について触れた箇所を拾ってみると、次のようになるからである。

今、既に時来れり。（地涌の菩薩のリーダーである上行等の）四菩薩、出現したまはんか。日蓮、この事、先づこれを知りぬ。
（『法華行者値難事』、七九九頁、原漢文、括弧内・傍点引用者）

日蓮上行菩薩にはあらねども、ほぼ兼てこれをしれるは、彼の菩薩の御計ラヒかと存シて、此二十余年が間此を申ス。
（『新尼御前御返事』、八六八頁、傍点引用者）

予、地涌の一分にあらざれども、兼てこの事を知る。故に、地涌の大士に前立《さきだち》て、粗五字を示す。
（『曾谷入道殿許御書』、九一〇頁、原漢文、傍点引用者）

此時上行菩薩の御かびをかほりて、法華経の題目南無妙法蓮華経の五字計リを一切衆生にさづけば、……
（『高橋入道殿御返事』、一〇八五頁、傍点引用者）

上行菩薩のかびをかをほりて法華経の題目をひろむる者を、或はのり、或はうちはり、或ハ流罪し、或は命をたちなんどするゆへに……
（『高橋入道殿御返事』、一〇八六頁、傍点引用者）

経には上行・無辺行等こそ出でてひろめさせ給ッべしと見へて候へども、いまだ見へさせ給はず。日蓮は其人には候はねどもほぼこゝろえて候へば、地涌の菩薩の出テさせ給ッまでの口ずさみに、あらあら申シて況滅度後のほこさきに当リ候也。

（『本尊問答鈔』、一五八六頁、傍点引用者）

ここにみえるように、日蓮は自己を「地涌・上行菩薩」に先立つ者、あるいは、その庇護をこうむる者とは表現するものの、みずからを「地涌・上行菩薩」と同定するような表現はとっていないのである。

もっとも、その文脈からいって、日蓮＝「地涌・上行菩薩」という等式が十分に成り立つのでは、と思わせる文言が、文献学的に信頼し得る遺文において、いくつか見出せることも確かである。それを取り上げてみよう。

千葉県の保田・妙本寺に真蹟が現存する通称「万年救護御本尊」[13]の「讃文」には、次のようにある。

大覚世尊、御入滅の後、二千二百二十余年を経歴す。しかりといへども、月・漢・日の三ヶ国の間、未だこの大本尊あらず。或は知てこれを弘めず、或はこれを知らず。我が慈父、仏智を以てこれを隠し留め、末代の為にこれを残す。後五百歳の時、上行菩薩、世に出現して、始めてこれを弘宣す。

（『本尊集解説』一一頁下、原漢文）

ここでは、正像未弘の「大本尊」は、「上行菩薩」が世に出現することにより、初めてこの末法に弘められることになる、といわれている。そして、当の「大本尊」を顕示し、弘めているのは、他ならぬ日蓮自身なのである。とするならば、右の「讃文」を以って、日蓮が自分こそ「上行菩薩」である旨を述べたもの、と受け止めることは十分に可能ではある。しかし、それは、あくまでもこの「讃文」に接した側の受け止め方であって、日蓮は実はここでも、自己を「上行菩薩」であると直接的に明言しているわけではない。したがって、右の「讃文」を以って、日蓮＝「上行菩薩」たることを表明したものと断じてしまうことには、いささか躊躇を覚えざるを得ない。自己をここまで「上行菩薩」に近似させるのであるならば、日蓮は何故、自己を「上行菩薩」であると一人称でストレートに明言しないのかと、逆に問いたくもなるのである。

次に取り上げるのは、『法華取要抄』の草案とみられる『以一察万抄』[14]の末尾にみえる、次の一節である。

> 正像二千年の聖人等は、小乗・権経の聖人なり。今、末代の聖人は、地涌千界の一分にして、加備を蒙る行者なり。
>
> （『以一察万抄』九六頁上〈原漢文〉、一三二頁、傍点引用者）

自己を「聖人」と明言する日蓮にあって[15]、これは、草案中の文言とはいえ、自身、「地涌千界の一分」であることを表明した文言として受け取り得るものである[16]。ただし、これとて、自己をそのままストレートに「地涌の菩薩」であると断言しているわけでは決してない。加えて、その表現があくまで「地涌千界の一分」であることにも、十分な注意が必要である（「一分」[17]ということの意味に関する筆者の見解については、次項「「一分」の意味するところ——新出資料を素材に——」をみよ）。

以上みてきたところから言えることは、論理的に考えれば十分に成り立ち得る日蓮＝「地涌・上行菩薩」

という等式を、「一人称」の形で直接的に公言することは、日蓮自身、差し控えていたのではないか、ということである。(18) 文献学的に信頼し得る遺文によるならば、日蓮がみずからの自覚に即して「一人称」の形で公言した自己の位置づけは、「地涌・上行菩薩」に先立つ者、その庇護をこうむる者、あるいは、その「一分」に止《とど》まるといわねばならない。もとより、日蓮＝「地涌・上行菩薩」という等式は、論理的には十分に成り立つのであるから、そういった表現が日蓮遺文の中にみられたとしても、なんら不思議ではない。実際、上にみてきたように、それを窺わせるような記述は見出せるのであり、門弟の目から見た形で自己を「上行菩薩」に擬してもいるのである。問題は、ならば何故、それを「一人称」の形で直接的に明言しないのか、ということである。

筆者はこの点にも、日蓮の「師」の自覚が孕むと同様の緊張感を見て取ることができるのではないか、と考えている。前節でもみたように、「仏法をこゝろみる」ことが成功したと確信する日蓮は、いわゆる「師」としての自覚を鮮明に打ち出した。しかし、その一方で、「こゝろみる」当の主体である日蓮は、「こゝろみる」限りにおいて、「愚かなる凡夫」ともいうべき自己をどこまでも保持し続けてきたのである。また、先にも引いたように、「仏眼をかり、仏耳をたまわりて、しめし候」という表現からは、自己を「師」たらしめる「仏の智慧」ともいうべきものが「かり」、「たまわ」ったものである以上、「かり」、「たまわ」る当の「器」としての自己自身は「愚かなる凡夫」に過ぎない、という自己認識を垣間見ることもできる。そしてなによりも、いわゆる「師」の自覚を支える「智人」としての自信は、「愚癡にして正直」というあり方に徹し得たという自覚と、まさに表裏一体のものなのである。

ところが、『法華経』が描く「地涌・上行菩薩」とは、そうした「愚者」性とはかけ離れた存在であって、日蓮自身の言葉を借りるならば、いわゆる「本化」の典型ともいうべき「かくの如き高貴の大菩薩」（『観心本尊抄』、七一九頁、原漢文）なのである。実際、日蓮が「地涌・上行菩薩」をそのような存在として受け止めていることは、次のような文言に明らかである。

地涌千界の大菩薩大地より出来せり。釈尊に第一の御弟子とをぼしき普賢・文殊等にもにるべくもなし。華厳・方等・般若・法華経の宝塔品に来集せる大菩薩、大日経等の金剛薩埵等の十六ノ大菩薩なんども、此の菩薩に対当すれば獼猴の群中に帝釈の来リ給フがごとし、山人《やまかつ》に月卿等のまじわれるにことならず、補処《ふしょ》の弥勒スラ猶迷惑せり。何ニ況ヤ其已下をや。此千世界の大菩薩の中に四人の大聖まします。所謂上行・無辺行・浄行・安立行なり。此の四人は虚空霊山の諸大菩薩等、眼もあはせ心もをよばず。華厳経の四菩薩・大日経の四菩薩・金剛頂経の十六大菩薩等も、此の菩薩に対すれば翳眼《えいがん》のものゝ日輪を見るがごとく、海人《あま》が皇帝に向ヒ奉ルがごとし。大公等の四聖の衆中にあつしにゝたり。商山の四皓《しかう》が恵帝《けいてい》に仕ヘシにことならず。巍々堂々として尊高也。釈迦・多宝・十方の分身を除ては一切衆生の善知識ともたのみ奉リぬべし。

（『開目抄』、五七二―五七三頁）

その時に、下方の大地より、未見今見の四大菩薩を召し出す。所謂、上行菩薩・無辺行菩薩・浄行菩薩・安立行菩薩なり。この大菩薩、各々六万恒河沙の眷属を具足す。形貌威儀、言を以て宣べ難く、心を以て量るべからず。

（『曾谷入道殿許御書』、九〇一頁、原漢文）

したがって、日蓮は、このように位置づけられる「地涌・上行菩薩」と自己とを無媒介に同定したりはしない。これまでみてきたように、日蓮にあっては、自分自身がいわゆる「師」と位置づけられようとも、その自覚の構造上、自身から「愚者」性が払拭されることは決してないからである。

特に「上行菩薩」に絞ってみてみるならば、自己を「上行菩薩」に先立つ者、あるいはその庇護をこうむる者としたり、自身を「上行菩薩」と限りなく近似させたり、さらには、門弟の目を通す形で自己を「上行菩薩」に擬したりするのは、日蓮にあっては、自分が人々を救済へと先頭に立って導くいわゆる「師」に他ならないことを表すための、一種の表現方法であった、といえるのではないか（逆に言うと、それ以上のものではないともいえようが）。末法における妙法五字の流布を特別に託されたとみなされるのは「地涌の菩薩」たちであり、その中にあっても「上首の唱導の師」とされるのは上行・無辺行・浄行・安立行の「四菩薩」であり、さらに、彼ら「四の導師」の中でも筆頭に名を記されるのが「上行菩薩」だから、である。[19] ただ、「師」たる自己がまさにこの「上行菩薩」であると、「一人称」の形で直接的に明言されることがないのは、やはり日蓮の「師」の自覚自体、一方では、自己の「愚者」性に立脚したものであったからに他なるまい。今もみたように、『法華経』が描く「地涌・上行菩薩」は「愚者」たることと対極にある存在であり、いわば「本化」の理想像の典型として描かれている、といえるからである。

本項の最後にもう一点、述べておきたいことがある。

いいかいかいい信仰対象としての「日蓮聖人」という視点からではなく、自己を「日蓮」と称する日蓮自身の自覚に即してみるならば、自身が「地涌・上行菩薩」であるか否かということは、実はそれほど大きな問題ではなかったのではないか。自身が「地涌・上行菩薩」であることが日蓮の自己認識においてそれほど重大であるのならば、

「法華経の行者」の自覚と同様、そのものであると紛れもなく断言されたはずであろうし、自己が「地涌・上行菩薩」であるか否かということ自体、ゆるがせにできない大きな問題として取り上げられたであろう。にもかかわらず、それがなされないのは、自身が「地涌・上行菩薩」であるか否かということ自体に問題の本質があるわけではないからに他なるまい。恐らく、日蓮にとってより重要な問題は、仏より「地涌・上行菩薩」に託された妙法五字の流布を、いわゆる「師」としての自覚のもと、みずから担うことができるか否かということにあったのではないか。すなわち、仏より託された実践を自己自身において担いきる、いわゆる「仏の使」「如来使」たり得るか否かに、より重要な課題があった、と考えるのである。

日蓮賤身《いやしき》なれども、教主釈尊の勅宣を頂戴して此国に来タれり。（『四条金吾殿御返事』、六六四頁）

日蓮は愚なれども、釈迦仏の御使・法華経の行者也となのり候……（『一谷入道御書』、九九六頁）

という自覚は、まさにこうした課題に応え得たとの確信に基づいて、表明されたものである。

しかし、「賤身《いやしき》なれども」「愚なれども」という前置きが入っていることからも窺われるように、日蓮にあっては、「如来使」としての自覚もまた、「愚かなる凡夫」としての自己認識と常に隣り合わせであった。このことは、

日蓮が心は全く如来の使にはあらず、凡夫なる故也。但シ三類の大怨敵にあだまれて、二度の流難に値へ

ば、如来の御使に似たり。心は三毒ふかく、一身凡夫にて候へども、口に南無妙沾蓮華経と申せば如来の使に似たり。（『四条金吾殿御返事』、一六六八頁）

という文言に、より明瞭にみることができるであろう。

第三項　「一分」の意味するところ――新出資料を素材に――

『日蓮宗新聞』平成一九年（二〇〇七）八月二〇日号に掲載された「ご真蹟に触れる（第二六五回）」において、中尾堯氏は、東京獅子吼会所蔵の『日蓮聖人ご真蹟二軸』の写真版を紹介。そのうちの一つにつき、次のようにコメントしている。

三一・一×一四・六センチの、四行の断片が収められている。読めない文字があるものの御真蹟に間違いなく、次の文言がある。

雉のごとし、□□□させる
僧にはあらねとん、□□一分也
其上、日々夜々法華経を転
読し、時々剋々に天台六十巻を

文中に「とん」とあるのは「とも」のことで、中世ではこのように発音していたのである。
これがどの遺文に該当するかは、残念ながら分からないが、いずれかの書状（＝消息）であることは見当がつく。

これをうけて、都守基一氏は、右に難読文字とされている箇所につき、前者を「日秀日弁」、後者を「浄行」と解読し得ることを指摘。右の四行断片を、弘安二年（一二七九）九月二六日付『伯耆殿並諸人御中御書』（全一九紙。『定遺』一五二七、一六七四、一六九四一頁）の一部（第五紙前半）に当たるものかと推察している。[20]

都守氏によるこうした指摘・推察を、ここでは受け入れる立場をとっておきたい。ただ、それにしても、「させる僧にはあらねとん」とされる「日秀日弁」が、いったい何を以って「浄行一分也」とされているのか。やはり、いわゆる熱原法難の渦中にあって不退転の立場を堅持し続けていることを以って「浄行一分也」とされているのか。この「浄行」を、地涌の菩薩の上首たる「上行・無辺行・浄行・安立行」の一人を指すものと本当にみなしてよいのか。みなしてよいとするならば、なぜ「上行」ではなくて「浄行」なのか——この問題に関して都守氏は、「上行」と書くべきところを、音通で「浄行」と記したものとみる[21]——等々、種々の問題が生じてくるが、右の限られた断片のみからでは、いずれも確定が難しい問題である。

そこで、議論の必要上、日蓮の弟子筋に当たる滝泉寺の「日秀日弁」が、熱原法難の渦中にあって、「(地涌の菩薩の上首たる)浄行（菩薩の、あるいは上行菩薩の）一分也」とされているもの、と措定してみよう。とするならば、日蓮は、弟子筋に当たる「日秀日弁」を地涌の菩薩の上首の「一分」と位置づけているくらいなのだから、自分自身に関しては、地涌の菩薩あるいはその上首そのものとみなしていたとしても何ら不思議はない、という議論も当然成り立つであろう。

しかし、こうした議論に対して、筆者は、あくまでも「一分」とされていることに注目したいと思う。地涌の菩薩、そしてその上首が行なうべき行ないを、我が身に引き受けてたゆむことなく実践しているからこそ、「一分」と称せられているのであり、地涌の菩薩あるいはその上首と本体的に同一であるといわれているわけでは決してない、とみるのである。「地涌の菩薩、そしてその上首が行なうべき行ないを、我が身に引き受けてたゆむことなく実践している」という意味では、日蓮自身にしても、地涌の菩薩あるいはその上首の「一分」に他ならないわけであり、したがって、注(17)で紹介した「断簡一八六」の「予非地涌一分」を、「予は地涌の一分に非ずや」というように反語として訓じる可能性も、決して排除すべきではない――そう断定することは難しいにしても――といわねばなるまい。

むすびにかえて

前節「「地涌・上行菩薩」の自覚」は、筆者による論文「日蓮における地涌・上行自覚の再検討」（間宮〔二〇〇八〕）をベースとするものであるが、この間宮〔二〇〇八〕に対しては、興風談所の山上弘道氏より厳しい批判、「宗祖の上行自覚について――間宮氏の所見に対する批判――」（山上〔二〇〇九〕）を頂戴している。間宮〔二〇〇八〕で展開した論旨の一部については、前節第一項でも記したように、既にその概略を、間宮〔一九九九）において公にしており、また平成一一年（一九九九）の日蓮宗教学研究発表大会でも発表している。その際も、有益な助言や批判を口頭や私信で頂戴したところではあるが、わざわざ稿を起こしてまで拙論に応えてくださったのは、山上氏がはじめてであった。批判を期待した上での間宮（二〇〇八）であっただけに、山上氏が批判のための筆を執ってくださったことについては、まずもって甚深の感謝を申し上げたい。

もとより筆者も、山上氏に対して反論するべきところは反論しているが（間宮（二〇一三））、ここでその反論の逐一を記すことは、本書の流れ自体を乱してしまいかねないことから、差し控えることにする。興味のある方は、間宮（二〇〇八）・山上（二〇〇九）・間宮（二〇一三）・山上（二〇一四）をご覧いただきたい。

ただし、日蓮の地涌・上行自覚を捉える際に拠って立つ筆者と山上氏の立場の違いを鮮明にしておくことは、日蓮の宗教的自覚をどう捉えるかという本書の根本問題にも深く関わってくる事柄であるので、この点をはっきりさせて、むすびにかえることとする。

山上氏は、筆者が日蓮における地涌・上行自覚を否定したものと、あるいは、筆者が日蓮にあって地涌・上行自覚は実はなかったと主張しているものと受け取っているが（山上（二〇〇九）一五〇頁）、そこに大きな誤解がある。

筆者にとって、日蓮に地涌・上行自覚があることは大前提である。ただし、それは、前節第三項でも記したように、釈尊より地涌・上行菩薩に託された妙法五字の流布を自分自身が行なっているという自覚（以下、「行為的自覚」と呼ぶ）であって、自身が地涌・上行菩薩そのものである、あるいはその垂迹であるという自覚（以下、「本体的自覚」と呼ぶ）であるとは考えていない。つまり、筆者は、「行為的自覚」は「本体的自覚」と直結しない、とみているのである。ところが、山上氏はそれを区別しない。だからこそ、右のような誤解が生じてしまうのである。

筆者と山上氏の間のこうした立場の違いは、前節第三項で紹介した新出資料の解釈をめぐってもはっきりとあらわれている。山上氏は次のように述べている。

『撰時抄』に三箇所（『定遺』一〇一七頁・一〇二九頁・一〇四八頁）、本来「上行菩薩」と書かれるべき所を「浄行菩薩」と表記され、……（本章では前節第三項で引いた）新出『断簡』に、門下に対してではあるが「浄行一分」と記されていることについて触れておきたい。これらは単なる音通と見ることも可能であるが、……「謙譲の意」等の配慮を読み取ることも可能ではなかろうか。すなわち『撰時抄』の三箇所の内、すくなくとも先の二箇所においては、末法に上行菩薩が出現することが示されており、間接的にではあれ宗祖の上行自覚が意識されていることがうかがわれる。そこで同じく末法出現の地涌の四菩薩でも、最上首ではない「浄行菩薩」と表記することによって、謙譲の意を示されたのではないかということである。なお、新出断簡の文言は門下への評価であるから、一層そのことが意識されているものと思われる。（山上〔二〇〇九〕一五三頁、括弧内引用者）

山上氏とは対照的に、筆者はこれらを「単なる音通」とみてよいと考えている。つまり、日蓮にとっては、「上行」も、「浄行」も、地涌菩薩の中の上首として交換可能だ、ということである。確かに、四人の上首の中でも「上行」は最上位に挙げられているところから、日蓮は、いわゆる「師」の自覚を象徴するものとして、多くの場合、「上行」を用いてはいる。しかし、それは、何が何でも「上行」でなければならない、といった類のものでは決してない。[22]「師」自覚を具体的に示すという意味では、それは「浄行」にも入れ替えられるものなのである。

ところが、山上氏の考え方では、「上行」と「浄行」との間には、上首の中にあっても厳然たる差異が存在するのであり、したがって、日蓮が自身を「浄行」に比定するのは、あくまでも「謙譲の意」によるもので、本来はやはり、自身を「上行」とみなしていた、ということになる。しかも、「上行」は日蓮ただ一人に限定されるべきであって、門弟の場合はあくまでも、それより下位の「浄行」と位置づけられねばならない、ということである。

しかし、これには賛同いたしかねる。

地涌の行ないを自身が行なうということは、「末代の凡夫」すべてに開かれている事柄である。したがって、「地涌千界の一分」たることは、「末代の凡夫」全員に可能なことなのである。日蓮は、「末代の凡夫」の一人として、まさにそのことを示した。私も、あなたも、「地涌千界の一分」として実践し得るのだ、というわけである。加えて、日蓮はそのことを、皆の先頭に立ついわゆる「師」として示すとともに、その「師」としての行ないを「上行（浄行）の一分」という形で表現した。だが、「上行（浄行）の一分」としての行ないもまた、もとより日蓮一人に限定される特権ではあり得ない。「師」として人々の先頭に立とうと志す者に、「上行（浄行）の一分」たることは、やはり開かれているのである。[23]日蓮にあっては、その点、殊に出家の弟子に期待するところ大だったであろう。だからこそ、熱原法難にあってその期待に応えた日秀と日弁は、「上行（浄行）の一分」と評されることになるのである。[24]ただ、その場合、「日秀日弁させる僧にはあらねとん」といわれていることにも留意しておきたい。つまり、日秀と日弁の人物そのものについては、「させる僧にはあらねとん」と評されているのであるが、恐らく彼らは、なによりも熱原法難におけるその行ないを以って、「上行（浄行）の一分」とみなされているのである。

日蓮にとって、自分が地涌・上行菩薩あるいはその垂迹であるという認識、すなわち、自分の本体が事実として地涌・上行菩薩であるという認識は決してなかったはずである。日蓮にあっては、あくまでも地涌・上行菩薩の行ないをみずから行なっているその限りにおいて、自己を地涌・上行菩薩と重ね合わせたものとみたい。これが、筆者の結論である。

だが、このように考えてくると、一つの問題が残る。

本門の四依、地涌千界は、末法の始に必ず出現すべし。

（『観心本尊抄』、七一六−七一七頁、原漢文）

今、既に時来れり。（地涌の菩薩の上首である上行・無辺行・浄行・安立行の）四菩薩、出現したまはんか。日蓮、この事、先づこれを知りぬ。

（『法華行者値難事』、七九九頁、原漢文、括弧内引用者）

迹化の終り、本化未出已前……

（『取要抄』九二頁中、原漢文）

経には上行・無辺行等こそ出でてひろめさせ給フべしと見へて候へども、いまだ見へさせ給はず。日蓮は其人には候はねどもほぼこゝろえて候へば、地涌の菩薩の出テさせ給フまでの口ずさみに、……

（『本尊問答鈔』、一五八六頁）

といわれる時にあって、地涌・上行菩薩自身は果たしていつ出現するのか、ということである。確かに、理論的には詰めるべき重要な問題であるようにも思われる。しかし、日蓮はそのことを詰めてはいない。恐らく、これまで繰り返しみてきたように、日蓮自身、自分は地涌・上行菩薩ではないが、その加護を確かに受けているという確信があったこと、そしてそれ以上に、今、自分が先頭に立って地涌・上行菩薩の行ないを行なっており、それによって「地涌千界の一分」・「上行（浄行）の一分」たる者の輪を広げつつあるとの確かな手応えのあったことが、日蓮をそうした問題には向かわせなかったのであろう。日蓮にとって、なによりも重要なのは、そのような理論的問題の詰めに取り組むことではなく、あくまでも、地涌・上行菩薩の行ないをみずから行ない、人をしてより広く行なわしめる実践だったのである。

注

（1）日蓮のいわゆる「師」の自覚に「愚者」の自覚を見て取り、「愚者」の自覚との関連のもと、「師」の自覚を把握しようとする視点は、管見の限りでは、これまでなかったものである。

（2）日蓮における「謗法」の意味および様相については、本書第Ⅰ部の第一章第二節第二項「「謗法」という罪」の二、を参照のこと。

（3）日蓮にあって、信仰を獲得するための説得力ある証拠としての位置に「現証」が置かれていたことは、

近き現証を引て遠キ信を取ルべし。（『法蓮鈔』、九四二頁）

という文言によっても知られる。

（4）第Ⅰ部第一章の冒頭でもみたように、日蓮は修学の過程で、仏教のあり方が政治・社会のあり方に映し出されるということ、換言すれば、政治・社会の混乱から仏教の混乱を読み取ることができる、という発想と確信をもつに至ったものと考えられる。こ

れについては、後年の整理された形ではあるが、次のように述べられている。

余此等の災夭に驚キて、粗《ほぼ》内典五千外典三千等を引キ見ルに、先代にも希《まれ》なる天変地夭也。……此災夭は常の政道の相違と世間の謬誤より出来せるにあらず。定メて仏法より事起る歟と勘へなしぬ。
（『下山御消息』、一三三〇頁）

すなわち、政治的・社会的混乱の原因は、必ずしも政治・社会そのもののレベルにあるのではなく、仏教のあり方にこそ根本の原因があるのだ、という確信である。こうした確信を早い段階から抱いていたからこそ、日蓮は、『立正安国論』を鎌倉幕府に上呈したわけである。政治的・社会的混乱の根本原因に関する日蓮の見解には、他宗批判の展開と相俟って変遷がみられるが、『立正安国論』においてなされた、いわゆる「他国侵逼難」と「自界叛逆難」の「予言」も、政治的・社会的混乱の根本原因を仏教のあり方に求める観点からなされていることは間違いのないところである。

なお、政治的・社会的混乱の根本原因に関する日蓮の見解に変遷がみられることは、右に記した通りであるが、その変遷の概略を示せば、大方、次の通り。

『立正安国論』においては、周知のように、正嘉の大地震等の頻発する災害と、それによってもたらされた社会的混乱の原因は、ひとえに法然流念仏の流布によるものとみなされている。その法然流念仏が停止されない限り、「他国侵逼難」と「自界叛逆難」の到来は避けられない、と日蓮は警告したのである。その後、文永五年（一二六八、四七歳）、蒙古の国書の到来に、「他国侵逼難」がまさに現実化しようとする切迫した危機を読み取った日蓮は、正嘉の大地震等の災害の原因に、法然流の念仏のみならず、さらに禅等の流布を加えるとともに、そうした災害を、「他国侵逼難」を招き寄せる「先相」と位置づけることになる。

このように、佐渡流罪より前にあっては、頻発する災害は、誤った信仰の結果として、いわばネガティブにのみ捉えられていた。しかし、佐渡流罪中の『観心本尊抄』に至って、

正像に無き大地震大彗星等出来す。これ等は、金翅鳥・修羅・龍神等の動変にあらず。偏に四大菩薩出現せしむべき先兆なるか。
（『定遺』七二〇頁、原漢文）

と記され、頻発する災害に対し、上行・無辺行・浄行・安立行らの「四大菩薩」をリーダーとする「地涌の菩薩」たちが出現すべき「先兆」というポジティブな意義づけが加えられていく。

一方、『立正安国論』において「予言」された「自界叛逆難」は、本文中にも記したように、文永九年（一二七二、五一歳）の「北条時輔の乱」（「二月騒動」）として、また、「他国侵逼難」は文永十一年（一二七四、五三歳）の「文永の役」として現実のものとなったと、日蓮はみる。これを契機に、この二つの難がもたらされた根本原因として、念仏・律・禅等は背後に退き、密教、特に台密がクローズアップされてくることになる。これ以降、台密に対して容赦のない批判が展開されるとともに、蒙古の襲来は、「賢王」による、「謗法」の国・日本への治罰として位置づけられるようになるのである。

（5）日蓮はまた、

今は前前いひをきし事既にあひぬれば、よし（由）なく謗ぜし人人も悔ュる心あるべし。

（『兄弟鈔』、九三三頁）

と述べて、いわゆる「予言」の「的中」が、対外的な信頼度を高めることにもなるとしている。

（6）生得的な智慧の程度において、日蓮は自己をなんら特別視しているわけではない。自己を「愚者」と称するとともに、自他を「我等凡夫」という範疇に一括する所以である。しかし、日蓮は、「こゝろみ」＝「心み」という営みを通して、他ならぬそうした自己が「仏の御心」をそのままに把握し得たと確信するに至った。このことについて、日蓮は、「存外に此法門をさとりぬればこ」（『三沢鈔』、一四四七頁）と述べている。「愚者」「凡夫」たることにおいて他者となんら変わりない自己が「仏の御心」を把握し得たことを、日蓮は「存外に」と表現したわけである。

日蓮にあって、「仏の御心」を「仏の御心」のままに把握し得たということは、いわば「仏の智慧」を受け取ったことを意味するものであったといってよかろう。本文中にも記したように、そこにこそ、「愚者」たる自己を「智人」と称し得る契機があるのである。かかる「智人」としての自信に立脚した、いわゆる「師」としての立場から、日蓮は人々に謗法罪の自覚を促すとともに、謗法罪から脱却し得る唯一の道として、「信」の態度を要求した。日蓮にあって、そうした「信」の対象は、究極的にいうならば、久遠の釈迦仏であり、その「仏の御心」が蔵され、開陳された『法華経』である、ということになるであろう。ただし、日蓮は、かかる「仏の御心」を正確に伝達し得る「智人」「師」の立場に、みずからを置いた。その意味では、日蓮が要求する「信」が向けられるべき対象は、他ならぬ日蓮自身であった、ともいえる。日蓮自身に「信」を置くことによって「仏の御心」を正しく、かつ容易に知り得ることになるからである。このことは、

法華経は仏滅後二千二百余年に、いまだ経のごとく説キきわめてひろむる人なし。天台・伝教もしろしめさざるにはあらず、時も来らず、機もなかりしかば、かききわめずしてをわらせ給へり。日蓮カ弟子とならむ人々はやすくしりぬべし。

（『宝軽法重事』、一一七九頁、傍点引用者）

といった文言に窺うことができるであろう。

（7）一遍にあっては、「われ」をも、そして、「われ」に対する「仏（阿弥陀仏）」をも捨て去ったところ、さらには、「捨て去る」という主体性をも離れたところに、おのずと現成されるのが、「南無阿弥陀仏」＝「名号界」である。渡辺喜勝『一遍智真の宗教論』（渡辺〔一九九六〕）は、一遍のこうした往生論に切り込んだ労作である。

（8）自身による「心み」の成就を、日蓮は確かに明言してはいる。だが、そのことは「心み」自体の完了を意味するものでは決してない。だからこそ、日蓮は弟子らに対し、

されば我弟子等心みに法華経のごとく身命もをしまず修行して、此度仏法を心みよ。

（『撰時抄』、一〇五九頁）

と述べて、「心み」の継承・継続を命ずるのである。

（9）菅原氏によるこうした成果を取り込みつつ著されたのが、山上弘道氏による「宗祖書状・陳状等のご自身によるテキスト化について――『頼基陳状』『本尊問答抄』を中心として――」（山上〔二〇〇六〕）である。
　この論文において、山上氏は、いわゆる「未再治本」の方は決して「完成本に対する未完成本、すなわち草案のような意味において未再治」（山上〔二〇〇六〕二七三頁）であるわけではなく、それは、日蓮が「建治三年（一二七七、五六歳）七月に四条金吾に送ったもの、ということはその後主君江馬氏に上呈された陳状そのもの」（山上〔二〇〇六〕二七三頁、括弧内引用者）であり、一方、「再治本」は、弘安二年（一二七九、五八歳）以降、その上呈本を、門弟らに提示するいわばテキストとなすべく再治したものであると推測。その上で、「宗祖は上呈本を再治するに際して、初めて、そして現存する遺文中唯一、直接的に自身が上行菩薩の再誕であると、二度にわたって宣言しているのである。上呈本を再治した最大の目的は、ここにあったといって過言ではないであろう」（山上〔二〇〇六〕二八一頁）としている。

　上呈本に手を加えてテキスト化したものが「再治本」であるとする山上氏の見解について、筆者は、今ここで特に異論を差し挟むものではない。しかし、日蓮を「上行菩薩の垂迹」、さらには「上行菩薩」そのものとする「再治本」の記述に関しての見解は、山上氏とはいささか異っている。山上氏はこれを「直接的に自身が上行菩薩の再誕であると」宣言したものとみなしているが、筆者は、これは門弟らの目からみた日蓮像を記したものであって、それがそのまま日蓮当人の自覚をあらわすわけではない、と考えている。

（10）これらと同様の記述は、執行氏が昭和一一年（一九三六）一月、立正大学文学部仏教学科に提出した卒業論文（同年一一月に削補修正）であり、この度、同じく活字化された「御義口伝の研究」（執行〔一九三六／二〇〇六〕）にもみられる。
　真蹟現存のものにあつては切々として上行出現の時を論ぜられてゐるが、之を御自身の主観に帰結して直ちに我身上行にあらざるかといふが如き表現はなく、「末法の法華経の行者」を以て一貫せられてゐるのである。これ聖祖に於ける上行自覚の体験には、その反面に深き懺悔滅罪の反省が加へられてゐたためであらうと拝察せられるのである。

（執行〔一九三六／二〇〇六〕一二〇頁）

（11）例えば、大野達之助氏は、「日蓮は自分の二大予言が的中すると、法華経の行者から進んで、釈尊の本化《ほんげ》の弟子上行《じょうぎょう》菩薩の再誕であると称するようになり、釈尊から直接付属された正法を弘めるのだという自信を益々強くした」、「予言した自界叛逆難と他国侵逼難とが、適確に現実となって、ここに道理・文証《もんしょう》・現証の三証が具わったので、日蓮は従来の法華経の行者の自任を一歩進めて、上行菩薩の再誕と明言するようになったものと思う」（大野〔一九五八〕三頁、一八〇頁）としている。
　また、佐々木馨氏は、日蓮遺文において、自己を「地涌・上行菩薩」と同定するような表現がみられる一方で、かかる同定を否定するような言辞もみられることに、一旦は注意を喚起するものの、これを結局は「二者択一の問題」であるとし、後者にみられる、同定を否定するかのような言辞は、「日蓮の上行菩薩に対する謙虚さを示す言辞」であるとして、日蓮自身、「上行菩薩の再誕・使い」という意識を色濃くもっていた、とみなしている（佐々木（一九七九）一三五頁）。

　だが、後述するように、宗の内外を問わず見られるこうした見方に全面的に賛同することは致しかねる。

（12）実際、日蓮の直弟子たちやその門弟らが遺した文書には、日蓮を「上行菩薩」、あるいはその「再誕」「後身」などとみなす文言の見られることが、執行（一九三六／二〇〇六）一二五頁、菅原（二〇〇三）一八四頁に紹介されている。

（13）この通称「万年救護御本尊」の顕示年月・場所については、同本尊自体に、「文永十一年（一二七四、五三歳）太才甲戌十二月日　甲斐国波木井郷於　山中図之」（『本尊集解説』一一頁下、括弧内引用者）と記されている。

（14）日蓮の重要論書の一つに数えられる『法華取要抄』の真蹟は、千葉県の中山法華経寺に完全な形で所蔵されている。一方、その草案と考えられる『以一察万抄』と『法華取要抄』（以下、『取要抄』と略記）が、かつて身延山久遠寺に所蔵されていたとの記録がある。残念ながら、両書は明治八年（一八七五）の身延の大火で焼失してしまったが、幸い、両書とも、身延山久遠寺に現存するいわゆる『延山録外』（身延山久遠寺第二六世・智見院日暹（一五八六－一六四八）により筆写されたと考えられる日蓮遺文の写本集）に収められている。都守基一氏は、その論文「『法華取要抄』の草案について」（都守（一九九八））において、『延山録外』所収の『以一察万抄』と『取要抄』とを、その成稿とみられる中山法華経寺所蔵の『法華取要抄』と対照できる形で翻刻するとともに、これら三つの書の内容に関する詳細な比較検討を行なっている。

　以下、『以一察万抄』および『取要抄』からの引用は、都守（一九九八）に拠った。

（15）「日蓮は一閻浮提第一の聖人なり」（『聖人知三世事』、八四三頁、原漢文）。

（16）これと類似する表現として、『諸法実相鈔』の次の一節を挙げることもできる。

　日蓮末法に生れて上行菩薩の弘め給フべき所の妙法を先立《さきだち》て粗《ほゞ》ひろめ、つくりあらはし給フべき本門寿量品の古仏たる釈迦仏、迹門宝塔品の時涌出し給ふ多宝仏、涌出品の時出現し給ふ地涌の菩薩等を先作《まづ》り顕ハし奉る事、予が分斉《ぶんざい》にはいみじき事也。日蓮をこそにくむとも内証にはいかが及ハん。……地涌の菩薩のさきがけ日蓮一人也。地涌の菩薩の数にもや入リなまし。若日蓮地涌の菩薩の数に入らば豈ニ日蓮が弟子檀那地涌の流類に非スや。

（『定遺』七二五－七二六頁）

　日蓮と同意ならば地涌の菩薩たらんか。地涌の菩薩にさだまりなば釈尊久遠の弟子たる事あに疑ンや。経ニ云ク、「我れ、久遠より来《このかた》、これ等の衆を教化す」とは是也。末法にして妙法蓮華経の五字を弘メん者は男女はきらふべからず、皆地涌の菩薩の出現に非スんば唱へがたき題目也。日蓮一人はじめは南無妙法蓮華経と唱へしが、二人三人百人と次第に唱へつたふるなり。未来も又しかるべし。是あに地涌の義に非ずや。

（『定遺』七二六－七二七頁、鍵括弧内原漢文）

ここで、日蓮は自己を、「地涌の菩薩のさきがけ」という位置づけからさらに一歩進めて、「地涌の菩薩の数にもや入リなまし」としている。のみならず、自己に従って「南無妙法蓮華経」と唱える「弟子檀那」らをも、「地涌の流類に非スや」、「日蓮と同意ならば地涌の菩薩たらんか」と位置づけている。こうした積極的な表現ゆえに、『諸法実相鈔』が宗門内において尊重されていることは確かである。しかし、『諸法実相鈔』には真蹟が存しないのみならず、直弟子・孫弟子クラスの古写本の存在も確認されてはいない。最も古い写本としては、日朝本があるものの、文献学的な見地からいえば、高い信頼性を置き難い遺文であることが、池田令道氏により指摘されている。池田（二〇〇九）三三四―三三七頁をみよ。

(17) 『定遺』一五三六頁の「断簡一八六」は、「以過去可知於未来　予非地涌一分（以下欠）」（傍点・括弧内引用者）というものである。この後半部を、『定遺』は「予は地涌の一分に非ずや」と訓じているが、原文はもとより白文である。しかも、これはあくまでも断簡であって、前後の文脈がわからない以上、『定遺』のように訓じるのか、あるいは、「予は地涌の一分に非ず」と訓じるべきなのか、それとも、「予は地涌の一分に非ざれば」と訓めばよいのか、はたまた「予は地涌の一分に非ざれども」と訓じるべきなのかについては、確定のしようがない。したがって、この断簡だけでは、日蓮の地涌・上行自覚について考察する十分な材料とはなり得ないといわねばならないが、筆者としては、「予は地涌の一分に非ずや」という訓み方に賛意を示しておきたい。その理由については、本章第二節第三項の末尾を参照のこと。

(18) この点について、高木豊氏は、「日蓮は末法における法華経のにない手・題目の五字の授与者としての地涌の菩薩をクローズアップしたのであるが、地涌の菩薩のイメージは日蓮その人のイメージと重なり合っている。しかし、日蓮は自らを上行菩薩等になぞらえてはいない」（高木（一九七〇）一七八頁、高木（二〇〇二）一五四頁）と、適切な指摘を行なっている。しかし、イメージ的には重なり合う者に対して、何故に日蓮は自己をなぞらえないのか、ということについて、高木氏はその理由を示してはいない。本章の第二節はいわば、その理由に当たるものを提示しようとする試みでもある。

(19) 『法華経』の「従地涌出品」第十五において、「四菩薩」は次のように描写されている。

　この菩薩衆（地涌の菩薩たち）の中に四の導師あり。一をば上行と名づけ、二をば無辺行と名づけ、三をば浄行と名づけ、四をば安立行と名づく。この四菩薩は、その衆の中において、最も上首の唱導の師たり。

（『正蔵』九巻四〇頁上、括弧内引用者、原漢文）

(20) 都守（二〇〇八）二六七頁下―二六九頁上（五六「上行自覚と熱原法難に関する新出資料」の項）。なお、いまだ推測を多く含み、十分なものとはいえないにしても、『伯耆殿並諸人御中御書』の復元に挑んだ論考として、坂井（二〇〇五）がある。

(21) 都守（二〇〇八）二六八頁中（五六「上行自覚と熱原法難に関する新出資料」）。本章の「むすびにかえて」でも改めて触れるが、通例ならば「上行」とあるところを、音通で「浄行」と書かれた例は、『撰時抄』にも三箇所みられる。『定遺』一〇一七・一〇二九・一〇四八各頁の脚注をみよ。

（22）「経には上行・無辺行等こそ出でてひろめさせ給フべしと見へて候へども、いまだ見へさせ給はず」（『本尊問答鈔』、一五八六頁、傍点引用者）とあるように、四人の上首の中で「上行」と「無辺行」が並べられているのも、同様の感覚であろう。

（23）日蓮にあって、地涌・上行自覚は「末代の凡夫」たる僧俗に広く開かれている——。

このようにみる筆者にとって、地涌の菩薩のいわば「無名性」に着目する岡田文弘氏の見解は注目に値するものである。少々長文にわたるが、示唆に富むので、右に引いておく。

日蓮さんの宗教実践の意義は、日蓮さんが御自身を只の凡夫であると強調すればするほど、輝きを増してくるんですね。

日蓮さんはよく「不遜だ」「偉そうなことばかり言っている」と非難されるんですが、実際には、無名の貧しい一介の僧侶として生きようとした人でした。辺鄙な日本に生まれた一介の乞食僧にもかかわらず、最高の上行菩薩の使命を担っている……この自負こそが日蓮を支えたんですね。……

ここで、ちょっと変わった例ですが、『維摩経』を見てみます。私、『維摩経』を読んでガッカリしたことがございます。『維摩経』は、維摩さんという在家の人が、次々と出家者をやりこめていく、そういうお経ですよね。私は暇人なんで最後まで『維摩経』を読んだんですけれども、終盤にとんでもないドンデン返しがある。実は維摩さんの正体は、阿閦仏の浄土に住んでいた大菩薩の生まれ変わりだったことが明かされるんです。

だからそれまでは「維摩さんって普通の在家なのに、舎利弗より賢いなんて凄い！」「一介の在家の人が、こんなスーパーマンみたいに活躍するなんてすごい！」と思っていたんですが、最後の最後で「実は、ただの在家じゃなかったから凄かったんだよ」という、なんとも微妙なオチがついているんですよね。ただの在家だったら面白かったのに。ガッカリです。

それとは日蓮さんは違いますよね。晩年、特に身延に入山してからは、上行自覚が深まり自己を聖化する傾向が強まりますが、それでもなお「私の正体は上行菩薩だ！」というようなシンプルな明言は避けておられました。つまり最後まで、一介の僧侶・一人の人間としての立場を貫徹したということになります。これは一切衆生皆成仏の可能性を示すものでもありますし、また、地涌菩薩のコンセプトにも合致した姿勢であると思います。

地涌菩薩とは、無名の菩薩たちなんですよね。弥勒にすら知られていなかったんですから。ですので、辺鄙な日本で一介の僧侶として『法華経』を行ずる日蓮さんの姿勢は、無名菩薩たる地涌菩薩の意図に沿ったものだと思います。

だから私は、日蓮さんが上行菩薩を直裁的に表明しなかったことは彼の宗教的価値を減ずるものでは毛頭なく、むしろ逆に、それによって地涌の心を表し得たんじゃないか、と思っています。そういう意味で、やっぱり日蓮さんは上行菩薩だったんじゃないか、と私は思います。

（岡田〔二〇一六〕一一〇頁上−一一一頁上、傍点引用者）

(24)　岡田氏が、傍点部にあるように「そういう意味で、やっぱり日蓮さんは上行菩薩だったんじゃないか」という場合の「そういう意味で」というところを、筆者自身に引き付けていうならば、無名の一介の凡夫であっても、あるいは無名の一介の凡夫であればこそ、まさに行ないにおいて地涌・上行菩薩たり得るという意味で、ということになる。重ねて強調するが、地涌・上行自覚は日蓮一人の独占物では断じてない。無名の一介の凡夫に対して、広々と開かれているものなのである。ただ、開かれているといっても、その道は決して楽なものとみなされているわけではない。特に、先頭に立って上行ら上首四菩薩の役割を果たすのは至難の技である。しかしそれでも、「末代の凡夫」たる僧俗に門戸は開かれている、ということである。

出家の弟子に対する評価ではないが、主人・江馬氏より、日蓮への信仰を捨てなければ二カ所の所領を召し上げる旨の圧力を受けながらも、信仰を曲げないことを誓った四条金吾頼基に対する次のような評価もまた、やはり同様なものであるといえよう。

かくをどさるるに二所の所領をすてて、法華経を信じとをすべしと御起請候事、いかにとも申ヘ計リなし。普賢・文殊等なを末代はいかんがと仏思食シて、妙法蓮華経の五字をば地涌千界の上首上行等の四人にこそ仰ャつけられて候へ。只事の心を案ずるに、日蓮が道をたすけんと、上行菩薩貴辺の御身に入リかはらせ給へるか。又教主釈尊の御計ヒか。

（『四条金吾殿御返事』、一三六二頁、傍点引用者）

【引用・参照資料および略号】

『以一察万抄』
　都守（一九九八）所収。都守基一氏による『法華取要抄』の草稿『以一察万抄』の翻刻。

『一遍聖絵』
　望月信成・五来重・赤松俊秀・福山敏男・宮本常一・宮次男編著、新修日本絵巻物全集第一一巻『一遍聖絵』角川書店、一九七五年。

『取要抄』
　都守（一九九八）所収。都守基一氏による『法華取要抄』草稿の翻刻。

『親鸞集 日蓮集』
　名畑応順・多屋頼俊・兜木正亨・新間進一校注、岩波日本古典文学大系『親鸞集 日蓮集』、一九六四年。

『法然 一遍』

　大橋俊雄校注、岩波日本思想大系『法然 一遍』、一九七一年。

『本尊集解説』

　山中喜八『本尊集解説』（『日蓮聖人真蹟集成』第一〇巻別冊）、法蔵館、一九七七年。

「山上翻刻本」

　山上弘道「『頼基陳状』日澄本・日興本の翻刻および対照」（『興風』第一八号、興風談所、二〇〇六年）。山上氏が、『頼基陳状』のいわゆる未再治本（日澄本）、および再治本（日興本）を翻刻・対照したもの。引用に際して、略字や異体字は正字に改めた。

【引用・参照文献】

浅井〔一九三三〕
　浅井要麟『日蓮聖人御遺文講義』第一〇巻、龍吟社。
池田〔二〇〇九〕
　池田令道「身延文庫蔵 日朝本録内・録外御書の考察」（『風興』第二一号、興風談所）。
庵谷〔一九九七〕
　庵谷行亨「日蓮聖人の上行自覚について」（『大崎学報』第一五三号）。
大野〔一九五八〕
　大野達之助『日蓮』〈人物叢書6〉、吉川弘文館。
岡田〔二〇一六〕
　岡田文弘『講義録『開目抄』教室』〈東京大学仏教青年会「青少年のための仏教塾」講義録〉、妙興寺。
坂井〔二〇〇五〕
　坂井法曄「伯耆殿幷諸人御中御書の原型について」（『興風』第一七号、興風談所）。

佐々木〔一九七九〕
佐々木馨『日蓮と「立正安国論」——その思想史的アプローチ——』評論社。
執行〔一九三四／二〇〇六〕
執行海秀「御遺文に現れたる上行自覚表現の祖典学的一考察」、一九三四年、手稿論文。その後、執行〔二〇〇六〕において活字化。
執行〔一九三六／二〇〇六〕
執行海秀「御義口伝の研究」、一九三六年、卒業論文。その後、執行〔二〇〇六〕において活字化。
執行〔二〇〇六〕
執行海秀『御義口伝の研究』山喜房仏書林。
菅原〔一九九一〕
菅原関道「『日興上人御遺告』を拝す（一）——天台沙門と号せらる申状は大謗法の事——」（『興風』第七号、興風談所）。
菅原〔二〇〇三〕
菅原関道「重須本門寺所蔵の『頼基陳状』両写本について」（『興風』第一五号、興風談所）。
高木〔一九七〇〕
高木豊『日蓮——その行動と思想——』評論社。
高木〔二〇〇二〕
高木豊『日蓮——その行動と思想——』〈増補改訂版〉、太田出版。
都守〔一九九八〕
都守基一「『法華取要抄』の草案について」（『大崎学報』第一五四号）。
都守〔二〇〇八〕
都守基一「学室だより（平成十九年度）」（『日蓮仏教研究』第二号、常円寺日蓮仏教研究所）。
間宮〔一九九九〕
間宮啓壬「「愚者」と「智人」——日蓮における「師」自覚の構造——」（『宗教研究』第七三巻第三輯・通巻三二二号）。

間宮〔二〇〇八〕
間宮啓壬「日蓮における地涌・上行自覚の再検討」(『日蓮仏教研究』第二号、常円寺日蓮仏教研究所)。
間宮〔二〇一三〕
間宮啓壬「再度、日蓮における地涌・上行自覚を論ず――山上氏の批判をうけて――」(『日蓮仏教研究』第五号、常円寺日蓮仏教研究所)。
山上〔二〇〇六〕
山上弘道「宗祖書状・陳状等のご自身によるテキスト化について――『頼基陳状』『本尊問答抄』を中心として――」(『興風』第一八号、興風談所)。
山上〔二〇〇九〕
山上弘道「宗祖の上行自覚について――間宮氏の所見に対する批判――」(『日蓮仏教研究』第三号、常円寺日蓮仏教研究所)。
山上〔二〇一四〕
山上弘道「間宮啓壬氏の論攷『再度、日蓮における地涌・上行自覚を論ず――山上氏の批判をうけて――』への感想」(『興風』第二六号、興風談所)。
渡辺〔一九九六〕
渡辺喜勝『一遍智真の宗教論』岩田書院。

第Ⅲ部　「一念三千の成仏」

第一章　即身成仏と霊山往詣
——日蓮における救済の構造——

はじめに

日蓮が描く救済の世界を垣間見ようとする時、一見したところまったく対照的であり、矛盾するかのようにさえみえる二つの要素が併存することは、これまでもしばしば指摘されてきた。その二つの要素とは、以下の如くである。一つは、「娑婆即寂光」の思想に基づき、あくまでもこの娑婆世界に浄土を実現せんとする「立正安国」の思想であり、あるいは、この娑婆世界において現身のまま速やかに成仏を果たさんとする「即身成仏」の思想である。すなわち、現実の直中《ただなか》に救済を実現せんとする現実重視の救済観である。もう一つは、他界的なイメージを濃厚に孕んだ「霊山浄土」を定立し、死後におけるそこへの「往詣」を説く、いわゆる「霊山往詣」の思想である。これは、死後の世界に救済の場を予想する来世的な救済観であるとみなし得よう。

矛盾しているかにみえるこうした二つの要素を会通《えつう》しようとする試みは、日蓮教学者である浅井要麟や望月歓厚氏によって既に行なわれているが(1)、その一方で、戸頃重基氏のように、二つの要素の間に存在するかにみえる矛盾をそのまま矛盾として受け止め、霊山往詣思想は立正安国思想の挫折の代償として逃避的に構想されたに過ぎないとする向きもある（戸頃〔一九六五〕）。しかし、戸頃氏のこうした見解に対しては、佐藤弘夫氏により反論が提出されている。佐藤氏は、霊山往詣思想は立正安国思想の挫折の結果現れるのではなく、むしろ立正安国思想と共存しているのであり、その共存の仕方にこそ、思想史上の日蓮の独自性があるとしたのである。(2)

筆者は、基本的には佐藤氏の見解に賛意を表するものであるが、立正安国思想と霊山往詣思想との関係については、既に佐藤氏による詳しい考察がなされているので、改めて立ち入ることはしない。本章では、佐藤氏の見解に触発されつつも、佐藤氏においては取り上げられなかった以下の点がむしろ問題となる。すなわち、日蓮にあっては、「即身成仏」と「霊山往詣」という、一見したところ矛盾しているかにみえる両思想があえて提示されているという点に着目し、そこにかえって、日蓮が描く統一的な救済の構造を見出すことができるのではないか、という問題意識のもと考察を進めることになる。

考察の具体的な手順は、以下の通りである。まず日蓮における即身成仏思想を、次いで霊山往詣思想を概観しておきたい。その上で、日蓮が両者を有機的に関連せしめることにより描きだそうとした救済の構造を明らかにしたいと思う。

第一節　即身成仏思想

即身成仏について日蓮が言及する文言は、仁治三年（一二四二、二一歳）に系年される『戒体即身成仏義』に既にみられるところである。もし、この『戒体即身成仏義』を以って日蓮自身の著作とみなしてよいとするならば(3)、日蓮は修学のごく初期において既に即身成仏思想に着目していたことになる。すなわち、日蓮は次のように述べているのである。

> 我が身に十界を具すと意得《こころえ》し時、欲令衆生仏之知見と説て、自身に一分の行無クして即身成仏する也。尽形寿の五戒の身を改めずして仏身と成る時は、依報の国土も又押へて寂光土也。妙楽ノ釈ニ云ク、「豈に伽《が》耶《や》を離れて別に常寂を求めん。寂光の外に別に娑婆あるにあらず」文。
>
> （『戒体即身成仏義』、一三―一四頁、鍵括弧内他、一部原漢文）

もっとも、こうした文言は、凡夫と仏、穢土と浄土との対立を、心の持ち様の問題に局限しようとする天台本覚思想の影響を濃厚に感じさせるものであり(4)、これを以って直ちに日蓮独自の即身成仏思想であるとはいえないであろう。日蓮独自の即身成仏思想、すなわち、唯一の「仏になるべき道」（『開日抄』、六〇四頁）とされる「一念三千」を基礎に、妙法蓮華経の五字の受持に即した成仏の理論が完成するのは、佐渡流罪期、特に『観心本尊抄』を持たなければならないのである。そこでまず、『観心本尊抄』などの佐渡流罪期の遺文を中心に、日蓮独自の即身成仏思想について概観していくことにする。なお、その際、論述が第Ⅱ部第一章と一部分重なることになるが、日蓮の即身成仏思想を概観するに当たって、そうした重複は避けることができなかった。その点、ご容赦いただきたい。

日蓮が唯一の「仏になるべき道」であるとみなした「一念三千」とは、いうまでもなく、天台大師智顗によって創始された観心法門である。それはまた、「一念（主体の心）」と「三千（客観的存在世界）」との「不二相即」を説くことを通して、あらゆる存在の不二相即を明らかにする法門でもあったとされる（田村・新田〔一九八二〕一四二－一四七頁）。

しかし、日蓮がいうところの一念三千は、智顗自身の一念三千とは明らかに異なっている。日蓮が一念三千という場合、『法華経』の「如来寿量品」第十六に説かれる久遠の釈迦仏の成道が不可欠なる要素として絡んでくるからである。

妙楽大師云く、当に知るべし、身土は一念の三千なり。故に成道の時、この本理に称《かな》ふて、一身一念、法界に遍《あま》ねし等云云。夫れ始め寂滅道場華蔵世界より沙羅林に終るまで五十余年の間、華蔵・密厳・三変・四見等の三土四土は、皆成劫の上の無常の土に変化する所の方便・実報・寂光・安養・浄瑠璃・密厳等なり。能変の教主、涅槃に入れば、所変の諸仏、随て滅尽す。土も又以てかくの如し。今本時の娑婆世界は、三災を離れ、四劫を出たる常住の浄土なり。仏、既に過去にも滅せず、未来にも生ぜず。所化以て同体なり。これ即ち己心の三千具足、三種の世間なり。

（『観心本尊抄』、七一二頁、原漢文）

右の一節の冒頭に、日蓮は、妙楽大師湛然『止観輔行伝弘決』の「当に知るべし、身土は一念の三千なり。故に成道の時、この本理に称《かな》ふて、一身一念、法界に遍《あま》ねし」（『正蔵』四六巻、二九五頁下、原漢文）という言葉を引いているが、ここでいう「成道」とは、『観心本尊抄』より右に引いた一節の文脈に当てはめてみた場合、なによりも久遠の釈迦仏の成道として解釈されなければならない。というのも、そう解釈しない限り、湛然の言葉を引いた後に続く日蓮の文言が理解できなくなるからである。湛然の言葉における成道を、久遠仏の成道として日蓮が受け取ったとすると、久遠仏の成道の瞬間とは、久遠仏により「一念三千」が事実として成就された瞬間である、ということになる。すなわち、久遠仏が成道した瞬間とは、一念（主体の心）と三千（客観的存在世界）との不二相即という「本理」に適って、久遠仏の心、さらにはその身体が、つまり、久遠仏の「一身一念」＝色心が、法界全体に遍満し、それによって、久遠仏が住する娑婆世界も成道して浄土となり、そこに住する衆生もまた成道して仏となった瞬間である、ということになるのである。そして、久遠仏とは無限の過去において成道した永遠の仏であることから、娑婆世界も永遠の浄土であり、衆生もまた「所化以て同体」、つまり、久遠仏と同体なる永遠の仏である、ということになる。

日蓮はこのように、久遠仏の成道を根拠に、衆生をも含めた一切の存在が久遠仏と同体であることを示し、それを以って、「己心の三千具足」、すなわち、「一念三千」であるとした。(5) つまり、日蓮にとって一念三千とは、なによりも久遠仏によって成就せられた一念三千なのであり、衆生も含めた一切の存在と久遠仏との同体性に他ならないのである。

九界も無始の仏界に具し、仏界も無始の九界に備《そなはり》て、真ノ十界互具・百界千如・一念三千なるべし。

一念三千は九界即仏界、仏界即九界と談ず。

（『開目抄』、五五二頁）

（『撰時抄』、一〇〇四頁）

といった文言は、そのことを、衆生（＝九界）と久遠仏（＝仏界）との関係に着目して述べたものであるといえよう。

しかし、日蓮のこうした一念三千理解は、当然のことながら、現実に対する認識との間に厳しいギャップを生むことになる。現実的にみるならば、娑婆世界は「穢土」に他ならず、衆生はあくまでも「凡夫」たるを免れ得ないからである。したがって、日蓮にとっての一念三千とは、久遠仏によって現に成就されており、衆生も娑婆世界も現にその直中にありながらも、衆生の側からは決して把握されることのない隔絶された世界、あくまでも久遠仏の側に属する超越的領分である、ということにならざるを得ない。

此一念三千も我等一分の慧解もなし。

（『開目抄』、六〇四頁）

という文言は、このことを端的に示すものである。その意味では、日蓮は、本来的なあり方はどうあれ、現実の衆生にあっては、久遠仏との同体性は喪失されてしまっている、とみなしていたことにもなる。こうして日蓮は、失われている久遠仏との同体性を回復する道を模索することになる。また、ここに、日蓮における成仏論の基礎も明らかになるのである。

日蓮にとって一念三千とは、今もみたように、久遠仏の側に属する超越的領分であって、いわばそれは、久遠仏自身の「功徳」であるといえる。日蓮は、そのような一念三千が『法華経』に存しているという。しかし、一念三千自体は衆生の側からの把握を拒むものとみなされている以上、一念三千そのものが『法華経』に露わにされているとは、日蓮はいわない。日蓮は、『法華経』の本門「如来寿量品」第十六において釈迦仏の久遠実成が説かれるその経文の根底に、久遠仏の「功徳」としての一念三千が包摂されている、とみなすのである。このような理解は、

一念三千の法門は但法華経の本門寿量品の文の底にしづめたり。（『開目抄』、五三九頁）

一代経々の中には此経（＝『法華経』）計リ一念三千の玉をいだけり。（『開目抄』、六〇四頁、括弧内引用者）

といった文言に窺うことができる。(6)

こうした理解はさらに、「名は必ス体にいたる徳あり」（『十章鈔』、四九〇頁）といった思想と相俟って、末法に生きる人々には、一念三千が、『法華経』の「名」＝「題目」である「妙法蓮華経」の五字に集約的に納められた形で与えられている、という確信を生み出すことになる。

一念三千を識らざる者には、仏、大慈悲を起し、五字の内にこの珠を裹《つつ》み、末代幼稚の頸に懸さしめたま

ふ。（『観心本尊抄』、七二〇頁、原漢文）

と述べられる所以である。そして、

釈尊の因行果徳の二法は、妙法蓮華経の五字に具足す。我等この五字を受持すれば、自然に彼の因果の功徳を譲り与へたまふ。（『観心本尊抄』、七一一頁、原漢文）

という文言に示されるように、日蓮は、久遠仏の「大慈悲」により与えられている「妙法蓮華経」の五字＝「題目」を「受持」することにより、その内に納められた一念三千は、久遠仏の全功徳として、久遠仏自身から譲り与えられる、とするのである。

こうして功徳が譲り与えられた結果について、日蓮は次のように記している。

我等具縛の凡夫忽に教主釈尊と功徳ひとし。彼の功徳を全体うけとる故なり。経ニ云ク、如我等無異（我が如く等しくして異なること無からしめん）等云云。法華経を得レ心者は釈尊と斉等なりと申ス文なり。……今法華経の行者は其中衆生悉是吾子と申て教主釈尊の御子なり。教主釈尊のごとく法王とならん事難かるべからず。但し不孝の者は父母の跡をつがず。堯王には丹朱と云フ太子あり。舜王には商均と申ス王子あり。二人共に不孝の者なれば、父の王にすてられて現身に民となる。重華《ちょうくわ》と禹《う》とは共に民の子なり。孝養の心ふかかりしかば、堯舜の二王召て位をゆづり給き。民の身忽に玉体にならせ給き。民の現身に王となると凡夫の忽に仏となると同事なるべし。一念三千の肝心と申スはこれなり。

（『日妙聖人御書』、六四五頁、傍点および括弧内引用者）

つまり、日蓮は、功徳が譲与された結果について「我等具縛の凡夫忽に教主釈尊と功徳ひとし」、「釈尊と斉等なり」と述べた上で、そのことを以って、「凡夫の忽に仏となる」ことであるとみなすのである。

このように日蓮は、妙法蓮華経の五字の受持、すなわち、「唱題」に即した久遠仏の功徳の譲与の瞬間を以って、「凡夫の忽に仏となる」瞬間とみなしている。言葉を換えるならば、「唱題」という実践の当所に、日蓮は凡夫の身そのままでの速やかなる成仏、すなわち、「即身成仏」をみるのである。

このようにみてくると、日蓮がいうところの「即身成仏」が、一種の静止的あるいは超人的な完成状態を指すものでないことは、もはや明らかであろう。妙法蓮華経の五字を受持するという実践、つまり、「唱題」の実践にのみ、凡夫の「即身成仏」はあるのであり、凡夫によるそうした実践相が、そのまま「即身成仏」の相なのである。日蓮独自の即身成仏思想は、こうして一応の完成をみるに至ったといえよう[7]。

身延山中に入って以降の日蓮は、こうした即身成仏の思想を、龍樹の『大智度論』にみえる「以毒為薬」（『正蔵』二五巻、七五四頁中）によって説明している。その例を挙げておこう。

付法蔵の第十三、天台大師の高祖龍樹菩薩、妙法の妙の一字を釈して、譬へば大薬師の能く毒を以て薬と為すが如し等云云。毒と云ふは何物ぞ。我等が煩悩・業・苦の三道なり。薬とは何物ぞ。法身・般若・解脱なり。能く毒を以て薬と為すとは何物ぞ。三道を変じて三徳と為すのみ。……即身成仏と申すはこれ、これ、これなり。(8)

（『始聞仏乗義』、一四五三頁、原漢文）

右の文言においては、殊更に妙法蓮華経の五字の受持ということはいわれていないが、即身成仏が妙法蓮華経の五字を受持する当所に成立するとみなされていることは、次の文言によっても明らかである。

白粉の力は漆《うるし》を変じて雪のごとく白くなす。須弥山に近づく衆色は皆金色なり。法華経の名号を持ッ人は、一生乃至過去遠々劫の黒業の漆変じて白業の大善となる。いわうや無始の善根皆変じて金色となり候なり。しかれば故聖霊、最後臨終に南無妙法蓮華経ととなへさせ給ヒしかば、一生乃至無始の悪業変じて仏の種となり給フ。煩悩即菩提、生死即涅槃、即身成仏と申ス法門なり。

（『妙法尼御前御返事』、一五三七頁、傍点引用者）

ここに引いた『妙法尼御前御返事』は、夫が唱題しつつ、すなわち妙法蓮華経の五字を受持しつつ臨終を迎えたとの報を、妻の妙法尼からうけて著された書状である。したがって、臨終唱題による即身成仏ということが強調されてはいるが、唱題による即身成仏がなにも臨終のみに限られるものではないことは、傍点部にあるように、「法華経の名号を持ッ」という行為自体にいわゆる「以毒為薬」の効用が認められていることからも明らかである。

なお、即身成仏といえば、真言密教でいうところのそれが想起されるが、日蓮は、此法門（＝一念三千）は衆生にて申せば即身成仏といはれ、画木にて申せば草木成仏と申スなり。
（『四条金吾釈迦仏供養事』、一一八三頁、括弧内引用者）

と述べるように、即身成仏の原理をあくまでも『法華経』の一念三千に求める立場から、

即身成仏の手本たる法華経をば指《さし》をいて、あとかたもなき真言に即身成仏を立て、剰へ唯の一字ををかるゝ条、天下第一の僻見也。
（『太田殿女房御返事』、一七五七頁）

と記し、真言密教の即身成仏を厳しく非難するに至っている。

第二節　霊山往詣思想

日蓮にあっては、死を契機として、いわゆる「霊山往詣」が果たされるとみなされていることは、本章冒頭でも指摘した通りであるが、ここではまず、霊山往詣の契機とされる「死」という事態に対する日蓮の基本的認識についてみておきたい。この問題に関して、上原専祿氏は、死を意識せざるを得ない病状に陥ったと思わ

れる南条兵衛七郎に与えられた書状中の、

もしさきにたゝせ給はば、梵天・帝釈・四大天王・閻魔大王等にも申させ給べし、日本第一の法華経の行者日蓮房の弟子也、となのらせ給へ。よもはうしん（芳心）なき事は候はじ。但一度は念仏一度は法華経となへつ、二心ましまし、人の聞《きく》にはばかりなんどだにも候はば、よも日蓮が弟子と申ｽとも御用ゐ候はじ。後にうらみさせ給ｯな。

（『南条兵衛七郎殿御書』、三二七頁）

などといった文言を手掛かりに、この書状においては、生物的・生理的意味での死は問題にされておらず、兵衛七郎の「死者」としてのあり方こそが問題にされている、と指摘している（上原〔一九七四／一九八八〕一七八頁）。死という事態を日蓮がいかに認識していたかということは、それ自体、大きな問題ではあるが、上原氏のこうした指摘は、死に対する日蓮の基本的認識を的確に言い表わしたものであるといってよかろう。日蓮にあって、死は別離をもたらすがゆえに深い悲しみの対象とされる一方で、上原氏も指摘するように、死者は常に個別的人格を持つ存在として待遇されるとともに、死後の世界におけるそのあり方にも配慮がなされているのである。上原氏が手掛かりとしたこの『南条兵衛七郎殿御書』（日蓮四三歳）の段階では、霊山往詣の思想はいまだ現われてはいないが、死に対する日蓮のこうした基本的認識の延長線上に、霊山往詣思想が現われてくるものとみて間違いない。

日蓮が死後に赴くべき世界を「霊山」と表現し、そこにおける自己のあり方を規定するに至るのは、文献学的に信頼し得る遺文によると、佐渡流罪中に記された『開目抄』（日蓮五一歳）が最初である。すなわち、

『開目抄』において、日蓮は、

我法華経の信心をやぶらずして、霊山にまいりて返てみちびけかし。

（『開目抄』、六〇五頁）

と記し、迫害により命を失った後に赴くべき浄土を「霊山」と定めた上で、

日蓮が流罪ハ今生ノ小苦なればなげかしからず。後生には大楽をうくべければ大に悦ハし。

（『開目抄』、六〇九頁）

という言葉で『開目抄』を結び、いわゆる「霊山浄土」を、迫害の相次いだ生前には得られなかった安らぎを享受し得る場所として提示するのである。

ところで、第Ⅱ部第一章の冒頭でも触れたが、『開目抄』執筆当時の日蓮は、

日蓮といゐし者は去年九月十二日子丑の時に頸《くび》はねられぬ。此は魂魄佐土の国にいたりて、返年《かへるとし》の二月雪中にしるして、有縁の弟子へをくれば、をそろしくてをそろしからず。

（『開目抄』、五九〇頁）

という言葉にみえるように、竜の口で一度は斬首の座に身を置いたという体験を契機として、みずからを「死」を体験した「魂魄」と認識していた。

このように、「死」を体験せる「魂魄」と自己をみなしていた日蓮は、死後の世界におけるあり方の問題を、他ならぬ自己自身の問題として切実に受け止め、そこに、「霊山浄土」への往詣という答えを与えていったものと考えられる。言葉を換えるならば、日蓮にあっては、自己自身を「魂魄」として遇することにより初めて体験し得た世界が「霊山浄土」であった、といえるのではなかろうか。後に身延に入ってから、日蓮は、「霊山浄土」を以って「常住不壊のりやう山浄土」（『上野殿母尼御前御返事』、一八一七頁）と表現している。かかる表現は、明らかに永遠の浄土としての娑婆世界のイメージと重なるものである。先にも述べたように、日蓮にとって、永遠の浄土としての娑婆世界とは、久遠仏によって成就された一念三千世界であり、久遠仏の側に属する超越的領分に他ならない。佐渡流罪の直中にあって、日蓮は「魂魄」としてかかる超越的領分に参入し、それを、生前には得られなかった安らぎを享受すべき「霊山浄土」として表現するとともに、さらにその表現を、「大曼荼羅」の図顕という形でも成熟させていったのではないだろうか。[9]

ただ、日蓮が「霊山浄土」を体験した、あるいは「霊山浄土」に参入した、という言い方は行き過ぎではないか、とみる向きもあるかもしれない。そうした「体験」や「参入」を直接的に示す言葉は、日蓮遺文の中には見当たらないからである。ただし、明示する言葉は見出せないにしても、日蓮は、「霊山浄土」として一方では表象される、久遠仏によって成就された一念三千世界を、他方では「本尊」たる「大曼荼羅」として表象するとともに、その直中に「日蓮」という自署と花押を大書しているのである。もちろん、それが「本尊」として門弟に授与されたものである以上、授与された門弟にとっては、そこに描かれた世界は、これから「体験」すべき、あるいは「参入」すべき世界を意味するものであろう。つまり、門弟の側からいえば、その世界の「体験」、その世界への「参入」は、いまだ未来形に属する事柄なのである。日蓮が「霊山浄土」を此土に実現すべき世界、あるいは死後に往詣し得る世界として描く所以である。

しかし、日蓮自身の自覚に即してみるならば、その世界は既に「体験」「参入」し得た世界であればこそ、その世界の表象たる「大曼荼羅」の直中に、自署と花押を大書し得たのではなかろうか。すなわち、日蓮にとって「霊山浄土」が既に「体験」「参入」せられた世界であることの証を、「大曼荼羅」に大書される自署と花押に見出したいのである。そうした観点からするならば、夫・阿仏房を亡くした妻・千日尼宛ての書状にみられる、

故阿仏房の聖霊は今いづくむにかをはすらんと人は疑ッとも、法華経の明鏡をもつて其の影をうかべて候へば、霊鷲山の山の中に多宝仏の宝塔の内に、東むきにをはすと日蓮は見まいらせて候。

（『千日尼御返事』、一七六一頁）

という一節も、ただ単なる慰めの言葉としてのみではなく、日蓮自身による体験的裏付けを伴った説示とみることも可能ではあるまいか(10)。

身延に入って以降の遺文に目をやると、肉親の死という悲しむべき事態に遭遇した門弟に安心を与えるべく、霊山往詣を説く例が目につく。そうした事例を具体的な文言に即して検討することにより、日蓮がいかなる形で霊山往詣思想を展開しているかを知るよすがとしたい。

追申。此六月十五日に見奉り候しに、あはれ肝《きも》ある者哉、男也男也と見候しに、又見候はざらん事こそかなしくは候へ。さは候へども釈迦仏・法華経に身を入レて候しかば臨終目出候けり。心は父君と一所に霊山浄土に参りて、手をとり頭を合せてこそ悦ばれ候らめ。あはれなり、あはれなり。

（『上野殿後家尼御前御書』、一七九三―一七九四頁）

これは、弱冠一六歳の息子に先立たれた母尼を慰めようとしてしたためられた書状の「追申」文である。彼女は、夫・南条兵衛七郎に先立たれ（したがって、「後家尼」とも称せられる）、さらに、その忘れがたみである息子の五郎をも失うことになってしまった。この知らせを受けた日蓮は、母尼を慰めようとしながら、どうしても慰めの言葉をみつけることができず、書状の本文自体は、「まことともをぼへ候はねば、かきつくるそらもをぼへ候はず」（『定遺』一七九三頁）と早々に結んでしまう。しかし、日蓮は思い直して、右の「追申」文を付け加え、息子・五郎と夫・兵衛七郎の霊山往詣と、そこにおける両者の喜ばしき出会いを説いたのである。

これ以降、日蓮はしばしば母尼に書状を送ることになるのだが、それらの書状のなかで、日蓮は、例えば次のように記している。

かゝるめでたき御経（＝『法華経』）を故五郎殿は御信用ありて仏にならせ給ヒて、今日は四十九日にならせ給へば、一切の諸仏霊山浄土に集マラせ給ヒて、或は手にすへ、或は頂をなで、或はいだき、或は悦び、月の始て出テたるが如く、花の始てさけるが如く、いかに愛しまいらせ給らん。

（『上野殿母尼御前御返事』、一八一四頁、括弧内引用者）

やす〳〵とあわせ給べき事候。釈迦仏を御使として、りやうぜん浄土へまいりあわせ給へ。若有聞法者無一不成仏と申シて、大地はさゝばはづるとも、日月は地に堕チ給フとも、しを（潮）はみちひぬ代《よ》はありとも、花はなつ（夏）にならずとも、南無妙法蓮華経と申ス女人の、をもう子にあわずという事はなしととかれて候ぞ。

（『上野尼御前御返事』、一八五九頁）

前者の引用文では、息子・五郎を失った母尼に対して、五郎がその法華信仰ゆえに成仏し、今は霊山浄土にあって諸仏の慈愛を一身に集めていることが保証される。さらに後者では、母尼に対し、妙法蓮華経の五字の受持により仏として霊山浄土に赴くことが勧められるとともに、そこにおいて五郎との再会が必ず果たされることが約束されているのである。

肉親を失った門弟に対し、こうした形で安心を与えていこうとする事例は、他にも見出すことができる。

いそぎ〳〵法華経をらうれう（粮料）とたのみまいらせ給ヒて、りやうぜん浄土へまいらせ給て、みまいらせさせ給フべし。

（『千日尼御返事』、一七六二頁）

光日尼御前はいかなる宿習にて法華経をば御信用ありけるぞ。又故《こ》弥四郎殿が信じて候しかば子ノ勧めか。此功徳空しからざれば、子と倶に霊山浄土へ参り合ハせ給ハん事、疑ヒなかるべし。

（『光日上人御返事』、一八七九頁）

前者は、夫・阿仏房に先立たれた妻の千日尼に、後者は、息子・弥四郎を失った光日尼に与えられた書状の一節である。ここでも日蓮は、法華信仰を守り抜いて霊山往詣を果たすことにより、既に霊山浄土にある夫や息子と再会することを勧め、かつ、そうした再会を保証しているのである。

さて、以上みてきた事例によって、日蓮が描く「霊山浄土」の一端を窺い知ることができるであろう。『法華経』への専一なる信仰を守り、妙法蓮華経の五字の受持を実践し通した者のみが、死後に仏として安らぎを享受し得る場所。霊山浄土を、日蓮はかかる場として描き出すのである。と同時に、そうした実践を続ける者であるならば、たとえ死によって一旦は分かたれようとも、霊山浄土において必ず再会を果たし得ることも約束する。「此経（＝『法華経』）を持ッ人々は他人なれども同シ霊山へまいりあはせ給フ也」（『上野殿御返事』、八三六頁、括弧内引用者）といわれる所以である。こうした形で霊山浄土を説き示すことにより、死を予期せざるを得ない病状にある門弟や[11]、肉親の死という悲しむべき事態に遭遇した門弟に、能う限りの安心を与えていこうとしたのである。

なお、こうした形での霊山浄土の説示が、妙法蓮華経の五字の受持という実践をより徹底せしめる役割も果たしていることは、いうまでもあるまい。というのも、

一つ種《たね》は一つ種、別の種は別の種。同シ妙法蓮華経の種を心にはらませ給ヒなば、同シ妙法蓮華経の国へ生マれさせ給べし。三人面《おもて》をならべさせ給はん時、御悦ヒいかがうれしくおぼしめすべきや。

（『上野殿母尼御前御返事』、一八一三頁）

という文言に示される如く、霊山浄土とは、「妙法蓮華経の種」＝妙法蓮華経の五字を受持する者のみが参入を許される浄土、すなわち、「妙法蓮華経の国」として位置づけられているからである。この意味では、霊山往詣とは、妙法蓮華経の五字の受持により「即身成仏」を果たした者にのみ許される特権であった、ともいえるであろう。

むすび――日蓮における救済の構造――

以上、日蓮における即身成仏思想と霊山往詣思想についてみてきた。本章冒頭でも述べたように、二つの思想は、一見したところ、矛盾するものであるかのようにもみえる。しかし、理論的にみるならば、両思想はいずれも、「一念三千」を軸に構想された救済論とみなし得るものである。前者は、久遠仏の功徳としての一念三千の譲与を、後者は、永遠の浄土としての娑婆世界、すなわち、久遠仏によって成就された一念三千世界への直接的な参入を説くものであり、『開目抄』の言葉を借りるならば、両者はいずれも、「一念三千の成仏」（『定遺』五八九頁）に他ならないのである。この意味では、両思想は決して矛盾しあうものではない。

もっとも、日蓮における即身成仏と霊山往詣という二つの思想を、理論的にはこのように会通し得たとしても、日蓮は何故にこの二つの思想をあえて併存せしめたのか、という問題は依然として残ることになる。この問題の考察を通して、本章冒頭に掲げた課題、つまり、日蓮が両思想を有機的に関連せしめることにより描きだそうとした救済の構造を明らかにする、という課題に答えてみたい。

日蓮は、佐渡流罪期において完成されたその即身成仏思想において、妙法蓮華経の五字の受持を実践する当所における成仏を保証した。逆にいえば、日蓮は、妙法蓮華経の五字を受持するという実践以外に成仏の相はあり得ないとしたのである。だが、見方を変えるならば、こうした形での即身成仏は、あくまでも宗教的自覚の上にのみ成り立つ成仏である、といわねばなるまい。というのも、それは、妙法蓮華経の五字を受持する当所に久遠仏の功徳としての一念三千を受け取った、という自覚の上に成り立つ成仏であって、実践を行なう当の主体には、生身の人間としての現実はどこまでも残されるからである。換言すれば、日蓮のいう即身成仏とは、生身の人間として遭遇せざるを得ない様々な艱難《かんなん》からの救済までをも保証するものではない、ということである。特に、生あるものとして決して免れることのできない「死」の問題に、即身成仏の自覚は必ずしも具体的な安心を与えてくれるものではない。実際、日蓮自身、佐渡流罪の直中にあって、即身成仏思想を完成させる一方で、自己の「死」に直面し、死後における自己のあり方に思いを致さざるを得なかったのである。こうした死の問題に対して、日蓮は、自己を「魂魄」として遇することにより初めて体験し得た霊山浄土への往詣、という答えを与えていった。さらに、身延に入って以降の日蓮は、みずからによって体験せられた霊山往詣を、今度は門弟のために説いていくことになる。すなわち、死の不安に怯《おび》えざるを得ない者や、肉親の死に遭遇して悲しみの直中にある者に対し、日蓮は、個別的な書状の形を以って霊山往詣を説き示し、能う限りの安心を与えていこうとしたのである。

このように、日蓮にあっては、即身成仏を説くことによってもなおカバーしきれない具体的な救済の問題、すなわち、自他の「死」に対する安心の問題が、霊山往詣の説示により補完されている、という構造を見出すことができる。こうした構造を獲得することにより、日蓮の救済論が、門弟に対して、より一層の具体性と説得力を有するに至ったことは、疑いを容《い》れないであろう。

なお、最後に、霊山浄土の在処《ありか》の問題に触れて、本章を閉じることにしたい。

先にも述べたように、日蓮にとって、霊山浄土とは、永遠の浄土としての娑婆世界の謂いであった。娑婆世界である以上、それは、「ここ」以外のいかなる場所でもないのである。ただし、その一方で、日蓮のいう霊山浄土が、久遠仏によって成就された一念三千世界の謂いでもあり、したがって、あくまでも久遠仏の側に属する超越的領分であることにも、留意せねばならない。日蓮自身にとって、それは「体験」し、「参入」し得た世界であったとしても、門弟らにとっては、いまだ体験されざる超越的世界なのである。その意味では、日蓮は、霊山浄土と現実の娑婆世界とを、はっきりと区別することになる。

かゝるなさけなき国をばいとゐすてさせ給ヒて、故五郎殿の御信用ありし法華経につかせ給ヒて、常住不壊のりやう山浄土へまいらせさせ給。

（『上野殿母尼御前御返事』、一八一七頁）

ここで、日蓮は、現実の娑婆世界を「なさけなき国」と表現し、それを「常住不壊のりやう山浄土」とはっきりと対置している。このように現実の娑婆世界と霊山浄土とを無媒介に同一視しようとは決してせず、むしろ両者の間に明確に一線を画そうとする日蓮の思惟は、一方では、現実の娑婆世界に霊山浄土を実現しようとする「立正安国」の思想と実践とを生むことになった。しかし、他方では、妙法蓮華経の五字を受持する者が、その死を契機として直ちに現実の娑婆世界から霊山浄土へと飛翔し得るという「霊山往詣」の思想をも生み出していったのである。その意味では、日蓮は、妙法蓮華経の五字を受持する者の「死」という事態に対して、確かに特別な権能を与えているといえるのである。

注

（1）浅井〔一九四五〕において、浅井要麟は、立正安国の立場から法然浄土教を終生批判し続けた日蓮が、法然浄土教の説く極楽往生と表現上酷似する霊山往詣を説示するのは一種の自己矛盾ではあるまいか、という疑問から出発する。もっとも、結論的には、娑婆世界に浄土を実現せんとする一元論的思惟と実践の実現し難さゆえに、日蓮はこの娑婆世界を安住の地とはなし得ず、霊山浄土に最後的な安住の地を求めたのであり、いわば霊山往詣思想は、日蓮の宗教的欣求の極めて自然的・実感的な発露であるとされる。また浅井は、こうした立場から、霊山往詣の説を下機誘因のための一時的方便とみなす、古来から宗門内に受け継がれてきた説には賛同し難いとしている。

一方、望月〔一九五八〕において、望月歓厚氏は、即身成仏と霊山往詣との会通を成仏論の観点から試み、日蓮にあって、霊山に往詣するということは、即身成仏した者が本仏界に帰ることを意味するものであって、霊山に往詣してから初めて成仏するものではないとする。なお、望月氏も、浅井と同様、霊山往詣の説を下機誘因の方便とみなす考え方には、反対の立場をとっている。

（2）佐藤〔一九七九〕、および佐藤〔二〇〇三〕三〇九―三一五頁。

佐藤氏は、思想史の問題として、まず日蓮の立正安国思想と霊山往詣思想の出自を求め、前者は天台教学の娑婆即寂光という理念を受け継いだもの、後者は法然浄土教に通じるものであるとする。このように出自においても、また思想自体の性質においても相容れないかにみえる二つの思想が、佐渡流罪以降の日蓮に同時に看取し得ることを指摘した上で、佐藤氏は、日蓮にあって両思想は単なる矛盾的な併存関係にあるのではなく、地涌・上行菩薩の自覚を媒介に矛盾なく結びつけられることになるとして、次のように記している。

日蓮の所謂上行乃至地涌の菩薩とは、過去世に霊山において釈尊より題目の五字弘通を依託されたが故に、今世には娑婆世界において『法華経』の題目流布による寂光土の顕現と安国達成に挺身し、その使命を終えた時、来世には再び霊山への往詣とそこでの永遠の享楽を保証される者であった。……換言すれば、霊山浄土と立正安国という出自と性質を異にする二つの思想的要素は、上行菩薩の自己規定を媒介として矛盾することなく縫合せしめられ、後期日蓮の一個の完結した思想構造体を構成するに至ったと言えよう。　（佐藤〔一九七九〕二七−一八頁、傍点は原文のもの）

また、小松靖孝氏は、小松〔一九七五〕において、日蓮にとって霊山浄土とは「永遠の故郷」であり、霊山往詣とは、みずからの使命を果たし終えた後にこうした永遠の故郷へと帰りゆくことに他ならなかったとしている。霊山浄土の位置づけに関しては、佐藤氏と同様の見解であるといえよう。

（3）『戒体即身成仏義』の書名は、康永三年（一三四四）、中山法華経寺第三世の日祐によって作成された『本尊聖教録』（いわゆる『祐師目録』）に既にみえるが（『定遺』二七三八頁下）、その真蹟は現存していない。最も古い写本は、千葉県松戸市の平賀本土寺所蔵のいわゆる「平賀本」に収められている。「平賀本」は、大永七年（一五二七）から翌年にかけて、同寺第一一世の日遊が発起し、勝妙坊日信により写し終えられた遺文集であるが、その底本は、同寺第九世の日意（一四二一−一四七三）による遺文写本であったと考えられるという。「平賀本」をめぐるこうした書誌については、高木〔一九七〇〕六〇五頁下や、日教研〔一九八五〕九五二−九五三頁の「平賀本」の項目などに拠った。

（4）例えば、『天台法華宗牛頭法門要纂』の「第十　即身成仏」にみられる次の言葉と比較せよ。

心よく万法を含まば、または具足道《ぐそくどう》とも名づく。よく諸法に遍すといへども、体相は本より清浄にして、妙法蓮華を顕すなれば、凡夫の一念を指して、如来蔵《にょらいぞう》の理となす。

かくのごとく知見《ちけん》する者、則ちこれを成仏と名づく。本覚の真仏を顕すこと、ただ我が一念にあり。心性の仏体を覚らば、証を取ること須臾の間なり。　（『天台本覚論』三九頁）

『天台法華宗牛頭法門要纂』は、天台本覚思想の諸文献の中でも、初期の成立に属するものであり、寿永元年（一一八二）以前の成立であるとみられるという（『天台本覚論』五五五頁、田村〔一九六五〕四〇六頁）。

なお、島地大等・硲慈弘・田村芳朗ら各氏によって積み重ねられてきた諸研究をうけて、天台本覚思想の文献学的・理論的研究を精力的に進めた末木文美士氏は、天台本覚思想の基本的な流れとして、次の二つの傾向を指摘している（末木〔一九九八〕）。一つは、現象世界をそのまま絶対的な真理の当体とみなす、著しく現実肯定的な傾向である（末木氏はこれを「ありのまま主義」と名づける）。この傾向は、それを押し進めていけば、必然的に修行無用論を生み出し、ひいては仏教そのものの否定につながりかねない危険性をも孕むものである。もう一つの流れは、このような第一の流れと重なりつつも、微妙な食い違いをみせる傾向である。すなわち、「心」を「本覚」として絶対化しつつも、「心」＝「本覚」と自覚し得るか否かに成仏の成否を見分けようとする「観心主義」的な傾向のことである。一三世紀後半以降に定型化をみるいわゆる「四重興廃」説において、この二つの流れは序列化され、後者が最終的かつ究極的な段階とされて、前者の上位に置かれることになるという。

天台本覚思想のこのような二つの流れに、『戒体即身成仏義』における日蓮の成仏論を照らし合わせてみるならば、修行の必要性を認めず、その身そのままでの成仏を主張する点においては、前者の流れをくみつつも、「意得《こころえ》」るか否かに成仏の有無をみている点では、後者の流れに属するものであるともいえよう。いずれにせよ、『戒体即身成仏義』の段階での日蓮の成仏論が、天台本覚思想の直接的な影響下にあることは、明らかである。

（5）『観心本尊抄』のいわゆる「四十五字法体段」にみえる「己心の三千具足」の解釈をめぐって、かつて清水龍山と山川智応との間で論争が交わされた。この論争の焦点は、「己心」を凡夫在迷の己心ととるか、久遠仏の己心ととるかにあった、といってよい。つまり、日蓮のいう「一念三千」は、凡夫の一念三千であるか、久遠仏の一念三千であるかをめぐって論争が交わされたわけである。この論争において、清水は前者の立場を、山川は後者の立場をとった。本書では、基本的には山川の立場をとる。山川によれば、「四十五字法体段」は、釈尊の久遠実成を説く「寿量品」の教相の根底に見出された久遠仏の観心であり、久遠仏所証の世界である。したがって、「四十五字法体段」における「己心」は、久遠仏の己心でなければならない。すなわち、日蓮のいう一念三千は「本仏果上の一念三千」であり、それは決して無媒介に凡夫の一念三千とはなり得ない。凡夫が不惜身命の信をもって妙法蓮華経の五字を受持した時、はじめて「本仏果上の一念三千」は凡夫に譲与され、「本法受持の一念三千」として凡夫のものとなり得るのである。以上のような主張のもと、山川は清水に反論した。

かかる論争については、山川智応『観心本尊抄四十五字法体段正義』（山川〔一九三四〕）、および清水龍山『観心本尊抄鑽仰』（清水〔一九三四〕）をみよ。

（6）第Ⅱ部第一章において、日蓮による一念三千の「発見」という表現を用いたのは、一念三千と『法華経』との関係を、日蓮がこのように把握していたことによる。日蓮は、「法華経の本門寿量品の文の底にしづめ」られ、したがって『法華経』に「いだ」かれているといえる一念三千を「発見」し、それを救済の究極的な根拠・原理として理論化・実践化したのである。

（7）こうした即身成仏思想が、『戒体即身成仏義』の即身成仏思想と、もはや軌を一にするものでないことは明白であろう。『戒体即身成仏義』の段階では、「我が身に十界を具すと意得《こころえ》し時」がそのまま「自身に一分の行無ク して即身成仏する」瞬間であり、そうした瞬間は同時に、「依報の国土も又押へて寂光上」となる瞬間でもあるとされた。しかし、佐渡流罪期に完成する日蓮の即身成仏思想では、あくまでも妙法蓮華経の五字の受持＝「唱題」という「行」が求められる。つまり、「即身成仏」はそうした

「行」の当所に成立するものであるとみなされ、「寂光土」もまた、そうした「行」を通じて実現されるべき目標と位置づけられることになるのである。

（8）これと同様の文言は、『太田殿女房御返事』、一七五五－一七五六頁にもみられる。

（9）『観心本尊抄』において、日蓮は久遠仏により成就された一念三千世界を「本尊」として定立し、次のように記している。

その本尊の為体《ていたらく》、本師の娑婆の上に、宝塔、空に居し、塔中の妙法蓮華経の左右に、釈迦牟尼仏・多宝仏、釈尊の脇士は上行等の四菩薩、文殊弥勒等の四菩薩は眷属として末座に居し、迹化・他方の大小の諸菩薩は、万民の大地に処して雲閣月卿を見るが如し。十方の諸仏は大地の上に処したまふ。迹仏迹土を表する故なり。（『定遺』七一二－七一三頁、原漢文）

日蓮が佐渡流罪期以降に図顕していった「大曼荼羅」の様式は、周知のように、必ずしも一定しているわけではないが、その典拠を遺文中に求めた場合、右の文言を挙げてよいであろう。

（10）以上のような私見を促すものとして、渡辺喜勝氏の見解を挙げておきたい。渡辺氏によれば、日蓮が図顕した「大曼荼羅」（渡辺氏の用語では「文字マンダラ」。なお、氏は「大曼荼羅」様式以前の「本尊」もすべて一括して「文字マンダラ」と称する）は、対機的な意味合いにおいては、未来に成就されるべき世界を示すものである。ただ、その一方で、日蓮個人の信仰に即してみるならば、それは、身延の地に永遠なる世界として既に「現成」されている「霊山浄土」の表象であり、そこに大書される日蓮の自署と花押は、かかる世界の「主人」としての積極的な自己表現であるという。渡辺氏のこうした見解については、渡辺〔一九九九〕を参照せよ。

（11）例えば、日蓮は妙心尼に宛てた書簡において、その夫が長らく病床にあることに触れた上で、

ただいまに霊山にまいらせ給ヒなば、日いでて十方をみるがごとくうれしく、とくしに（死）ぬるものかなと、うちよろこび給ヒ候はんずらん。（『妙心尼御前御返事』、一一〇四頁）

と述べ、夫の霊山往詣を保証している。

【引用・参照資料および略号】

『天台本覚論』

多田厚隆・大久保良順・田村芳朗・浅井円道校注、岩波日本思想大系『天台本覚論』、一九七三年。

【引用・参照文献】

浅井（一九四五）
　浅井要麟「日蓮聖人願楽の浄土」（浅井要麟『日蓮聖人教学の研究』平楽寺書店）。
上原（一九七四／一九八八）
　上原専祿「南条兵衛七郎の死を受けて」（上原専祿『死者・生者──日蓮認識への発想と視点──』未来社、一九七四年）。後に『上原専祿著作集』第一六巻、評論社、一九八八年に再録。本書では著作集に収録されたものに拠った。
小松（一九七五）
　小松靖孝「日蓮の霊山往詣思想」（中尾堯編『日蓮宗の諸問題』雄山閣）。
佐藤（一九七九）
　佐藤弘夫「日蓮における立正安国と霊山浄土」（『東北大学日本文化研究所研究報告』第一五集）。
佐藤（二〇〇三）
　佐藤弘夫『日蓮──われ日本の柱とならむ──』ミネルヴァ書房。
清水（一九三四）
　清水龍山『観心本尊抄鑽仰』平楽寺書店。
末木（一九九八）
　末木文美士「本覚思想における心の原理」（末木文美士『鎌倉仏教形成論──思想史の立場から──』法蔵館、第Ⅳ部「本覚思想の形成」第一章）。
高木（一九七〇）
　高木豊「諸本解説」（戸頃重基・高木豊校注、岩波日本思想大系『日蓮』）。
田村（一九六五）
　田村芳朗『鎌倉新仏教思想の研究』平楽寺書店。
田村・新田（一九八二）
　田村芳朗・新田雅章『智顗〈人物中国の仏教〉』大蔵出版。

戸頃〔一九六五〕
戸頃重基「立正安国思想の挫折」（戸頃重基『日蓮の思想と鎌倉仏教』冨山房、第一編「護国思想の展開と変容」第二章「護国思想の変容」第六節）。
日教研〔一九八五〕
立正大学日蓮教学研究所編『日蓮聖人遺文辞典（歴史篇）』総本山身延山久遠寺。
望月〔一九五八〕
望月歓厚「日蓮聖人の往詣思想」（望月歓厚『日蓮教学の研究』平楽寺書店）。
山川〔一九三四〕
山川智応『観心本尊抄四十五字法体段正義』信人社。
渡辺〔一九九九〕
渡辺喜勝「マンダラ界の住人たち（その二）＝予言者・日蓮」（渡辺喜勝『文字マンダラの世界――日蓮の宗教――』岩田書院）。

第二章　女人の救済

はじめに

一時期――一九九〇年代がそのピークであり、最近はそれほどでもないが――、仏教に対してフェミニズムの立場から厳しい批判が投げかけられた。[1]仏教はその出発点から女性を差別し続けてきた宗教であり、日本文化における性差別構造の形成にも多大な影響を及ぼしてきた、との批判である。こうした批判の中でも、仏教の女性差別を代表するものとして特に厳しい告発の対象となったのは、「女人五障」説および「変成男子」思想である。

「女人五障」説は、成仏の障害となる罪障を女性に本来的に認めるものである。女性は、いわば「女性であるという存在自体の罪業」（大越（一九九四）八二頁）を抱えているがゆえに、救いの可能性から本来的に排除された性として規定されるのである。しかし、そうした女性の救われる道がないわけではない。女性という性により、成仏の妨げとなる罪障を免れ得ないのであれば、女性という性自体を捨ててしまえばよい。「変成男子」の必要とされる所以が、ここにある。フェミニズムの立場からなされる告発は、仏教においてこうした形で展開されてきたとみなされる、女性という性の否定と、男性という性への一元化に対する厳しい批判に他ならない。

批判はさらに、女性という性のこのような否定の上に成り立つとされる、仏教における女人救済の構造にも向けられる。

仏教は、罪深いものこそ救いの対象であるという逆説的な救済論を、女性を罪深い存在であるという前提のもとに展開したのである。否定されたものが、また（仏によって）肯定されるという。そして、その救いの論理に女たちも何ら矛盾を感じなかった。女性が自らを罪悪視し、五障三従の身であるとの「自覚」をすすんで徹底させた。

（源〔一九九〇〕一四二頁。括弧内は原文のもの）

仏教における女人救済のこうした性差別的構造に厳しい目を向けるのは、フェミニズムのみにとどまらない。日本仏教史・日本思想史の分野においても、そうした傾向を見出すことができる。この点について触れようとするならば、やはり、笠原一男氏の著作『女人往生思想の系譜』（笠原〔一九七五〕）[2]から話を始めねばならない。この著作において、笠原氏は、日本仏教における女人救済の歴史を、古代から近世に至るまで明快な図式のもとに描き出したのであるが、ここで、殊に古代から中世にかけての氏の見解をまとめてみると、おおよそ次のようになる。

①古代の有力寺院では、女性は修行の妨げとみなされるとともに、女性それ自身、五障・三従等の罪を生まれながらに有する罪深き存在であるがゆえに、往生・成仏の条件を欠く者として差別され、女人禁制・女人結界の形で排除され続けた。したがって、そこでは、正面切っての女人往生論・女人成仏論は生まれ出るべくもなかった。

②もっとも、巷に生きる女性たちには、聖・沙弥・上人と呼ばれる一群の布教者たちによる往生・成仏の取り次ぎがなされていた。彼らは、往生・成仏の証拠、つまり「伝記」によって布教を進めていった。一連の「往生伝」は、こうした「伝記」の集大成である。

③「伝」のみが存在した巷に、中世に入って、「論」という形で、より広範に女性の救済を取り次いだのが、鎌倉新仏教の開祖、法然・親鸞・日蓮らである。

以上が、「「伝」から「論」へ」という言い方で総括される笠原説の概要である。こうした図式の中に、氏は、宗教的な意味での「女性解放」の歴史をみようとしている。

笠原氏の業績をうけて、その後、仏教と女性との関わりについての多彩な研究が展開していくことになるが、その後の研究の大勢は、むしろ笠原説に疑問を投げかける方向へと動いていった。大隅和雄・西口順子・牛山佳幸・勝浦令子・細川涼一氏らの業績により方向づけられたこうした研究動向を[3]うけて、笠原説に対し根本的な修正を迫ったのが、平雅行氏による「顕密仏教と女性」（平〔一九八九／一九九一a〕）・「女人往生論の歴史的評価をめぐって」（平〔一九八九／一九九二b〕）・「中世仏教と女性」（平〔一九九〇〕）等の一連の論考である。笠原説に対して、平氏は、次の四つの点で修正を要求している。

①飛鳥・奈良時代にあっては、女性は官の尼として国家祈祷に携わるべく積極的に登用されていたが、平安時代以降、五障・三従の罪深き存在として、女人禁制の形で排除されていった。古代から中世への時代の流れは、救済対象として女性をより広く包摂していくことにあったのではなく、女性差別が深まっていく過程として捉えられるべきである。

②女人往生論・成仏論は、いわゆる鎌倉新仏教以前の顕密仏教において既に用意されていた。このことは、

天台浄土教・天台法華教学、真言密教や光明真言信仰をめぐる諸文献により実証できるが、鎌倉新仏教に一種の到達点をみようとする笠原説は、こうした史料をまったく無視している。

③女性に関する「往生伝」は、女人往生論が存在しない中でその代償として登場してきたのではなく、既に存在していた顕密仏教の女人往生論を実証すべく語られたものである。「往生伝」等を通して、女人往生論・成仏論は、院政期の末頃までには既に社会的常識となっていた、とみるべきである。

④女人往生論・成仏論は、五障三従を抱えた罪深い女性でも、「変成男子」、つまり男性に生まれ変わることによって救われるという、女性差別・女性蔑視を伴った思想である。女人往生論・成仏論の登場と展開は、宗教的な「女性解放」の進展としてではなく、むしろ女性への差別・蔑視が社会に浸透・定着していく指標として捉え直される必要がある。

以上のような主張のもと、平氏は、「「伝」から「論」へ」という笠原氏の発展史観的な図式に修正を迫ったのである。(4)

さて、前置きが長くなってしまったが、本章の目的とするところは、日蓮の説く女性の救済について検討することにある。仏教と女性との関わりをみようとする場合、周知のように、日蓮は数多くの材料を提供してくれる仏教者の一人である。高木豊氏の詳細な研究（高木〔一九八三〕）が明らかにしているように、日蓮の信者として確認できる女性の数は、文献学的に信頼の置ける遺文に限ってみても四〇人を下ることはなく、そうした女性信者に宛てた書状も、延べ六〇通以上にのぼる数が確認できるのである。こうした書状において、日蓮は懇切丁寧な教導を展開しているのはもちろんのこと、但法華経計リこそ女人成仏、悲母の恩を報ずる実の報恩経にては候へと見候しかば、悲母の恩を報ぜんために此経の題目を一切の女人に唱ヘさせんと願す。

（『千日尼御前御返事』、一五四二頁）

こゝに日蓮願テ云ク　日蓮は全悞《またくあやまり》なし。設ヒ僻事なりとも日本国の一切の女人を扶ツと願せる志はすてがたかるべし。

（『千日尼御前御返事』、一五四四頁）

といった文言からも窺われるように、女人救済の問題に関しても、積極的に言及しているのである。従来、女性に対する日蓮のこのような姿勢は、高く評価されてきたといってよい。笠原氏が、法然・親鸞らと並んで日蓮を、積極的に女性の救済を説いた仏教者として取り上げる理由もここにある（笠原〔一九七五〕一九六―二二〇頁）。もちろん、右に引いたような日蓮の姿勢を考慮するならば、こうした評価も十分に根拠のあるものといえよう。しかし、女人救済の歴史における「鎌倉新仏教」の評価が見直され、なによりも仏教における女人救済論の性格・構造自体に厳しい批判の目が向けられるようになった前述のごとき研究状況は、日蓮に対する従来の評価に対しても再吟味を迫らざるを得ないものである。すなわち、日蓮が積極的に女性の救済を説いたという事実から一歩踏み込んで、日蓮は女性の救済をどのように説いたのかという、その内実に対する、より深い検討が求められてくるのである。

そこで、本章では、具体的には次の三点につき、検討していくことにする。

第一点。日蓮の女人救済論を構造的なレベルにおいて検討し、それが伝統的な女人救済論の枠組みを大きく踏み越えるものでは必ずしもないことを、まずは確認する。

第二点。とはいうものの、日蓮の場合、伝統的な女人救済論にみられる「変成男子」という要素がまったく欠落していることも確かである。その理由を、日蓮の成仏論の根幹をなす「一念三千の成仏」＝「即身成仏」に求めるとともに、日蓮によるいわゆる「龍女成仏」理解の特徴を明らかにしてみたい。加えて、思想史的観点から、日蓮の「龍女成仏」理解が日本天台の法華円教即身成仏論の流れに立つことを指摘した上で、その系譜を具体的に論じる。

第三点。女性の救済を「一念三千の成仏」へと一元的に包摂することにより、日蓮は確かに、救済における男女間の差別を拒絶したといえる。しかし、個々の書状で、個々の女性に対し、『法華経』への信仰と、それによる救いを説く日蓮の実際の言説は、決して単純なものではない。男女の密接な協力関係をベースに置きながらも、時には男性を「主」に、女性を「従」に位置づけることもあれば、それを逆転させる場合もある。とするならば、その一端を捉えて、日蓮による性差別の「克服」をみたり、あるいは逆に、性差別に対する日蓮の「限界」をみたりする観点は、いずれも、外在的かつ現代的な基準から日蓮の一側面を「評価」したことにしかならないであろう。女人救済における日蓮の第一義の目的は、いうまでもないことではあるが、性差別の否定でも、肯定でもなく、あくまでも女性を『法華経』の信仰と救いへと誘《いざな》うことにあったからである。このことを確認することにより、日蓮の説く女人救済を、日蓮自身に即して、より全体的に把握するためには、フェミニズムや歴史学・思想史学の立場からなされる、先にみたような「評価」が、必ずしも有効なものではないことを指摘する。

第一節　日蓮における女人救済論の構造

日蓮四四才から翌年にかけては、女性の信徒から直接的な問いかけがあったものか、女人救済にかなり詳しく言及する遺文が幾つかみられる。これらのうち、文献学的に信頼し得るものによって、日蓮の女人救済論の構造的特徴を、まずはみておきたい。

女人の往生成仏の段は。経文に云く、「若し如来の滅後、後の五百歳の中に、若し女人ありて、この経典を聞て説の如く修行せば、ここに於て、命終して即ち安楽世界阿弥陀仏の大菩薩衆に圍遶せられて住する処に往て、蓮華の中、宝座の上に生ぜん」等云云。問て曰く、この経この品に殊に女人の往生を説く、何の故かあるや。答て曰く、仏意測り難く、この義決し難きか。但し、一の料簡を加へば、女人は衆罪の根本、破国の源なり。故に内外典に多くこれを禁《いま》しむ。その中に、外典を以てこれを論ずれば、三従あり。三従と申すは三シタカウト云也。一には、幼にしては父母に従ひ、嫁して夫に従ひ、老て子に従ふ。この三障ありて、世間自在ならず。内典を以てこれを論ずれば、五障あり。五障とは、一には六道輪回の間、男子の如く大梵天王と作《なら》ず。二には帝釈と作ず。三には魔王と作ず。四には転輪聖王と作ず。五には常に六道に留《とど》まりて、三界を出でて仏に成らず（超日月三昧経の文なり）。銀色女経に云く、「三世の諸仏の眼は大地に堕落すとも、法界の諸《もろもろ》の女人は永く成仏の期なし」等云云。……さるにては女人ノ御身ヲ受させ給ては、設《たとひ》きさきさんこうの位にそなはりてもなにかはすべき。善根仏事をなしても、よしなしとこそをぼへ候へ。而此の法華経の薬王品に女人往生ヲゆるされ候ぬる事又不思議ニ候。彼経ノ妄語か。此の経ノ妄語、いかにも一方ハ妄語たるべきか。若又一方妄語ならば一仏に二言アリ。信じ難き事也。但し無量義経の「四十余年には未だ真実を顕さず」。涅槃経の「如来には虚妄の言なしといへども、若し衆生虚妄の説に因ると知ろしめす」の文を以てこれを思へば、仏は女人は往生成仏すべからずと説せ給けるは妄語と聞えたり。妙法華経の文に「世尊の法は久くして後に要当《かならず》に真実を説くべし」。妙法華経乃至皆是真実と申す文を以テこれを思ふには、女人の往生成仏決定と説るゝ法華経ノ文ハ実語不妄語戒と見タリ。

（『薬王品得意抄』、三四一－三四二頁、括弧内割注、鉤括弧内およびその他一部分、原漢文）

ここで、日蓮は、「女人の往生成仏の段」を特に設け、『法華経』の「薬王菩薩本事品」第二十三にみえる、如説修行の女人は命終わって極楽に往生できるという文言を手がかりに、女性の救済を論じている。それに当って、日蓮はまず「女人は衆罪の根本、破国の源なり」と規定する。そして、その証として、「外典」からは女性の三従を挙げ、さらに「内典」からは女性の五障を示す経文、並びに「法界の諸《もろもろ》の女人は永く成仏の期なし」という経文を引く。こうして日蓮は、『法華経』以外の諸経典により、女性の罪深さ、救われ難さを強調するのであるが、そこから一転して、唯一の「実語不妄語戒」ともういべき『法華経』の「薬王品」において往生成仏を保証された以上、女性の往生成仏は確実である旨を結論としてもってくるのである。

こうした構造は、『法華題目鈔』においても確認できる。

女人をば内外典に是をそしり、三皇五帝の三墳五典にも諂曲者と定む。されば災は三女より起ると云へり。国の亡び人の損ずる源は女人を本とす。内典の中には初成道の大法たる①華厳経には「女人は地獄の使なり。能く仏の種子を断つ。外面は菩薩に似て、内心は夜叉の如し」と文。雙林最後の②大涅槃経には「一切の江河、必ず回曲《えこく》あり。一切の女人、必ず諂曲あり」と文。③又云ク、「所有《あらゆる》三千界の男子の諸の煩悩合集して、一人の女人の業障となる」等云云。……五障三従と申て、五ッのさはり三ッしたがふ事あり。されば④銀色女経には、三世の諸仏の眼は大地に落とも女人は仏になるべからずと説ヵれ、⑤大論には、清風はとると云ヘども女人の心はとりがたしと云へり。如クレ此諸経に嫌はれたりし女人を、文殊師利菩薩の妙の一字を説給しかば忽に仏になりき。あまりに不審なりし故に、宝浄世界の多宝仏の第一の弟子智積菩薩・釈迦如来の御弟子の智慧第一の舎利弗尊者、四十余年の大小乗経の意をもつて龍女の仏になるまじき由を難ぜしかども、終に叶はずして仏になりにき。初成道の能断仏種子も雙林最後の一切江河必有回曲の文も破れぬ。銀色女経竝に大論の亀鏡も空しくなりぬ。又智積・舎利弗は舌を巻き口を閉ぢ、人天大会は歓喜のあまりに掌を合せたりき。是偏に妙の一字の徳也。

（『法華題目鈔』、四〇〇―四〇二頁、①―⑤の番号および各傍線引用者）

ここにおいても、日蓮は、「国の亡び人の損ずる源は女人を本とす」とした上で、諸経典から女性の救われ難さを示す文言を引くとともに、女性の五障三従にも言及し、諸経典において女性がいかに救われ難い存在とされているかを強調している。しかし、この場合も、そこから一転して、『法華経』「提婆達多品」第十二のいわゆる「龍女成仏」を典拠に、「妙の一字」による女性の救いを説くのである。

ここで、話が少々脇道にそれるが、右の引用文にみえる傍線部①から⑤に関する若干の書誌学的考察を行なっておきたい。

まず、傍線部①「女人は地獄の使なり。能く仏の種子を断つ。外面は菩薩に似て、内心は夜叉の如し（女人地獄使 能断仏種子 外面似菩薩 内心如夜叉）」である。日蓮はこれを『華厳経』の経文として引いているが、現行の『華厳経』には、六〇巻本・八〇巻本ともに、この文言を見出すことはできない。文献学的に信頼の置ける日蓮遺文では、『四条金吾殿女房御返事』、八五六頁や、『注法華経』下、五〇二頁（第七巻 薬王菩薩本事品）にも同様の引用がみられ、前者の場合は「或経には」として、後者の場合は「花厳経云」として引かれている。最古の引用例は、『宝物集』（一二〇〇年以前の成立）にみられ、古本系は『涅槃経』の、改変本は『華厳経』の所説としているという（中村他〔二〇〇二〕二七九頁「外面似菩薩内心如夜叉」の項、『宝物集』二一二頁および同頁の脚注四）。なお、存覚の『女人往生聞書』では、『唯識論』の所説として引かれているが（『真聖全』三巻、一一一頁）、『唯識論』にもこの文言は見当たらない。

ついで、傍線部②の「一切の江河、必ず回曲《えこく》あり。一切の女人、必ず諂曲あり（一切江河 必有回曲 一切女人 必有諂曲）」である。これについては、四〇巻本『涅槃経』にほぼ同様の文言を見出すことができる。すなわち、「一切江河 必有迴曲 一切叢林 必名樹木 一切女人 必懐諂曲」（『正蔵』一二巻、四二六頁上）とあるのがそれである。文献学的に信頼し得る日蓮遺文では、『日妙聖人御書』、六四六頁や、『注法華経』下、五〇二頁（第七巻 薬王菩薩本事品）にも同様の引用がみられる。

さらに、傍線部③「所有《あらゆる》三千界の男子の諸の煩悩合集して、一人の女人の業障となる（所有三千界男子諸煩悩合集 為一人女人之業障）」であるが、文脈からみて、日蓮は『涅槃経』の所説として引いているとみてよかろう。だが、現行の『涅槃経』には、四〇巻本（北本）・三六巻本（南本）ともに、この文言を見出し得ない。なお、『宝物集』では、『涅槃経』あるいは『華厳経』の所説として（『宝物集』二一二頁）、存覚の『女人往生聞書』では、『涅槃経』の所説として引かれている（『真聖全』三巻、一一〇頁）。

つぎに、傍線部④の「三世の諸仏の眼は大地に落とも女人は仏になるべからず」である。日蓮はこれを『銀色女経』の経文として引いているが、現行の『銀色女経』には、これに該当する経文は見当たらない。文献学的に信頼の置ける日蓮遺文では、『薬王品得意抄』、三四一頁や、『注法華経』下、五〇二頁（第七巻　薬王菩薩本事品）にも同様の引用がみられるが、両者ともやはり『銀色女経』の経文として引かれている。なお、存覚の『女人往生聞書』では、『心地観経』の所説として引かれているが（『真聖全』三巻、一一〇頁）、『心地観経』にもこの文言は見出せない。

最後に、傍線部⑤の「清風はとると云へども女人の心はとりがたし」であるが、「大論には」とあるとおり、『大智度論』に、「清風無形是亦可捉。蚖蛇含毒猶亦可触。女人之心不可得実」（『正蔵』二五巻、一六六頁上）と、同主旨の文言を見出すことができる。文献学的に信頼し得る日蓮遺文では、『日妙聖人御書』、六四六頁や、『王舎城事』、九一六頁にも同様の文言がみられる。なお、存覚の『女人往生聞書』でも、若干形は異なるが、『大智度論』の所説として引かれている（『真聖全』三巻、一一一頁）。

さて、ここで特に注目したいのは、傍線部①③④の引用である。というのも、日蓮は①を『華厳経』、③を『涅槃経』、④を『銀色女経』からの引用としているにもかかわらず、それぞれの経典には当の文言を見出し得ないからである。もちろん、日蓮当時の経典と現行のものとの間に字句の異同があった可能性も考えられなくはない。だが、その場合、日蓮よりも若干時代は下るものの、存覚（一二九〇－一三七三）の著述において、①が『唯識論』、④が『心地観経』の所説とされ、しかも、これらの経典においてもまた、当の文言を見出し得ないということの説明が困難となる。とするならば、次のように考えるのが、より妥当であるといえよう。女性の罪深さとそれゆえの救われ難さとを端的に示すものとして、唱導の場などで半ば定型的に語られ、かつ広く流布していた、いくつかの伝統的な表現があった。そうした定型句の中には、直接には経典に典拠を持たず、後に創出されたものでありながら、特定の経典（一つとは限らない）の所説として信じられたまま、流布しているものもあった。日蓮にしろ、存覚にしろ、そうした伝統的な定型句をそのまま取り入れて活用していったのだ、と。もちろん、このことを本格的に立証しようとするならば、さらに立ち入った検証が必要になろうが、今は可能性の指摘にとどめておく。

話を元に戻そう。

女性が諸経典において救われ難い存在とされていることを重ねて強調した上で、そこから一転、『法華経』による女性の救いを保証するという、先にみてきたような女人救済論は、『善無畏鈔』において、よりコンパクトな形でみることができる。

> 女人は五障三従と申シて、世間出世に嫌ハレ一代の聖教に捨てられ畢シヌ。唯法華経計リにこそ龍女が仏に成り、諸ノ尼の記別はさづけられて候ぬれば、一切の女人は此経を捨テさせ給ヒては何《いづれ》の経をか持タせ給フべき。
>
> （『定遺』四一二頁、一部分原漢文）

すなわち日蓮は、諸経典においては女性が五障三従のゆえに救われ難い存在として見捨てられているとした上で、ここでも、「提婆達多品」の「龍女成仏」等を典拠として、女性は『法華経』以外では救われない旨を結論づけているのである。

さて、以上によって、日蓮の女人救済論の構造的特徴を検証してみたい。

まず目につくのは、諸経典に準拠して、女性がどれほど罪深い存在であるか、いかに救済から疎外されているかを重ねて強調している点である。しかし、日蓮はそうした女性観を、あくまでも「四十余年の大小乗経の意」（『法華題目鈔』、四〇一頁）、つまり、『法華経』以外の諸経典の立場であるとする。その上で、諸経典においてはこのように救済から疎外された女性に対し、『法華経』のみが救済を保証しており、したがって、『法華経』を離れて女性の救済はあり得ないことを結論として導き出すのである。

佐渡流罪期以降の日蓮にあっては、諸経典を逐一引いて女性の罪深さ、救われ難さを強調するという手法はみられなくなる。ただ、

日蓮法華経より外の一切経をみ候には、女人とはなりたくも候はず。或経には女人をば地獄の使と定メられ、或経には大蛇ととかれ、或経にはまがれる木のごとし、或経には仏の種をい（煎）れる者とこそとかれて候へ。仏法ならず外典にも栄啓期《えいけいき》と申せし者ノ三楽をうたいし中に、無女楽《ぶぢょらく》と申シて天地の中に女人と生ざる事を楽トこそたてられて候へ。わざわい三女よりをこれりと定メられて候に、此の法華経計リに、此経ヲ持ッ女人は一切の女人にすぎたるのみならず、一切の男子にこえたりとみへて候。

（『四条金吾殿女房御返事』、八五六―八五七頁）

とあるのをみても、女性の救済を説くに際して、右にみたような構造自体は保持されていることが窺われる。

こうした構造が、一方では、『法華経』の救済力の卓越性を際立たせる効力をもっていることは、

> 霊山会上にして即身成仏せし龍女は、小乗経には五障の雲厚ク三従のきづな強しと嫌はれ、四十余年の諸大乗経には或は歴劫修行にたへずと捨テられ、或は初発心時便成正覚の言も有名無実なりしかば、女人成仏もゆるさざりしに、設ヒ人間天上の女人なりとも成仏の道には望ミなかりしに、龍畜下賤の身たるに、女人とだに生れ、年さへいまだたけず、わづかに八歳なりき。かたがた思ヒもよらざりしに、文殊の教化によりて、海中にして法師・提婆の中間、わづかに宝塔品を説カれし時刻に、仏になりたりし事はありがたき事也。一代超過の法華経の御力にあらずばいかでかかくは候べき。（『祈祷鈔』、六七三－六七四頁）

という文言によっても明らかである。ここで、日蓮は、『法華経』以外の諸経典の立場を、「女人成仏」を許さず、その望みもないものとした上で、『法華経』「提婆達多品」にみえる龍女の「即身成仏」を以って、「一代超過の法華経の御力」を顕すものとしているのである。

見方を変えれば、『法華経』以外の諸経典の立場として日蓮が女性の罪深さ、救われ難さを強調するのは、あくまでも、『法華経』の救済力の卓越性を導く前提としてのレトリックであり、したがって、そうした否定的な女性観を以って、直ちに日蓮自身の実際の女性観とみなすわけにはいかない、ともいえる。ただ、それにしても、女性の救済を説くに際して、日蓮が否定的な女性観を積極的に援用していることは否めない。また、少なくとも、女性が背負うとされた罪障それ自体の存在を、日蓮が否定しなかったことは確かである。

夫ノ阿仏房を使として送リ給フ御文《ふみ》ニ云ク、女人の罪障はいかがと存シ候へども、御法門に法華経は女人の成仏をさきとするぞと候しを、万事はたのみまいらせ候て等云云。

（『千日尼御前御返事』、一五三八頁）

この文言は、千日尼からの手紙の一節を、日蓮が引いている箇所である。「女人の罪障はいかがと存シ候へども」という言葉に、当時の女性が意識せざるを得なかった「女人の罪障」というものの重みを窺い知ることができようが、日蓮は「女人の罪障」の存在それ自体を否定するというやり方ではなく、あくまでも、「法華経は女人の成仏をさきとするぞ」という言い方で、千日尼を勇気づけようとし、それに成功しているのである。

また、日蓮は、光日尼に宛てた書状において、

三ツのつなは今生に切レぬ。五ツのさわりはすで（既）にはれぬらむ。心の月くもりなく、身のあかきへはてぬ。即身の仏なり。たうとし〳〵。

（『光日尼御返事』、一七九五頁）

と書き送っている。ここで、日蓮は、光日尼を「即身の仏」として、その救済を保証しているのであるが、問題は、それと同時に、「三ツのつな」＝「三従」の束縛から今生において解放され、「五ツのさわり」＝「五障」も既に消滅した、と記されている点である。このうち、前者については、父・夫を既に亡くし、さらに我が子にも先立たれてしまったという光日尼の現実の境涯を踏まえてのものであるという(5)。後者については、いかなる事柄を根拠に「五障」の消滅がいわれているのか、ごく短い右の書状それ自体の文脈からは、窺い知る

ことはできない。恐らく、次節以降でみていくように、女性はいわば「法華経の女人」としてみずからの信仰を守り抜くことで、「一念三千の成仏」＝「即身成仏」に与ることができるという、日蓮の救済論の必然的帰結として、光日尼における「五障」の消滅がいわれているのであろう。ただ、いずれにしろ、ここで確実にいえることは、女性の教導に当たって、日蓮は、女性が「五障三従」を本来的に有しているという見解それ自体を否定しているわけではない、ということである。

ところで、先に紹介した平雅行氏は、法然の『無量寿経釈』や顕密仏教にみられる女人救済論を詳細に検討した上で、その構造を次のようにまとめている。

> 女性はこんなにも罪深く、多くの経典や諸仏から見離されてきたが、そのような女性でも××（弥陀・法華経など）だけはお救いになるのだ。
> （平〔一九八九／一九九二b〕四四二頁。括弧内は原文のもの）

さらに平氏は、こうした構造に「変成男子」、つまり、男性への生まれ変わりを以って女性の救済が可能になるという要素が、必ずといっていいほど加わること、かかる構造のもとで女性の救済が説かれる場合、女性の罪深さを強調すればするほど、救済のカタルシスは劇的なものとなったであろうことも付け加えている（平〔一九八九／一九九二b〕四四二頁、平〔一九九〇〕九〇頁）。かかる指摘を踏まえた上で、これまでみてきた日蓮の女人救済論に改めて目を向けてみると、こうした構造を大きく外れるものでないことは明白である、といわねばならない。実際、これまでみてきたように、日蓮は、その女人救済論において、女性の罪深さと、それゆえの救われ難さとを、『法華経』以外の諸経典の立場として強調した上で、そうした女性を救済し得るのは『法華経』だけである、と結論づけているのである。

第二節　日蓮による「龍女成仏」理解の特徴――「一念三千の成仏」――

ただし、日蓮の場合、こうした構造からスッポリと抜け落ちている要素があることにも、留意しなければならない。それは、「変成男子」の要素である。このことは、既に渡辺喜勝氏や桑名貫正氏、また平雅行氏などによっても指摘されている（渡辺喜勝〔一九八七／一九九九〕、平〔一九九〇〕、桑名〔一九九一〕）。周知のように、日蓮が女人救済の典拠とした『法華経』「提婆達多品」第十二のいわゆる「龍女成仏」を説く箇所には、「変成男子」は明記されており[6]、また、平雅行氏は、前節末尾でもみたように、日蓮以前の伝統的な女人救済論にあっても「変成男子」は不可欠の要素として組み込まれてきたことを強調している。にもかかわらず、日蓮の女人救済論にあっては、それがまったく欠落している。すなわち、日蓮は「龍女成仏」を典拠に女性の救済を説きながらも、「変成男子」の必要性には一切言及しないのである。「変成男子」の必要性を明確に否定し去った言辞が日蓮にみられるわけではないが、筆者は、日蓮にあっては、「変成男子」の必要性そのものが認められていないと考える。

龍女が成仏此レ一人にはあらず、一切の女人の成仏をあらわす。法華経已前の諸ノ小乗経には女人ノ成仏をゆるさず。諸ノ大乗経には成仏往生をゆるすやうなれども、或ハ改転の成仏ニシテ、一念三千の成仏にあらざれば、有名無実の成仏往生なり。挙《こ》一例諸《いちれいしょ》と申シて龍女ヵ成仏は末代の女人の成仏往生の道をふみあけたるなるべし。

（『開目抄』、五八九－五九〇頁）

ここで、日蓮は、『法華経』「提婆達多品」のいわゆる「龍女成仏」を、女性すべての成仏を顕すものとした上で、その原理を「一念三千の成仏」に求め、「改転の成仏」を「有名無実《うみょうむじつ》」として退けている。ここでいう「改転の成仏」には、「変成男子」による成仏も含まれるとみて間違いないが（岡田〔二〇一三〕）、日蓮はそれを「有名無実」として否定し、女性の成仏を可能ならしめる原理を、あくまでも「一念三千の成仏」に置くのである。第Ⅱ部の第一章および第Ⅲ部の第一章において既に確認したことであるゆえ、ここでは詳しくは触れないが、この「一念三千の成仏」とは、『観心本尊抄』に至り、妙法五字の受持を介して久遠仏の功徳としての「一念三千」が自然譲与されるその当所に、久遠仏と功徳において同等となること、つまり成仏をみる日蓮独自の救済論として結実するものである。言葉を換えるならば、それは、妙法五字の受持＝唱題という実践のまさにその当所に、その身のままでの成仏、つまり「即身成仏」を認めるものなのである。ここにおいて、女性がいちいち「変成男子」する必要性のないことは、いうまでもなかろう。日蓮は、こうした「一念三千の成仏」＝「即身成仏」に、龍女のみならず女性全般——もちろん男性全般も含めて——の救済原理をみるのである。

「変成男子」とは、元来、女性が成仏を不可能とする罪障を本来的に有する存在であるという見方を前提とし、したがって、成仏のためには、女性は男性に身を変じなければならないという思想であるといってよかろう。しかも、それは単に「思想」であるに止《とど》まらず、女性において現実に内面化され、女性の宗教生活を規定する場合もあった。例えば、細川涼一氏は、叡尊の弟子であり、西大寺流の律僧である西琳寺惣持の教化のもと、康元元年（一二五六）一二月、法華寺の尼や有縁の女性たちが『転女身経』を開板し、「変成男子」をすすんで願った事例を紹介しているし（細川〔一九八九〕一四七―一四八頁）、朝鮮半島においても、「高麗（九一八―一三九二）後期の天台宗の僧侶による変成男子説が原因となって、多くの女性が来世に男子に変わって成仏することを願った」事例があったという。[7]しかし、日蓮は、女性の救済を、妙法五字の受持＝唱題に即した「即身成仏」＝「一念三千の成仏」へと結実させていく過程においても、また、そうした結実の必然的帰結としても、このような「変成男子」の必要性を一貫して認めなかったのである。[8]

ところで、女人救済の典拠および原理を、『法華経』「提婆達多品」第十二における龍女の「即身成仏」に求める一方で、同じく「提婆達多品」龍女成仏の文脈にあらわれる「変成男子」の必要性を、日蓮が一貫して認めなかった理由についてさらに探ろうとするならば、「提婆達多品」に説かれるいわゆる「龍女成仏」自体を、日蓮ははたしてどのように理解していたのか、という問題にまで立ち入ってみる必要が生じてくるであろう。より具体的にいうならば、日蓮は、龍女における「即身成仏」の成就をどの時点に見出し、また、それをどのように評価していたのか、という問題であるが、それに先立って、「提婆達多品」に説かれる「龍女成仏」の概要を、改めて確認しておきたい。

周知のように、「提婆達多品」の前半部は、提婆達多に成仏の記別が授けられるいわゆる「悪人成仏」が説かれており、「龍女成仏」は、「提婆達多品」の後半部を構成するものである。その「龍女成仏」の説示は、多宝如来の眷属である智積菩薩と、海中娑竭羅龍宮での教化を終え、教化に浴した無数の菩薩たちとともに霊山《りょうぜん》に戻ってきた文殊師利菩薩との会話によって導入される。以下、その展開をみてみよう。

①「文殊師利の言く、『我れ、海中に於いて、唯だ常に妙法華経を宣説す』。智積、文殊師利に問ふて言く、『この経は、甚深微妙にして諸経の中の宝、世に希有なる所なり。頗《はたして》、衆生にして勤めて精進を加へ、この経を修行せば、速やかに仏を得ること、ありや不《いな》や』と。文殊師利の言く、『あり。娑竭羅龍王の女《むすめ》、年、始めて八歳なり。智慧は利根にして……』」（『正蔵』九巻三五頁中、原漢文）。このように文殊菩薩は、海中の娑竭羅龍宮でみずから行なった『法華経』の宣説により、「娑竭羅龍王の女《むすめ》」＝龍女が「速やかに仏を得」たこと、つまり成仏したことを明らかにする。

②だが、智積菩薩はこれを信じようとしない。歴劫修行においてのみ成仏が可能になるとの立場から、「信ぜじ、この女の、須臾の頃《あひだ》に於いて、便《すなは》ち正覚を成ずることを」（同前）と、不信感を露わにする。

③智積菩薩による疑問の提示がいまだ終わらないうちに、当の龍女自身が霊山に忽然《こつねん》と姿を現し、仏前に詣でるが、その龍女に対して、今度は、舎利弗が疑問をぶつける。すなわち、「女身は垢穢にして、これ法器にあらず」（『正蔵』九巻三五頁下、原漢文）とした上で、歴劫修行の必要性と、いわゆる「女人五障」とを以って、「云何《いか》んぞ、女身、速やかに成仏することを得ん」（同前）との疑難を申し述べるのである。

④これに対して、龍女は、みずからが有していた、三千大千世界に値する宝珠を釈尊に献上する。釈尊がそれを納受したことを確認した上で、龍女は、智積菩薩と舎利弗に次のように問いかける。『我れ、宝珠を献《たてまつ》るに、世尊は納受したまふ。この事、疾《すみやか》なるや、不《いな》や』と。答へて言く、『甚だ疾なり』と。女の言く、『汝が神力を以て、我が成仏を観《み》よ。復たこれよりも速やかならん』と」（同前）。これに直ちに続

けて、「変成男子」が次のように示される。

⑤「当時《このとき》の衆会は、皆、龍女の、忽然の間に変じて男子と成り、菩薩の行を具して、即ち南方の無垢世界に往き、宝蓮華に坐して等正覚を成じ、三十二相・八十種好ありて、普く十方の一切衆生の為に妙法を演説するを見たり。その時、娑婆世界の菩薩と声聞と天・龍の八部と人と非人とは、皆、遙かに彼の龍女の、成仏して普く時の会の人・天の為に法を説くを見、心、大いに歓喜して悉く遙かに敬礼せり」（同前）。すなわち、智積菩薩と舎利弗は、龍女が忽ちの間に「変成男子」を経て南方無垢世界にて成仏する相を見せつけられたのである。龍女の成仏に対して不信感を露わにしてきた智積菩薩と舎利弗は、こうして、「黙然として信受」（同前）することを余儀なくされる。

右に掲げた①から⑤のうち、龍女の「即身成仏」に言及する箇所として挙げ得るのは、いうまでもなく、①と⑤であろう。すなわち、①に説かれる、海中娑竭羅龍宮での、文殊の教化に浴して龍女が「速やかに仏を得」た、とされる場面と、⑤に説示される、忽然の間に龍女が「変成男子」を経て南方無垢世界にて成仏した、とされる場面であるが、実際、日蓮にあっては、この両場面ともに、龍女の「即身成仏」として語られているのである。先にも引いたところであるが、改めて次の文言をご覧いただきたい。

A霊山会上にして即身成仏せし龍女は、小乗経には五障の雲厚ク三従のきづな強シと嫌はれ、四十余年の諸大乗経には或は歴劫修行にたへずと捨テられ、或は初発心時便成正覚の言も有名無実なりしかば、女人成仏もゆるさざりしに、設ヒ人間天上の女人なりとも成仏の道には望ミなかりしに、龍畜下賤の身たるに、女人とだに生れ、年さへいまだたけず、わづかに八歳なりき。かたがた思ヒもよらざりしに、B文殊の教化によりて、海中にして法師・提婆の中間、わづかに宝塔品を説ヵれし時刻に、仏になりたりし事はありがたき事也。一代超過の法華経の御力にあらずばいかでかかくは候べき。

（『祈祷鈔』[9]、六七三―六七四頁、A・Bの記号および各傍線引用者）

傍線部Aには「霊山会上にして即身成仏」とあるが、これは、⑤に説示される成仏を指すものとみてよいであろう。すなわち、霊山会上に現れた龍女が智積と舎利弗に見せつけた、「変成男子」を伴う、南方無垢世界での速やかなる成仏を指している、とみるのであり、言葉を換えるならば、霊山会上の聴衆が見守る中での「即身成仏」とみるわけである。一方、傍線部Bであるが、これは、「海中」における「文殊の教化」によって「仏になりたりし事」――日蓮はこれを、「法師品」第十と「提婆達多品」第十二との間、「見宝塔品」第十一が説かれている間に起こったこととみなす――とあることから、①に語られる、海中娑竭羅龍宮での龍女の速やかなる成仏を指すものであるといえる。このうち、後者の成仏もまた、日蓮にあっては「即身成仏」とみなされていることは、次の文言より窺われるところである。

娑竭羅龍王は龍畜の身なれども、子を念ッ志深かりしかば、大海第一の宝《たから》如意宝珠をもむすめにとらせて、即身成仏の御布施にせさせつれ。此珠の直《あたへ》三千大千世界にかふる珠なり。

（『祈祷鈔』、六七四頁、傍点引用者）

ここで日蓮は、④にみえる、龍女が釈尊に献上した宝珠を、「即身成仏の御布施」とみなしている。つまり、

⑤に語られる、「変成男子」を伴う「即身成仏」以前において、龍女が既に「即身成仏」を達成しており、その「御布施」として宝珠が献じられたと日蓮はみなしていた、と読めるのである。とするならば、その「即身成仏」とは、①に語られる時点、すなわち、海中娑竭羅龍宮における、文殊の教化に浴した時点での速やかなる成仏以外には、あり得ないこととなろう。

以上を踏まえた上で、これも先に引いたところであるが、『法華題目鈔』の次の一節に改めて目を転じてみよう。

> 如ク レ此諸経に嫌はれたりし女人をa文殊師利菩薩の妙の一字を説給しかば忽に仏になりき。あまりに不審なりし故に、宝浄世界の多宝仏の第一の弟子智積菩薩・釈迦如来の御弟子の智慧第一の舎利弗尊者、四十余年の大小乗経の意をもつて龍女の仏になるまじき由を難ぜしかども、b終に叶はずして仏になりにき。
>
> （『法華題目鈔』、四〇一－四〇二頁、a・bの記号および各傍線引用者）

このうち、傍線部aは、海中娑竭羅龍宮における「即身成仏」に、傍線部bは、「変成男子」を伴う、南方無垢世界での「即身成仏」に、それぞれ該当するものとみなし得るであろう。

このように、日蓮は、「龍女成仏」が説かれる二つの場面に「即身成仏」を見出すのであるが、このうち、海中娑竭羅龍宮の場面に龍女の「即身成仏」を認める見解については、日蓮が、龍女成仏を典拠とするみずからの女人救済論に、「変成男子」の必要性を一切持ち込まなかった理由を十分に説明してくれるものである。海中娑竭羅龍宮における龍女の「即身成仏」の場合、龍女はその身体を一切変化させることなく速やかに成仏した、とされているからである。一方、「変成男子」を伴う龍女の「即身成仏」はどうであろうか。これはむしろ、女性の成仏が「変成男子」を必要とすることの典拠ともいうべき箇所ではないのか。この疑問を解決する糸口を与えてくれるのが、次の文言である。

一切信シて信ぜられざりしを第五ノ巻に即身成仏と申ス一経第一の肝心あり。譬へばくろき物を白くなす事漆を雪となし、不浄を清浄になす事、濁水に如意珠を入レたるがごとし。龍女と申せし小蛇を現身に仏になしてまし〳〵き。此時こそ一切の男子の仏になる事をば疑フ者は候はざりしか。されば此経は女人成仏を手本としてとかれたりと申ス。

（『千日尼御前御返事』、一五四一頁）

ここで、龍女の「即身成仏」は、「一切の男子の仏になる事」を疑いのないものにした、といわれている。一見したところ、理解し難い文言である。しかし、龍女が「変成男子」、つまり男性に身を変じて「即身成仏」したことを以って、女性のみならず、男性もまた「即身成仏」し得ることを示したものと解せば、疑問は解決する。[10]すなわち、海中娑竭羅龍宮での「即身成仏」は、女性がその身のままで、一方、「変成男子」を伴う、南方無垢世界での「即身成仏」は、男性がその身のままで、速やかに成仏し得ることを示すもの、とみなすのである。

日蓮による以上のような見解が必ずしも孤立したものではなかったことは、日蓮より若干時代の下る良助親王（一二六八－一三一七）の『法華輝臨遊風談』[11]に、龍女内証の即身成仏は、海中娑竭羅龍宮にして、已に女身ながらにして成仏しき。外用の即身成仏は、南方無垢世界にして、男子として即身成仏せしなり。（『日全』一四巻四一五頁下、原漢文、傍点引用者）

とあることからも窺われるところであり、日蓮による「龍女成仏」理解もまた、十分な独自性を有しつつも、天台教学の系譜の中にあることを予想させるものである。

それでは、日蓮をさかのぼってみた場合はどうであろうか。その場合、日蓮と明確に結びついてくるのが、日本天台の僧・千観（九一八？–九八三？）なのである。

第三節　日蓮による「龍女成仏」理解の系譜

第一項　日本天台の法華円教即身成仏論

大久保良峻氏は、その論文「龍女成仏とその思想的意義――論義との関係を中心に――」（大久保〔二〇一三〕）において、次のように述べている。

『法華経』（『妙法蓮華経』）の提婆達多品に説かれる龍女の成仏は、いわば日本天台で様々に展開する即身成仏思想の淵源である。そして、その経文に対する智顗の解説が『法華文句』でなされ、更に湛然は『法華文句記』において、それに註釈を施した。基本的には、それらの記述の解明が、天台宗としての立場を理解することに他ならない。
（大久保〔二〇一三〕六九頁。括弧内は原文のもの）

すなわち、日本天台で展開される「即身成仏」思想の源は、『法華経』「提婆達多品」第十二で説かれるいわゆる「龍女成仏」にあるのであって、この「龍女成仏」に対し智顗が『法華文句』において施した解釈[12]、さらに智顗の解釈に対し湛然が『法華文句記』において付した註釈[13]が、日本天台にあっては、「即身成仏」思想を展開していくに際しての共通の土台を提供している、というのである。

ただ、いわゆる「龍女成仏」を「即身成仏」として理解することについていうならば、やはり日本天台の祖・最澄が出発点として欠かせないこともまた、周知の事柄である。大久保氏が右の論考において「最澄が龍女成仏を根拠として即身成仏を立論したことは卓見であり、事実、ここから日本天台の法華円教即身成仏論が展開するのである」（大久保〔二〇一三〕八〇頁）と述べる所以であって、最澄の『法華秀句』巻下「即身成仏化導勝」第八を出発点として展開していくいわゆる法華円教の「即身成仏」論は、憐昭・安然・千観・源信といった平安期の天台僧らによる「即身成仏義」を生み出し、法華円教の「即身成仏」を論じる際の基本的かつ共通の文献を揃えていくことになるのである。ここでも大久保氏による記述を引くならば、「日本天台における法華円教の『即身成仏義』には、憐昭記『天台法華宗即身成仏義』、及び安然・千観・源信の『即身成仏義私記』が現存し、それらの教義は龍女成仏を論ずる場合には常に参看される」（大久保〔二〇一三〕八三頁）ということである。

さて、天台僧としての出自を有する日蓮が、『法華経』の「提婆達多品」に説かれる「龍女成仏」を「即身成仏」の文脈で理解しようとする場合、智顗の『法華文句』・湛然の『法華文句記』・最澄の『法華秀句』を参看し、踏まえようとすることは、至極、当然なことである。実際、穂坂悠子氏は、その論文「日蓮聖人における龍女成仏説の受容をめぐって――法華経提婆達多品の説示に沿って――」(穂坂〔二〇一三〕)において、「提婆達多品」における「龍女成仏」の経文を順次引きつつ、それに対する『法華文句』・『法華文句記』・『法華秀句』等の解釈を提示するとともに、日蓮がそれらの解釈を引用あるいは活用している様を紹介している。また、日蓮が憐昭や安然・千観・源信の「即身成仏義」を実際に読んでいたかどうかについては断定を下し得ないにしても、安然・千観・源信の著作を日蓮が読んでいたことは確かであり、「即身成仏」にまつわる解釈にあっても、彼らの影響――それが肯定的なものであるか、否定的なものであるかは別として――を受けていた可能性は十分に考えられるところである。[14] つまり、一言でいうならば、日蓮は間違いなく、日本天台の法華円教即身成仏論の流れに立っているわけである。

もっとも、こうした指摘自体に誤りはないにしても、ただそれだけに止《とど》まってしまうならば、それは、殊更に指摘するまでもない、いわば当然なことであって、しかも、あまりにも漠然としている、との誹りを免れないことも確かであろう。「龍女成仏」を「即身成仏」として理解するに当たり、日蓮が拠って立つところをもう少し具体的に提示することはできないものか。当然、そうした課題に迫られてくるのであり、そうした課題に向き合った時に見えてくるのが、右にも名前を出した千観(九一八?-九八三?)なのである。

そこで、本節では、日蓮にみられる「龍女成仏」理解の特徴が、千観独自の「龍女成仏」理解に明瞭にみられることを指摘し、以って、「龍女成仏」理解における千観――日蓮の系譜を描き出してみたいと思う。「龍女成仏」理解における千観と日蓮の関係を指摘したり、その関係を系譜的に描き出したりした論考は、管見の限りでは見当たらないものであり、その点で、本節は意味あるものになろうと考えている。

第二項　千観――日蓮の系譜

本章第二節でみてきたところから、日蓮による「龍女成仏」理解の特徴を改めてまとめてみると、次の三点に集約できる。

①「龍女成仏」は、日蓮独自の「即身成仏」思想、すなわち「一念三千の成仏」として位置づけられている。
②龍女の「即身成仏」は、海中娑竭羅龍宮および南方無垢世界の両場面に見出されている。
③海中娑竭羅龍宮の「即身成仏」は女性（女身）の成仏に、南方無垢世界での「即身成仏」は男性（男身）の成仏に配されている。

このうち①に関しては、まさに日蓮独自のものであるが、一方、②と③については、いずれも千観（九一八？–九八三？）の『即身成仏義私記』に明瞭にみられるものである。

まず、②からみていくことにしよう。問答体で記されている千観『即身成仏義私記』の次の問答をご覧いただきたい。

［二一三］
問ふ。龍女は、何処にて即身成仏するや。
答へて云く、これに先徳の三義あり。一は、龍宮に於て即身成仏す。二は、無垢界にて即身成仏す。三は、龍宮・無垢界にて即身成仏す。且らく第三義に依りて、これを申すべし。
［二一四］
問ふ。成仏を論ずるには、定めて一処たるべし。何ぞ第三義を用ゐるや。
答ふ。仏身に約さば、真身・応身の差別あり。成仏に約さば、自行・化他の不同あり。若し自行の為の故に真身を成ずとせば、龍宮本土に於ての成仏。若し化他の為に応身の相を現ずとせば、無垢世界に於ての成仏なり。
［四九］
問ふ。若し二処に於て倶に即身成仏すと云はば、南方には成道の文あるも已に変成男子と云ふ。成仏すれども（即）身にはあらず。龍宮には即身の義あるも已に成道の文なし。即身なれども成仏にはあらず。何ぞ二処に於ける即身成仏なるや。
答ふ。龍女海に在りし時、文殊已に歎じて云く、「能く菩提に至る」と。これ豈に龍宮に成仏あるにあらずや。又、「女根を転ずといへども、報身をば捨てず」と。これ豈に南方に即身の義あるにあらずや。故に、二処に於て倶に即身成仏すと云ふも、過なきなり(15)。

改めて解説する必要もないほど、一目瞭然であろう。千観は明確に、海中娑竭羅龍宮・南方無垢世界の両処に龍女の「即身成仏」を見出しているのである。大久保良峻氏によると、千観のこの見解は、同じく「即身成仏義」を取り扱っている憐昭の『天台法華宗即身成仏義』（八七七年擱筆。以下、『憐昭即身義』と略す）[16]や、安然（八四一―？）の『即身成仏義私記』（八六六年以降の成立か）[17]・源信（九四二―一〇一七）の『即身成仏義私記』[18]（以下、『安然私記』・『源信私記』と略す）にはみられない特色あるものであるという（大久保〔一九九〇／一九九八〕一二八頁、大久保〔一九九一／一九九八〕一三九頁、大久保〔二〇一三〕八四―八五頁）。この点につき、筆者は直に確認してみたが、実際、千観と同じ、あるいは類似する見解を見出すことはできなかったし[19]、さかのぼって、最澄の『法華秀句』巻下「即身成仏化導勝」第八（『傳全』三巻所収）や、智顗『法華文句』・湛然『法華文句記』の当該箇所を見直してみても、また、時代的に日蓮と近いところで、証真（―一二〇七―）の『法華疏私記』巻第八の「提婆品」（『日全』二二巻所収）をみてみても、そうした見解を見出すことはできなかった。

日蓮にみられる特徴の②は、このようにストレートに千観の見解と結びついてくるものである。日蓮遺文にあって、千観の直接的引用はみられないものの、日蓮は、文永六年（一二六九、四八歳）三月一〇日に系けられる『弁殿御消息』において、「千観内供ノ五味義」等の書籍の持参を、高弟の日昭に依頼しており（『定遺』四三八頁）、したがって、日蓮が千観の著作を実際に読んでいたことは確実である。ここでいう「五味義」とは、天台の「論義」における「義科」十六題の一つであり、「即身成仏義」もまた、その一つに当たる。このように、「義科」に対応した千観の著述『五味義』を実際に日蓮が読んでいるのであれば、同じく「義科」に対応した千観の著述である『即身成仏義私記』にも、日蓮の読書が及んでいた可能性は高い[20]、といわねばなるまい。もとより、千観自身、「龍宮・無垢界」の「二処に於て倶に即身成仏す」というこの説が「先徳」の義の一つであると述べている以上、千観より前にこの説を唱えていた者がいた可能性は否定できない。それでは、その

「先徳」が誰なのかということについては、今のところ特定されているとはいえないのであるが、それにしても、「龍女成仏」の理解において、千観の採用した系譜と日蓮とが直接的に結びついてくる可能性は十分にあるといえるであろう。ただし、千観（九一八？－九八三？）と日蓮（一二二二－一二八二）との間に時代的な開きが相当あることにも、やはり留意する必要がある。千観と日蓮とを直接的に結びつける以外にも、千観と日蓮との間に、千観の見解をうけた注釈書・論義書が介在する可能性を、決して排除するべきでないことは明言しておきたい。(21)

以上みてきたことは、日蓮における「龍女成仏」理解の特徴③についてもそのまま当てはまる。特徴の③とまさに合致する事柄を、千観は端的に次のように述べている。

〔三六〕

問ふ。龍女成仏の所依の身、これ男子なるや、これ女身なりと為すや、これ男にもあらず、女身にもあらずと為すや。

答ふ。龍女の成仏に、それ二身あり。無垢世界には応身の成道にして、男子を以て所依の身と為す。龍宮には法身の成仏、女身を以て所依の身と為すなり。

（末木（一九九五）七〇二頁、原漢文）

龍女の「即身成仏」を海中娑竭羅龍宮・南方無垢世界の両方に見出すこと自体、千観に特徴的なものであるとすると、さらに前者を女性（女身）の「即身成仏」に、後者を男性（男身）の「即身成仏」に振り分けることもまた、千観に独特の見解である、ということになるであろう。実際、筆者が確認した限りでは、この見解もまた、『憐昭即身義』・『安然私記』・『源信私記』にも、最澄『法華秀句』巻下「即身成仏化導勝」第八や、智顗『法華文句』・湛然『法華文句記』の当該箇所にも、そして、証真の『法華疏私記』巻第八の「提婆品」にも確認し得ないのであって、やはり千観に独特なものといってよいと思うのであるが、その見解が、日蓮には見出し得るのである。

以上、日蓮の「龍女成仏」理解にみえる特徴の②と③がそのままストレートに千観にみられること、その反面、千観以外の諸師にはその特徴が確認できないことの指摘を通して、「龍女成仏」理解に関し、千観――日蓮の間に系譜関係を設定し得る可能性があることについて言及してきたが、その中で、あえて触れなかったところがある。既にお気づきの方もいることとは思うが、千観『即身成仏義私記』の問答［二四］と［三六］を改めて引いておきたい。

［二四］

問ふ。成仏を論ずるには、定めて一処たるべし。何ぞ第三義（海中娑竭羅龍宮・南方無垢世界両処での即身成仏）を用ゐるや。（括弧内引用者）

答ふ。仏身に約さば、真身・応身の差別あり。成仏に約さば、自行・化他の不同あり。若し自行の為の故に真身を成ずとせば、龍宮本土に於ての成仏。若し化他の為に応身の相を現ずとせば、無垢世界に於ての成仏なり。

［三六］

問ふ。龍女成仏の所依の身、これ男子なるや、これ女身なりと為すや、これ男にもあらず、女身にもあらずと為すや。

答ふ。龍女の成仏に、それ二身あり。無垢世界には応身の成道にして、男子を以て所依の身と為す。龍宮には法身の成仏、女身を以て所依の身と為すなり。

このように、［二四］番問答では、
海中娑竭羅龍宮での「即身成仏」＝自行のため。真身（法身）の成仏。

南方無垢世界での「即身成仏」＝化他のため。応身の成仏。

また、［三六］番問答では、
海中娑竭羅龍宮での「即身成仏」＝法身の成仏。

南方無垢世界での「即身成仏」＝応身の成仏。

という解釈がなされているのであるが、海中娑竭羅龍宮・南方無垢世界両処の「即身成仏」に対するこうした意味づけに関しては、日蓮が千観を引き継いだ形跡はみられない。

実は、この［三六］番問答は、［三九］番まで続く一連の問答を構成するものである。その一連の問答をみておこう。

［三七］
問ふ。何を以てか知るを得べき、応身の成仏は男子を以て所依の身と為し、真身の成道は女を以て所依

の身と為すと。

答ふ。南方に往く時は変成男子、故に応身は男身を以て所依の身と為すと云ふ。龍宮に在る時は女身を変ぜず、故に真身の成道は女身を以て所依の身と為すと云ふなり。

［三八］

問ふ。真応の二身の中、真身はこれ勝なり。応身はこれ劣の応身なり。下劣の応身、尚ほ男子を以て所依の身と為す。最勝の真身、何ぞ女身を以て所依の身と為すや。

答ふ。二義あるべし。一には、法身は相好を現ぜず、女身を以て所依の身と為す。二の理は、実の真身は花蔵世界に於て成仏す。その花蔵世界の身は、男にもあらず、女にもあらざるなり。故に二身、倶に女身を以て所依の身と為さざるなり。


（末木〔一九九五〕七〇二頁、原漢文）


さらに、続く［三九］では、「法身は相好を現ぜず」、あるいは「二身、倶に女身を以て所依の身と為さざるなり」とした場合、『法華経』などの経文と矛盾してしまうことになるのではないか、また、「二身、倶に女身を以て所依の身と為さざるなり」とした場合、女身を捨てたこととなり、「不捨身」を旨とする「即身成仏」の義と矛盾するのではないか、といった疑問が投げかけられているが、結局、この疑問に対する答は提示されないままで、［三六］より続いてきた一連の問答は閉じられている（末木〔一九九五〕七〇二頁）。龍女の「即身成仏」理解をめぐる純教理的ともいうべきこうした事柄――しかも、「即身成仏」に関して男女の差別を生み出しかねない事柄――に日蓮が興味を示した形跡もまた、見出すことはできない[22]。

これらのことは、千観の、あるいはその系譜に立つ「龍女成仏」解釈を、日蓮が無批判に受け入れたわけでは決してない可能性を示すとともに、日蓮が純教理的事柄に没頭するタイプの学僧ではなく、やはり、なによりも現場の僧であったことを窺わせるものである。つまり、日蓮は、「龍女成仏」理解を基本的に法華円教の「即身成仏」論の流れの中で試み、系譜的には千観による理解から影響を受けつつも、現場の信者らと交わる中で、当然、取捨選択を行ない、そうした中で、日蓮独自の特徴、つまり、妙法五字の唱題という実践に集約される「即身成仏」論を組み立てていったものと考えられるのである。

第三項　千観——日蓮の系譜、その後

「龍女成仏」理解に関して、千観——日蓮の系譜にみられる特徴のその後についても一瞥しておこう。

まず、②の特徴、つまり、海中娑竭羅龍宮・南方無垢世界の両処に「即身成仏」を認める見解についてであるが、この見解が、日蓮より若干時代の下る『法華輝臨遊風談』（一三〇三－一三一七年の間に成立）に明確に見出されることに関しては、既に紹介したとおりである。また、『法華輝臨遊風談』よりさらに若干時代が下り、一三四三－一三四九年にかけて編まれた『等海口伝抄』（当時の天台宗における相伝・口伝の類いを集成した書）においても、海中娑竭羅龍宮・南方無垢世界の両処における「即身成仏」を前提としつつ、「尋ねて云く、龍宮・南方の即身成仏、共に不審なり。所以は、南方の成仏は変成男子と云ふが故に即身の義にあらず。龍宮に於てはまた成仏授記の文なし。何ぞ即身成仏と云ふべきや」（『天全』九巻三九九頁下、原漢文）という問いを設定。この問いに対し、

即身《都率》成仏義私記に云く、問ふ。若し二処に於て倶に即身成仏すと云はば、南方には成仏の文あれども已に変成男子と云ふ。成仏にして即身にあらず。龍宮には即身の義あれども成仏の文なし。即身にして成仏にあらず。何ぞ二処に於て即身成仏すと云ふべきや。答ふ。龍女、海を出づる時、文殊歎じて、能く菩提に至ると云ふ。これ豈に龍宮成仏の文あるにあらずや。女根を転ずといへども報身を捨てず。これ豈に南方に即身の義あるにあらずや。故に、二処に於て倶に即身成仏すと云ふに、失なきなり云々。

（『天全』九巻三九九頁下、原漢文）

と答えている。ここで引かれている『即身成仏義私記』は、『等海口伝抄』では傍書で「都率」（＝覚超〈九六〇―一〇三四〉）のものとされているが、いうまでもなく、これは、若干の字句の出入りはあるものの、先にも引用した千観『即身成仏義私記』の〔四九〕番問答に他ならない(23)。つまり、「龍女成仏」を海中娑竭羅龍宮・南方無垢世界の両処に認め、それらをいずれも「即身成仏」とみなす見解は、相伝・口伝類の集成である『等海口伝抄』において、千観の見解を典拠として収録・是認されているのであり、むしろこの見解は、当時、既にスタンダードなものとみなされていたのではないか、と推測されるのである。実際、さらに時代は下るが、室町期を代表する天台の談義僧・尊舜（一四五一―一五一四）の『尊談』（文句八・2（1））「龍女南方海中」においては、「龍女の即成は南方・海中の何《いずれ》なるや」（「『尊談』「龍女成仏」関係条」三六〇頁、原漢文）・「龍女の即身成仏は海中内証を指すと為すや、将《は》た、南方外用に約すと云ふべきや」（同前）という設問に対し、「両方。凡そ即身成仏は内証開悟を本と為す。若し尓《しか》らば、対機示現の八相に約すとは云ふべからず」

（同前、傍点引用者）と端的に答えが提示されているのであり、したがって、「龍女の即成は南方・海中の何《いずれ》なるや」という問いと「両方」という答えとは、いわばセットでスタンダード化していた可能性が考えられるのである。ちなみに、『尊談』においては、「両方」という答えに対し、「難云」として批判的な見解を列挙した上で（『尊談』「龍女成仏」関係条」三六〇―三六二頁）、「会通条々」として各先師の諸説を引いていくのであるが（同三六二―三六六頁）、その「会通条々」の中に、やはり千観『即身成仏義私記』の［四九］番問答が引かれている（同三六六頁）ことも指摘しておきたい。[24]

次に、③の特徴、すなわち、海中娑竭羅龍宮における「即身成仏」を女性（女身）に、南方無垢世界における「即身成仏」を男性（男身）に配する見解については、『法華輝臨遊風談』を改めて示しておくと、

龍女内証の即身成仏は、海中娑竭羅龍宮にして、已に女身ながらにして成仏しき。外用の即身成仏は、南方無垢世界にして、男子として即身成仏せしなり。

とあるように、明瞭に見出されるものである。ところが、あくまでも管見の限りではあるものの、この見解を、筆者が見出し得たのは『法華輝臨遊風談』と日蓮のみであって、『等海口伝抄』の「即身成仏」関係条にも、『尊談』の「龍女成仏」関係条にも見出せないものである。『法華輝臨遊風談』からの右の引用にみえる、海中娑竭羅龍宮における「即身成仏」を「内証」に、南方無垢世界における「即身成仏」を「外用」に配することについては、『等海口伝抄』においては「これ（龍女の即身成仏）は内証外用相応して即身成仏を論ずるなり」（『天全』九巻三九八頁上、原漢文、括弧内引用者）、「尋ねて云く、海中の内証と南方の外用成仏とは同

時か異時か」(『天全』九巻三九九頁上―下、原漢文)とあるところから、また、『尊談』においても、先に引いたように「龍女の即身成仏は海中内証を指すと為すや、将た、南方外用に約すと云ふべきや」とあるところから、スタンダード化していたことが十分に窺われるものである。ところが、「海中内証」の「即身成仏」を女性(女身)に、「南方外用」の「即身成仏」を男性(男身)に配する見方については、管見の限り、いまだこれを日蓮と『法華輝臨遊風談』以外には見出せないのである。この点をどう考えるべきなのか。これについては、今後、諸文献に当たっていく際の課題としなければならない。

第四節　女人救済への道――書状にみる具体相――

思想史的な考察についてはこれくらいにしておき、日蓮当人に話を戻そう。

本章第二節で確認したように、日蓮は女人救済の原理を「一念三千の成仏」へと結実させた。その「一念三千の成仏」とは、妙法蓮華経の五字を受持する当所に成就される「即身成仏」に他ならない。こうして、女性は女性の身そのままで、もちろん、男性も男性の身そのままでの成仏が約束されたのである。男女を問わず、その救済を「一念三千の成仏」に基礎づけることにより、日蓮は、いわば救済論のレベルでの男女差別を一切行なわないことに成功した。日蓮が女性の救済を説くに当たって、「変成男子」の必要性に一貫して言及しなかった所以である。

もっとも、救済論のレベルでは、このように性差別を一切行なわないにしても、個々の書状において、女性に対し実際に救済への道を語りかける日蓮の語り口は、決して単純なものではない。例えば、女性に宛てたいくつかの書状において、日蓮は当時の夫婦のあり方をベースに、『法華経』への一層の信仰を勧めているが、その場合、当時の社会的通念に則って妻が夫に従うべきことを説くこともあれば、逆に、妻が夫をリードすべきことや、男性に対する女性の優位を説いたりもしているのである。

いうまでもないことではあるが、これを「矛盾」と捉えてはならない。本来は時も状況も異なる中で著された数多くの書状を、後世、遺文集として一書にまとめられた形で目にし得る私たちが、当該箇所を抽出して、文言の表面のみを通覧してみれば、矛盾しているかのようにみえる場合もある、というに過ぎない。個々の書状それ自体は、個別具体的な人物や集団に宛てたものであり、しかも、その人物・集団が抱える様々な状況や事情に応じてしたためられたものである。そのことを勘案するならば、一口に、『法華経』への信仰を勧め、救済の道を提示するといっても、それぞれの書状において、その語り口に振幅が生じることは、むしろ当然である、といわねばなるまい。このことは、女性に宛てた書状においても、そのまま当てはまる。

ただ、女性に宛てた諸々の書状において、日蓮が、夫婦のあり方をベースに『法華経』への一層の信仰を促し、救済への道を示そうとする場合、振幅あるその言辞の中に、不動の定点ともいうべき一つの倫理的前提を見出し得ることも確かである。それは、一言でいうならば、「夫婦たるもの、密接な協力関係を維持すべし」という倫理観であり、しかも、そうした倫理観は、当時の夫婦の基本的なあり方を正確に把握することにより、いわば現実に即して前提に置かれたものと考えられるのである。

脇田晴子氏によれば、中世の夫婦関係を、強力な「家父長権」による支配を行使する夫と、その支配のもとに一方的な従属を余儀なくされた妻という形で捉える従来の通説は、もはや実態にそぐわないものであるという。もちろん、「家長」たる夫が妻に対して優位にあったことを否定するものではないが、脇田氏は、嫁取婚の一般的成立によって、夫婦同居の「家」が成立し、その「家」はむしろ夫婦ペアの共同作業で作られていったイメージが強い、とするのである（脇田〔一九九四〕）。一九八〇年代から一九九〇年代にかけて積み重ねられた女性史の諸成果は、そうしたイメージが、日蓮の主要な対告衆であった鎌倉期の武士階層にも当てはまることを知らせてくれる。(25) 武士階層にあっては、妻はみずからの財産を持ち、その処分権を、制限されながらも有するとともに、夫亡き後は、家財および遺領の処分に深く関わり得たという。そして、なによりも、妻は家財から下人・所従に至るまでの一切を取り仕切る「家政」の責任者であったとされる。夫が「家長」として軍役・公事等の諸役を果たすことにより、「家」を外側から支えたとすると、妻はまさに内側から支えたのである。夫婦間のこうした密接な協力関係を、日蓮は恐らく熟知していた。だからこそ、次のように記し得るのである。

をとこははしら（柱）のごとし、女はなかわ（桁）のごとし。をとこは足のごとし、女人は身のごとし。をとこは羽のごとし、女はみ（身）のごとし。羽とみとべちぐ〵になりなば、なにをもんてかとぶべき。はしらたうればなかは地に堕《チ》なん。いへにをとこなければ人のたましゐなきがごとし。くうじ（公事）をばたれにかいゐあわせん。よき物をばたれにかやしなうべき。

（『千日尼御返事』、一七六二頁）

これは、夫・阿仏房を失い、未亡人となった妻・千日尼に宛ててしたためられた書状の一節である。ここでは、夫は「柱」、妻は「桁」と規定される。つまり、夫は支える側、妻は支えられる側に位置づけられているのであり、その限りでは、夫は「主」、妻は「従」とみなされているといえるのかもしれない。しかし、右の一節の主題は、そうした「主」「従」の関係以上に、夫婦間の密接不可分な協力関係であり、そうした協力関係にある夫を失った妻の嘆きに共感していこうとする姿勢である。

日蓮は、このような夫婦関係を、『法華経』に対する信仰のレベルにおいても維持し、お互いの信仰の支えとすることを、次のように説いている。

さゑもん（左衛門）どのは俗のなかには日本にかたをならぶべき物もなき法華経の信者なり。これにあひつ（連）れさせ給ヒぬるは日本第一の女人なり。法華経の御ためには龍女とこそ仏はをぼしめされ候らめ。女と申す文字をばかゝるとよみ候。藤の松にかゝり、女の男にかゝるも、今は左衛門殿を師とせさせ給ヒて、法華経へみちびかれさせ給ヒ候へ。

（『四条金吾殿女房御返事』、八五八頁）

女人は水のごとし、うつは物にしたがう。女人は矢のごとし、弓につがはさる。女人はふねのごとし、かぢ（楫）のまかするによるべし。しかるに女人はをとこ（夫）ぬす人なれば、女人ぬす人となる。をとこ王なれば、女人きさきとなる。をとこ善人なれば、女人仏になる。今生のみならず、後生もをとこによるなり。しかるに兵衛のさゑもんどの（左衛門殿）は法華経の行者なり。たとひいかなる事ありとも、をとこのめ（妻）なれば、法華経の女人とこそ、仏はしろしめされて候らんに……

（『さじき女房御返事』、九九七頁）

これらの文言に共通するのは、やはり夫を「主」、妻を「従」とする位置づけである。そうした位置づけは、「家長」たり得るのは夫の側であるという原則を忠実に反映したものであるといえよう。つまり、日蓮は、当時の「家」のあり方から帰結される、夫＝「主」、妻＝「従」という基本的な関係自体に対しては、なんら批判を行なわないのである。[26]したがって、夫の信仰に揺るぎのない限り、右の文言にみられるように、妻はどこまでも夫に従い続けることが求められる。

しかし、当時の夫婦関係は、夫に対する妻の従属関係においてのみ成り立っていたのではない。先にもみたように、夫は「主」、妻は「従」という枠組みを保ちながらも、「家」を作りあげ、運営していくに当たっては、むしろ両者の分かち難い協力関係——日蓮の言葉を借りるならば「女人はをとこを財とし、をとこは女人をいのちとす」（『上野殿御返事』、一六二一頁）という不可分なる関係——が求められるのである。

故聖霊、最後臨終に南無妙法蓮華経ととなへさせ給ヒしかば、一生乃至無始の悪業変じて仏の種となり給フ。煩悩即菩提、生死即涅槃、即身成仏と申ス法門なり。かゝる人の縁《えん》の夫妻《つま》にならせ給へば又女人成仏も疑ヒなかるべし。

（『妙法尼御前御返事』、一五三七頁、傍点引用者）

とは、こうした不可分なる夫婦関係を踏まえての「女人成仏」の保証であるとみて間違いない。

ただ、夫婦間の不可分にして密接なる協力関係を、救済への道を説く際の論理的な大前提に置くということは、状況によっては、妻が夫をリードして救いへと導くべし、という励ましをも容易に生み出し得る、ということでもある。次の文言に端的にみられるように、日蓮は、夫の信仰に退転の兆しがみられた場合は、まさにそうした密接な夫婦関係を根拠に、妻に対して、夫を徹底的にいさめる覚悟を求めてもいるのである。

> 女人となる事は物に随て物を随ヘる身也。夫《をとこ》たのしくば妻もさかふべし。夫盗人ならば妻も盗人なるべし。是偏に今生計リの事にはあらず。世世生生に影と身と、華と果と、根と葉との如くにておはするぞかし。木にすむ蟲は木をは（食）む。水にある魚は水をくらふ。芝かるれば蘭なく、松さかうれば柏よろこぶ。草木すら如シレ是。比翼と申ス鳥は身は一ッにて頭二ッあり。二ッの口より入る物一身を養ふ。ひほく（比目）と申ス魚は一目づつある故に一生が間はなるる事なし。夫と妻とは如レシ是。此法門のゆへには設ひ夫《をとこ》に害せらるるとも悔ュる事なかれ。一同して夫の心をいさめば龍女が跡をつぎ、末代悪世の女人の成仏の手本と成リ給フべし。
>
> （『兄弟鈔』、九三二－九三三頁）

むすび

以上によって既に明らかになったことと思うが、女性に宛てた書状で――もちろん、対告衆が女性である場合に限ったことではないが――、日蓮がなによりも力説するのは、『法華経』への揺るぎない信仰であり、かかる信仰によってはじめて救済が約束される、ということである。

疑て云く、経々の勝劣、これを論じて、何か為さん。答て曰く、法華経の第七に云く、能くこの経典を受持する者あれば、またかくの如し。一切衆生の中に於て、またこれ第一なり等云云。この経の薬王品に十喩を挙げて、已今当の一切経に超過すと云云。……所詮、仏の意の如くならば、経の勝劣を詮とするにあらず。法華経の行者は、一切の諸人に勝れたるの由、これを説く。大日経の行者は、諸山・衆星・江河・諸民なり。法華経の行者は、須弥山・日月・大海等なり。

（『大田殿許御書』、八五四頁、原漢文）

十喩は一切経と法華経との勝劣を説《カ》せ給《フ》と見えたれども、仏の御心はさには候はず。一切経の行者と法華経の行者とをならべて、法華経の行者は日月等のごとし、諸経の行者は諸星燈炬のごとしと申《ス》事を、詮と思《シ》めされて候。なにをもんてこれをしるとならば、第八の譬への下に一の最大事の文あり。所謂此経文《ニ》云《ク》「能くこの経典を受持する者あれば、またかくの如し。一切衆生の中に於て、またこれ第一なり」等云云。此二十二字は一経第一の肝心なり。一切衆生の目也。文の心は法華経の行者は日月・大梵王・仏のごとし、大日経の行者は衆星・江河・凡夫のごとしととかれて候経文也。されば此世の中の男女僧尼は不レ可レ嫌《フ》、法華経を持《タ》せ給《フ》人は一切衆生のしう（主）とこそ、仏は御らん候らめ、梵王・帝釈はあをがせ給《フ》らめとうれしさ申《ス》ばかりなし。

（『四条金吾殿女房御返事』、八五五―八五六頁。鉤括弧内原漢文）

とあるように、日蓮は、『法華経』を「受持」することによって、人は「一切の諸人に勝れ」、「一切衆生のしう（主）」となることができるという。つまり、『法華経』に対する一貫した信仰が、「男女僧尼」という世俗的・宗教的な差異を相対化し、その上に優越し得る根拠となる、というのである。

とするならば、日蓮が、

法華経計リに、此経ヲ持ッ女人は一切の女人にすぎたるのみならず、一切の男子にこえたりとみへて候。

（『四条金吾殿女房御返事』、八五七頁）

と記し、男性に対する女性の優位を説いているのも、特に驚くにはあたらないこととなろう。いうまでもなく、右の一節は、男性に対する女性の優位を示すことに本来の主旨があるのではない。「此経ヲ持ッ」ということの絶対的優位性を、対告衆である女性に即して強調することが目的なのである。

　ところで、平雅行氏は、日蓮による右の一節を引いた上で、「仏法や信心の絶対化が世俗秩序を相対化させ、変成男子説を克服させたのである」（平〔一九九〇〕一〇四頁）と述べている。相対化されるのは単に「世俗秩序」のみなのか、という点に疑問は残るものの、示唆に富む指摘であるといえよう。ただ、平氏は、かかる指摘の後、直ちに続けて、「ただし日蓮は家族同心の信仰を勧めたため、家父長制的女性観はそのまま残存した」（同前）とも記している。だが、「残存」とは、どういうことであろうか。「家父長制的女性観」、つまり差別的な女性観は、歴史の進展とともに「克服」されるべきである、という前提に立つならば、確かに、日蓮の女性観に性差別の「残存」――換言するならば、性差別の「克服」がどれほどなされているかという観点からみた「限界」――を指摘することも可能ではあろう。しかし、なによりもまず宗教者である日蓮にとっては、性差別の「克服」それ自体が目的であったわけではない。日蓮にあって第一義の目的は、あくまでも『法華経』による救済なのである。その救済のレベルにおいて男女の差別を設けることを、日蓮は確かに拒絶した。しかし、男女の差別を拒むことそれ自体が本質的な目的であったわけでは、決してないのである。そうした救済に導くために、日蓮は、当時の夫婦のあり方を正確に踏まえた上で、そこから帰結される夫婦の倫理的なあり方が、お互いに『法華経』への信仰を支え、励ましあう姿勢としても維持されるべきことを、夫婦それぞれの状況に応じて説示した。その具体的な語り口にあっては、男性が女性の上位に位置づけられることもあれば、時には、それが逆転する場合もある。だが、それは、対告衆を救済へと導くことに第一義の目的を置く宗教者・日蓮がとった、いわば現実に根ざした手段に他ならないのである。そうした点に、渡辺喜勝氏は、日蓮のすぐれた観察眼と冷静な現実主義を指摘している（渡辺喜勝〔一九八七／一九九九〕）。卓見というべきであろう。

　このようにみてくると、女性に関して言及する、あるいは女性に宛てた書状にみられる日蓮の個々の言説を基に、性差別に対する日蓮の「克服」や「限界」を云々することが、日蓮を日蓮自身に即して捉えようとする見地からするならば、実りのある見方であるとはいい難いことは、もはや明白であろう。日蓮自身が性差別の「克服」を第一の目的として掲げているのならともかくも、そうではないからである。かかる評価のどちらか一方に偏ることが、日蓮における女人救済の一面のみを強調し、全体的な把握を困難にしてしまうことも、銘記されて然るべきである。

　端的にいうならば、そうした評価は、「女性差別は克服されるべきである」という、外在的で、かつ、すぐれて現代的な基準による日蓮の評価づけであるといわねばならない。もとより、筆者は、そうした基準のもとに下される評価が、性差別の問題にややもすれば無自覚あるいは鈍感になりがちな現代の仏教者に対し、実践面での警告の意義を十分に持ち得るものであることを否定するものではない。過去の話としてではなく、むしろ今現在の問題として、重く受け止めるべきであろう。また、たとえ外在的・現代的な基準であろうとも、そうした基準のもとに歴史（思想史）を段階づけることで、極めてクリアーな歴史（思想史）像を提供し得る場合があることも、承知しているつもりである。

とはいえ、本章は、あくまでも、日蓮における女人救済のあり方を、日蓮自身に即して、より全体的に捉えようとするところに目的を置くものなのである。もとより、そうした目的がどれだけ達成されているかについては、読者の判断と批判とを待たなければならない。しかし、少なくともその目的を果たそうとするのであるならば、そこに、外在的かつ現代的な評価基準を持ち込むことは、やはり避けるべきであると考える。このことを改めて確認して、むすびとしたい。

注

（1）例えば大越・源・山下〔一九九〇〕、大越・源〔一九九四〕、源〔一九九六〕など。

（2）笠原氏には、見解を同じくする小栗純子氏らと執筆した笠原〔一九八三〕もある。これによって、笠原氏の見解をよりコンパクトな形で知ることができる。

（3）大隅〔一九八三a〕、大隅〔一九八三b〕、西口〔一九八七〕、勝浦〔一九九五〕、牛山〔一九八二／一九九〇〕、牛山〔一九八四／一九九〇〕、細川〔一九八九〕など。

なお、平雅行氏の業績も含め、こうした研究動向につき要を得た解説を行なったものとして、吉田〔一九九九／二〇〇六〕がある。特に牛山佳幸氏の業績に対する論評は示唆に富むものであり、参考になる。

（4）笠原氏にしろ、平氏にしろ、いわゆる「女人禁制」を女性差別の顕著なあらわれと位置づけている点では共通している。しかし、「女人禁制」のこうした位置づけに対しては、牛山佳幸氏による反論が提出されている（牛山〔一九九六a〕、牛山〔一九九六b〕）。牛山氏は、「女人禁制」を「寺院や仏事に関わる場で、常に女性が排除されたり忌避されていること」（牛山〔一九九六a〕五頁）と定義づけた上で、次のような指摘を行なった。

①「女人禁制」は、奈良時代の「僧尼令」において既にみられ、しかも、それは、尼寺における「男子禁制」とセットであった。

②こうした禁制は、不淫戒という戒律を徹底させる目的のもと定められたものであり、元来は性差別を目的とするものではなかった。このことは、延暦寺や金剛峯寺・金峯山寺などで行なわれた「女人禁制」において実際に確認でき、したがって、「女人禁制」の由来を、女性に対する不浄観に求める見解（西口〔一九八七〕、平〔一九八九／一九九二a〕など）には無理がある。

③歴史上、「男子禁制」がほとんど目立たない一方で、「女人禁制」が際立つ結果となった理由は、一〇世紀頃までに急速に進んだ女性の出家制限に伴う、尼寺の消滅という現象にあったのであり、かかる現象がもたらされた要因としては、家父長制の萌芽を背景とした儒教的な家族道徳規範の導入強化（小原〔一九九〇〕）が考えられる。

ところで、本文でもみたように、平氏は、女人救済論の本流がいわゆる「旧仏教」にあり、しかも、その理論自体、女性差別の構造を濃厚に孕んでいることを指摘することによって、いわゆる「新仏教」に至ってはじめて「女性解放」がなされたとみる笠原氏の説に修正を迫ったのであるが、これに対し、笠原説そのままではもとよりないにしても、女人救済における「新仏教」の「新しさ」を再評価しようとする向きもある。例えば、松尾剛次氏の説がそれである（松尾〔一九八九〕）。松尾氏は、「官僧」（国家公認のシステムによる出家者とその僧団。原則として白衣を着し、鎮護国家祈祷を本務とする）を「旧仏教」の担い手、法然や親鸞・日蓮・道元とその門下のみならず、叡尊・忍性をはじめとする新義律宗僧団や、貞慶や明恵とその門下をも含む「遁世僧」（「官僧」の身分から「二重出家」を遂げた者と、彼らを核として構成員を再生産する独自のシステムを生み出した僧団。黒衣の着用を原則とし、宗教活動の基盤を個人救済に置く）を「新仏教」の担い手とする独自の区分法に立つ。その上で、女人救済に消極的であった「官僧」に対し、「遁世僧」は女人救済を実際に行ない、また、みずからの宗教活動のモデルとして、祖師による女人救済の神話を有していたとして、その点に「新仏教」の「新しさ」をみようとしている。

また、佐々木馨氏は、国家の宗教的神聖視を前提とする「神国思想」を受け入れているか否かを、女人救済論のタイプ分けの指標とする見解を打ち出している（佐々木〔一九九九／二〇一一〕）。月経・出産をその性に伴わざるを得ない女性を、「神国思想」を受け入れるがゆえに穢れた存在とみなし、それを救う代償として「変成男子」を条件づける女人救済論を、佐々木氏は、「旧仏教」（氏によれば「体制仏教」）に特有なものとみなす。その一方で、「神国思想」を排除するがゆえに、女性に対する不浄観からも、「変成男子」という条件づけからも自由となり、女性が女性のままで成仏できることを教義化した女人救済論を、「新仏教」者たる親鸞・道元・日蓮（氏によれば「反体制仏教」者）に見出し、次のように述べている。

> 近年の女性史研究を通して、女人往生の先導を担ったのは、旧仏教であることは十分に解明された。それは誰れ人も首肯するところである。かといって、いわゆる新仏教の歴史的足跡の大きさが、鎌倉時代にあって狭小であるがために、女人往生論においてもアプリオリに過小評価するのは、総体的な歴史研究を目指す私たちにとって、あまり生産的ではないように思われる
> （佐々木〔一九九九／二〇一二〕一七〇頁）。

かかる見解もまた、相対的にマイナスの方向に向けられがちな、女人救済の歴史における「新仏教」の評価を、改めて向上させようとするものであるといえよう。

（5）高木〔一九八三〕四二五頁。ここで高木氏は次のように記している。「女性が生涯のそれぞれの段階で従うべしとされたのが父と夫と子の三つであるが、これを光日尼に当れば、父すでになく、夫なき「やもめ」であり、従うべき子の弥四郎すらも死んで了っている。三従は当代女性のモラルとされるが、光日尼には、老いて従うはずの子はすでにない。その限り、光日尼は独身無頼の生きざまを強いられたといえよう。日蓮は、却って「三のつなは今生に切ぬ」という。この発言を独身無頼の光日尼への励ましとうけとりたい」。

（6）当時衆会皆見龍女。忽然之間変成男子。具菩薩行。即往南方無垢世界。坐宝蓮華成等正覚。
（『正蔵』九巻三五頁下、傍線引用者）

（7）金天鶴〔二〇一二〕四七頁において、金英美〔二〇一〇〕を紹介した一節である。括弧内引用者。

（8）日蓮が「変成男子」の必要性を一貫して認めていないことの社会的背景を考えるに当たって、興味深い指摘を行なっているのが、野村育世「鎌倉時代の女性たちの仏教認識」（野村〔二〇〇四〕）である。この論考において、野村氏は『鎌倉遺文』を博捜して、日蓮書状のような僧による文書は除き、寄進状・願文類を詳細に検討。「五障三従」「転女成仏」「龍女成仏」「変成男子」等のいわゆる「仏教的性差別に関わる文言」があらわれる文書の割合は、検討の対象となった文書全体の中ではもちろん、女性自身が発給した文書の中でも低いものに止《とど》まること、「龍女成仏」「変成男子」に至っては、女性発給の文書にはまったくみられないことを具体的に指摘する。その上で、野村氏は、

> 鎌倉時代の社会一般で、女性たちが龍女を自らの成仏の模範として祈願することは、『鎌倉遺文』には全く見られなかった。
> 「変成男子」という文言も、女性の文書には見られない。このゼロというデータは、当時の社会における女性たちの意思、即ち龍女成仏を祈ることを拒否する心性を物語るものではないだろうか。……その根底に、龍女成仏に象徴される変成男子説を多くの在地女性たちが内面化していなかったことがあろう。……

だからこそ、法華経の行者日蓮は、女人成仏の手本として龍女成仏を喧伝しつつ、女性信者に対し、法華経を信仰すれば龍女のように「即身成仏」できると説き、「変成男子」を口にしなかったのではなかろうか。日蓮が、実際に在地女性に布教していく際にとったこうした複雑な言説を見るにつけても、鎌倉時代の在地における人々の意識は、「変成男子」説を受容し難い状態にあったと言えよう。

（野村〔二〇〇四〕一二〇－一二一頁）

と結論づけている。本文でも記しているように、細川涼一氏は、西大寺流律僧の西琳寺惣持による指導のもと、法華寺の尼や有縁の女性たちが、康元元年（一二五六）、『転女身経』（野村氏は『転女成仏経』と表記）を開板して「変成男子」を願った事例を紹介しているが、この事例には野村氏も言及し、その特殊性を指摘しつつ、次のように新たな問題を提起している。

女性自身が「女身を厭う」文書は、半数が西大寺のものである。西大寺は、一二五六年に『転女成仏経』の開板を行なっており、これらはそうした一連の活動の中に位置付けられるであろう。律宗の尼については細川涼一氏の研究があるが、『転女成仏経』開版を行なった西大寺は、当時の仏教界の中で突出した位置にあったと考えられる。律宗以外ではこの経は開版されず、一般在地社会に『転女成仏経』はほとんど広まらなかったようである。したがって、西大寺の活動から中世の女性と仏教の一般的な姿を見いだすことは困難であり、むしろ逆に、西大寺がなぜ、他に突出して『転女成仏経』の流布《るふ》に積極的であったのか、なぜ西大寺周辺の尼が女身を転ずることを願ったのか、その特殊性こそが問われるべきであろう。

（野村〔二〇〇四〕一一二頁）

なお、右の引用において、野村氏は『転女身経』を『転女成仏経』と混同してしまっているが、こうした混同については、原口〔二〇一六〕一九八－二〇二頁をみよ。

(9)　『祈祷鈔』の取り扱いについては、山上弘道氏が次のように注意を促している。

身延曾存の『祈祷抄』『祈祷抄奥』は『定遺』の667頁から681頁10行目までで、それ以降「秘法四十一人」から最末「仍て九牛の一毛所レ詮スル如シレ件ノ。」までは『本満寺録外』『刊本録外』等所収の『真言宗行調伏秘法而還著於本人之事』であり、『高祖遺文録』が日明『真撰祖書』の意を受けてこれを合体させたものであります。内容からしても本来これは別物であり、ことに『真言宗行調伏秘法而還著於本人之事』の一部は『本尊問答抄』と全く同文が見られるなど、真偽問題についても慎重に取り扱われるべきものであります。

（山上〔二〇一一〕一六一頁）

幸い、本文で引いている『祈祷鈔』の一節は『定遺』六七三－六七四頁であり、身延曾存にかかる部分であるため、問題はない。

(10)　こうした見解は、既に石川教張氏により提示されている。石川〔一九九九〕四〇－四二頁、四六－四七頁を参照せよ。石川氏は、「提婆達多品」が本来意図するところは、智積菩薩による歴劫修行論や舎利弗による女人不浄説・女人五障説を否定し、『法華経』の教化に浴することによって、女性はもちろん、男性もまた「即身成仏」し得ることを説示することにあったとみる。石川氏によれば、日蓮は「提婆達多品」が本来説示しようとしたところをそのまま受け止め得たのであり、それ以外の、歴史上なされた種々の解釈——例えば「変成男子」を女人成仏のための必要条件とみなすような見方——は、「提婆達多品」本来の意図を離れた解釈ということになる。だからこそ石川氏は、「提婆品の歴史的な受容内容と提婆品の説示するものとの相違点への考究が必要であろう」（石川〔一九九九〕五二頁）と述べるのであり、さらには、往々にしてみられる、「提婆品の龍女成仏説を仏教的女性差別観の典拠と見なす見解」（石川〔一九九九〕二八頁）や、「提婆品自体が五障説や「変成男子」説を肯定しているかの如き謬見」（同前）に対しても厳しい批判を加えるのである。

筆者もまた、少なくとも日蓮の「提婆達多品」理解に立つ限り、石川氏が加えた批判は正当なものであると考える。ただ、日蓮の「提婆達多品」理解と、「提婆達多品」が本来的に意図するところとが合致するとみる石川氏の見解——宗学の立場に立つならば、当然の見解ではあろうが——に対しては、ここでは、肯定も否定もしない態度をとっておきたい。両者を合致するものとみなそうが、あるいは、日蓮の「提婆達多品」理解もまた、歴史の中で形成された一つの解釈に過ぎないとみなそうが、本章の立論自体に影響はないからである。本章で問題となるのは、あくまでも、「提婆達多品」、殊にいわゆる「龍女成仏」を、日蓮がいかに理解しているかであって、その理解が、「提婆達多品」本来の意図するところと合致するか否かは、また別の問題として取り上げられるべきであろう。

なお、「提婆達多品」、殊にそこに説かれる「龍女成仏」が本来意図していたものは何か、という問題については、サンスクリット本に即して検討を行なった植木雅俊氏の論考「「変成男子」の意味すること」（植木〔二〇〇四〕。殊にその第二節をみよ）において提示された、次の理解に賛意を表しておきたい。

娑竭羅龍宮における文殊菩薩の法華説法によって、龍女は即座に不退転の菩薩の地位に至り、成仏を既定のものとした。しかし、龍女が即座に、しかもその身のままで成仏を確定し得たことを、智積菩薩と舎利弗はどうしても受け入れられない。したがって、彼らは、歴劫修行論や、部派仏教的な偏見も露わな女人不浄説・女人五障説を以って疑難を申し立てる。それに対し、龍女は、自分が成仏を既に確定しており、それゆえ、どんな形ででも成仏の相を先取りして示し得ることを、彼らにもわかるレベルで、すなわち、わざわざ男性に身を変じて三十二相八十種好を備え、仏国土に赴いてみせるという仕方で、見せつける。つまり、伝統的な見解に固執する、いわば「頭の固い」智積と舎利弗に対し、龍女は、自身が成仏を既に確定している身であることを、「当てつけ」ともいうべきビジュアルな形で——「ここまでやらなきゃ、あなたがたにはわからないんでしょ！」という仕方で——、見せつけたのである。かくして智積と舎利弗は、龍女において成仏が既定のものとなっていることを、グウの音も出ないままに受け入れざるを得なかったわけである——。

漢訳の『法華経』「提婆達多品」に接する中で、筆者も同様の読み方をしてきたつもりではある。とはいえ、サンスクリット本に即しての詳細な検討をなし得ない筆者としては、それが、「提婆達多品」におけるいわゆる「龍女成仏」の本来的に意図するところ、と自信をもって断言することはなかなかできなかった。そのような中で、サンスクリット本の検討を通して右の理解を導き出した植木氏の論考に接し、大いに力づけられた次第である。

（11）『法華輝臨遊風談』は、著者である良助親王が、嘉元元年（一三〇三）、青蓮院門跡管領を辞して多武峰に隠棲し、文保元年（一三一七）に示寂するまでの間に述作されたものと推定されている。金岡他〔一九八六〕四七五頁をみよ。

（12）智顗『法華文句』巻第八下における当該箇所を引いておく。

第七に、龍女現に成じて明証するに復た二あり。一には、珠を献ずるは円解を得るを表す。円珠はそれ円因を修得するを表す。仏に奉るはこれ因を将って果を剋す。仏の受くること疾なりとは、果を獲ること速やかなり。これ即ち一念に道場に坐して成仏すること虚しからざるなり。二には、正しく因円果満を示す。胎経に云く、魔・梵・釈・女は皆、身を捨てず、身を受けずして、悉く現身に於て成仏することを得と。故に偈に云く、法性は大海の如く、是非有りと説かず。凡夫も賢聖の人も、平等にして高下無く、唯だ心垢の滅のみ在りて、証を取ること掌《たなごころ》を反《かえ》すが如しと。

第八に、爾時娑婆の下は、時衆の見聞を明かすに復た二あり。先ずは、見聞を明かす。二には、人・天歓喜して彼此益を蒙る。南方に縁熟すれば、宜く八相を以て成道すべし。この土の縁薄ければ、秖《た》だ龍女を以て教化す。これは是れ権巧の力にして、一身・一切身なる普現色身三昧を得るなり。

（『正蔵』三四巻一一七頁上、原漢文）

この解釈については、以下の二点に注目しておきたい。

①魔王・梵天王・帝釈天・女人がその身体を捨てることも、新たな身体を受けることもないまま「現身に於て成仏」したこと、それはあたかも「証を取ること掌《たなごころ》を反《かえ》すが如し」であることを説く『菩薩処胎経』巻四の長行の取意と偈文（『正蔵』一二巻一〇三四頁下―一〇三五頁下）を智顗が引いて、その文脈で「龍女成仏」を理解している。

②海中娑竭羅龍宮から霊山浄土に龍女が姿を現したことも、変成男子を経て南方無垢世界に赴き成仏するという相を龍女が瞬く間に示したことも、いずれも「権巧の力」によるものであって、「一身・一切身なる普現色身三昧（普く色身を現ずるの三昧）」の成果であると、智顗は解釈している。

（13）湛然『法華文句記』巻第八の四における当該箇所を引いておく。

問ふ。分段を捨てずして即ち成仏すと為すや。若し即身成仏せずんば、この龍女成仏と、及び胎経の偈とは、云何が通ぜんや。

答ふ。今、龍女の文は権に従って説き、以て円経の成仏の速疾なるを証す。若し実行の疾からずんば、権行徒に引かん。これ則ち権実の義等しく、理は徒然ならず。故に胎経の偈は実得に従って説く。若し実得ならば、六根浄に従って無生忍を得《え》、物の好む所に応じて、容《まさ》に神変を起こし、現身に成仏し、及び円経を証すべし。既に無生を証す。豈に本より捨受無しと知ること能はざらん。何ぞ此を捨て彼に往くことを妨げん。余経の凡位はこの会中に至りて進んで無明を断ずること、亦た復たかくの如し。凡そかくの如き例は、必ず須く権実不二、以て疑妨を釈すべし。権巧と言ふは、必ずしも一向に唯だ権釈のみを作さず。秖《た》だ龍女は已に無生を得と云ふ。則ち体用に約して権巧を論ず。専ら本迹に約して権巧と為すと謂ふには非ざるなり。故に権実の二義、経力倶に成ず。他人、これを釈して或は七地・十地等と云ふは、経の力用を顕すこと能はざるが故なり。

（『正蔵』三四巻三一四頁中―下、原漢文、傍点引用者）

『菩提心論』（『正蔵』三二巻五七二頁下）および『菩薩処胎経』（『正蔵』一二巻一〇三四頁下）とともに、中国仏教における「即身成仏」という語の出典として有名な箇所（末木〔一九九五〕二七一頁）であるが、ここでは次の二点に注目しておきたい。

①湛然にとっては、「分段身（生死で分断される身体。生身・肉体）」を捨てないままでの「速疾」の成仏こそが「即身成仏」であり、「円経」の「経の力用」を顕す「円経の成仏」である。「龍女成仏」をかかる「即身成仏」として理解しない限り、『菩薩処胎経』に説くところとの会通は計れないと、湛然は考えている。

②変成男子を経て南方無垢世界に赴き成仏するという相を、龍女が瞬く間に示したことは、「円経」による「即身成仏」（＝「実得」）を踏まえた上での「従権而説（権に従って説く）」「権巧」であり、「円経の成仏の速疾なるを証す」ためのものであると、湛然は考えている。湛然によれば、「実得」はあくまでも、『菩薩処胎経』に説く「本より（身体の）捨受無し」というものであり、そこを基点に、「物の好む所に応じて、容《まさ》に神変を起こし」たのが「権巧」である。

（14）安然の著作に対する日蓮の読書範囲や、日蓮に対する安然の思想的影響、日蓮による安然評価等については、浅井〔一九七三〕第五篇所収の「五大院安然」や、浅井〔一九七一／一九九九〕を、日蓮に対する源信の思想的影響や、日蓮による源信評価等については、関戸〔一九九二〕をみよ。千観の著作に対する日蓮の読書については、後ほど触れる。

なお、「即身成仏」の解釈という観点からいえば、日蓮は『大田殿女房御返事』に、

華厳・真言等の人々の即身成仏と申シ候は、依経に文は候へども、其義はあへてなき事なり。僻事の起リ此也。弘法・慈覚・智証等は、此法門に迷惑せる人なりとみ（見）候。何カニ況ヤ其已下ノ古徳・先徳等は言フにたらず。但シ、天台ノ第四十六の座主東陽の忠尋ト申ス人こそ、此法門はすこしあやぶまれて候事は候へ。然レども天台ノ座主慈覚の末をうくる人なれば、いつわりをろかにて、さてはてぬるか。

（『定遺』一七五五頁、傍点引用者）

と記しており、東陽房忠尋（一〇六五―一一三八）にも着目したいところではある。ただ、忠尋の著述とされる①『法華文句要義聞書』、②『法華略義見聞』、③『漢光類聚』といった書物は活字化されてはいるものの（①②は『日全』一六、③は『日全』

一七および岩波日本思想大系『天台本覚論』の所収）、いずれも伝忠尋の域を出ないものであり、残念ながら、本章の調査・考察からは外さざるを得なかったことを断っておく。

(15) 千観の『即身成仏義私記』については、現在のところ、西教寺正教蔵所蔵の写本が知られるのみであるという。末木（一九九五）六九一―七〇四頁には、その翻刻原文を収録するとともに、同三三七―三五一頁には、千観の伝記、著作の紹介、および『即身成仏義私記』の概要と意訳を収める。本章における千観『即身成仏義私記』の引用は、すべてこの翻刻原文に拠った。［　］内の番号は、問答の順番を示すために末木氏が施したものである。［二三］および［二四］は同六九九頁、［四九］は同七〇四頁、いずれも原漢文。［四九］の問いにみえる括弧内の漢字は、文脈から引用者が補ったものである。

(16) 憐昭の『天台法華宗即身成仏義』については、末木（一九九五）六五五―六八九頁に翻刻原文と現代語訳・訳注を収める。同三一五―三三〇頁では内容紹介と分析もなされている。

(17) 安然の『即身成仏義私記』については、末木（一九九五）二八三―三一五頁に諸本・撰者・内容についての詳しい論述が、また、同五二三―六五三頁には詳細な現代語訳と訳注が収められており、大いに参考になる。安然『即身成仏義私記』の成立年に関する考証については、末木（一九九五）二八九頁、浅井（一九七三）六三八頁をみよ。

(18) 『恵全』三巻所収。末木（一九九五）三五二―三六一頁では、源信『即身成仏義私記』の概要紹介がなされている。

(19) 『憐昭即身義』および『源信私記』は、龍女の「即身成仏」の場所に関わる問答自体を設けていないが、『安然私記』はこの問答を設定している。すなわち、安然は、

　問ふ。龍女、海中聞経の所に於て、已に成仏すると為すや、当《は》た、海に於て但だ経を聞きて、南方に始めて成ずると為すや。

という問いを設け、それに対して、

　経文更に、「『この経を修行せば、速やかに仏を得るや不《いな》や』と。文殊答ふ。『須臾の頃《あひだ》に於て菩提心を発し、不退転を得《え》、能く菩提に至る』と」とあり。文句又云く、「これ即ち、一念に道場に坐して成仏すること、虚しからざるなり」と。験《あきら》かに知ることを得たり、聞経の所に、即ち道場に坐して自ら無生を証し、知に取捨なきことを。経文に又云く、「女の言く、『汝が神力を以て我が成仏を観よ。復たこれよりも速やかならん』と。即ち南方に往きて等正覚を成ず」と。文句亦た云く、「南方の縁熟せば、宜しく八相を以て成道すべし。此土の縁薄ければ、只だ龍女を以て教化す。これは是れ権巧の力にして、一身は一切身なる普現色身三昧を得るなり」と。験《あきら》かに知ることを得たり、霊山龍女の身、南方速成の仏、これ普現三昧の権巧の力なることを。

と答えているのである（『日全』二四巻一八二頁上―下、原漢文。末木（一九九五）二九六頁、五三四―五三七頁参照）。この問答によれば、龍女は、南方無垢世界に至ってはじめて成仏したのではなく、海中娑竭羅龍宮でなされた文殊の法華教化の時点で

既に成仏していたのであり、その龍女が霊山に姿を現したり、南方無垢世界においてあえて成仏の相を示したりするのは、一身が一切身となる普現色身三昧の方便力による、と解釈していることになる。安然の解釈は、このように、注の（12）と（13）で紹介した智顗・湛然の解釈をむしろ素直に引き継いだと評し得るものであり、千観の見解とは異なるものである。

（20）こうした点については、日蓮仏教研究所主任の都守基一氏、および立正大学日蓮教学研究所の高森大乗氏よりご教示を賜った。十六題の「義科」については、末木（一九九五）三三九－三四〇頁を参照のこと。

（21）渡辺麻里子・弘前大学人文学部教授からの書面でのご教示による。

（22）日本天台の法華円教即身成仏論が生み出してきた様々な教理上の問題群については、大久保（二〇〇五）が参考になる。代表的な問題群として、龍女は「実者」か「権者」か、龍女の成仏は「実得」か「権巧」かを問う「龍女権実」、龍女成仏の位階に関わる問題を扱う「龍女分極」や「超登十地」「十地虎狼」、さらには「分段身の捨・不捨」に関わる諸問題などがあるが、純教理的ともいうべきこうした諸々の問題自体に、日蓮が専門的に取り組んだ形跡はみられない。『妙一女御返事』（朝師本）には、

当時、叡山の人々、法華経の即身成仏のやうを申スやうなれども、慈覚大師・安然等の即身成仏の義也。彼人々の即身成仏は有名無実の即身成仏也。其義専ラ伝教大師の義に相違せり。教大師は分段《ぶんだん》の身を捨テても捨テずしても、法華経の心にては即身成仏也。覚大師の義は分段の身をすつれば即身成仏にあらずとをもはれたるか。あへて即身成仏の義をしらざる人々也。

（『定遺』一七八〇頁）

と、「分段身の捨・不捨」の問題に関わる記述がみられはするものの、その問題自体に的を絞って掘り下げたものとはいい難い。

（23）こうした考証については、大久保（一九九〇／一九九八）一二七頁、大久保（一九九一／一九九八）一四〇頁。

（24）「会通条々」においては、千観『即身成仏義私記』から、［四九］番問答のみならず、［二五］番問答の答えの部分も引かれている（「『尊談』「龍女成仏」関係条」三六六頁）。ちなみに、［二五］番問答は次のようなものである。

問ふ。今、法花中の即身成仏と云ふは、龍宮本土の真身成仏を取るや、若しは、無垢世界応身成仏を取るか。若し真身成仏を取ると云はば、法花三周に益を得る人は、皆、即身に無生忍を得。これを以て又、即身成仏と云ふべし。又、方等・般若の中、生身を以て地・住の益を得る者も、皆、即身成仏と云ふべし。何ぞ独り龍女成仏を以ての故に、法花中、殊勝の即身成仏なるや。

若し応身を取ると云はば、経文に云く、「変成男子具菩薩行、即往南方無垢世界、坐実《ママ》蓮華、成等正覚」と云云。既に変成男子と云ふ。何ぞ即身成仏と為すや。

答ふ。凡そ即身成仏を論ずるには、必ず応に二義を具すべし。法花三周に益を得る人の如く、若し真身に約してこれを論ぜば、同じく即身成仏と云ふべし。今、龍女を以て即身成仏と為すを問はば、但だ真身成仏のみにあらずして、これ即身に八

相を応現す。亦たこれ即身。故に真・応相倶の即身成仏に依てこれを論ずるは唯だ龍女一人なり。但だ変成男子は、先の会釈に云く、これ陰相を変ずるのみにして体を変ずるを謂ふにはあらず。故に相違せずと云云。

（末木〔一九九五〕六九九―七〇〇頁、原漢文）

すなわち、「真・応相倶の即身成仏」を体現しているのは「唯だ龍女一人」のみであり、まさにこの点に、千観は、方等・般若といったいわゆる爾前の「即身成仏」や法華三周の「即身成仏」に対する龍女の「即身成仏」の「殊勝」性を認めるわけである。なお、変成男子の問題について、千観は、『安然私記』の「当に知るべし、変じて男子と成るはまた、陰蔵を変ずるのみにして、女身を捨つるにも、更に男身を受くるにもあらず」（『日全』二四巻一八八頁上、原漢文）を取意引用して答えている。

（25）これについては、以下の著作・論文が参考になった。脇田〔一九九五〕、総合女性史研究会〔一九九二〕、高橋〔二〇〇四〕、五味〔一九八二〕、飯沼〔一九九〇〕など。

（26）この点は、姉崎正治がつとに指摘している。姉崎〔一九一六／一九八二〕三四〇頁。渡辺喜勝〔一九八七／一九九九〕七二頁、渡辺喜勝〔一九九九〕二五四―二五五頁もみよ。

【引用・参照資料および略号】

『恵全』

　比叡山専修院附属叡山学院編『恵心僧都全集』全五巻、思文閣出版、一九二七年発行、一九八四年再版。

『真聖全』三巻
　真宗聖教全書編纂所編『真宗聖教全書』第三巻、興教書院、一九四〇年。

『『尊談』「龍女成仏」関係条」

　藤平寛田・渡辺麻里子「〈翻刻〉叡山文庫法曼院蔵『尊談』「龍女成仏」関係条」（渡辺麻里子〔二〇一三〕）。

『注法華経』下
　山中喜八編著『定本注法華経』下巻、法蔵館、一九八〇年。

『傳全』

比叡山専修院附属叡山学院編『傳教大師全集』全五巻、世界聖典刊行協会、一九二六－一九二七年発行、一九八九年復刻。

『天全』

天台宗典刊行会編『天台宗全書』全二五巻、大蔵出版社、一九三五－一九三七年。

『天台本覚論』

多田厚隆・大久保良順・田村芳朗・浅井円道校注、岩波日本思想大系『天台本覚論』、一九七三年。

『宝物集』

小泉弘・山田昭全・小島孝之・木下資一校注、岩波新日本古典文学大系『宝物集 閑居友 比良山古人霊託』、一九九三年。


【引用・参照文献】

浅井〔一九七三〕
浅井円道『上古日本天台本門思想史』平楽寺書店。
浅井〔一九七一／一九九九〕
浅井円道「宗祖と五大院安然」（浅井円道『日蓮聖人と天台宗』〈浅井円道選集第二巻〉、山喜房仏書林）、一九九九年。初出は一九七一年。
姉崎〔一九一六／一九八二〕
姉崎正治『改訂 法華経の行者日蓮』。本書の初版は一九一六年、改訂版は一九三二年。改訂版はさらに、一九八二年には国書刊行会の『姉崎正治著作集』第一〇巻に収められた。本書での参照は著作集に拠った。
飯沼〔一九九〇〕
飯沼賢司「中世前期の女性の生涯――人生の諸段階の検討を通じて――」（女性史総合研究会編『日本女性生活史』第二巻〈中世〉、東京大学出版会）。
石川〔一九九九〕
石川教張「日蓮の女人成仏法門について――法華経提婆品の龍女成仏を中心に――」（『大崎学報』第一五五号）。

植木〔二〇〇四〕
植木雅俊「「変成男子」の意味すること」（植木雅俊『仏教のなかの男女観――原始仏教から法華経に至るジェンダー平等の思想――』岩波書店の第六章）。
牛山〔一九八二／一九九〇〕
牛山佳幸「律令制展開期における尼と尼寺」（牛山佳幸『古代中世寺院組織の研究』吉川弘文館、一九九〇年）。初出は『民衆史研究』二三号、一九八二年。
牛山〔一九八四／一九九〇〕
牛山佳幸「古代における尼と尼寺の消長」（牛山佳幸『古代中世寺院組織の研究』吉川弘文館、一九九〇年）。初出は『民衆史研究』二七号、一九八四年。
牛山〔一九九六a〕
牛山佳幸「「女人禁制」再論」（日本山岳修験学会『山岳修験』第一七号）。
牛山〔一九九六b〕
牛山佳幸「女人禁制」（日本仏教研究会『日本の仏教』第六号、法蔵館）。
大久保〔一九九〇／一九九八〕
大久保良峻「日本天台の法華円教『即身成仏義』諸本について」（大久保〔一九九八〕）。初出は一九九〇年。
大久保〔一九九一／一九九八〕
大久保良峻「日本天台における法華円教即身成仏論――『即身成仏義』諸本を中心に――」（大久保〔一九九八〕）。初出は一九九一年。
大久保〔一九九八〕
大久保良峻『天台教学と本覚思想』法蔵館。
大久保〔二〇〇五〕
大久保良峻「天台教学における龍女成仏」（日本仏教綜合研究学会『日本仏教綜合研究』第四号）。

大久保〔二〇一三〕
大久保良峻「龍女成仏とその思想的意義――論義との関係を中心に――」（渡辺麻里子〔二〇一三〕）。『天台宗報』通巻二九四号、天台宗務庁、二〇一三年に再録。
大越〔一九九四〕
大越愛子「仏教とセクシュアリティ」（大越・源〔一九九四〕）。
大越・源〔一九九四〕
大越愛子・源淳子『解体する仏教――そのセクシュアリティ観と自然観――』大東出版社。
大越・源・山下〔一九九〇〕
大越愛子・源淳子・山下明子『性差別する仏教――フェミニズムからの告発――』法蔵館。
大隅〔一九八三a〕
大隅和雄「女性と仏教」（『史論』三六号）。
大隅〔一九八三b〕
大隅和雄「仏教と女性」（『歴史評論』三九五号）。
岡田〔二〇一三〕
岡田真美子「改転の女人成仏と龍女成仏――竺法護の訳経群を中心に――」（伊藤瑞叡博士古稀記念論文集『法華仏教と関係諸文化の研究』山喜房仏書林）。
小原〔一九九〇〕
小原仁「転女成仏説の受容について」（『日本仏教史学』第二四号）。
笠原〔一九七五〕
笠原一男『女人往生思想の系譜』吉川弘文館。
笠原〔一九八三〕
笠原一男編著『女人往生』教育社歴史新書。

勝浦（一九九五）
　勝浦令子『女の信心――妻が出家した時代――』平凡社選書。
金岡他（一九八六）
　金岡秀友・奈良康明・藤井正雄・渡辺宝陽編『日本仏教典籍大事典』雄山閣。
金天鶴《キムチョンハク》（二〇一二）
　金天鶴「龍女成仏について――天台宗と華厳宗の解釈比較――」（立正大学法華経文化研究所『法華文化研究』第三八号）。
金英美《キムヨンミ》（二〇一〇）
　金英美「高麗後期における女性の変成男子説」（『梨花史学研究』四〇）。
桑名（一九九一）
　桑名貫正「日蓮聖人の女性観」（『日本仏教学会年報』第五六号）。
五味（一九八二）
　五味文彦「女性所領と家」（女性史総合研究会編『日本女性史』第二巻〈中世〉、東京大学出版会）。
佐々木（一九九九／二〇一一）
　佐々木馨「女人往生における二つの論理」（高木豊・小松邦彰編『鎌倉仏教の様相』吉川弘文館、一九九九年）。本書での引用・参照はこれに拠った。後に、佐々木馨『日蓮の思想史的研究』山喜房仏書林、二〇一一年に、「女人往生の中世的論理」というタイトルのもと再録。
末木（一九九五）
　末木文美士『平安初期仏教思想の研究――安然の思想形成を中心として――』春秋社。
関戸（一九九二）
　関戸堯海「日蓮聖人と恵心僧都源信」（関戸堯海『日蓮聖人教学の基礎的研究』山喜房仏書林）。
総合女性史研究会（一九九二）
　総合女性史研究会編『日本女性の歴史――性・愛・家族――』角川選書。

平〔一九八九／一九九二a〕
平雅行「顕密仏教と女性」（平雅行『日本中世の社会と仏教』塙書房、一九九二年）。本書での引用・参照はこれに拠った。初出は「旧仏教と女性」の旧題のもと、津田秀夫先生古稀記念会編『封建社会と近代』同朋舎、一九八九年。

平〔一九八九／一九九二b〕
平雅行「女人往生論の歴史的評価をめぐって」（平雅行『日本中世の社会と仏教』塙書房、一九九二年）。本書での引用・参照はこれに拠った。初出は『仏教史学研究』三二巻二号、一九八九年。

平〔一九九〇〕
平雅行「中世仏教と女性」（女性史総合研究会編『日本女性生活史』第二巻〈中世〉、東京大学出版会）。

高木〔一九八三〕
高木豊「日蓮と女性檀越」（宮崎英修先生古稀記念論文集刊行会編『日蓮教団の諸問題』平楽寺書店）。

高橋〔二〇〇四〕
高橋秀樹『中世の家と性』〈日本史リブレット20〉、山川出版社。

中村他〔二〇〇二〕
中村元・福永光司・田村芳朗・今野達・末木文美士編『岩波仏教辞典』〈第二版〉。

西口〔一九八七〕
西口順子『女の力――古代の女性と仏教――』平凡社選書。

野村〔二〇〇四〕
野村育世「鎌倉時代の女性たちの仏教認識」（野村育世『仏教と女の精神史』吉川弘文館）。

原口〔二〇一六〕
原口志津子『富山・本法寺蔵法華経曼荼羅図の研究』法蔵館。

穂坂〔二〇一三〕
穂坂悠子「日蓮聖人における龍女成仏説の受容をめぐって――法華経提婆達多品の説示に沿って――」（立正大学日蓮教学研究所『日蓮教学研究所紀要』第三八号）。

細川〔一九八九〕
細川涼一「西琳寺惣持と尼――中世律宗と「女人救済」――」（大隅和雄・西口順子編『救いと教え』〈シリーズ女性と仏教２〉、平凡社）。
松尾〔一九八九〕
松尾剛次「遁世僧と女人救済――新義華厳教団を中心に――」（大隅和雄・西口順子編『救いと教え』〈シリーズ女性と仏教２〉、平凡社）。
源〔一九九〇〕
源淳子「日本仏教の性差別」（大越・源・山下〔一九九〇〕）。
源〔一九九六〕
源淳子『仏教と性――エロスへの畏怖と差別――』三一書房。
山上〔二〇一一〕
山上弘道『日蓮の諸宗批判――「四箇格言の再歴史化」の前提――』〈本化ネットワーク叢書（１）〉、本化ネットワークセンター。
吉田〔一九九九／二〇〇六〕
吉田一彦「女性と仏教をめぐる諸問題」（吉田一彦『古代仏教をよみなおす』吉川弘文館、二〇〇六年）。初出は、光華女子大学・光華女子短期大学真宗文化研究所編、西口順子・勝浦令子・吉田一彦著『日本史の中の女性と仏教』法蔵館、一九九九年。
脇田〔一九九四〕
脇田晴子「「家」の成立と中世神話」（脇田晴子、S・B・ハンレー編『ジェンダーの日本史』上、東京大学出版会）。
脇田〔一九九五〕
脇田晴子『中世に生きる女たち』岩波新書。
渡辺麻里子〔二〇一三〕
渡辺麻里子〈研究代表者〉編著『中世における天台論義書関係資料』（平成二一―二四年度科学研究費補助金　研究成果報告書）。
渡辺喜勝〔一九八七／一九九九〕
渡辺喜勝「日蓮における女人成仏論」（東北印度学宗教学会『論集』第一四号、一九八七年）。後に、改稿の上、渡辺喜勝〔一九九九〕に第七章「マンダラ界の住人たち（その一）＝女人成仏論」として収録。

渡辺喜勝〔一九九九〕

渡辺喜勝『文字マンダラの世界――日蓮の宗教――』岩田書院。

結　章

第一節　各章のまとめ

以上、計Ⅲ部八章にわたって、日蓮における宗教的諸自覚の形成過程と、その意味および意義、日蓮における救済論の中核をなす「一念三千の成仏」の形成過程とその諸相を追ってきた。結章において、まずは、各章で論じてきたところを改めて振り返り、簡潔にまとめておきたいと思う。

第Ⅰ部　「爾前」の日蓮

文永八年（一二七一、五〇歳）の法難と、それに続く佐渡流罪という体験が、日蓮の思想および宗教的自覚において画期的な意味を有していたことは、宗門内のみならず、宗門外の研究者によっても、広く認知されているといってよい。このことは、日蓮の思想展開を表現する術語として、「佐前」「佐後」、あるいは「佐前」「佐中」「佐後」といった区分が広く定着していることからも首肯されよう。これについては、なによりも日蓮自身、法門の事はさど（佐渡）の国へながされ候し已前の法門は、ただ仏の爾前の経とをぼしめせ。

（『三沢鈔』、一四四六－一四四七頁、傍点引用者）

と述懐し、佐渡流罪を、自己が構築しようとした法門の重要なる画期として位置づけているところである。

それでは、その画期が由《よ》って来たるところは一体何だったのであろうか。それは、流罪地佐渡において日蓮が成し遂げた二つの「発見」であった、といってよい。一つは、『法華経』の文底における「仏の御心」そのものともいうべき領域、つまり「一念三千」世界の「発見」であり、もう一つは、自己という存在が過去遠々劫以来抱え込んできた「謗法罪」の「発見」である。言葉を換えるならば、それらは、『法華経』の「深み」に秘められた「一念三千」と、自己自身の「深み」に隠された「謗法罪」の「発見」であった、ともいえる。そうした「深み」に到達し、さらにそこから翻って、その「深み」を自己の思想と宗教的自覚において表現しようとする、佐渡および身延の日蓮からしてみれば、佐渡流罪より前は「爾前」、つまり、いまだ真実が顕わされていない段階、と限界づけられるに至ったわけである。

第Ⅰ部「「爾前」の日蓮」では、まず、こうした「深み」の「発見」へと至る前段階——日蓮自身の表現を借りるならば「爾前」——における日蓮の思想と宗教的自覚の足どりを、次の三つの章にわたって素描してみた。

「日本第一の智者となし給へ」（『清澄寺大衆中』、一一三三頁）。この知的野心に満ちた言葉が端的に示しているように、日蓮は自己を最高の「智者」「智人」たらしめるための「道理」を仏教に求め続けた。その「道理」の内実を、本章では、便宜的に次の二つにわけてみた。一つは、「仏の御心」が余すところなく説き尽くされている「一切経の大王」（『報恩抄』、一一九四頁）ともいうべき経典はどれなのかという課題のもと追求される、いわば「教相知」ともいうべきもの。もう一つは、「教相知」によって得られた収穫を、実践の場においていかに救済の要路たらしめるかという課題のもと求められる、いわば「実践知」ともいうべきもの、である。佐渡流罪より前の段階において、日蓮はいかなる「教相知」と「実践知」とを紡ぎ出し得たのか。第Ⅰ部第一章においては、こうした課題のもと、以下の事柄を明らかにした。

まずは「教相知」である。日蓮を表現するのに、「法華経至上主義者」とは確かにふさわしい言葉ではある。しかし、日蓮は一朝一夕に「法華経至上主義者」となったわけではない。幼少期、念仏を実践していた時期があったことは、日蓮みずから語るところであるし、日蓮二一歳に系年される『戒体即身成仏義』では、明らかに密教を『法華経』の上位に置いている。日蓮三二歳のいわゆる「立教開宗」は、確かに日蓮が「法華経至上主義」の立場に立つことを宣言するものではあったろうが、少なくとも三八歳の『守護国家論』の頃までは『法華経』とともに密教もまた最高位に置かれる、いわゆる「法華真言未分」の立場が垣間見られる。また、大乗諸経典を「捨閉閣抛《しゃへいかくほう》」したことを以って法然浄土教・『撰択集』を「謗法」＝「誹謗正法」と厳しく批判する三九歳の『立正安国論』から読み取られることは、大乗諸経典全体を捨てるべからざる「正法」とみなした上で、その中でも『法華経』への帰依を呼びかける、いわば「相対的法華経至上主義」の立場である。

だが、こうした立場は、『顕謗法鈔』（本書では文永六年ないし七年〔一二六九、四八歳ないし一二七〇、四九歳〕に系年）にあっては、はっきりと突破されていたことがわかる。右の「相対的法華経至上主義」の立場に立つ限り、『法華経』以外の大乗諸経典に帰依することはどう位置づけられるのか、ということが問題とならざるを得ないが——裏を返せば、それは、『法華経』に帰依するとはそもそもどういうことなのか、という根本的な問題でもある——、『顕謗法鈔』において日蓮は、かかる問題に対し、「一切経の大王」たる『法華経』のみに帰依するべきであって、それ以外の経典への帰依はすべて「謗法」とみなす、という仕方で解決をはかった。すなわち、かつては捨ててしまえば「謗法」とされた、『法華経』以外の大乗諸経典が、今度は、帰依すれば「謗法」を生み出してしまうものとみなされるとともに、依るべきは『法華経』ただ一経のみに限定されるに至ったのである。かくして、日蓮は「絶対的法華経至上主義」ともいうべき立場に立つこととなった。

「教相知」におけるこうした転換を知らせてくれる『顕謗法鈔』は、『定遺』では、伊豆流罪の最中の弘長二年（一二六二、四一歳）に系けられている。続く第二章で明らかにしたように、日蓮にとって伊豆流罪とは、宗教的自覚の上で一つの画期となるものであった。したがって、『顕謗法鈔』を伊豆流罪中の著作とするならば、「教相知」においても、伊豆流罪は日蓮に画期をもたらすものであったといえるが、本書ではそうした見方はとらなかった。本書では、『法華経』に帰依するとはそもそもどういうことなのか、という根本的な問題に取り組む中で、漸次、日蓮は「相対的法華経至上主義」から「絶対的法華経至上主義」へと移行していったものとみた。

続いて「実践知」であるが、その中でも、まずは「題目」「唱題」の位置を取り上げた。『法華経』に対する「信」の表現として明瞭に「唱題」が語られるようになるのは、日蓮三九歳の『唱法華題目鈔』からである。ただし、その位置づけは、『法華経』に対する「信」を表明する様々な手段の中の一つとして語られているに過ぎない。ただ、その一方で、『唱法華題目鈔』では、一切法がそこに収められ、かつ、そこから開かれてくるところの、いわば全仏教の中心であり、しかも世界の真実相をそれによって表象するものともいうべき位置が「題目」に与えられ、それによって「唱題」の功徳の莫大なる所以に答えようとする思考も見られるようになる。さらに、日蓮四五歳の『法華題目鈔』では、「題目」のかかる位置がより明瞭に語られるのみならず、『法華経』、さらには全仏教に対する「信」の表明が「唱題」という実践に集約されることになる。しかし、「題目」に一切法を収めるということが、「題目」の救済力とどのように関わり、「唱題」による救済の実現といかに結びついてくるのか、ということに対する理論的弁証は、『唱法華題目鈔』はもとより、『法華題目鈔』においても見られないままである。その意味では、佐渡流罪期、殊に『観心本尊抄』において実を結ぶ題目論・唱題論（救済論）との距離をいまだ感じざるを得ないことを指摘した。

「実践知」として、さらに「謗法」を取り上げた。「相対的法華経至上主義」から「絶対的法華経至上主義」に立場を移すことによって「謗法」の内実も変化することは、右に述べた通りである。「絶対的法華経至上主義」の立場に至って、『法華経』に帰依する以外の立場は、理論的にはすべて「謗法」とみなされる（ただし、第I部第三章でも指摘したように、佐渡流罪より前の段階にあっては「台密」は「謗法」視されない）ことになるが、そうした立場に至る過程で、日蓮は、具体的に次のような三様のあり方を「謗法」として提示している。

①『法華経』に信を置かない。

②『法華経』を念仏等の他のものと並べて信じる。

③『法華経』に専ら信を置くこと、つまり「専持法華」によってしか「謗法」は免れ得ないにもかかわらず、そのことに気づき得ない人々を放置してしまう。

こうして日蓮は、既に佐渡流罪より前の段階にあって「日本国当世は国一同に不孝謗法の国なるべし」(『法門可被申様之事』、四四六頁)とまで記すに至るのであるが、ただし、佐渡流罪より前の日蓮にあっては、「謗法」の罪の主体は概して自己の外側に設定されており、その罪に目覚めさせるべく人々に働きかけてはいくものの、その罪をみずからの内側に見出し、自己の存在そのものに関わる深刻な事柄として問題化することは基本的にはなかった。日蓮が「謗法」の罪を、自己の存在のあり方に関わる自己自身の問題として、深刻な悔悟と反省の俎上にのせていくには、やはり竜口法難・佐渡流罪を待たなければならなかったのであるが、この点についての検討は第Ⅱ部第一章に譲った。

第二章　「法華経の持経者」から「法華経の行者」へ——正統性の「心み」——

「仏の御心」を「仏の御心」のままに知り得るということは、まさに「仏の智慧」を得た、ということに他なるまい。かくして「仏の智慧」を獲得してこそ、真に「智者」「智人」というにふさわしい者——日蓮自身の言葉を借りるならば、「大覚世尊の智慧ノごとくなる智人」(『智慧亡国御書』、一一三〇頁)——となり得るのである。とはいえ、みずから「文証」を以って構築してきた「道理」とその実践が、「仏の御心」に適った正統なるものであると、そう簡単にいえるであろうか。自身を真の「智者」「智人」たらしめようとする一方で、自己が「愚かなる凡夫」「愚者」であるとの意識を常に抱いていた日蓮が、そうした不安から自由であったとは考えにくい。

だが、逆にいえば、そうした不安があればこそ、日蓮はみずからの正統性を「心み」ようとするのである。日蓮にあっては、そうした「心み」に確証を与えてくれるものが、いわゆる「現証」であった。この場合、「現証」とは、一方では、『立正安国論』で警告した「他国侵逼難」「自界叛逆難」の現実化を意味する（歴史の中で生じた事象を「現証」とみなすという意味で、これを「歴史事象的現証」と名づけた）。また他方では、釈尊が『法華経』において予言した、釈尊滅後の法華弘通者の受難を、自身が蒙った迫害によってみずからの身体に余すところなく体現しているとする、いわゆる「色読」体験の謂いでもある（これを「体験的現証」と名づけた）。特に後者に注目するならば、日蓮は、伊豆流罪および小松原法難といった受難体験を、いわば「体験的現証」と受けとることを通して、自己が仏に予言された存在であり、したがって、みずから「文証」を引いて構築してきた「道理」とその実践も、「仏の御心」に適った唯一の正統なるものである、との確信を獲得するに至る。日蓮における「法華経の行者」の自覚とは、自己の正統性に対するこうした確信を端的に表明するものに他ならない。

ただ、日蓮はいきなり「法華経の行者」の呼称を自己に適用したわけではない。伊豆流罪において、日蓮が用いた自称は「法華経の持経者」であった。周知のように、これは日蓮独自の呼称であるとはいえない。「法華経の持経者」とは、平安中期、天台僧鎮源による『法華験記』において既にその信仰のあり様が描き出されているように、日蓮をさかのぼる時代より存在してきた一群の仏教者たちのことであるが、彼らの特徴は、『法華経』一部の「暗誦」を通して『法華経』と一体化し、それによって『法華経』の力を身に帯びようとするところにある、といってよい。言葉を換えるならば、法華一部の「暗誦」により『法華経』の身体化、身体の『法華経』化を果たすことで、自己の身に備わったいわゆる「妙法経力」を媒介しようとする者。それが、伝統的な意味合いでの「法華経の持経者」なのである。

もっとも、日蓮は、このような伝統的「持経者」の一人として自己を位置づけようとしているわけでは決してない。伊豆流罪の最中に著された『四恩鈔』に「是程の心ならぬ昼夜十二時の法華経の持経者は、末代には有がたくこそ候らめ」(『定遺』二三七頁、傍点引用者)とあるように、日蓮はむしろ、伝統的「持経者」に対する自己の独自性・優越性を誇っているのである。伊豆流罪の直中にある自分は、常時、『法華経』を「色読」しており、そうした仕方で、常に『法華経』の身体化、身体の『法華経』化を成し遂げている――。「暗誦」と「色読」という方法の違いはあるものの、まさにこうした意味合いで、日蓮は自己を「昼夜十二時の法華経の持経者」と位置づけているわけである。ただし、日蓮の場合、「法華経の持経者」の自覚は、仏に予言された、『法華経』の正統なる担い手としての自信に裏打ちされたものであることも忘れてはならない。「末代には有がたくこそ候らめ」という言葉は、かかる自信の反映に他ならない。

その後、小松原法難において、死に瀕する迫害に遭遇した日蓮は、ついに「法華経の持経者」と訣別するに至る。伝統的意味合いでの「持経者」たちは、迫害をも招き寄せる程の覚悟で『法華経』を担ってはおらず、したがって、彼らが『法華経』を「色読」しているとはまったくいえない。『法華経』を「色読」しているといえるのは、「唯日蓮一人」(『南条兵衛七郎殿御書』、三二七頁)のみである。小松原法難を体験した日蓮は、まさにこのことを以って、「持経者」と自己とを質的にはっきりと区別するに至った。事《こと》ここに至った以上、「法華経の持経者」の自称は、もはやこうした区別を曖昧にするものでしかない。かかる区別を鮮明にするべく、日蓮が自己に適用した呼称。それが、「法華経の行者」だったのである。

第三章　台密批判への道程

伊豆流罪・小松原法難を経て獲得された「日本第一の法華経の行者日蓮」（『南条兵衛七郎殿御書』、三二七頁）としての自覚は、「唯日蓮一人こそよみはべれ」（同前）という自負と相俟って、仏教の正統を唯一人担う者としての自覚を日蓮に育んでいく。しかし、このような「唯日蓮一人」という自覚は、佐渡流罪以前の日蓮にあっては、「天台沙門」(1)としての意識、つまり、現実に存在する天台教団・比叡山への帰属意識と、必ずしも対立するものではなかった。

第Ⅰ部第三章では、こうした「天台沙門」としての帰属意識の具体相と、それを払拭していく過程とを、日蓮における台密（天台密教）批判、殊に慈覚大師円仁に対する批判の推移に焦点を絞って描き出すとともに、少なくとも佐渡流罪以前にあっては、法華独勝の立場からなされる「理同事勝」批判が、当然結びついてよいはずの台密批判や慈覚大師批判に結びついてはいないこと、また、比叡山の過度の密教化に警鐘を鳴らす形で開始された台密批判が、いまだ台密の存在そのものの否定には立ち至っていないことを指摘した。

加えて、本章では、「天台沙門」としての帰属意識を捨て去り、「唯日蓮一人」という自覚を決定的に先鋭化させていく日蓮の画期の素地が佐渡流罪の最中にあることについても指摘しているが、その詳細については、第Ⅱ部第一章で改めて取り上げた。

第Ⅱ部　「魂魄」からの「再生」、そして「超越」へ

第Ⅱ部では、日蓮が「一念三千」と「謗法罪」の「発見」という画期を経て「魂魄」からの「再生」を果たし、さらに身延の地に入って以降は、「仏の智慧」を得た「智人」として、仏と同じ高みに立ちつつ日本を救いへと導こうとする、いわゆる「師」の自覚――一般的な言葉でいうならば、それは「超越者」ともいうべき自覚に他ならない――を抱懐するに至る過程を、次の三章にわたって追った。

第一章　画期としての佐渡

「法華経の行者」の自覚により、みずからの正統性を確認し得た日蓮は、その後さらに、「死罪」をも招き寄せるほどの覚悟で布教に邁進することになる。それはいわば、「色読」によってみずからを「生きた『法華経』」になそうとする営みであったといえる。その営みはまた、究極的には「死罪」をも志向するという意味において、自己否定に即した自己肯定を完遂しようとする意図を孕むものであったともいえる。みずからの肉体は「死罪」によって消え去ろうとも、自己に集約された「道理」とその実践のあり方は後世に遺そうという意図である。

そうした意図にあたかも呼応するかのように、日蓮は文永八年（一二七一、五〇歳）の法難に遭遇することになる。すなわち、竜の口において「頸ノ座」[2]に据えられるという、まさに死に瀕した体験を経て、佐渡へと配流されたのである。日蓮の内的意味づけにおいて、こうした体験は、一方では、まさに自己の「死」を意味

するものであった。配流地の佐渡塚原三昧堂にある自己を、日蓮が「魂魄」（『開目抄』、五九〇頁）と表現する所以である。「死」を体験して「魂魄」となることにより、『法華経』に対する自己否定は一応の完遂をみた、とみなされるわけである。だが、他方では、そうした当の受難体験自体が、果たして自分は本当に「法華経の行者」であるといえるのか、という深刻な懐疑を日蓮にもたらすことにもなる。『法華経』には、釈尊滅後の法華弘通者には受難のみならず、諸天等の守護があることも予言・保証されている。しかし、自分には一方的な受難があるばかりで、あるべき諸天等の守護がない。してみると、自分は釈尊に予言された存在などではなく、したがって、『法華経』の正統なる担い手であるともいえないのではないか――。いわば、自己の正統性に対する根本的な疑いである。

こうした疑問に立ち向かうために、日蓮は「魂魄」としての思索に沈潜する。そして、かかる思索を通して、日蓮は、二つの画期的な「発見」を成し遂げる。

一つは、『法華経』の「文底」における「一念三千」の「発見」である。このことは、日蓮が「仏の御心」に直参し得たことを意味する。すなわち、『法華経』の教相を生み出しつつも、教相レヘルには還元できない、教相を越えた「仏の御心」そのものともいうべき領分を、日蓮は「発見」し得たのである。日蓮にとって、そのことはまた、久遠仏の色心に貫き通されることによって一切が久遠仏と即一化した永遠なる世界、無限の過去において久遠仏により既に成就された救済世界たる一念三千の「発見」であり、と同時に、かかる救済世界の象徴が「南無妙法蓮華経」に他ならないことの「発見」でもあった。

だが、いうまでもなく、現実の世界は「穢土」以外のあり様を示さず、そこにある衆生もまた「凡夫」たることを免れ得ない。つまり、一念三千は、たとえ私たちがその直中《ただなか》にあるにしても、私たちの現実の地平においてはいまだ現成されてはいないのであり、したがって一念三千は、久遠仏の側に久遠仏自身の「功徳」としてのみ保持されている超越的領分たらざるを得ないことになる。言葉を換えるならば、久遠仏と衆生とは即一化した「南無妙法蓮華経」の状態にはなく、「南無」すべき主体としての衆生と、久遠仏の色心の象徴たる「妙法蓮華経」とに分かれたままの状態にある、ということである。しかし、さればこそ、久遠仏は「南無」すべき客体として、「妙法蓮華経」の五字を衆生に差し出すのである。というのも、久遠仏の色心の象徴たる「妙法蓮華経」の五字にこそ、一念三千という久遠仏の功徳が保持されているからである。かくして久遠仏は、かかる「妙法蓮華経」の五字に「南無」するところ、つまり、「南無妙法蓮華経」と唱える当所に、一念三千というみずからの功徳を「自然譲与」することを、衆生に約束するのである。

「仏の御心」そのものともいうべき超越的領分、つまり「観心」の領分の「発見」は、日蓮にこのような「観心ノ法門」(『観心本尊抄副状』、七二一頁)の構築をもたらした。日蓮にあっては、これによって、いわゆる「教相知」と「実践知」との統合が果たされた、とみなすことができる。すなわち、『法華経』は、「仏の御心」そのものを内包せるがゆえに、「一切経の大王」なのであり、そして、その『法華経』の題目たる「妙法蓮華経」の五字は、一念三千を久遠仏の功徳として領し、唯一その功徳を媒介し得る久遠仏の色心の事的象徴であるがゆえに、「南無」せられねばならないのである。

もう一つの「発見」は、他ならぬ自己自身の過去世における「謗法罪」の「発見」である。自分がいま蒙っている、諸天等の守護を伴わない一方的な受難は、過去世における自身の謗法罪が形をとって今世に現われてきたものである。過去世に謗法罪を抱えている以上、もはや諸天等の守護は望み得ない。一方的な受難の中で『法華経』を担うしか、道は残されていないのであり、それのみが、滅罪のために開かれた唯一の道である——。

　このような形で自己の謗法罪を「発見」するということは、久遠仏によって成就された救済世界から、自分が逸脱し続けてきてしまった存在であることの「発見」でもあった。こうした「発見」によってもたらされざるを得ない深刻な悔悟は、もう二度とかかる救済世界から逸脱するまい、今度こそ一切のためらいと妥協を排し、あらゆる受難に耐えて『法華経』を担わねばならないとの決断を、改めて日蓮に生み出すことになる。「今度強盛の菩提心をこして退転せじと願しぬ」（『開目抄』、五五七頁）というかつての決断を、日蓮が改めて明記する所以であり、さらには、自己自身の滅罪のためにも、こうした決断が求められるのである。しかし、こうした決断は、もちろん自利的な意味合いにおいてのみなされるのではない。救済世界から逸脱し続けてきてしまったとの悔悟は、それが深ければ深いほど、自己と同じくいまだ救済に与かれないままでいる一切の他者の救済をも、より強く希求させるのである。「我レ日本の柱《はしら》とならむ、我レ日本の眼目とならむ、我レ日本の大船とならむ、等とちかいし願《ぐわん》、やぶるべからず」（『開目抄』、六〇一頁）という日蓮の言葉、いわゆる「三大誓願」は、こうした希求の切実な表明であると同時に、「魂魄」からの「再生」の宣言である、とみなすことができる。

　こうして「再生」を遂げた日蓮は、仏教の正統を唯一人担う者としての自覚を、「如来使」の自覚へと、より先鋭的に集約させていく。日蓮が天台宗・比叡山に対する帰属意識を払拭し、本格的な台密・慈覚大師批判を顕在化させていく内的必然性は、まさにこうした先鋭化にこそあったのである。

佐渡流罪は、門弟らと日常的・恒常的に交流し、互いに面と向かい合って語り合うという直接的な交流の場を日蓮から奪い去った。そして、佐渡流罪に前後して門弟らにまで及んだ弾圧は、日蓮が鎌倉において築き上げてきた教団に壊滅的な危機をもたらした。

しかし、佐渡流罪が日蓮や門弟らにもたらしたのはマイナス面のみでは決してない。前章で見たように、佐渡にあって日蓮は、二つの画期的な「発見」を経て思想的・自覚的に「再生」するとともに、その成果を、文書を以って門弟らへと積極的に開示し続けた。そして、それに応えて、門弟らも情報・文物を携えて佐渡の日蓮のもとを往来し、時には近侍するようになった。すなわち、日蓮は、門弟らから基本的には隔てられているという自己の存在状況を基軸に、かえって門弟らとの間に従来とは異なった形の固い結びつきを築き得たのである。

このように、ある意味では豊かな実りを結んだとさえいえる佐渡流罪から赦免され、日蓮は再び鎌倉の地を踏むことになる。かつて日蓮を捕縛し、斬首しようとした平左衛門尉頼綱らに対し、もはや不可避となった蒙古襲来の打撃を少しでも和らげる手段を教示するためである。だが、周知のように、日蓮の主張は今回もまったく無視された。かくて日蓮は、鎌倉の地を早々に退出して身延に入り、その後、結局、約八年三ヶ月にわたって、身延山中での生活が続くことになる。

佐渡流罪より前の日蓮にとって、鎌倉は布教の根拠地であり、門弟らとの交流の拠点であった。流罪を赦されてせっかく戻り得たその鎌倉の地を、日蓮は何故に早々に退出し、人里離れた身延山中に引きこもってしまったのか。かかる行動の動機については、宗の内外を問わず関心を呼び、種々の考察がなされてきた。とはいえ、必ずしも見解の一致をみているわけではない。その理由の一端として、日蓮自身の示す動機が時と場合に応じて記されたものであり、決して一定していないことが挙げられる。一定していない言説のどこに力点を置いて読むかにより、動機を確定しようとする見解も様々に分かれてくるからである。

この章では、かかる研究状況にある右の問題に対し、先学の研究も踏まえながら、筆者なりの見解を提示した。日蓮の鎌倉退出・身延入山の動機について、筆者は次の二点に集約できるのではないかと考えている。

第一点は、蒙古襲来による日本への打撃を少しでも和らげる手だてを知り、それを幕府要路に主張しながらも、それがまったく無視されてしまったことからくる、日本国全体からの疎外感である。いわば、鎌倉退出・身延入山の消極的動機ともいい得るものである。

第二点は、かかる消極的動機と分かち難く結びついた、積極的動機ともいうべきものである。つまり、身延山中という人里離れた地にあえて自己を置くことにより、日蓮は、自己の存在状況においても、また、門弟とのつながりのあり方においても、佐渡流罪期のそれを継承し、さらに発展させようとしたのではないか、ということである。

このうち、特に後者の動機に注目するならば、日蓮にあって佐渡流罪期と身延期は明白な連続性を有していたことになる。ただ、その一方で、宗教的自覚面からみるならば、身延期の日蓮は、佐渡流罪より前はもちろんのこと、佐渡流罪中にもみられなかった、ある自覚を抱懐するに至る。仏と同じ高みに立って現実を超越しつつ、現実を、さらには歴史を意味づけ、かつ救いへと導いていく者としての自覚、いわゆる「師」としての自覚がそれである。これは、身延の地にあって、日蓮がいわば「超越者」としての位置を確保したことを意味するものに他ならない。

日蓮にあって、いわゆる「師」の自覚とは、前章でも触れたように、仏と同じ高みに立って人々を救いへと導くことができる者としての自覚の謂いであった。それは、「仏の御心」を「仏の御心」のままに表現・実践し得たという確信、言葉を換えるならば、「仏の智慧」を獲得し得た「智人」としての自信に裏づけられたものである。そして、かかる自信を日蓮に懐かせる契機となったものこそ、日蓮が「仏法をこゝろみる」中で得た「現証」であり、その中でも殊に、『法華経』において釈尊が予言した、仏滅後における法華弘通者の受難をみずからの身体に余すところなく体現しているといういわゆる「色読」の確信であったことは、既に指摘した通りである。「日本第一の智者となし給へ」（『清澄寺大衆中』、一一三三頁）という若き日の願いは、こうして、「一閻浮提第一の智人」（『撰時抄』、一〇五六頁）たる自覚に結実したわけである。

もっとも、その一方で、日蓮は、自己をいわば「愚者」として強く意識し続けてもいる。それは単に日蓮個人の問題ではなく、末法辺土たる日本に生きる者たちすべてが抱えざるを得ない有限性でもあった。このような有限性を、日蓮は「仏法をこゝろみる」中で突破して「智人」としての自信を獲得し、その自信に基づいて、いわゆる「師」としての自覚を表明するに至ったのであるが、このことは、日蓮の「師」の自覚から、「愚者」としての自覚が払拭されたことを決して意味しない。日蓮の「師」自覚の背後には、「智人」たらんと常に「心み」てきた、あるいは「心み」続けざるを得なかった「愚者」としての自覚が厳然として存している。

日蓮はむしろ、「愚者」としての強烈な自覚を有すればこそ、「愚癡にして正直」（『随自意御書』、一六一二頁）という在り方に徹しきることで、なんらの恣意も交えることなく「仏の御心」を受け取り得る「智人」たろうと、いわば逆説的に「心み」続け、それに成功したわけである。本章第一節では、まず、日蓮のいわゆる「師」自覚が孕む、このような動的な緊張感と逆説性とを明らかにした。

続く第二節では、かかる「師」の自覚に関連して、日蓮のいわゆる「地涌・上行菩薩」の自覚を取り上げ、この自覚においても、いわゆる「師」の自覚にみられると同様の動的な緊張感が見出されることを指摘した。日蓮が「地涌・上行菩薩」としての自覚を有していたということは、宗門内はもちろんのこと、宗門外の研究者にとっても、ほとんど自明の「常識」である。だが、「常識」であるがゆえに、かえってその自覚の内実が問われることは少なかったとはいえまいか。確かに、日蓮自身が展開する論理を敷延していけば、日蓮＝「地涌・上行菩薩」という等式は成立する。したがって、日蓮が自身は「地涌・上行菩薩」であると言表したとしても、なんら不思議はない。ところが、文献学的に信頼し得る遺文中に、そうしたストレートな言表がまったくといってもよい程みられないのは何故か。この第二節は、かかる問題意識のもと、右に記した「常識」をあえて問い直し、日蓮における「地涌・上行菩薩」の自覚の内実に迫ってみようと試みたものである。そうした試みの中で、日蓮にあっては、「愚者」としての自己が、「巍々堂々として尊高」（『開目抄』、五七三頁）たる「地涌・上行菩薩」と無媒介に同一視されることはあり得なかったこと、自身が本体的に「地涌・上行菩薩」であるか否かが日蓮にとって問題であったわけではなく、あくまでも、教主釈尊より「地涌・上行菩薩」に託された題目の五字の流布をみずからの実践において担いきることができるか否か、つまり、「如来使」としての役割を貫徹し得るか否かにこそ、重要な課題があったことを指摘した。

筆者によるこうした指摘に対しては厳しい批判も頂戴しているが、「むすびにかえて」では、こうした批判に対する筆者の立場を鮮明にする中で、日蓮における「地涌・上行菩薩」の自覚とは、自身が「地涌・上行菩薩」そのもの、あるいはその垂迹であるといったいわゆる「本体的自覚」なのではなく、あくまでも、「地涌・上行菩薩」の行ないを自身の実践において行なっているのだというわゆる「行為的自覚」とみなされるべきことを、改めて確認した。

第Ⅲ部　「一念三千の成仏」

第Ⅲ部では、日蓮の説く救済を「一念三千の成仏」(『開目抄』、五八九頁)に集約して論じるとともに、「一念三千の成仏」の諸相ともいうべき「即身成仏」や「霊山往詣」、さらには「女人成仏」につき、二つの章にわたって言及した。

第一章　即身成仏と霊山往詣——日蓮における救済の構造——

「即身成仏」と「霊山往詣」。日蓮自身が描く救済のあり方に目をやる時、この二つの要素は極めて対照的であるようにみえる。前者では、題目の五字を受持するその実践の当所がそのまま成仏の相であるとされる。一方、後者は、他界的なイメージを色濃く孕んだ霊山浄土への、死後における往詣を説くものである。前者にあっては、救済の場が現世に設定され、しかも、救済の拠り所は当人の宗教的自覚に置かれているのに対して、後者の場合、救済の場は来世に設定され、しかも、救済の拠り所は客観的に定立された霊山浄土への往詣ということである。

このように対照的で、場合によっては矛盾するとさえみなされかねないこれら二つの要素の併存を、いかように捉えるべきなのか。実のところ、「即身成仏」と「霊山往詣」という二つの要素は、理論的にみるならば、なんら矛盾するものではない。両者はいずれも、「一念三千の成仏」に帰結するものだからである。

ただ、理論的には同一範疇に収められるとしても、日蓮による実際の説示に当たっては、これら二つの要素が併存せしめられていることも、厳然とした事実である。何故に、日蓮はこの両要素をあえて併存せしめたのか。

この章では、先学による成果を踏まえつつ、かかる問題に取り組み、日蓮にあっては、「即身成仏」を説くことによってもなおカバーしきれない具体的な救済の問題、すなわち、「死」に対する安心の問題が、「霊山往詣」の説示により補完されているという構造を見出すことができることを示した。そして、こうした構造を獲得すればこそ、日蓮の救済論が、門弟に対して、より一層の具体性と説得力を有するに至ったであろうことも明らかにした。

また、現実の娑婆世界と霊山浄土とを無媒介的に同一視しようとは決してせず、むしろ両者の間に明確に一線を画そうとする日蓮の思惟は、一方では、現実の娑婆世界に霊山浄土を実現しようとする「立正安国」の思想と実践を生むことになったが、他方では、題目の五字を受持する者が、その死を契機として直ちに現実の娑婆世界から霊山浄土へと飛翔し得るという「霊山往詣」の思想をも生み出していったのであり、その意味では、日蓮は題目の五字を受持する者の「死」という事態に対し、確かに特別な権能を与えているといえることも、あわせて指摘した。

第二章　女人の救済

この章では、次の三点について検討・論証した。

第一点。笠原一男氏は、いわゆる「旧仏教」の体制内においてはほとんど省みられることのなかった女人救済の可能性が、法然・親鸞・道元・日蓮らによるいわゆる「鎌倉新仏教」を待って初めて女性に広く開放されるに至ったとみた。しかし、「新仏教」に頂点を置くかかる発展史観的な学説は、その後、周知のように、平雅行氏らの業績によってほぼ完全に覆されたといってよい。学説のこうした基本的な流れや、フェミニズムの立場からなされた、仏教の女人救済論に対する批判を紹介した上で、日蓮の女人救済論を構造的なレベルにおいて検討し、それが伝統的な女人救済論の枠組みを大きく踏み越えるものでは必ずしもないことを、まずは確認した。

第二点。とはいうものの、日蓮の場合、伝統的な女人救済論にみられる「変成男子」という要素がまったく欠落していることも確かである。その理由を、日蓮の成仏論の根幹をなす「一念三千の成仏」＝「即身成仏」に求めた。あわせて、思想史的観点からの考察も行ない、龍女の「即身成仏」に関する日蓮の見解が、日本の天台教学における伝統的な「即身成仏義」の流れ、具体的にいえば、千観（九一八？－九八三？）の『即身成仏義私記』にみられる見解の系譜を承《う》けたものとみなし得ることを指摘した。

第三点。女性の救済を「一念三千の成仏」へと一元的に包摂することにより、日蓮は確かに、救済における男女間の差別を拒絶したといえる。しかし、個々の書状で、個々の女性に対し、『法華経』への信仰と、それによる救いを説く日蓮の実際の言説は決して単純なものではない。男女間の密接な協力関係をベースに置きながらも、時には男性を「主」に、女性を「従」に位置づけることもあれば、それを逆転させる場合もある。とするならば、その一端を捉えて、日蓮による性差別の「克服」をみたり、あるいは逆に、性差別に対する日蓮の「限界」をみたりする観点は、いずれも、外在的かつ現代的な基準から日蓮の一側面を「評価」したことにしかならない。女人救済における日蓮の第一義の目的は、いうまでもないことではあるが、性差別の否定でも肯定でもなく、あくまでも、女性を『法華経』の信仰と救いへと誘《いざな》うことにあったからである。このことの確認を通して、日蓮の説く女人救済を能う限り日蓮自身に即してより全体的に把握しようとするならば、歴史学・思想史学やフェミニズムの立場からなされる「評価」が必ずしも有効なものではないことを指摘した。

第二節　今後の課題

以上、日蓮を、能う限り日蓮自身に即してみてきた。すなわち、仏教に対する際に日蓮自身が用いた「心み」という方法に着目して、日蓮をみてきた。そうした中で、日蓮における宗教的諸自覚の形成過程と、その意味および意義、日蓮における救済論の中核をなす「一念三千の成仏」の形成過程とその諸相などについて、かなり詳細に明らかにし得たのではないかと思う。

ただ、そうした中でも、十分に取り込めなかった視点がある。

竜口法難での斬首の危機をなんとか免れ、依知において佐渡への流罪を待つ身であった日蓮は、

> 今日蓮法華経一部よみて候。一句一偈に猶受記をかほれり。何ニ況ヤ一部をやと、いよ〳〵たのもし。但、をほけなく国土までとこそ、をもひて候へども、我と用ヒられぬ世なれば力及ばず。
>
> （『転重軽受法門』、五〇八頁、傍点引用者）

と記しているのだが、傍点部にあるように、日蓮にあっては「国土」の成仏ということが確実に視野に入っていた。みずからの現状を省みて、「我と用ヒられぬ世なれば力及ばず」とはいうものの、『立正安国論』における「汝、早く信仰の寸心を改めて、速かに実乗の一善に帰せよ。然れば則ち三界は皆仏国なり」（『定遺』二二六頁、原漢文）という言葉は、単なる理想に止《とど》まるものではなく、条件によっては実現も不可能ではないもの、とみなされていたのである。

それでは、日蓮にとって、「国土」の成仏とは何だったのか。それは、いかなる過程を経て、どのような形で実現するものとみなされていたのであろうか。本書では、いわゆる「一念三千の成仏」が個々人のレベルにおいていかに「実現」され、担われていくのか、ということに関する日蓮の見解については、かなり詳しくみることができた。だが、その一方で、「国土成仏」の問題についてはほとんど触れることができなかった。つまり、「一念三千の成仏」におけるもう一つの欠かせない側面ともいうべき「国土」の成仏とは、具体的には

どのようなものであり、個々人レベルでの「一念三千の成仏」と、はたしてどう関わってくるのか、といった問題に関する考察が、本書ではほとんどなされていない。

もとより、日蓮の著作・書状にあって、「国土成仏」の問題に関わる直接的な記述が僅少であることは、本書でこの問題をほとんど扱い得なかった原因の一つではある。しかし、直接的な材料ではないにしても、日蓮が遺した一連の曼荼羅本尊は、「国土成仏」の問題を考察する上での欠かせない素材となり得るものなのではないか。いずれにせよ、こうした問題が、今後の主要課題の一つを構成するものであることに違いはない。

もう一点は、これも「一念三千」に関わることであるが、久遠のそのかみ、久遠仏によって成就された救済世界としての「一念三千」を、日蓮はなぜ「南無妙法蓮華経ノ五字」（『観心本尊抄』、七一二頁）と表現したのか、ということである。

周知のように、「南無妙法蓮華経」という唱題形式は、なにも日蓮が初めてなのではない。[3]また、「妙法蓮華経」という題目を「一念三千」と結びつけることにしても、日蓮をさかのぼり得るものである。[4]

だが、日蓮にとって、それらはいわば素材であるに過ぎない、ともいい得るであろう。各種素材の存在を指摘することは、日蓮が紛れもなく歴史的文脈の中の存在であったことを確認させてはくれる。だが、その素材を、日蓮は何故に採用したのか。そして、その素材を、日蓮はなぜ、独自の形に組み立て、意味づけるようになったのか。素材の指摘は、こうした問題の解決に、直接的には結びつかないのである。とするならば、日蓮にあって、救済世界としての「一念三千」を象徴する形が、なぜ「南無妙法蓮華経ノ五字」でなければならなかったのかという問題は、やはり日蓮自身においてこそ問われるべきであろう。象徴において、具象化されている形と、その形を通して指向されているものとの間には、一対一対応ともいうべき「必然性」があり、したがって、そもそも象徴とは容易に代替のきくものではないという指摘[5]を念頭に置くならば、その「必然性」はなおさら問われなければなるまい。

ただ、この問題に関して日蓮自身が直接的あるいは体系的に語る箇所もまた、遺文中に数多く見出し得るとはとてもいい難いという事情がある。それゆえ、「これは、学問上の問題というよりも、むしろ、そういうものとして受け取り得るか否かの問題、つまり、信仰上の問題に属する事柄なのか」と、学問的な課題設定の有効性に疑念を懐きたくなることも、正直なところ、ないとはいえない。とはいえ、やはり「今後の課題」からはずしてしまうことは、しないでおこう。困難ではあっても、日蓮理解の根幹に関わる重要な問題として、今後とも念頭に置いておきたい。

以上は、「日蓮を、能う限り日蓮自身に即して」という観点から設定された「今後の課題」であるが、最後に、異なった観点からの課題設定も行なっておきたい。

それは、『法華経』という経典に対する意味づけの歴史において、日蓮はいかに位置づけられるか、という問題である。筆者は、平安時代中期に天台僧・鎮源によって編《あ》まれた『法華験記』を中心的素材に据え、『法華経』という経典それ自体が、「経力」を担うもの——例えば、その「経力」は生をまたいで働き、六道・十界的秩序における存在のあり方の上昇をもたらしたり、あるいは現世利益的に働いたりする——として意味づけられていることを論じたことがある（間宮〔二〇〇六〕、間宮〔二〇〇七〕、間宮〔二〇一〇〕）。そのような「経力」に対する信仰史の中で、日蓮はいかに位置づけられるべきなのか。「妙法経力即身成仏」[6]という最澄の言葉があるが、筆者は、日蓮における「一念三千の成仏」＝「即身成仏」も、『法華経』の「経力」に対する一つの意味づけとして捉えられるのではないか、と考えている。だが、そうであると言いきるには、まだまだ検証を重ねることが必要である。『法華経』の「経力」信仰史に対する研究とともに、今後、より深めていくべき課題としておきたい。

注

(1)『立正安国論』、二〇九頁脚注、『真蹟集成』〈6〉八九頁。

(2)『曾谷二郎入道殿御報』、一八七五頁。『聖人御難事』、一六七三頁にも、「頭《くび》の座」とある。

(3)「南無妙法蓮華経」という唱題形式、およびそれと類似する形式で、日蓮をさかのぼる諸事例については、高木〔一九七三〕四三〇－四四七頁（第八章「法華唱題とその展開」第一節「法華唱題の展開」）に詳しい。

(4) Stone (1999) p.248, 432.

ストーン氏は特に具体例を挙げてはいないが、例えば、天台本覚思想の諸文献中、初期の成立（寿永元年＝一一八二年以前）とみられる『天台法華宗牛頭法門要纂』の「第十　即身成仏」には、次のようにある。

謂く、衆生の心を指して、直ちに妙法の理なりと説き、心性《しんしょう》の本覚《ほんがく》を以て、無作の実仏《じつぶつ》となす。……

心よく万法を含まば、または具足道《ぐそくどう》とも名づく。よく諸法に遍すといへども、体相は本より清浄にして、妙法蓮華を顕すなれば、凡夫の一念を指して、如来蔵《にょらいぞう》の理《り》となす。

かくのごとく知見《ちけん》する者、則ちこれを成仏と名づく。本覚の真仏を顕すこと、ただ我が一念にあり。心性の仏体を覚らば、証を取ること須臾の間なり。三千は一念なりと知らば、一念は三千に遍す。まさに知るべし、諸の如来の三徳秘密蔵《さんとくひみつぞう》は、我が一念を出でず、遍して不縦不横《ふじゅうふおう》なり。一念の心に体達《たいだつ》すれば、よく諸仏を顕して、等妙《とうみょう》の覚を頓超《とんちょう》す。（これを）名づけて正しく妙覚となす。（『天台本覚論』三九頁）

この一節から、「一念（心）」は、本来、「三千（諸法）」と一なるもの、その清浄なる本質（体相）は「本覚の真仏」とされ、かかる本質が「妙法蓮華」と表現されていること、「一念（心）」は「本覚の真仏」であるがゆえに、「凡夫の一念を指して、如来蔵の理と」みなされていること、などを読み取ることができるであろう。

また、院政期ないし鎌倉時代の成立と考えられる『修善寺相伝私注』では、「臨終之時唱南無妙法蓮華経」は、「速成菩提、令不受生死身」を可能にするとした上で、「臨終一念三千観者、妙法蓮華経是也。妙即一念、法即三千。是故与一念三千名異義同也」と記し、「一念三千」＝「妙法蓮華経」という位置づけを明瞭に打ち出している（高木〔一九七三〕四四八－四四九頁）。ただ、高木氏も触れているように、『修善寺相伝私注』の成立を最も遅く、鎌倉末期とみる説に立った場合は、日蓮没後の成立ということになるが、これに対して、花野充道氏は、『修善寺決』（『修善寺相伝私注』と『修善寺相伝日記』の総称）の成立をめぐる諸説を批判的に検討する中で、その成立が日蓮以前の院政末期とみられることを主張している。花野氏による主張の詳細については、花野〔一九七六〕をみよ。なお、花野氏のこの論考は、氏が自身の博士論文を柱に取りまとめた大著『天台本覚思想と日蓮教学』（花野〔二〇一〇〕）の第三篇第二章に、一部増補の上、同タイトルのもと収録されている。

（5）ティリッヒは、一九二八年の論文「宗教的象徴」において、象徴というものの諸特徴をいくつか指摘する中で次のように記している。

象徴の第二の特徴は「具象性」である。具象性とは、本質的には具象的ではないもの、例えば、理念的なるものや、あるいは超越的なるものが、象徴において具象化され、それにより、対象としてあらわれてくることを意味している。……

象徴の第三の特徴は「それ自体が力を持つこと」である。このことは、象徴がそれ自体に内在する力を持っている、ということを意味している。この力が、それ自身においては何ら力を持たない単なる記号と象徴とを弁別しているのである。記号と象徴とを弁別するためには、この特徴（こそ）が決定的である。記号は任意に交換することが可能である。記号は内的力を持たないゆえに、必然性を有さない（からである）。（一方、）象徴は必然性を有している。（したがって、）それは取り替えられるということがない。内的力を失わない限り、つまり、象徴の衰退が生じない限り、象徴が象徴でなくなるということはないのである。

この引用の出典は、Tillich(1928/1964)S.196. であり、括弧内の言葉は、訳出に際して筆者が補ったものである。

（6）最澄『法華秀句』「即身成仏化導勝」第八の中の言葉。『傳全』三巻、二六六頁。

【引用・参照資料および略号】

『真蹟集成』〈6〉

日蓮聖人真蹟集成法蔵館編集部『日蓮聖人真蹟集成』第六巻、法蔵館、一九七七年。

『傳全』三巻
　比叡山専修院附属叡山学院編『傳教大師全集』第三巻、世界聖典刊行協会、一九二六年発行、一九八九年復刻。
『天台本覚論』
　多田厚隆・大久保良順・田村芳朗・浅井円道校注、岩波日本思想大系『天台本覚論』、一九七三年。

【引用・参照文献】

高木〔一九七三〕
　高木豊『平安時代法華仏教史研究』平楽寺書店。
花野〔一九七六〕
　花野充道「日蓮教学と『修善寺決』」(『東洋学術研究』第一五巻第五号、東洋哲学研究所)。
花野〔二〇一〇〕
　花野充道『天台本覚思想と日蓮教学』山喜房仏書林。
間宮〔二〇〇六〕
　間宮啓壬「存在のあり方を決定するもの——法華経力の一断面——」(『日本仏教学会年報』第七一号)。
間宮〔二〇〇七〕
　間宮啓壬「存在の上昇——『法華験記』にみる法華経力の一断面——」(立正大学法華経文化研究所『法華文化研究』第三三号)。
間宮〔二〇一〇〕
　間宮啓壬「現世安穏・後生善処——『法華験記』にみる法華経力の諸相——」(『日本仏教学会年報』第七五号)。
Stone (1999)
　Jacqueline I. Stone, *Original Enlightenment and the Transformation of Medieval Japanese Buddhism*, A Kuroda Institute Book, University of Hawaii, Honolulu.
Tillich(1928/1964)
　Paul Tillich, Das Religiöse Symbol, in: *Gesammelte Werke Bd.V*, Evangelishes Verlagswerk, Stuttgart.

あとがき

「日蓮について、なんにも知らないなぁ……」

それまでは、あまり考えなかったことである。しかし、このところ、若干の後ろめたさを伴って、頻りにそんな思いが胸に去来する。理由はわかっている。東北大学教養部の二年生に進学し、三年次で所属することになる文学部研究室の希望を、ある程度絞っておかなければならないからだ。寺院の子弟として生まれた以上、インド哲学・仏教史の研究室に進むことも考えてはみた。だが、研究室案内に、研究を進める上で、現代語である英語・ドイツ語・フランス語はもちろんのこと、古典語であるサンスクリット語・パーリ語・チベット語は必須で、できればラテン語・ギリシア語もできた方がよい、と書いてある。語学が好きでも得手でもない自分のこと、語学だけで一生を費やすことになってしまうだろうと、気持ちが萎えた。では、どうするか。どうやら、自分は日本のことには大いに興味があるらしい。実際、二年生になって受講している入間田《いるまだ》宣夫先生の日本史講読は本当に面白い。後に東北中世史の大家として名をなされる入間田先生のこの授業では、『吾妻鏡』や『御成敗式目』といった文献を読んでいたのだが、のめり込みたくなるようなワクワク感を覚えるのだ。

でも――

ごく小さいお寺ではあるが、日蓮宗のお寺に育って、日蓮宗のお寺から大学にやってもらっているのに、自分は一体どれだけ日蓮のことを知っているだろう。「他宗の悪口ばかり言ってた、口の悪い坊さん」ってことぐらいしか知らないじゃないか。なぜ、他宗の批判をするのか、その理由も、批判の根拠も知らないだろう。それって、日蓮宗に対して、また、その出発点である日蓮に対して——日蓮宗寺院の子弟であることは、別に自分の意志で積極的に選んだわけではないにしても——、結構失礼なことなんじゃなかろうか……？　そんな思いに、やたらと囚われてしまうのだ。

ただ、日蓮という人物は、学部に進んで取り組むほど魅力と価値がある宗教者といえるのか。そこは、はっきりとさせておかなければならない。大学二年生、一九歳の初夏の頃、未熟ながらそんな決意を持って、まず手に取ったのが、大野達之助『日蓮』（〈人物叢書〉吉川弘文館）であった。日蓮の生涯の大筋は、それでつかめた。しかし、まだあまりピンとこない。そこで次に手に取ったのが、高木豊『日蓮——その行動と思想——』（評論社）である。人生の転換点となる本との遭遇、生き方を方向づける書物との出会いというのは、確かにあるのだと思う。高木先生によるこの本がそれだ。衝撃をうけた。大学二年生にとって決してやさしい書物であるとはいえないのだが、丁寧に読み込んでいけば十分に理解できる内容である。そんな書物を著された高木豊という研究者の力量にも大いに感銘をうけたが、やはり衝撃だったのは、日蓮という宗教者の生き方そのものである。より具体的にいえば、「壮絶ともいえるその生き方を突き動かしていたのは、果たして何だったのだろう？　日蓮という人は、『法華経』という経典に一体何を見出していたのだろうか？」という疑問である。日蓮が宗教者としての自分の生き方を支える基礎としてつかみ得たもの、日蓮が『法華経』という経典を通して見出し得た光景は、果たしてどんなものだったのか。自分には見出せそうもないし、とてもつかめそうにもない。もしかしたら、とてつもなく得体の知れないものかもしれない。でも、やっぱり垣間見てみたいし、ちょっとでも触れてみたい。今にして言葉にしてみれば、そんな思いに鷲づかみにされたのである。

では、日蓮研究をやるには、どこへ行けばよいのか。日本思想史研究室は、もちろん考えてみた。しかし、今になって思えば、思想史の一コマとして日蓮を捉えるという方法に、いま一つピンときていなかったのかもしれない（それに、日蓮研究の泰斗・佐藤弘夫先生は、その当時いまだ日本思想史研究室に赴任しておられなかった）。それで結局、自由に勉強をやらせてくれる雰囲気のあった宗教学研究室を選んだ。宗教学研究室には様々な先輩方がいらっしゃった。デュルケームの宗教研究を読み解いておられる方、キルケゴールをデンマーク語原典で読んでおられる方、そして日本仏教の方面では、恵心僧都源信に取り組んでおられる方等々。よく言えば、自由闊達で多士済々、悪く言えば、統一感に欠ける、ということになるのだろうが、やはり、研究室の「自由闊達」さに惹かれたのである。

私が宗教学研究室に進んだ当時の陣容は、主任教授に楠正弘先生（後に東北大学名誉教授。故人）、助教授に華園聰麿《としまろ》先生（現、東北大学名誉教授）が据わっておられた。楠先生は同年度末には退官を控えておられたが、僅か一年間でも講筵《こうえん》に与ることができたのは幸運であった。四年次に進むに先立って卒業論文の研究対象を選ぶに当たり、楠先生にご相談申し上げた際、日蓮を取り上げたい旨を告げたのだが、その際、楠先生が「まぁ、序の口が横綱に挑むようなもんだが、せいぜい頑張んなさい」とおっしゃられたのをよく覚えている。今となれば、ズブの素人が宗教的達人の中でも達人度の高い人物に取り組むことがどれほど覚悟のいることであり、いかに難しいことであるかを諭されたのだ、ということがわかるのだが、その当時は大して気にかけることもなかった。外国語の難しい理論研究に取り組むわけじゃなし、なんとかなるだろうという、実に思い上がった甘えがあったのだ。研究室での講義は宗教学の理論が中心であり、宗教学の講読にしても外国語の理論書が対象である。宗教史の講義および講読は日本の素材を扱いはするものの、扱う対象が日蓮になる、などといった都合のよいことは起こらない。要は、日蓮に関する勉強は、その背景や土台――例えば日本仏教史や天台学――を含めて、自分でやるしかないのであるが、日蓮遺文自体、相当な分量がある上に、各分野で積み重ねられてきた日蓮研究もまた膨大なものがある。だが、その実感がなかったのだ。無知にして未熟、というしかない。

しかし、そうした無知と未熟さは、すぐに露呈し、自覚させられることになる。卒業論文さえ、まともにまとめられなかったのだ。形だけはなんとか整えたものの、内容的にはなんとも不様な代物。当然、大学院進学を裏づけてくれるようなレベルのものではまったくなく、あえて留年して卒論を書き直すこととなった。

留年を控えた三月のことだったと記憶する。さすがに元気をなくしていた私を、華園先生が研究室に呼んでくださった。卒論をどう再構築するか。そんな話の中で、華園先生が私に手渡してくださったのは、上原専禄《せんろく》がみずからの日蓮研究の方法、いわゆる「日蓮研究の日蓮的方法」について語った小冊子であった。誰かの宗教学理論を持ってきて、それをポンと日蓮に当てはめて日蓮を解釈する。そんな日蓮研究を間宮は志しているわけでは決してなく、日蓮を能う限り日蓮自身に即して理解したがっている、という点を華園先生は正確に把握してくださって、その小冊子を授けてくださったのだと思う。私自身、この小冊子は繰り返し繰り返し目を通したし、その後、上原による日蓮研究全般に読書を広げていくことになる。そして実際、本書自体、上原の方法論に大きな示唆をうけて成り立っているのである。

このように華園先生は、私自身の志向に見合った一本の柱を、私の日蓮研究に与えてくださった。その後、青息吐息の歩みながら修士課程に進み、なにを勘違いしたのか、さらに博士課程にまで進学する中で、華園先生からは折りに触れてインスピレーションに富んだお話を頂いた。浄土真宗寺院のご出身である先生は、日蓮と対比して考えるために、よく親鸞の話をしてくださったが、「二種深信」＝「機の深信」「法の深信」の話は実に興味深く、日蓮の信仰や宗教的自覚を考える上で大きな刺激になった。また、欧文のものを原書で数多く読んでおられる先生は、ご専門の宗教現象学や、さらにはヘーゲル、キルケゴールの話もよくしてくださった。殊にキルケゴールにおける「罪」の概念は、日蓮における「謗法罪」の意味を考える上で示唆に富むものであった。そして、自分自身では必ずしも自覚していなかったことであるが、後述する博士論文をまとめる過程で、先生からお話や講義・論文を通して伺った宗教現象学の考え方に、思いの外、影響を受けていることに気づかされることになった（昨年八月、華園先生は『宗教現象学入門——人間学への視線から——』（平凡社）を上梓された。これにより、先生のお考えに、書物というまとまったかたちで触れることができるようになった）。

平成六年（一九九四）四月、幸運にも私は三〇歳にして身延山短期大学（一年後に四年制身延山大学に改組転換）に職を得ることができた。日蓮研究を継続していくには充実した環境であることは間違いない。ただ、周囲に同窓は誰一人としていない。加えて、改組転換前後の時期である。改組転換がなった平成七年（一九九五）から、私は学部書記に任じられ、各種事業の立ち上げ実務に携わることになった。ある意味、草創期であるだけに、立ち上げに関わる仕事の面白さは十分に味わうことができる。一方、手本にできる前例が十分ではない仕事も多く、とにかく時間を割かれる上に、気を遣う。一言でいえば、とにもかくにも忙しい。新採用の若手である自分に、そういった類いの仕事が回ってくることは理解できるにしても、日蓮研究に費やす時間がなかなか確保できないまま、研究に対するワクワクするような心持ちも、ともすれば枯渇していってしまうような気分になる。そういう時には、無理してでも時間を作って仙台に向かい、華園先生の研究室を訪ねた。そして、日蓮研究の話を思い切りさせていただいた。そうすると、枯れつつあるように感じられた研究への思いがドンドン涌いてきて、大学院生の頃に感じていた研究に対するワクワク感が再び戻ってきてくれる。先生との対話を通して頂いた刺激やヒントが、「よぉし、もういっちょうやってやるか！」という気力を運んできてくれるのである。こうした仙台訪問は、華園先生が退官される平成一二年（二〇〇〇）まで、毎年続いた。

その意味で、華園先生は一流の研究者であるのみならず、一流の教育者でもいらっしゃるとつくづく思う。元来、私などは、研究者たるべき能力も資質も十分に備わっているとはいい難い人間である。それが、勘違いとあきらめの悪さから、修士・博士課程へと進んでしまった。その間、私に見切りをつけて引導を渡すこともできたはずなのである。しかし、先生はそうはなさらず、私に向き合ってくださった。育ちの遅さと研究の幅の広がらなさに、内心、舌打ちを禁じ得ないようなこともしばしばあったのではないかと懸念されるのだが、それでも先生は粘り強く私を導いてくださった。博士論文をまとめるように勧めてくださったのも華園先生である。本書の基となった博士論文にしろ、そして本書にしろ、先生による根気強いお導き抜きには決して成り立たないものである。改めて華園先生に感謝申し上げるとともに、昨年の一一月に傘寿を迎えられた先生に対し、本書を以って感謝とお祝いの印とさせていただくことをお許し願いたい。

平成一二年（二〇〇〇）三月末を以って華園先生が退官された後、主任教授として宗教学研究室を引き継がれたのは鈴木岩弓《いわゆみ》先生である。鈴木先生が前任の島根大学から東北大学の宗教学研究室に助教授として移ってこられたのは、平成五年（一九九三）の四月。一方、私は平成六年（一九九四）三月には、身延山短期大学に奉職のため宗教学研究室を離れているので、先生と教え子という間柄で鈴木先生と重なり合ったのは一年間だけ、ということになる。加えて、鈴木先生のご専門はフィールドワークを主とする宗教民俗学。文献相手の日蓮研究を主とする私とは、専門も大いに異なっている。にもかかわらず、鈴木先生からは、私が身延に移ってからも一方《ひとかた》ならぬご指導を賜った。

私の場合、大学の業務が多忙になって研究へのワクワク感が薄れてくると、学会で発表する、論文を書くといった、研究者としての表舞台からややもすれば足が遠ざかる気配が顔をのぞかせてくる。だが、鈴木先生は、そんな私の首根っこを引っ捕まえてでも、表舞台から遠ざかることを許してはくださらなかった。日本宗教学会の学術雑誌『宗教研究』は、投稿論文に対して厳しい審査が入ること、したがって投稿論文の採否にも厳しさが伴うこと、周知のとおりであるが、鈴木先生は、学部書記としての業務にエネルギーの多くを費やしがちになっていた私に対し、『宗教研究』に書いてみるよう勧めてこられた。「ちょっと、今は忙しい……」と渋る私に、先生は決して甘い顔をみせることはなさらなかった。結局、私は、なんとか時間を見つけてちゃんと考え、ちゃんと書くという作業を全うすることができた。思い切って踏み出せば、やれないことはないのだ。新しい学科の立ち上げに忙殺されていた平成一五年（二〇〇三）から翌年にかけても、そうであった。表舞台から私の足が遠ざかりつつある気配を敏感に感じ取られたか、鈴木先生からお電話をいただいて喝を入れられたのみならず、論文執筆の機会もご提供くださった。それ以来、毎年、論文を書く、学会でも発表するということは、一種、身体に染みついたクセのようになってくれている。このように鈴木先生は、駄馬たる私に鞭を入れ、なんとかかんとか前進させるという、まさに騎手か調教師さながらの役割を果たしてくださった。

そして、なによりも有り難かったのは、博士論文の提出、審査、学位取得まで私をしっかりと導いてくださったことである。先述のように、博士論文をまとめるよう勧めてくださったのは華園先生であったが、華園先生退官後は、鈴木先生が、博士論文の提出に向けて私を叱咤激励する役割を果たしてくださった。専門が私とは大きく異なる鈴木先生である。「博士論文となると、自分には面倒みきれない」と断ることもできたはずなのである。しかし、鈴木先生は引き受けてくださった。ただ、やはり専門が違うのだから、博士論文の構想を私がベラベラとしゃべったところで、鈴木先生からは「おしゃべりはいいから、ちゃんと形にして持っておいで」と言われるだけである。しかも、ともかく形にすればよいというだけではすまない。一定以上の質と量がなければ、そもそも博士論文として提出させてはもらえないことも厳しく言い渡されていた。

正直、時間がかかった。華園先生から博士論文の執筆をお勧めいただいたのが、平成一二年（二〇〇〇）の年始め。その後、富山県高岡市にある私の生まれたお寺――立像寺《りゅうぞうじ》という――の後継であった兄が、請われて同じ市内の大寺《おおでら》に移るということがあり（私たち兄弟にとって師匠にあたる父も、迷いに迷った末の決断だったと思うが）、思いもかけず、私が兄に代わって立像寺を継ぐ立場となった。既に所定の修行を終えて僧侶たる資格は有していたものの、山梨では借家に住まいつつ、身延の大学に勤務していた私は、平成一六年（二〇〇四）四月頭から、立像寺に戻って、毎週、富山と山梨を車で往復し、週の半分は立像寺、もう半分は山梨の身延山大学に勤務するという体制に入った。時間もかなり制約されることとなり、殊に冬場の車での往復には相当な緊張と疲労が伴うようになった。

そうした中で、平成二一年（二〇〇九）の一〇月に至り、ようやく、本書とほぼ同タイトルの博士論文「日蓮における宗教的自覚と救済――「こころみ」の宗教――」を、参考論文「日蓮研究史管見」とともに、東北大学大学院文学研究科に提出することができた。

論文審査は、年明けの一月に予定されていたが、年末に父が急な病に倒れて意識を失ってしまい、突如、私に住職としての役割が回ってきたこともあって、一旦延期という措置がとられた。結局、二月半ばに父が他界。審査は翌月の三月一二日（偶然だが、父の最初の月命日）に行なわれることになった。

審査の労をとってくださったのは、鈴木岩弓教授（宗教学）・佐藤弘夫教授（日本思想史）・戸島喜代志《としまきよし》教授（倫理学）の三先生である。鈴木先生・戸島先生からは、それぞれご専門とされる立場から、論文での言葉遣いについて貴重なご指摘を賜った。たとえば、「宗教」や「信仰」、そして「自覚」といった言葉にしても、漫然と情緒的に使うのではなく、使用している文脈での意味や必然性が浮き彫りになるような形で使うことの大切さを教えてくださった。佐藤先生は、いわずと知れた日蓮研究の泰斗であり、その佐藤先生に自分の博士論文を見ていただけることは大きな喜びである一方、かなりの緊張を強いられることも確かではあるが、審査の際、佐藤先生から、私が博士論文をまとめるに当たって、一分野に偏ることなく、幅広い分野の日蓮研究に目配りしている点をご評価いただいたことは大いに励みになった。ただ、その一方で、思想史家である佐藤先生からは、私の研究が日蓮研究以外の広がりに欠ける点もやはり指摘の対象とされた。思想史的にみて、より広い視野の中で日蓮を捉える視点が折り込まれてもよいのではないか、とのご指摘である。本書第Ⅰ部第二章で、持経者——日蓮の連続面・非連続面につき独自の見解を提出したり、第Ⅲ部第二章で、日蓮の「龍女成仏」理解を、日本天台の法華円経即身成仏論の中でも千観との関連で捉えようとしたのも、佐藤先生によるご指摘をうけての試みである。中世仏教のみならず、日本思想史全体の見通しについても見事な手腕を発揮しておられる佐藤先生からみれば、私のこうした試みもまだまだスケールの小さい仕事に過ぎないといわざるを得ないものであろうが、これをもって、佐藤先生から頂いたご指摘に対する一応の報告とさせていただきたい。

博士論文の段階では、序章冒頭の宗教現象学についての記述に一定の分量を割いて、それを私自身の日蓮研究と整合させようとする記述が盛り込んであったのであるが、この部分については、鈴木・佐藤・戸島三先生共通の見解として、以下のご指摘を頂戴した。この部分、間宮の研究のバックボーンとしては理解できるものの、各分野の日蓮研究者にとってこの部分は決してわかりやすいものとはいえないだろうし、また、日蓮研究と整合させようとする努力も十分に実っているとはいえず、むしろ日蓮研究としての一貫性を阻害しているとも受け取られかねない。したがって、もしこの博士論文を書物にまとめ直す機会が今後あるならば、この部分については思い切って分量を削り、日蓮研究としての一貫性をより重視する形に改めた方がよいのではないか、とのご指摘である。本書では、このご指摘を十分に活かすよう努めたつもりである（もとより、私自身の乏しい力量の範囲でのことであり、どこまで成功しているかは、読者の皆様のご判断にお任せするしかないが）。

このように本書は、博士論文を基としつつ、それに大幅な修正・添削を加えて成ったものである。博士論文を提出して以降、本書の形に整えて出版するまで実に八年近くもの歳月を要してしまった。その間、私個人には寺院住職としての責務が加わった。勤務先の大学での立場も決して楽なものではない。そうした事情はもちろんあるとはいえ、やはり、八年近くとは時間がかかり過ぎである。自身の無能ぶりを嘆くしかない。時間がかかった分、本書の各章各節の中には、初出時からみると大幅に手が加わり、ほとんど原形を止《とど》めなくなってしまったものもあるが、ここで一応、各章各節の初出等の情報を示しておきたい。

序章

第一節　「日蓮研究に関する方法論的試論と戦後日蓮研究史――「顕密体制論」まで――」（『身延山大学仏教学部紀要』第五号、二〇〇四年）の第一章「方法」を大幅に改稿したもの。

第二節　書き下ろし。

第三節　書き下ろし。

第Ⅰ部

第一章「教相知と実践知――「爾前」の日蓮――」（松村壽巌先生古稀記念論文集『日蓮教学教団史の諸問題』山喜房仏書林、二〇一四年）。ただし、本書に収めるに際して、『顕謗法鈔』の系年を変更しており、内容的には相当改まったものとなっている。なお、右の拙稿「教相知と実践知――「爾前」の日蓮――」は、「「愚者」と「智人」――日蓮における「師」自覚の構造――」（『宗教研究』第七三巻第三輯、通巻三二二号、一九九九年）の「一．問題の所在」、および「日蓮における謗法罪と救済」（印度学宗教学会『論集』第一七号、一九九〇年）、「日蓮の信仰における謗法罪の位置と意義」（印度学宗教学会『論集』第一九号、一九九二年）を元に、大幅に加筆・改稿したものであるが、元の稿はほとんど原形を止めていない。

第二章「「法華経の行者」と「唯日蓮一人」の自覚――正統性の「こころみ」――」（望月海淑編『法華経と大乗経典の研究』山喜房仏書林、二〇〇六年）に加筆したものに、さらに「身体の『法華経』化、『法華経』の身体化――持経者と日蓮――」（法華仏教研究所『法華仏教研究』第二号、二〇一〇年）をあわせて、新たに編集し直したもの。

第三章「転換点としての佐渡――台密批判との関連において――」（高木豊・冠賢一編『日蓮とその教団』吉川弘文館、一九九九年）の「一．問題の所在」「二．台密批判の道程」に加筆したもの。

第Ⅱ部

第一章　前出「「愚者」と「智人」――日蓮における「師」自覚の構造――」の「二．「智慧」の体系――

教相論・実践論――」、および前出「転換点としての佐渡――台密批判との関連において――」の「三．佐渡における宗教的自覚の転換――「死」と「再生」の間――」「むすびにかえて」、および「日蓮の思想における「三大誓願」の意義」（『日本仏教学会年報』第六〇号、一九九五年）をあわせて編集の上、加筆したもの。

第二章　「日蓮における身延入山の意図と意義（一）」（『身延山大学東洋文化研究所所報』第五号、二〇〇一年）、および「日蓮における身延入山の意図と意義（承前）」（身延山大学仏教学会『身延論叢』第六号、二〇〇一年）に加筆したもの。

第三章　「日蓮における地涌・上行自覚の再検討」（常円寺日蓮仏教研究所『日蓮仏教研究』第二号、二〇〇八年）、および前出「「愚者」と「智人」――日蓮における「師」自覚の構造――」の「三．「師」自覚の構造」「四．むすびにかえて――「地涌・上行菩薩」および「如来使」の自覚――」を編集の上、加筆したものに、さらに「再度、日蓮における地涌・上行自覚を論ず――山上氏の批判をうけて――」（常円寺日蓮仏教研究所『日蓮仏教研究』第五号、二〇一三年）の一部をあわせて、新たに編集し直したもの。

第Ⅲ部

第一章　「即身成仏と霊山往詣〈改訂増補〉――日蓮における救済の構造――」（坂輪宣敬先生古稀記念論文集『仏教文化の諸相』山喜房仏書林、二〇〇八年）に加筆したもの。なお、この稿の元となったのは、「即身成仏と霊山往詣――日蓮における救済の構造――」（印度学宗教学会『論集』第二〇号、一九九三年）。

第二章 「日蓮にみる女人救済 改稿」（渡辺宝陽先生古稀記念論文集『日蓮教学・教団史論叢』平楽寺書店、二〇〇三年）に加筆したものに、さらに「日蓮における「龍女成仏」理解の系譜──「即身成仏」の文脈で──」（印度学宗教学会『論集』第四〇号、二〇一三年）をあわせて、新たに編集し直したもの。

結章 書き下ろし。

まだまだ先のことだと思っていたが、本年度末をもって、鈴木岩弓先生は定年を迎えられる。もっとも、鈴木先生、「実践宗教学寄附講座」を立ち上げて臨床宗教師の養成に踏み出された等の功績は大なるものがあるということで、新年度より、七〇歳までの総長特命教授として再び東北大学に着任されるとのこと。とはいえ、やはり一つの区切りであることに違いはない。いささか押しかけ気味ではあるが、その記念として、本書を鈴木先生にお届けすることをお許し願いたい。

本書の完成に至るまで、研究者としての私自身には三つの段階があった。第一段階は、東北大学大学院の宗教学研究室に在籍していた時代。次の段階は、身延山大学に教員として奉職して以降。さらに第三は、身延山大学の教員を勤めつつ、住職としてお寺を担う立場になった段階である。それぞれの段階で、多くの方々に出会い、その中でご教示・ご支援を賜り、また大きな刺激を頂戴した。これらの方々に、そしてその出会いに、甚深の感謝を申し上げたいと思う。

東北大学大学院の時代には、華園先生・鈴木先生はもちろんであるが、当時、助手を務めておられた山﨑亮《まこと》さん（現、島根大学教授）にも大変お世話になった。山﨑さんは決して甘い先輩ではなかったが、出来がよいとも扱いやすいともいえない私のようなものの面倒もよくみてくださった。山﨑さんから常々注意を促されたのは、「わかりやすい文章を書くように心がけることで、自分の言いたいことが相手にしっかりと伝わるようにする」という点である。扱う対象も方法も個々別々であるといってよい宗教学研究室の面々ではあったが、私だけでなく、大学院で山﨑さんから指導をうけた者はいずれも、この点はかなり厳しく仕込まれたのではないか。研究者としてやっていく上で、この点は最も基本の部分であり、当たり前といえば当たり前の技術なのであるが、これができなければ話にならないというところでもある。大学院生としての日常の中で、この点がごく自然に身につくように山﨑さんが導いてくださったことには、本当に感謝している。

大学院の一年後輩には、中国からの留学生である何燕生《かえんせい》さん（現、郡山女子大学教授）、二年後輩には木村敏明さん（現、東北大学宗教学研究室教授）が在籍していた。二人とも学生時代から極めて優秀であった。何さんは、中国禅と道元との関わりを追った研究で日本宗教学会賞を受賞されることになるし、宗教現象学の理論研究からインドネシアのフィールドワークへと研究の幅を広げていった木村さんは、現に東北大学の宗教学研究室を担う立場にある。先輩としてお二人に何か影響を与えることができたのかと問われると、忸怩たるものがあるといわざるを得ないが、お二人から刺激を頂いたという点では実に大なるものがある。改めて御礼申し上げたい。木村敏明さんと同期には、薄井秀夫さん（現、寺院デザイン社長）も在籍しておられた。薄井さんは学部卒業の後すぐに社会に出られたので、大学院生として私と重なることはなかったが、卒業後、宗教ジャーナリストとして経験を積んでこられた薄井さんとのつながりは、幸いなことに途絶えることはなかった。そして今、寺院コンサルタントとして優れた企画力を発揮し、著書も出しておられる薄井さんとは、研究者としてというよりも、むしろ現場の寺院住職としてお付き合いがある。これも、私たちの共通母体である宗教学研究室が生み出してくれた実に有り難い縁《えにし》の一つである。

身延山大学に奉職して以降は、結ばれる縁の性質も当然変わってくることになるが、感謝すべき新たな出会いがあった。平成六年（一九九四）当時、身延山短期大学を四年制大学に改組転換すべく陣頭指揮をとっておられたのは仲澤浩佑《こうゆう》先生（現、立正大学名誉教授）であった。私の採用を決断してくださったのも仲澤先生である。平成七年（一九九五）四月、改組転換が無事成って、四年制身延山大学が発足した。仲澤先生は平成九年（一九九七）度まで仏教学部長・学長を歴任され、その間、私は学部書記として仲澤先生にお仕えすることになった。従来の組織を一新しての再出発ということもあり、学部書記としての仕事は、先述のように相当ハードなものであったが、新たに大学を創っていくという理念と方向性を明確に掲げられた仲澤先生のもとでの仕事はまた、楽しいものでもあった。そうした中で、私は仲澤先生から、なによりも大学人としてのあり方と、大学の自治ということの重要性を叩き込んでいただいたものと思っている。仲澤先生はいわば、大学院生気分の抜けきらない私を、大学という組織に勤務する大学人へと育ててくださったのである。一寺の住職としての責務もしっかりと果たしておられた仲澤先生は、僧侶としての資格を取得しながら現場での修練が不足がちになる私を、折りに触れて自分のお寺に呼んで経験を積ませてくださった。この点についても、甚深の感謝を申し上げたいと思う。

身延山大学は従来、仏教学部仏教学科の一学部一学科の体制であったが、平成一五年（二〇〇三）の夏頃から、仏教福祉学科（現、福祉学科）の新設に向けて大きく動き出すことになった。この際の陣頭指揮は、宮《みや》川了篤《かわりょうとく》学長（現、身延山大学名誉教授）、中山光勝《こうしょう》仏教学部長（後に学長。故人）によって担われた。私は田沼朗《あきら》教授（後に仏教学部長）とともにこの動きに積極的に参画し、設置事務局の一員として宮川・中山両先生を支える機会を得た。平成一七年（二〇〇五）四月の仏教福祉学科の開設に至るまでの期間は、緊張感を伴う多忙な日々であったが、大学の運営に関して考え方を共有できる宮川・中山・田沼各先生との交流は実に楽しいものであった。この間、私は平成一六年（二〇〇四）四月より富山——山梨間を車で毎週往復する勤務体制に移った。当初は、その厳しさに音《ね》を上げたくなることもしばしばであったが、それを励まし、私が業務を、そしてなによりも学問を続けられるように環境を整えてくださったのは、他ならぬこの三先生である。宮川先生・中山先生は、住職として豊富な経験を有する現場の僧侶でもいらっしゃった。お寺に入って不安を抱える私に、お二人が折りに触れて貴重なアドバイスを下さったのも良き思い出である。

　東北大学大学院の時代から、日蓮遺文に関する文献学的な知識・情報に鈍感であってはならないと認識はしていたが、最先端の情報を獲得する機会は、環境的になかなか得られないものであった。その点、身延山大学に勤務して以降は、こちらがきちんとアンテナを張っていれば、そういった最先端情報に触れる機会が格段に増えた。実際、同僚であった寺尾英智《えいち》先生（現、立正大学仏教学部教授・学部長）や、非常勤講師として身延山大学にご出講いただいている都守基一《つもりきいち》先生（現、日蓮仏教研究所主任）からは、論文につながるような貴重な情報や示唆を直接頂戴している。改めて御礼申し上げたい。直接お目にかかったことはないが、日蓮遺文に関する文献学という点では、岡元錬城《れんじょう》先生（北海道網走郡美幌町本妙寺院首）に知己を得たことも、実に有り難いことである。本文中でも記したことであるが、岡元先生は大学等に籍を置かない在野の研究者であり、妙なしがらみからも自由なお立場でいらっしゃるがゆえに、宗門の定説とされてきた学説にも大胆に切り込み、質量ともに充実した仕事を積み重ねてこられた（その成果は、岡元先生の『日蓮聖人遺文研究』全三巻（山喜房仏書林）に凝縮されている）。であるがゆえに、というべきであろう、岡元先生の説は宗門の主流からあえて外されてきてしまった観がある。しかし、岡元先生のお仕事はそういった政治的偏見を抜きにして評価されるべきものであるし、私自身は、それを実行してきたつもりである。その岡元先生から励ましのお手紙をいただいたり、新たな論考のやり取りをできることは、それ自体、大きな喜びである。ここに感謝を申し上げたいと思う。文献学の範疇に限らないが、若手の研究者としては、東京大学大学院の岡田文弘師（岡山県瀬戸内市妙興寺）との交流もまた大いに刺激となっている。日蓮宗僧侶になるための講習会で、岡田師が私の講義を聴いたことが交流の出発点である。岡田師とも、論文・著作や書面のやり取りが主たる交流の手段であるが、そうした中で、同じ方向を向きつつも、馴れ合いになることなく、刺激を分かち合えていることに有り難さを感じている。近年、岡田師は東京大学仏教青年会でのご自身の講義を『『観心本尊抄』教室』（妙興寺、二〇一五）・『『開目抄』教室』（妙興寺、二〇一六）という講義録にまとめられ、新たな刺激を届けてくださっている。私も本書により、なにがしかをお返しできればと思う。

学問関係の方々ばかりではなく、現場の僧侶として活躍しておられる方々、そして、お寺を支えてくださっている檀信徒の皆様にも御礼申し上げたい。

世話になっている現場の僧侶として筆頭に名前を挙げるべきは、やはり実兄の栗原啓允《けいいん》（高岡市大法寺住職、日蓮宗宗会議員）である。兄は富山工業高等専門学校（現、富山高等専門学校）→北海道大学工学部という理科系畑を経て僧侶となった、一風変わった経歴の持ち主である。それだからであろうか、話をしていても発想が面白く、常識的なものの考え方に風穴を開けてくれることがしばしばある。本書で展開している一念三千に関する考え方も、兄との議論の中から発想の芽をもらったものである。もちろん、それをはっきりと理論化・文章化したのは私の責任においてではあるが、そうした刺激をごく身近な存在からもらえることは実に有り難い。兄自身、自坊の大法寺に長谷川等伯の作品を有していることから、法華宗徒としての等伯という、美術史家の方々にはない視点から論考を記しはじめているが、是非ともまとまった形に結実させてくれることを願っている。兄にとって、私のお寺はいわば里であり、寺院経営の面でもなにかと支援してくれている。面と向かってはなかなか言えないことであるが、有り難うと言わせてもらいたい。

世話になっているのは、もちろん兄だけではない。大学との二足のわらじをはいていることを承知の上で、私に適切な形で活躍の場を与えてくださる、日蓮宗富山県宗務所長の末吉観道《かんどう》師（富山市利生寺《りしょうじ》住職）、兄とともに手厚い支援をくださっている、いとこの関巧卓《こうたく》師（富山市妙伝寺《みょうでんじ》住職、富山県宗務所伝道担当事務長）、私の論文を取り寄せて読み、感想を寄せてくださる福井教純《きょうじゅん》師（氷見《ひみ》市蓮乗寺《れんじょうじ》住職、富山県宗務所宗務担当事務長）、兄貴分として常に私に眼を掛けてくださっている高野照教《しょうきょう》師（射水《いみず》市法泉寺《ほうせんじ》住職、富山県前修法師《しゅほっし》会長）ら各聖にも、厚く御礼を申し上げたい。

私の住職寺・立像寺の運営に関わってくださっている岩村啓立《けいりゅう》師・岩村皐義《こうぎ》師父子《おやこ》にも触れておきたい。岩村皐義師は、お寺の出身ではないが、父上がもともと在俗の熱心な題目信者であったことから、社会人経験を経て身延山大学に進学。日蓮宗僧侶となるべく、大学付属の寮である行学寮に寄宿してまさに「行学の二道」に励んでいたが、彼の卒業論文を、縁あって私が担当することになった。社会人としての経験を有している彼は、扱いやすいとは必ずしもいえない学生さんであったが、日蓮宗僧侶としてやっていきたいという熱い思いは十分に伝わってきたところから、兄のお寺・大法寺を紹介。今や大法寺の執事を勤めるのみならず、南《なん》砺《と》市福光《ふくみつ》の法雲寺《ほううんじ》住職として活躍している。息子の皐義師が大法寺の弟子となったあとを追うようにして、さらに父上の啓立師も大法寺の弟子として出家。現在、大法寺の庵の一つである恵妙庵《えみょうあん》を預かりつつ、私が身延に行って留守の間の、立像寺の月命日経《つきめいにちぎょう》回りも担当してくださっている。啓立師が多忙の折りには息子の皐義師がフォローしてくれることもままあるということであり、要するに、岩村父子両師の協力あってこそ我が立像寺は回っているのである。卒論の担当というささやかな機縁から展開した、岩村両師による日々のこうした働きぶりに改めて感謝申し上げるとともに、このような環境を整えてくれている大法寺住職の兄にも、重ねて御礼申し上げるところである。

そして、誰よりも感謝申し上げなければならないのは、自坊・立像寺の檀信徒の皆様方である。お寺に入った当初は十分にはかなげで、かつ頼りなさそうであった私を、しかも、住職となってからも週の半分近くは寺を空ける私を、実に辛抱強く、なんとか形になるまで——もちろん、まだまだ不十分であるが——見守ってご支援くださり、それは今も忍耐強く続けられている。高齢ながら頑張ってくださっている総代の皆様、献身的な世話人の方々はじめ、檀信徒の皆様方の支えなしには、今の私自身も、私の仕事も、決してあり得なかった。お名前を逐一挙げることは差し控えさせていただくが、これまでのご支援に甚深の感謝を申し上げるとともに、今後とも、変わらぬご支援・ご鞭撻を心よりお願い申し上げる次第である。

檀信徒の皆様方とお寺を作り上げていくという意味では、私以上に働いているのは妻の倫子《ともこ》である。週の半分近くを山梨の身延で過ごす私と異なり、妻はお寺に常住して、時には檀信徒の方々からのかなり突っ込んだ相談事にも応じてくれているからである。結婚当初、妻は大学教員といういわばサラリーマンのところに嫁に来たつもりでいたであろう。ところが、人生なにがあるかわからない。今やお寺の運営の最前線に立つ身であり、それを生き生きとこなしてくれている。妻のこうした働きがあればこそ、私は大学教員と寺院住職の二足のわらじを履いていられるのだ。その意味では、本書をこうして世に出すことができるのも、妻に負うところ実に大である。妻に対しても、面と向かってはなかなか言いにくいことであるが、心の底から有り難うと言いたい。身体に気をつけて、どうか私よりも長生きしてもらいたい。

辛抱強い見守りとご支援という点では、東北大学出版会の小林直之事務局長にも甚深の感謝を申し上げなければならない。宗門系の出版社ではないところから書物を出したいという私の希望を、鈴木先生が東北大学出版会に取り次いでくださって以来、企画書の提出・審査↓原稿の提出↓研究者による第一次査読↓原稿の修正・校正↓出版会による第二次査読↓原稿の再修正↓書物となすべく最終仕上げ、に至る全過程において、小林さんは丁寧に関わり、私を導いてくださった。第一次の査読では、私の考え方の根本にまで踏み込まれることは幸いなかったものの、かなり厳しく、かつ量的にも少なからぬ修正を求められた。その際、小林さんは、締め切りを設けずに待つ、と言ってくださった。二足のわらじを履く私のこと、締め切りを設定されていたら、恐らく出版自体をあきらめてしまったに違いない。第二次の査読は、小林事務局長ご本人によるものであったが、その際に頂戴した諸々のご指摘は、プロの編集者とはかくあるものかと思い知らされるものであり、単に論文を出すのではなく、商品としての書物を出版するということの意味をしっかりと認識させてくれるものであった。小林さんの姿勢は、物腰はあくまでも柔らかく、しかし編集者として言うべきことは、相当厳しいことであってもしっかり言う、という点で決してブレることがない。凛として一貫したその姿勢に支えられて、本書も書物としての体裁を整えることができた。改めて感謝申し上げたい。

最後に、幾人かの故人に触れることをお許し願いたい。

まずは、立像寺先代住職の父・啓友《けいゆう》である。東京浅草の生まれである父は、お寺の出身ではない。幼少にして父をなくし、一家が離ればなれになるかたちで、伯母が嫁いでいるお寺の高知市要法寺《ようぼうじ》に引き取られたのが、お寺に入った機縁である。要法寺での生活はまことに厳しいものであったらしいが、日蓮宗僧侶としての父の基礎は他ならぬこの時期に作られたものである。その後、縁あって立像寺に婿として迎えられることになったのだが、父が入った当時の立像寺は、先々代住職（私にとっての祖父）が病に倒れて寺院経営に行き詰まっていた時期であった。いわばドン底の状況だったわけだが、その後の父の活躍ぶりは目覚ましいものであったという。数多くの信者さんを得て立像寺を建て直した父は、まさに宗教的カリスマというに相応しい力量を有していた。加えて、富山県宗務所長・北陸教区長として宗務行政方面でも手腕を発揮した父である。兄とは通じるところが多々あるといってよいが、私とはおよそタイプが異なる。その兄を後継から手放して、私を後継に据えるということには、先にも記したように、父も相当の覚悟と不安があったことと思う。もとより、その不安を私の前で見せることは決してなかったが、かといって、私に手取り足取り教えてくれるということもまた、決してなかった。いわば黙って背中を見せてくれただけである。「学問」というものともおよそ縁遠かった父であるが、病に倒れる一週間ほど前であったろうか、「お前、博士論文は出したのか？」と唐突に聞いてきたことがあった。博士論文を提出して二ヶ月たち、審査待ちであった私は「ええ、出しましたよ」と素っ気なく答えただけであったが、気にかけてくれていたことは、思いがけないことであり、正直、嬉しくもあった。その後、時をおかずして父は病に倒れ、意識を回復することはなかったが、五十数日間、こちらに身体を置いてくれた。突然のことに、ともすれば心が折れそうになる中、意識はなくとも父がいるということに、どれだけ助けられたことか。後継住職として私がなんとかやっていることを見届けるように父は逝ったが、結局、博士号の取得は報告できずじまいになってしまった。本書の出版とあわせて、ここに改めて父に報告したいと思う。父の背中を見て学んだことは、及ばずながら、そして、タイプが違うことを言い訳にすることなく、妻と力を合わせて実践させてもらっている。父が逝って丸七年を経た今、改めて父にお願いしたい。どうか今後ともお寺を、私たちを見守ってもらいたい。祖山学院（現、身延山大学）の卒業時、比叡山留学生に選抜されるだけの力量を有していた祖父（先々代住職）・観應《かんのう》は、若き日、学問に志す時期があったという。だが、北海道の貧乏士族の出身であった祖父に、学問で身を立てていくだけの資力はとてもなく、結局、その志を果たすことはできなかったが、そんな祖父も、本書の出版を喜んでくれているのではないか。父とともに見守ってくれれば、と思う。

父に遅れること五年。一昨年、母・久美子も逝った。お寺を運営する上で、母は間違いなく父とともに車の両輪であった。父は行動しながら考えるタイプである。場合によっては、細々したことを熟慮する前に大きな決断をすることもあるので、その場合は必ずフォローアップが必要となる。細々とした点を詰める人間が必要となってくるわけだが、母がその役割を果たした。先に記したお寺のドン底状態から這い上がって、さらに発展を遂げるために、二人は良きコンビであり、ある意味、母は父以上に気丈であった。寺の跡取り娘として、なんとしても寺を守ってみせるという気概があり、泣き言を口に出すことを極めて嫌がった。根性がなく、一度落ち込むと、立ち直るためには泣き言が欠かせない私は、したがって、母からよく怒られた。父が突如病に倒れた時もそうであった。母は決して涙をみせなかった。危機の中にあってこそ、寺を守ろうとする母の気迫に、私自身、常に支えられ、背中を押してもらったようなものである。そんな母に、一昨年の四月、突然、質《たち》のよくない死病が棲みついてしまった。そのことが発覚して、生を全うするまではわずか一ヶ月強。息を引き取る二週間前までお寺の仕事をこなし、最後まで気丈でいてくれた。母も間違いなく、私が住職として働くと同時に研究者としての仕事も続けられるよう必死で環境を整えてくれた人間の一人である。生前、母は珍しいことに一度だけ、私に「お前をお寺に戻してしまったために、研究者としての大切な将来を半ばつぶしてしまったのではないか、と思うことがある」という主旨のことを言ったことがある。もしかしたら、そういった側面は確かにあるのかもしれないし、あるいは、別にお寺に戻らなくても、私の能力などせいぜいこのあたりが限界だったのかもしれない。要するに、悔やんでも嘆いても現実が変わるわけでもなし、今のこの現実の中で、たとえ制約があろうとも物事をなし、成果を出していくしかないのである。その意味では、本書という研究方面での一応の成果を母にも見てもらいたかったが、間に合わなかった。ひとえに私の力不足である。遅ればせながらも、本書を母の霊前に届けたい。

故・渡辺喜勝《よしかつ》先生にも御礼を申し上げたい。渡辺先生は東北大学宗教学研究室の大先輩である。鎌倉仏教の一遍と日蓮の研究で東北大学大学院より博士号を取得され、その成果を『一遍智真の宗教論』『文字マンダラの世界――日蓮の宗教――』（共に岩田書院）の両書にまとめられた。本書でも後者の『文字マンダラの世界』は様々な場面で参照させていただいている。この『文字マンダラの世界』が平成一一年（一九九九）に出版されるに先立ち、渡辺先生は身延の地を訪ねられ、私に身延の案内をお任せくださるとともに、後に『文字マンダラの世界』として結実する原稿を「読んで意見をきかせてほしい」という依頼のもとお渡しくださった。原稿を読ませていただいて、衝撃をうけた。教学研究でもない、歴史・思想史研究でもない、独自の研究がそこにあったからである。学部書記の忙しさの中で研究の指針を見失いがちなっていた私は、自分自身の甘さが渡辺先生によって浮き彫りにされ、「しっかりせんか！」と一喝を入れられたような気がした。それ以降、日蓮に対する私の研究姿勢は確実に変化を遂げ、現在に至っている。東北大学のＯＢが中心になって構成されている印度学宗教学会が、平成一二年（二〇〇〇）、身延山大学を会場に開催された折り、渡辺先生に公開講演の講師をご依頼申し上げたのだが、今一つ元気がないようにお見受けした。そして、それから数年を経ずして、渡辺先生は逝去されてしまい、私は渡辺先生から直接教えを受ける機会も、当方より成果を直接お届けしてご批評を頂戴する機会も失ってしまったのである。魂となった渡辺先生へのご報告となってしまうのはまことに残念であるが、遅ればせながら――今更なんだ、と苦笑を以って応えられるかもしれないが――本書をお届けしたい。

先にも名前を挙げさせていただいた故・中山光勝先生のことを最後に記させていただく。中山先生は身延山大学で唯一の法制史・法学の専門家であった。四一歳の若さで『明治初期刑事法の研究』（慶應通信）を、さらに四年後には日本初の『乃木希典全集』上・中・下および補遺（国書刊行会）をまとめられるという大きな業績を遺しておられる。私と中山先生は専門とするところはまったく異なるのだが、なぜか先生とはウマが合った。先生から学問の話を聞くのは楽しかったし、タメになることも多々あった。そうそうたる大きな業績を持っておられながら、それを殊更に喧伝されない先生の姿勢も、私にとっては実に好ましいものであった。平成一五年（二〇〇三）四月、中山先生は学部長職に就かれ、先にも記したように、当時、学長であった宮川了篤先生とともに仏教福祉学科（現、福祉学科）の設置に邁進された。田沼先生とともに実務面でそれを支えることができたのは、実に幸せなことであった。さらに、平成二二年（二〇一〇）四月、中山先生は学長に就任された。身延山大学が学生募集や財務面からみてかなり苦しい状況にある中、中山先生が相当な覚悟をもって学長職に就かれたことは、当時、学務部長の立場にあった私の目からみても、はっきりと見て取れた。大学の設置・経営母体である総本山・身延山久遠寺と厳しく対峙することも、中山先生は十分に覚悟しておられたのである。先生が総本山の子院・遥泉坊《きょうせんぼう》の住職も務めておられたことを勘案するならば、みずからの退路を断つほどの覚悟を持っておられたのだと思う。大学の設置・経営母体であることの自覚と責任を総本山に対して厳しく求め続けられる中山先生の姿勢は、案の定というべきか、なかなか受け入れられることはなく、ご自身のご病気のこともあって、先生は短期間で学長職を辞された。学長を辞された後も中山先生の姿勢はなんら変わることはなく、その姿勢を一貫して支持してきた私と田沼先生も、総本山から厳しく臨まれることになった。正直、三人まとめて大学を追われそうになったこともあるが、そういった理不尽を粘り強く跳ね返して、私たちは大学にとどまり続けた。だが、そんな厳しい闘いが、ご病気を抱えておられる中山先生の体力を奪っていき、一昨年の一月、中山先生は帰らぬ人となってしまった。痛恨の極みである。最後までファイティングポーズを崩されなかった先生の遺志は、身心の許す限り、しっかりと引き継いでいきたいと思う。のみならず、一流の研究者であった中山先生に対しては、闘いの中でも学問を続けていることを成果で以って示していかなければならない。四〇代にして大きな成果を挙げられた中山先生に比して、私の場合、五〇代にしてこの程度の成果である。中山先生もまた苦笑をもって応えられるかもしれないが、本書を中山先生にもお届けしたいと思う。先生、どうか見守っていてください。

平成二九年（二〇一七）三月　春彼岸明けの立像寺にて

間宮啓壬

*本書の出版に際し、平成二九年度身延山大学仏教学部予算より助成を受けた。

索　　引

・索引は「I．人物索引」「II．書名索引」「III．事項索引」に分けてある。
・「日蓮」「法華経」は頻出するので、項目から外してある。
・経典名、および経典を構成する各品名は、「II．書名索引」に収めてある。
・釈迦や、各経典に登場する仏・菩薩・諸天善神に関する事項は、「III．事項索引」に収めてある。
・括弧内の → は参照を意味する。

I．人物索引

【あ行】

・浅井円道　190、192、231、391、451、485
・浅井要麟　x、304、312、362、367、388、392
・安達泰盛　303
・姉崎正治〔ANESAKI Masaharu〕　x、81、111、116、158、166、169、305、312、315、450、451
・阿仏房　235、381、384、409、434
・安然　420、421、424、426、447-451、454
・飯沼賢司　451
・家永三郎　41、82、112、129、166、192、
・池上兄弟　229、286
・池田令道　359、362
・石川教張　166、444、451
・磯前順一　34、37
・一行　191
・一谷入道　235、
・市村其三郎　173、192、
・一遍　249、331、332、356、509
・今成元昭　169、312
・弥四郎　383、384、443
・ヴァッハ／ヨアヒム　3、30
・植木雅俊　445、452
・上田本昌　38、304、313
・上原專禄　10、34、240、242、392
・牛山佳幸　397、441、442、452
・叡尊　413、442
・依智六郎左衛門尉　303
・江馬氏　286、311、335、339、357、361
・エリアーデ／ミルチア　3、30
・円仁　16、172
〔→慈覚／慈覚大師〕
・円明院日澄　62、160
・大久保良峻　419、424、452、453
・大越愛子　453
・大隅和雄　397、453、456
・庵谷行亨　229、231、362
・大野達之助　33、34、357、362、488
・岡田文弘　360、362、503
・岡田真美子　453
・岡元錬城　108、111、112、159、161、166、167、178、191-193、226、230、231、296、313
・小栗純子　441
・大仏宣時　303
・オットー／ルドルフ　3、30
・小原仁　453

【か行】

・覚超　430
・笠原一男　22、396、453、478
・嘉祥　52、176
・勝浦令子　397、454、456
・金井新二　31、35
・金岡秀友　454
・川添昭二　129、167、193
・菅野博史　231
・菊地大樹　129、130、162、163、167
・金天鶴〔キムチョンハク〕　443、454
・金英美〔キムヨンミ〕　443、454
・黒田俊雄　167
・桑名貫正　411、454
・源信　420、421、424、447、448、489
・玄宗皇帝　304
・孔安国　304
・光日尼　383、384、409、410、443
・弘法／弘法大師　176、177、187、188、245、447
・小林正博　164、168
・小松邦彰　38、168、172、174、184、193、314、454

・小松靖孝　389、392
・五味文彦　454
・金剛智　52、183、191

【さ行】

・西行　249
・最澄　26、179、420、421、424、426、482、484
〔→伝教／伝教大師〕
・坂井法曄　308、313、362
・佐々木馨　28、33、35、43、105、112、171、193、275、313、357、363、442、454
・佐々木孝正　129、167
・佐藤弘夫　27、35、103、112、113、168、313、368、392、489、495
・佐藤繭子　138、168
・澤井義次　36
・三位房　180、181、273
・慈恩　52、176
・慈覚／慈覚大師　16、18、172、174、176-179、182、184-191、201、226、245、447、449、467、471
〔→円仁〕
・執行海秀　336、363
・四条金吾／四条金吾頼基／四条頼基　286、303、311、335、339、357、361
・島地大等　389
・島薗進　36
・清水龍山　x、390、392
・舎利弗　360、403、414-417、444、445
・章安大師　95、150
・浄円房　106、219
・貞慶　442
・証真　424、426
・聖密房　271、272
・親鸞　22、83、222、331、397、399、442、443、478、490
・末木文美士　194、309、310、313、389、392、451、455
・菅原関道　335、339、363
・鈴木一成　314
・鈴木岩弓　495、499
・鈴木治美　129、168
・ストーン／ジャックリーン〔Stone ／ Jacqueline〕　483、485
・関戸堯海　454
・善覚寺道阿弥陀仏　160
・千観　419-431、447-450、478、495
・善導　48、52、87、215
・千日尼　235、273、381、384、409、434
・善無畏　52、178、188、191、211
・惣持　413、444
・存覚　404-406
・尊舜　430

【た行】

・大学三郎　303
・大進阿闍梨　305
・平雅行　22、397、410、411、439、441、455、478
・高木豊　36、50、60、80、105、113、129、161、164、165、168、171、194、231、234、263、302-304、312、314、359、363、392、398、454、455、485、488、497
・高橋秀樹　455
・高森大乗　449
・棚次正和　36
・玉懸博之　314
・田丸徳善　3、36
・田村芳朗　27、36、43、113、184、194、231、281、314、389、391、392、451、455、485
・達磨　52
・湛然　151、178、203-206、227、371、420、424、426、446、447、449
〔→妙楽／妙楽大師〕
・智顗　26、203、204、370、420、424、426、446、449
〔→天台／天台大師〕
・智証／智証大師　187、191、447
・忠尋　447
・長安寺能安　160
・澄観　52、176
・鎮源　128、129、145、465、482
・都守基一　32、36、186、192、194、306、314、334、336、348、358、361、363、449
・ティィリッヒ／パウル〔Tillich ／ Paul〕　484、485
・寺尾英智　32、36、160、161、168、308、314
・伝教／伝教大師　26、179、182、185、186、188、214、224、225、227、290、307、311、322、323、325、327、356、449
〔→最澄〕
・天台／天台大師　26、178、203、327、370
〔→智顗〕

・道元　22、442、443、478、500
・道綽　48、52、87、214
・東条景信　152、164
・道善房　106、287
・富木常忍　246
・戸頃重基　113、231、304、312、367、392、393
・曇鸞　48、52、87

【な行】

・長岡龍作　32、36
・中尾堯　35、105、113、129、167、169、304、313、315、347、392
・永藤靖　168
・中村元　192、194、455
・南条五郎　311
・南条時光　294、296、298-301、312
・南条兵衛七郎　74、378、382
・日向　273
・西口順子　397、455、456
・日意　103、306、389
・日乾　222、230
・日源　viii
・日高　273
・日講　308
・日代　viii
・日弁　295、348、352
・日目　viii
・日祐　103、163、389
・日朗　273
・日興　viii、34、107、191、234、305、306、335、336、362
・日秀　299、348、352
・日昭　272、303、424
・日進　viii
・日暹　32、186、358
・日尊　viii
・新田雅章　231、392
・日頂　234
・日朝　107、160、161、163、226、308、359、362
・日澄　viii、306、335、362
・忍性　442
・沼田晃佑　304
・野村育世　443、455

【は行】

・波木井実長／波木井〔南部〕実長　239、246、261、284、303、307
・硲慈弘　389
・橋川正　161、169
・華園聰麿　36、37、144、169
・花野充道　484、485
・原口志津子　455
・原愼定　113
・東馬場郁生　37
・豊後房　273
・平左衛門／平左衛門尉／平左衛門尉頼綱／平頼綱　238、239、242-245、262、306、309、472
・北条重時　265、266
・北条時輔　119、324、355
・北条時宗　265
・北条時頼　47、120、265、266
・法蔵　52
・法然　22、27、47-49、55、83、86-88、90、91、103、104、120、124、151、161、171、215、219、257、281、331、355、388、397、399、410、442、461、478
・穂坂悠子　421、455
・細川涼一　397、413、444、456
・堀日亨　293

【ま行】

・松尾剛次　442、456
・マッカチオン　31、37
・三嶋の左衛門次郎　295-298
・三戸勝亮　304、315
・源淳子　453、456
・宮川了篤　38、501、510
・宮崎英修　36、114、174、194、231、293、314、315
・ミュラー／マクス　31
・明恵　442
・妙心尼　391
・妙楽／妙楽大師　64、77、151、203、204、206、322、323、369-371
〔→湛然〕
・茂田井教亨　80、84、114
・望月歓厚　367、388、393

【や行】

・山上弘道　103、105、106、108、114、178、185、191、192、194、226、308、311、315、339、349、357、362、364、444、456

・山川智応　x、108、226、390、393
・山下明子　453
・山中喜八　108、226、362、450
・山伏房　273
・吉田一彦　456

【ら行】

・龍樹／龍樹菩薩　77、210、290、375
・良助親王　418、446
・レーウ／ファン・デル　3、30
・憐昭　420、421、424、426、448

【わ行】

・脇田晴子　433、456
・渡辺宝陽　35、108、114、313、454
・渡辺麻里子　449、450、453、456
・渡辺彰良　158、169
・渡辺喜勝　107、114、227、231、310、315、356、364、391、393、411、440、450、456、457
・ワールデンブルク〔Waardenburg〕30、31、36

II. 書名索引

【あ行】

・秋元御書　257
・庵室修復書　239、250、274、303
・安国論奥書　121
・安国論御勘由来　120、181、309
・安国論送状　235
・安楽行品　153、157、212
・以一察万抄　186、306、307、342、358、361
・一谷入道御書　160、161、288、302、321、346
・一枚起請文　331
・一遍上人語録　332
・一遍聖絵　332、361
・上野尼御前御返事　92、383
・上野殿後家尼御前御書　311、382
・上野殿御返事　239、256、262、277、278、282、327、384、436
・上野殿母尼御前御書　122、159
・上野殿母尼御前御返事　250、293、300、304、380、382、385、387
・恵心僧都全集　450
〔→恵全〕
・恵全　448
〔→恵心僧都全集〕
・延山録外　32、106、186、308、315、358
・王舎城事　311、405
・往生伝　397、398
・大田殿許御書 307、438
・大田殿女房御返事　447
・乙御前母御書　234
・御義口伝　357、363

【か行】

・戒体即身成仏義　46、103、369、389、390、461
・開目抄　vii、8、18、20、25、45、61、95、109、124、156、157、164、165、174、184、197、199、201-203、211、213-218、221-223、227、229、230、231、236、253、302、311、319、322、325、344、362、369、372、373、378、379、385、412、469、471、475、476、503
・鎌倉遺文　443
・諫暁八幡抄　292、311

・漢光類聚　447
・勧持品　123、124、150、151、324、325
・観心本尊抄　vii、25、26、61、72、79、80、
206、207、209、227、228、344、353、
355、369-371、374、390、391、412、
463、481、503
〔→如来滅後五五百歳始観心本尊抄〕
・観心本尊抄副状　26、80、228、318、470
・元祖化導記 160、165
〔→化導記〕
・刊本録外　185、444
・刊本録内　106
・祈祷鈔　185、186、408、416、444
・祈祷鈔奥　185、444
・教機時国鈔　150、151、163、164
・兄弟鈔　99、109、229、356、437
・行敏御返事　307
・行敏訴状御会通　108、109
・金吾殿御返事　122、155、158、159、166、
193、197-199、226
・華厳経　50、52、53、77、91、136、162、
175-177、210、344、403-405
・化導記　160、165
〔→元祖化導記〕
・玄義　71
・験記　131-143、145、146、162、163、165
〔→法華験記〕
・元亨釈書　190
・顕仏未来記　224、233、251
・見宝塔品 95、123、416
〔→宝塔品〕
・顕謗法鈔　24、34、51-54、56、72、90-92、
105、109、171、174-177、190、191、
462、497
・国府尼御前御書　165、237、238
・孝経　304
・高祖遺文録　106、185、444
・光日尼御返事　409
・光日上人御返事　383
・光日房御書　238、242、253
・強仁状御返事　278、279、308、309
・御書システム　108
・古文孝経　254、269、304
・金剛頂経　188、344
・金剛錍　227
〔→金錍論〕
・金光明最勝王経　119、323
・銀色女経　401、403、405
・金錍論　227
〔→金剛錍〕

【さ行】

・災難興起由来　47、48、86
・災難対治鈔　47、86、88、257
・さじき女房御返事　435
・三三蔵祈雨事　14、33、42、118、323、328
・三大秘法抄　309
〔→三大秘法稟承事〕
・三大秘法稟承事 309
〔→三大秘法抄〕
・三部経肝心要文　34、191
・四恩鈔　125-127、148、150、161、163、
164、198、199、226、466
・止観　71
〔→摩訶止観〕
・止観第五之事御消息　159
・止観輔行伝弘決　205、371
・四条金吾釈迦仏供養事　377
・四条金吾殿御返事　57、95、223、257、
346、347、361
・四条金吾殿女房御返事　404、407、435、
438、439
・四信五品鈔　107
・十章鈔　107、108、226、373
・地引御書　303
・下山御消息　vii、124、159、227、228、242、
244、262、268、355
・始聞仏乗義　110、376
・従地涌出品　359
〔→涌出品〕
・縮刷遺文　221
〔→日蓮聖人御遺文〕
・守護国家論　vii、47、51、60、64-66、68、
85-89、103、115、123、124、150、
175、461
・種々御振舞御書　158
・修善寺決　484
・修善寺相伝私注　483、484
・修善寺相伝日記　484
・取要抄　186、187、306、307、353、358、
361
・寿量／寿量品　202、209、227、373、390
〔→如来寿量品〕
・小乗大乗分別鈔　188、192
・浄土三部経／浄土の三部経
48、86、87、95
・聖人御難事　34、41、63、106、160、483
・聖人知三世事　119、207、324、358
・唱法華題目鈔　68-72、74、75、79、107、
463

・聖密房御書　109、205、271、272、307
・浄蓮房御書　ⅷ、44
・諸人御返事　258、280、309
・諸法実相鈔　358、359
・神国王御書　102、161
・真言宗行調伏秘法而還着於本人之事　185、444
・真言諸宗違目　235、311
・心地観経　405
・真宗聖教全書　450
〔→真聖全〕
・真聖全　404、405、450
〔→真宗聖教全書〕
・真蹟集成　34、107、111、191、192、483、484
〔→日蓮聖人真蹟集成〕
・真蹟対照録　108、111、159、166、192、226、230
〔→日蓮大聖人御真蹟対照録〕
・神力品　68
〔→如来神力品〕
・随自意御書　58、320、328、475
・清澄寺大衆中　7、13、32、42、43、63、106、164、219、318、461、474
・撰時抄　ⅶ、33、36、44、110、228、242、244、288、292、318、328、329、351、356、359、372、474
・選択集　48、123
・千日尼御前御返事　228、322、330、399、409、418
・千日尼御返事　273、381、383、434、
・善無畏三蔵鈔　32
・善無畏鈔　98、101、111、178、191、220、229、230、406
・雙観経　52、53
・即身成仏義私記　420、422、424、426、430、431、448、449、478
・即身成仏化導勝　420、424、426、484
・蘇悉地羯羅経略疏　190
・蘇悉地経　188
・曾谷二郎入道殿御報　34、483
・曾谷入道殿許御書　228、340、344
・曾谷入道殿御書　174、175、187、188
・尊談　430、431、432、449、450

【た行】

・大学三郎殿御書　110
・大集経　52、53、119、323
・大智度論　375、405
〔→大論〕
・大日経　47、50、52、53、99、103、104、175-178、188、191、210、211、307、308、344、438
・大日経義釈　178
・大日本仏教全書　ｘ、419
〔→日全〕
・提婆達多品　22、66、78、403、407、408、411-413、416、419-421、444-446、455
〔→提婆品〕
・提婆品　424、426
〔→提婆達多品〕
・大論　403、405
〔→大智度論〕
・高橋殿御返事　165
・高橋入道殿御返事　210、239、242、245、248、252、265、269、306、340
・陀羅尼品　157、212
・歎異抄　331
・檀越某御返事　33、259
・智慧亡国御書　305、318、328、464
・註画讃　62、106、107、111、160、166
〔→日蓮聖人註画讃〕
・注法華経　404、405、450
・寺泊御書　80、95、108、174、183、190、325
・伝記集　160、166
〔→日蓮上人伝記集〕
・傳教大師全集　451、485
〔→傳全〕
・転重軽受法門　480
・天全　429、430-432、451
〔→天台大師全集〕
・傳全　424、450、484、485
〔→傳教大師全集〕
・天台宗全書　451
〔→天全〕
・天台法華宗牛頭法門要纂　389、483
・天台法華宗即身成仏義　420、424、448
・天台本覚論　389、391、448、451、483、485
・転女成仏経　444
・転女身経　413、444
・等海口伝抄　429-431
・同生同名御書　303
・富木殿御書　247、263、270
・土木殿御返事　199、216、236
・富木殿御返事　216、224、234、237、251

・富木入道殿御返事　227
・富城入道殿御返事　297、301

【な行】

・内記左近入道殿御返事　294、296
・南条兵衛七郎殿御書　vii、16、59、73、92-94、96、98、107、152、153、288、378
・日全　x、190、424、447、448、450
〔→大日本仏教全書〕
・日妙聖人御書　208、234、404、405
・日蓮聖人御遺文　221
〔→縮刷遺文〕
・日蓮聖人真蹟集成　34、111、192、362、484
〔→真蹟集成〕
・日蓮聖人註画讃　106、111、160、166
〔→註画讃〕
・日蓮上人伝記集　160、166
〔→伝記集〕
・日蓮大聖人御真蹟対照録　111、166、192、230
〔→真蹟対照録〕
・女人往生聞書　404、405
・如来寿量品　59、97、203、206、208、211、215、370、373
〔→寿量／寿量品〕
・如来神力品　209、210
〔→神力品〕
・如来滅後五五百歳始観心本尊抄　vii、25
〔→観心本尊抄〕
・仁王経　119
・涅槃経　47、50-52、67、74、95、97、104、150、218、235、257、402-405

【は行】

・波木井三郎殿御返事　228
・波木井殿御報　239、260、261、292、302
・破良観等御書　32、106
・春之祝御書　266
・般若経　52、53、210
・兵衛志殿御書　161
・兵衛志殿御返事　248、274、283
・平賀本　103、106、306、389
・仏眼御書　289、328、329
・不動・愛染感見記　47、175
・弁殿尼御前御書　233-235
・弁殿御消息　273、424
・報恩抄　50、96、97、102、124、160、189、191、208、228、233、239、242、256、267、287、290、305、461
・伯耆殿並諸人御中御書　359
・宝軽法重事　356
・忘持経事　273、274
・宝塔品　95、218、344、358、408
〔→見宝塔品〕
・方便品　73、94、95、230
・宝物集　404、405、451
・法門可被申様之事　95、100、115、173、174、179-181、191、219、321、464
・法蓮鈔　44、229、233、242、253、263、282、302、354
・菩薩処胎経　446、447
・菩提心論　447
・法華行者値難事　228、251、303、340、353
・法華輝臨遊風談　418、429、431、432、446
・法華験記　128、129、131、136、137、144、161、162、165、167-169、465、482、485
〔→験記〕
・法華秀句　420、421、424、426、484
・法華取要抄　186、187、194、225、251、271、306、307、326、334、342、358、361
・法華疏私記　424、426
・法華題目鈔　25、74-78、228、402、403、407、417、463
・法華本門宗要鈔　viii、62、105、107
・法華文句　107、420、421、424、426、446
〔→文句〕
・法華文句記　151、420、421、424、426、446
〔→文句記〕
・法華文句要義聞書　447
・法華略義見聞　447
・法華霊場記　160
・法師品　67、68、125、153、165、416
・本尊集解説　341、358、362
・本尊聖教録　103、163、389
・本尊問答鈔　viii、49、341、353、360
・本満寺本　303
・本満寺録外　185、303、444
・本隆寺本　306

【ま行】

・摩訶止観　99、204
〔→止観〕
・松野殿後家尼御前御返事　64
・松野殿御消息　63
・万年救護御本尊　334、341、358
・未驚天聴御書　255、280、308、309
・御輿振御書　174、181、182、191
・三沢鈔　13、44、110、200、228、291、325、330、356、460
・妙一尼御返事　234
・妙一女御返事　449
・妙心尼御前御返事　391
・妙法尼御前御返事　102、376、436
・妙法比丘尼御返事　46、102、103、159、164、165、257
・莚三枚御書　293-296、298、312、313、315
・無量義経　52、73、94、402
・無量寿経釈　410
・木絵二像開眼之事　58

【や行】

・薬王品／薬王菩薩本事品　139、141、402、404、405、438
・薬王品得意抄　402、405
・薬師経　52、53、119、323
・宿屋入道再御状　122
・山上翻刻本　338、339、362
・唯識論　404、405
・祐師目録　103、163
・涌出品　358
〔→従地涌出品〕
・頼基陳状　viii、96、335、338、339、357、362、363、364

【ら行】

・礼記　254、268、312
・立正安国論　vii、viii、24、27、34、47-49、55、85-89、91、103、104、119-122、124、158、159、191、226、235、281、308、310、323、355、461、465、480、483
・蓮公行状年譜　160
・老病御書　295-297、301
・録内啓蒙　308
・論談敵対御書　159、161

III. 事項索引

【あ行】

・悪人成仏　78、413
・熱原法難　287、299、300、311、348、352、353、359
・阿鼻獄／阿鼻地獄　48、109、229
・阿弥陀如来／阿弥陀仏 52、59、86、87、98、103、141、288、332、356、401
・暗誦　130-134、136-138、144、146-149、162、163、465、466
・安立行／安立行菩薩　209、344、345、348、353、355、359
・易行　48、54、64-66、91
・伊豆流罪　15、23、27、28、30、34、51、52、54-56、72、92、104、105、125、126、147、149、150-152、159-161、164、171、182、281、462、465-467
・一念三千　13、25、26、60、61、65、69-72、75、80、92、107、108、172、173、179、183、191、201-204、206-208、211、215、227、233、317、318、369-375、377、380、385-387、390、391、412、460、468-470、481、484、503
・一念三千の成仏　20、21、22、385、400、410-413、422、432、459、476-482
・一分　120、203、311、340、342、343、347-349、351-354、359、369、372、390
・一遍首題　227
・一切法　203、204、463
・一闡提　78
〔→闡提〕
・一遍首題　227
・以毒為薬　375、376
・有名無実　408、412、415、449
・叡山　86、102、133、140、146、179、180、181、185、187、191、223、224
〔→比叡山〕
・穢土　61、206、317、369、372、469
・依法不依人　104、323
・延暦寺　442
・王難　124、215、218、229、302
・王仏冥合　309
・音通　348、351、359

【か行】

・戒壇　251、309、310
・海中　408、414-419、422、423、425-427、429-432、446、448
・改転の成仏　412
・花押　310、380、381、391
・我不愛身命但惜無上道　123、124、153、159
・鎌倉　19、29、56、102、119、122、159-161、188、233、234、238、239-243、246-252、256、257、260、262、263、266、270、276-278、303-307、472、473
・鎌倉新仏教　22、397-399、478
・鎌倉幕府　47、120、122、124、156、183、189、199、239、253、261、264、275、276-281、355
・観心　80、203、210、318、390、470
・刊本　vii、185、444
・元品の無明　109-111
・勘文　120-122
・義科　424、449
・喜見菩薩　139
・鬼子母神　157、212
・偽書　viii、62
・教学　10、11、12、47、174
・教主釈尊72、95、161、208、223、346、361、374、375、475
・教相　24、80、171、175、179、203、210、317、390、469
・教相知　13、14、46、52、56、58、72、115、318、461、462、470
・教相判釈　52
・救済史　27、291
・旧仏教　22、442、443、478
・経力　482、483
・久遠実成　59、71、72、89、97、109、205、373、390
・久遠の釈尊／久遠の仏／久遠仏　26、59、61、84、89、90、93、206-208、212、215、220、223-227、310、317、318、371-375、380、385-387、390、391、412、469-471、481
・愚者　20、44、45、51、64、69、70、100、110、184、188、319、327-330、332-334、337、343、345、354、356、465、474、475
・功徳　61、64-66、68、70-72、78、109、146、163、165、207、208、223、229、290、317、318、373-375、383、385、386、412、463、470
・愚人　110、328
・華厳／華厳宗　49、54、71、91、99、102、176、190、321、344、447
・化他　423、426、427
・外用　419、430、431、432
・現証　14、15、118-123、154、157、187、212、213、217、245、319、323、324、330、354、357、465、474
・現世利益　146、147、162、482
・顕密体制／顕密体制論　130
・顕密仏教　104、130、397、398、410
・行為的自覚　350、476
・公場　279、280、307、308、309
・後身　358
・五逆／五逆罪　48、92、109
・虚空蔵菩薩　6、7、31、32、42、219
・虚空蔵菩薩求聞持法　7、32、38
・国土成仏　480、481
・国立戒壇　309
・心み／こゝろみ／こころみ　5、8、9、14、33、41、80、116、118、121、259、291、330、332、333、356、357、465、474、475、479、494、497
・五時　48、54、87
・五障　395-398、401-403、406、408-410、414、415、443-445
・後生善処　145-147
・小松原法難　23、24、27、30、152、164、182、465-467
・五味義　424
・魂魄　17、18、144、173、197、199、201、221、223、379、380、386、468、469、471

【さ行】

・再生　17、18、173、201、221、223、233、235、237、468、471、472
・西大寺　413、444
・再誕　357、358
・再治本　335、338、339、357、362
・佐後　26-29、33、459
・佐前　16、24-30、33、61、62、459
・佐中　25-29、33、459
・佐渡／佐渡期　13、18、26、27、33、80、157、161、172、174、189、200-202、211、213、227、228、233-235、238、252、269、270、273、275-277、284、

286、292、302、303、306、307、311、460、468、469、472、480
・佐渡流罪／佐渡流罪期　13、16、17、19、23-30、33、43、57、61、62、71、72、79、80-83、100、101、105、107、108、111、119、124、156、164、171-174、182、183、188、189、190、192、200-202、211、212、219、220、225、226、228、230、234-238、240、241、251、271、275、277、281、284、287、288、303、305-307、311、319、355、369、378、380、386、388、390、391、407、459、460、461、463、464、467、472、473
・三国四師　28、224、307
・三従　396、397、401、402、408、409、415、443
・三障四魔　99、218
・三大誓願　201、221-223、253、267、268、291、471
・三大秘法　251、271
・三徳　59、98、288、311、376
・三類の強敵／三類の敵人　150、151、164
・三論／三論宗　49、54、91、102、176、321
・「死」　18、377、379、380、386-388、468、469、477、478
・「師」　8、17、19、20、27、45、98、289、311、319、328、329、331-334、337、338、343、345、346、351、352、354、356、468、473、474、475
・ジェンダー論　23、37
・自界叛逆難　119、121、323、324、355、357、465
・四箇格言　28、33、103、307
・色心不二　57
・直弟子　ⅷ、32、103、107、161、163、165、226、306、335、358、359
・色読　15、18、23、123、125-127、148、149、151、153-155、157、236、237、324、326、328、330、465、466、468、474
・自行　423、426、427
・持経者　8、15、23、24、30、65、116、127-131、135-137、144、146-149、153、154、158、162、163、165、167、464-466、495
・持国／持国天　157、212
・地獄　66、221、229、283、305、403、404、407
・死後法華誦経譚　138
・死罪　155、156、173、197、199、200、201、212、223、468
・死者　298、378
・四重興廃　390
・四十五字法体段　390
・思想史／思想史学　4、10、11、22、23、131、368、388、396、400、432、441、478、479、489、495、509
・四大法難　159
・十界互具　227、371
・実践知　14、46、58、115、318、461、462、463、470
・自然譲与　72、318、412、470
・事の一念三千　172、227
・慈悲　218、291、311
・四菩薩　210、338、340、344、345、351、353、359、361、391
・釈迦如来／釈迦仏／釈迦牟尼仏　52、57、59、60、68、69、71、81、89、90、97、98、103、109、165、288、327、346、356、358、370、371、373、382、383、391、403、417
・娑竭羅龍宮　414-419、422、423、425-427、429-431、445、446、448
・釈尊御領　28、307
・迹門の一念三千　227
・迹化　209、353、391
・寂光土　369、389、391
・娑婆／娑婆世界　55、59、61、206、227、367、369-372、380、385、387-389、391、415、446、477
・捨閉閣抛　48、49、86-88、90
・写本　ⅶ、ⅷ、32、34、103、106、107、161、163、165、226、303、306、335、359、389、448
・地涌／地涌の菩薩／地涌菩薩　20、81、108、209、210、211、259、319、334-338、340-346、348-355、357-361、364、388、389、475、476
・宗学　10-12、37、84、158、445
・宗教　1-6、8-10、30、31、64、107、152、239、244、276-278、285、360、388、395、397、398、413、439、442、495、500、507
・宗教学　3、12、31、36、37、82、489、490、495、500
・宗教現象学　3、5、6、30、31、36、37、491、495、500
・宗教的自覚／宗教的諸自覚　8、9、13、16、17、21、23、27、28、51、52、101、116、158、172、173、189、201、

240、270、337、350、386、459、460、462、473、477、479、491
・十羅刹／十羅刹女　157、212、214
・儒教　29、254、442
・守護18、28、87、157、209、212-214、217、303、307、469、470
・受持　21、25、26、60、61、66、67、72、109、139、207、369、374-376、384-386、388、390、412、413、432、438、476-478
・出家　28、29、33、34、43、44、46、107、140、141、162、258、280、309、352、360、442、505
・承久の乱　43、
・上行／上行菩薩　20、81、82、209、210、211、319、334-346、348-355、357-361、388、389、391、475、476
・浄行／浄行菩薩209、344、345、348、351-355、359
・生死即涅槃　376、436
・生身　6、32、33、36、42、57、449
・唱題　25、26、58、60-66、68-70、72-75、79、81、107、207、375、376、390、412、413、429、462、463、481、483
・象徴　7、42、61、72、207、208、227、228、317、318、351、443、469、470、481、482、484
・浄土三部経／浄土の三部経　48、86、87、95
・浄土宗　54、91、102、214、321
・聖人　87、135、140、163、164、187、234、295、307、327、336-339、342、345
・正法　24、45、48、49、55、56、85、88-91、99、104、107、229、357、461
・称名念仏　66、74、86、104
・証文　14、15、24、118、119、323
・女性解放　397、398、442
・女性差別　395、397、398、440、442、445
・女性信者　398、444
・諸天等の守護　18、156、157、212、213、217、469、470
・諸法の実相　203、204
・真言／真言宗　47、49、102、103、106、141、142、173-176、179、180、183-190、211、214、243-245、273、307、308、377、447
・真身　423、426-428、449
・真蹟　ⅶ、ⅷ、32、103、105-107、161、163、165、186、222、226、230、297、303、308、309、335、336、341、347、357-359、389
・真蹟対照本　ⅶ、222、230
・新仏教　22、442、443、478
・随自意　57、58、320
・垂迹　350、353、476
・随他意　56、57
・性差別　395、396、400、433、439-442、479
・是一非諸　87、92、103、104、108
・清澄寺　7、32、42、46、63、106、219、271
・正統／正統性　9、14-16、18、24、25、93、104、116、118、121、123、127、149、151、154、155、157、182、212、214、217、224、225、236、277、278、291、322-324、464-469、471
・絶対的法華経至上主義　24、54、462、463
・禅／禅宗　29、32、49、54、64、91、102、103、106、171、188、219、243、244、321、325、355
・闡提　75、77
〔→一闡提〕
・選択の論理　104
・千中無一　215
・禅密主義　189
・曾存　32、103、106、161、163、165、185、226、444
・相対的法華経至上主義　24、47、53、462、463
・即身成仏　21、22、61、208、367-369、375-377、385-388、390、400、408、410、412-432、436、444、446-450、476-478、482、483
・即身成仏義　420-422、424、426、430、431、448、449、452、478

【た行】

・体験的現証　123、154、465
・大慈悲　207、223-225、373、374
・大乗諸経典　24、48、49、55、86、88-91、104、461、462
・大日如来　47、175、211
・大曼荼羅　227、380、381、391
・台密　16、18、25、46、171-180、182、184、187-190、201、226、355、463、467、471
・題目　25、26、58、60-62、64-72、74-76、78、79、210、251、318、340、359、373、374、389、399、462、463、470、475-478、481

・他国侵逼難　100、119-121、181、306、310、323、324、355、357、465
・唯日蓮一人　16、26、30、116、153、154、201、225、466、467
・竜の口／たつの口　18、25、197、199、200、379、468
・多宝／多宝如来／多宝仏　51、64、68-70、108、165、259、344、358、381、391、403、414、417
・断簡　vii、105、296、351、359
・智慧　6、7、32、42、45、52、105、109、110、115、118、119、209、289、305、318、319、321、322、324、326、328、329、356、403、414、417、464、474
・智者　6、7、13、14、31、32、42、95、107、110、150、191、221、318、321、327、328、331、461、464、474
・智人　8、14、17、20、27、44、45、110、289、311、318、319、328、329、331、332-334、356、461、464、468、474、475
・超越／超越的　9、17、19、27、61、203、207、281、284、285、289、307、317、318、372、373、380、387、470、473、484
・超越者　19、285、287-289、291、292、301、310、468、473
・朝廷　172、255、278、280、281、309
・勅宣　95-97、109、346
・鎮護国家　87、188、442
・天台沙門　16、24、34、182、191、225、467
・天台宗　18、99、179、180、186、307、413、420、429、471
・天台法華宗　49、102、188
・天台本覚思想　27、281、369、389、390、483、484
・天聴　255、280、308、309
・天皇　278、280、281、308、309
・東密　29、171、174、176、177、182、190、219
・道理　14、15、24、44-46、115、116、118、119、121、122、127、149、154、156、323、357、461、464、465、468
・得宗　47、120、266、300、308、309
・遁世　259、287

【な行】

・内証　209、358、430、431
・名越　160
・南無妙法蓮華経　8、60、62-64、69、73、74、76、107、108、206、207、227、290、317、318、328、329、340、347、358、359、376、383、436、469、470、481、483
・南三北七　52、54、91
・南方　415、423、428-431、446、448
・二十行の偈　124、325
・爾前　13、16、17、24、25、56、57、77、78、99、110、200、202、243、322、323、450、460
・日蓮遺文　vii、viii、12、108、116、131、158、159、175、216、221、227、319、338、343、357、380、404、405、424、490、502
・日蓮教学者　336、337、367
・日蓮宗学　10、11、84、158
・日本思想史　396、488、489
・日本仏教史　396
・若有聞法者無一不成仏　383
・如意宝珠　77、78、416
・女人往生／女人往生論　396、397、398、402、443
・女人救済／女人救済論　22、23、396、399-401、406、407、410、411、413、417、432、440-443、478、479
・女人禁制　396、397、442
・女人結界　396
・女人成仏／女人成仏論　21、78、396、399、408、415、418、436、444、445、476
・如来使／如来の使　18、26、201、223、226、289、319、346、347、471、475
・念仏　46、63、65、66、74、86、103、104、221、243、244、331、355、378、461
・念仏宗　106、188

【は行】

・発見　8、13、16-18、25、26、101、173、201、202、210、211、215、217、220、221、233、317、318、390、460、468-472
・八宗兼学　29、44
・発展史観　22、398、478
・比叡山　16、18、24、26、134、136、143、171、172、179、180-182、187-189、192、225、226、467、471、508
〔→叡山〕
・毘沙門／毘沙門天　157、212
・ひたち（常陸）のゆ（湯）　239、260
・誹謗正法　48、49、88、461

〔→謗法／謗法罪〕
・毘盧遮那　190
・フェミニズム　395、396、400、478、479
・普賢菩薩　50、64、68
・不孝　73、97、98、99、100、108、235、288、374
・仏意　7、54、91、321、401
・不二相即　204-206、227、370、371
・不了義経　50、51、105
・文永の役　119、187、189、324、355
・文永八年の法難　105、189、190、197、264、303、305
・文献学　viii、32、46、51、103、107、161、163-165、191、226、257、305、335-338、340、341、343、359、378、389、398、401、404、405、475
・別付嘱　209
・変成男子　22、395、398、400、410-413、415-418、423、428-430、432、439、442-445、447、449、450、478
・報身　423、430
・法然浄土教　27、48、49、55、86、88、90、92、104、120、124、151、171、219、281、388、461
・法の四依　50、51、104
・謗法／謗法罪　13、14、24、25、28、46、48、49、53-56、58、77、81、83-86、90-93、95-101、105、108-110、120、171、176-180、209、214、215、217-220、229、233、258、280、292、305、307、322、328、354、356、460-464、468、470、471、491
〔→誹謗正法〕
・法華経至上主義／法華経至上主義者　24、46、47、53、54、56、106、461
・法華経世界　28、29、33、34、307
・法華経の行者　8、15、16、18、24、25、30、73、81、116、117、149-153、155-158、164、165、198、212-214、216、217、229、259、289、290、305、325、327-329、337、346、357、374、378、435、438、444、464、465、467
・法華経の力／法華経の御力　145-147、408、416、465
・法華宗　180、188、224
・法華真言未分　47、175、461
・法華独勝　182、467
・法身　32、375、425、427、428
・法相／法相宗　49、54、91、102、176、321
・仏の智慧　17、105、110、116、318、319、328、329、333、343、356、464、468、474
・仏の使　346
・仏の御心／仏の御意　5、7-9、13-15、24、56-59、72、79、80、105、116、118、119、121、127、149、154、208、228、317、318、320-323、326、329、330、356、438、460、461、464、465、469、470、474、475
・本化　344、345、353
・本尊　7、42、68-70、107、227、251、310、341、380、391
・本体的自覚　350、476
・煩悩即菩提　376、436
・凡夫　7、8、44、61、77、86、94、110、115、116、118、150、207、208、228、317、318、320-322、327、328、330、336、337、343、346、347、352、356、360、361、369、372、375、389、390、438、446、465、469、483
・本仏果上の一念三千　390
・本法受持の一念三千　390
・本門の一念三千　227

【ま行】

・松葉ケ谷法難　124、159、160、161
・末法　20、26、45、84、96、107、182、209、210、224、225、251、290、292、305、325、326、337、338、341、345、351、353、357-359、373、474
・曼荼羅 481
・万年救護御本尊　334、341、358
・未再治本　335、339、357、362
・密教　43、46、47、102、103、171-176、179、180、182、184、188-190、211、355、461、467
・身延／身延山　14、17、26、29、33、99、105、118、158、161、163、172、174、185-188、200、222、226、239-241、247、248、250、251、253、256-278、280-287、289-296、299、301、302、304-307、310、311、330、358、360、375、380、381、386、391、460、468、472、473
・身延期　13、19、24-29、107、129、171、211、261、272、281、284-286、304、307、310、473
・妙の一字　71、77、78、375、403、417
・妙法経力　466、482

・妙法の二字　71、79
・妙法蓮華経　25、60、61、70、71、78、80、138、182、207-210、223-225、228、290、318、358、361、369、373-376、383-386、388、390、391、419、432、470、481、484
・妙法蓮華経の国　384、385
・未来記　126、325
・弥勒／弥勒菩薩　110、210、344、360
・無垢世界　415、423、425-427、449
・無間地獄　81、84、98、109、178、191、290、305
・無辺行／無辺行菩薩　209、341、344、345、348、353、355、359、360
・滅罪　216、220、229、236、237、305、470、471
・蒙古　28、100、119-122、159、172、173、181、187、239、242-245、261、290、306、324、355、472、473
・文字マンダラ　107、227、310、391
・文殊／文殊師利／文殊菩薩　50、66、110、210、344、361、391、403、408、414-417、423、430、445、448
・文証　14、15、24、118、120、121、127、149、154、323、464、465
・文底／文の底　8、25、202、211、215、373、390、460、469

【や行】

・薬王／薬王菩薩　110、155、157、198、210、212、402、404、405
・薬師仏／薬師如来　52、59、77、98、288
・やせやまい　260、293、300、301、304
・勇施菩薩　157、212
・融和の論理　104
・予言　15、18、23、24、55、125-127、149、151、153、154、157、164、182、198、212、245、291、310、323-326、355-357、465、466、469、474

【ら行】

・理深解微　215
・律／律宗　29、49、102、103、171、219、321、325、355、444
・立教開宗　33、46、62、106、107、164、165、219、461
・立正安国　367、368、388、389、477
・理同事勝　176-179、182、184、188、190、191、211、467
・歴劫修行　408、414、415、444、445
・竜口法難　95、101、183、192、199、212、220、464、480
・滝泉寺　348
・龍女成仏　22、400、403、407、411-413、417、419-422、425-431、443-447、449
・了義経　47、50、51、105、175
・領家　164、165
・霊山／霊山浄土／りやう山浄土／りやうぜん浄土　21、310、344、367、378-389、391、408、414-416、446、448、476、477、
・霊山往詣　21、367、368、377、378、381、382、384-389、391、476、477
・倫理学　12、495
・歴史学　4、10-12、131、400、479
・歴史事象的現証　119、123、465
・六難九易　218

著者略歴

間宮啓壬（まみや けいじん）

1963年　富山県高岡市生まれ
現　在　身延山大学仏教学部教授
　　　　高岡妙法山立像寺（りゅうぞうじ）住職
　　　　博士（文学）〔東北大学〕

日蓮における宗教的自覚と救済
――「心み」の宗教――

Religious Self-awareness and Salvation
in Nichiren's Works

2017年11月24日　初版第1刷発行

著　者／間 宮 啓 壬
発行者／久 道　 茂
発行所／東北大学出版会
〒980-8577　仙台市青葉区片平2-1-1
Tel. 022-214-2777　Fax. 022-214-2778
http://www.tups.jp　E.mail info@tups.jp
印　刷／カガワ印刷株式会社
〒980-0821　仙台市青葉区春日町1-11
Tel. 022-262-5551

ISBN978-4-86163-277-8　C3015
定価はカバーに表示してあります。
乱丁、落丁はおとりかえします。